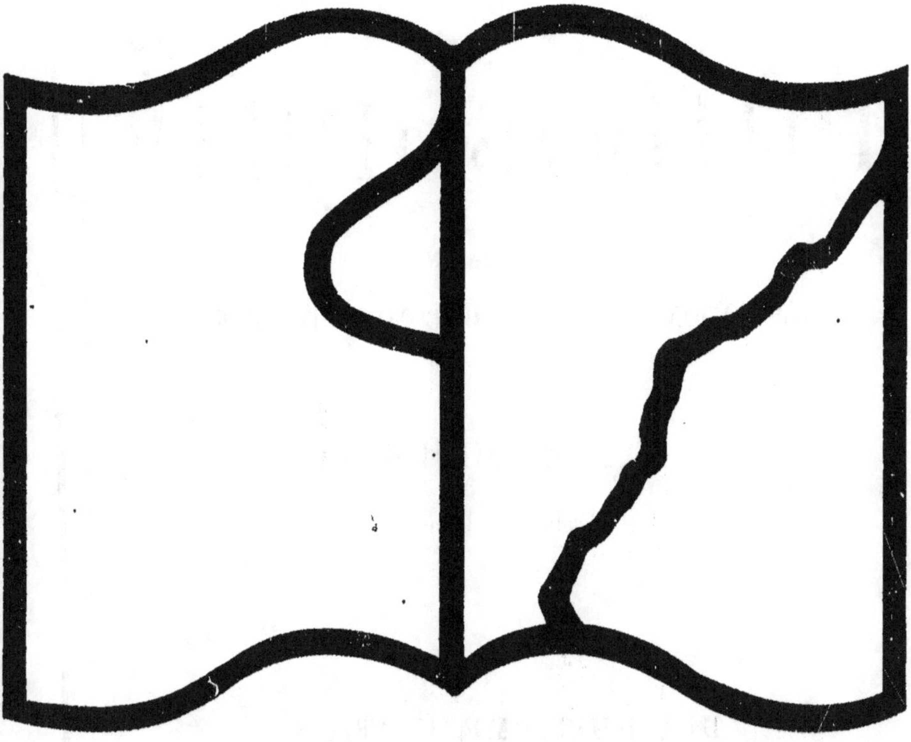

Texte détérioré — reliure défectueuse

NF Z 43-120-11

Symbole applicable
pour tout, ou partie
des documents microfilmés

NOTIONS
DE
PHILOSOPHIE

COMPRENANT

DES NOTIONS SOMMAIRES D'ÉCONOMIE POLITIQUE

PAR

CHARLES JOURDAIN

Membre de l'Institut

DIX-HUITIÈME ÉDITION

PARIS
LIBRAIRIE HACHETTE ET Cie
79, BOULEVARD SAINT-GERMAIN, 79

1888

LIBRAIRIE HACHETTE ET Cie

EXTRAIT DU CATALOGUE

Bouillier, membre de l'Institut : *Du plaisir et de la douleur*; 2ᵉ édition, revue et augmentée. 1 vol. in-16, broché. . . . . 3 fr. 50
    Ouvrage couronné par l'Académie française
— *La vraie conscience*. 1 vol. in-16, broché . . . . . 3 fr. 50
— *Études familières de psychologie et de morale*. 1 vol. in-16, broché 3 fr. 50

Caro, de l'Académie française, professeur à la Faculté des lettres de Paris : *L'idée de Dieu et ses nouveaux critiques*, 7ᵉ édition. 1 vol. in-16, broché. . . . . 3 fr. 50
    Ouvrage couronné par l'Académie française
— *La philosophie de Goethe*, 2ᵉ édition. 1 vol. in-16, broché . . 3 fr. 50
    Ouvrage couronné par l'Académie française
— *Le matérialisme et la science*; 4ᵉ édition. 1 vol. in-16, broché 3 fr. 50
— *Études morales sur le temps présent*; 4ᵉ édition. 1 vol. in-16, br. 3 fr. 50
— *Nouvelles études morales sur le temps présent*, 2ᵉ édition. 1 vol. in-16, broché. . . . . 3 fr. 50
— *Le pessimisme au XIXᵉ siècle*, Leopardi — Schopenhauer — Hartmann; 2ᵉ édition 1 vol. in-16, broché . . . . 3 fr. 50
— *Problèmes de morale sociale*. 1 vol. in-16, broché . . . 3 fr. 50
— *M. Littré et le positivisme*. 1 vol. in-16, broché. . . . 3 fr. 50

Chaignet, recteur de l'Académie de Poitiers : *Essai sur la psychologie d'Aristote*, contenant l'histoire de sa vie et de ses écrits. 1 vol. grand in-8, broché. . . . . 10 fr.
    Ouvrage couronné par l'Académie des sciences morales et politiques.

Fouillée : *L'idée moderne du droit en Allemagne, en Angleterre et en France*, 2ᵉ édition, 1 vol. . . . . 3 fr. 50
— *La science sociale contemporaine*. 1 vol. . . . . . 3 fr. 50
— *La propriété sociale et la démocratie*. 1 vol. in-16, broché 3 fr. 50

Franck (Ad.), membre de l'Institut : *Dictionnaire des sciences philosophiques*, 3ᵉ édition. 1 vol. grand in-8, broché . . . . . 25 fr.
    La demi-reliure en chagrin se paye en sus, 5 fr.

Rabier (E.), professeur de philosophie au lycée Charlemagne : *Leçons de philosophie*. Nouveau cours contenant les matières indiquées par les programmes de 1885, pour la classe de Philosophie, 3 vol. in-8, brochés.
    Tome I. *Psychologie*. 1 vol. . . . . 7 fr. 50
    Tome II. *Logique*. 1 vol. . . . . 6 fr.
    Tome III. *Morale et Métaphysique*. 1 vol.

Ravaisson (F.) : *La philosophie en France au XIXᵉ siècle*, 1867, suivie du Rapport sur le prix de Victor Cousin (*Le scepticisme dans l'antiquité*) 1884, 2ᵉ édition. 1 vol. grand in-8, broché. . . . . 7 fr. 50

Simon (Jules) de l'Académie française : *La religion naturelle*, 8ᵉ édition. 1 vol. in-16, broché. . . . . 3 fr. 50
— *Le devoir*, 13ᵉ édition. 1 vol. in-16. . . . . . . 3 fr. 50
    Ouvrage couronné par l'Académie française

Taine (H.) de l'Académie française : *Les philosophes classiques du XIXᵉ siècle en France*, 5ᵉ édition. 1 vol. in-16, broché . . . 3 fr. 50
— *De l'intelligence*; 4ᵉ édition. 2 vol. in-16 . . . . . 7 fr.

Vacherot (E.), membre de l'Institut : *Le nouveau spiritualisme*. 1 vol. in-8, broché . . . . 7 fr. 50

Zeller (E.) : *La philosophie des Grecs*, traduite de l'allemand, avec l'autorisation de l'auteur, par M. Émile Boutroux, maître de conférences à l'École normale supérieure, et par ses collaborateurs.
    Tomes I et II. *La philosophie des Grecs avant Socrate*. 2 vol. in-8, brochés . . . . 20 fr.
    Tome III. *Socrate et les Socratiques*. 1 vol. in-8 . . . 10 fr.

NOTIONS

DE

PHILOSOPHIE

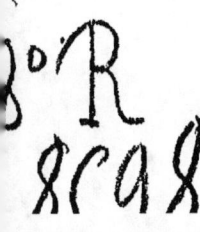

16450 — PARIS, IMPRIMERIE A. LAHURE
9, rue de Fleurus, 9

NOTIONS
DE
PHILOSOPHIE

COMPRENANT

DES NOTIONS SOMMAIRES D'ÉCONOMIE POLITIQUE

PAR

CHARLES JOURDAIN

Membre de l'Institut

DIX-HUITIÈME ÉDITION

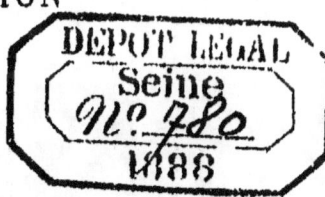

PARIS
LIBRAIRIE HACHETTE ET Cie
79, BOULEVARD SAINT GERMAIN, 79

1888

AVANT-PROPOS

Les générations se succèdent ; les opinions et les goûts se modifient ; les gouvernements changent et les influences politiques se déplacent ; la vérité seule demeure. Telle elle était hier, telle encore elle est aujourd'hui et elle sera demain. Ceux qui aspirent à l'honneur de l'enseigner doivent s'attacher à ce qu'elle a de certain et d'immuable, et ne pas se plier, comme une branche flexible, aux fantaisies éphémères de la mode, ni aux caprices non moins mouvants de l'esprit de parti ou de l'esprit de système.

C'est à la fin de 1847 que nous avons publié la première édition de cet ouvrage. Il se composait alors d'une centaine de pages, et n'était que le résumé fort incomplet de quelques parties de notre enseignement au collège Stanislas. Nous l'avons amplement développé dans les éditions subséquentes. A mesure que les discussions qui avaient paru fermées se sont rouvertes, que des questions nouvelles ont surgi et que des questions anciennes ont pris un aspect nouveau, nous avons élargi notre cadre afin d'y faire entrer, dans une certaine proportion, l'étude des évolutions plus ou moins intéressantes de la philosophie contemporaine. A plus forte raison nous sommes nous tenu, dans l'intérêt de la jeunesse qui nous prenait pour guide, le plus près possible des programmes officiels. Ainsi, l'édition qui paraît aujourd'hui est de tout point conforme au programme que le nouveau Conseil supérieur de l'instruction publique a adopté, et qu'un arrêté ministériel du 22 janvier 1885 a promulgué.

Mais quelques modifications partielles que notre ouvrage ait subies d'année en année, la doctrine n'en a pas varié. Nous sommes resté fidèle à ce spiritualisme chrétien qui était le fond de notre enseignement, lorsque nous professions la philosophie. Si nous nous trouvions appelé à remonter dans une chaire, nos leçons seraient, quant à leurs conclusions dernières, les mêmes qu'autrefois. Nous continuerions d'offrir à la jeunesse des affirmations positives sur l'âme et sur Dieu, en écartant les conclusions équivoques qui trahissent chez le maître et qui font naître chez l'élève une dangereuse incertitude de la pensée. Loin d'ébranler nos convictions anciennes, la réflexion et l'expérience les ont confirmées. Quand nous considérons les systèmes qui se sont produits depuis un demi-siècle en France, en Angleterre, en Allemagne, combien ils nous paraissent inférieurs en exactitude et en solidité aux doctrines que nous avons recueillies de la bouche de nos maîtres, qu'ils avaient eux-mêmes puisées dans les ouvrages de Descartes et de Leibniz, de Bossuet et de Fénelon, en un mot dans la tradition chrétienne, et dont nous avons été à notre tour l'humble interprète ! D'un côté nous trouvons une méthode éprouvée qui tient compte de tous les éléments de la nature humaine, mais qui tient compte aussi de la faiblesse de notre intelligence et ne prétend pas expliquer l'inexplicable; des résultats modestes peut-être, mais qui offrent l'avantage de ne pas froisser le sens commun; cette simplicité et cette harmonie du sentiment et de la raison d'où naît l'action salutaire de la philosophie sur les hommes. Dans le camp opposé qu'apercevons-nous le plus souvent, sinon des erreurs mille fois réfutées, de chimériques hypothèses qui usurpent le nom de science, des formules prétentieuses que leurs adeptes croient profondes, parce qu'elles sont obscures; à peine dans le détail, quelques observations justes, mais encore plus subtiles qu'ingénieuses, qui n'ont qu'une importance très secondaire? Ce n'est pas devant d'aussi pauvres inventions, fussent-elles célébrées comme des découvertes par des écrivains abusés, que nous abaisserons notre vieille foi philosophique. Il nous importe peu qu'on nous déclare en arrière de notre siècle et qu'on nous reproche de sacrifier les parties élevées de la science à l'exposition de vérités vulgaires et surannées. Ces vérités surannées, objet d'un dédain si superbe de la part de plus d'un métaphysicien de nos jours, sont la condition nécessaire, la base immuable de la science, et il est plus facile d'en médire que de les déraciner et de les dépasser. Tous ceux qui l'ont entrepris se sont égarés dans leurs propres imaginations, et de quelques facultés brillantes que la nature les eût doués, l'histoire témoigne qu'ils ont stérilement agité le monde, sans avoir levé aucun des voiles, ni pénétré un seul des mystères dont s'irritait leur indiscrète et présomptueuse curiosité.

En terminant cette courte préface, nous sera-t-il permis d'ajouter que notre ouvrage n'a jamais eu l'attache officielle, même à l'époque où la position que nous occupions nous donnait quelques facilités pour obtenir qu'il fût inscrit sur la liste des livres classiques. Il a fait son chemin de lui-même ; et sans aucune recommandation venue d'en haut, il a compté seize éditions et il s'est répandu à des milliers d'exemplaires. Peut-être sommes-nous en droit de penser qu'il a dû son succès persévérant à certaines qualités que la jeunesse et les familles y ont reconnues. Disons à l'honneur de l'esprit humain qu'il n'appartient à aucune administration, quelque puissante qu'elle se croie, d'assurer le succès des livres qu'elle favorise, ni de discréditer, par une sentence arbitraire, ceux dont les auteurs, gardant vis-à-vis d'elle une fière indépendance, ne consentent pas à être ses adulateurs complaisants et encore moins ses complices intéressés.

Taverny, 25 septembre 1881

NOTIONS
DE PHILOSOPHIE

INTRODUCTION

LA SCIENCE. — CLASSIFICATION DES SCIENCES. — OBJET ET DIVISION DE LA PHILOSOPHIE. — SES RAPPORTS AVEC LES AUTRES SCIENCES.

La science.

Tous les hommes, dit Aristote, ont naturellement le désir de connaître. A ce penchant universel correspond le pouvoir d'acquérir des connaissances, de les conserver, de les ajouter les unes aux autres, et de réunir celles qui se rapportent à des objets semblables en une notion unique, s'appliquant à tous ces objets, à ceux qu'on a déjà vus, comme à ceux qui n'ont pas encore frappé les regards. Ainsi se forme ce qu'on appelle l'*expérience*, qui n'est qu'une suite de souvenirs, et ce qu'on appelle la *science*, qui succède à l'expérience le jour où l'esprit de l'homme entre en possession d'une notion générale, c'est-à-dire qui s'étend à tous les cas semblables. Savoir, dit

Aristote, que tel remède a guéri Callias atteint de telle maladie, qu'il a produit le même effet sur Socrate et sur plusieurs autres personnes prises individuellement, c'est de l'expérience ; mais savoir que tel remède a guéri et qu'il doit guérir la classe entière des malades atteints de la même maladie, c'est de la science. En un mot la science est la connaissance du général : telle est la définition qu'en donne Aristote, et il y en a pas de meilleure.

Étymologie et acception primitive du mot de *philosophie*.

Voyons maintenant ce que c'est que la philosophie.

Les premiers parmi les Grecs que la passion du savoir poussa vers l'étude de la nature, portèrent le nom de *sages* ou de savants. Tels furent Thalès, Anaximandre, Pittacus, Bias, etc. Suivant une ancienne tradition, Pythagore changea le premier ce nom de sage contre celui de *philosophe* ou ami de la sagesse, qu'il croyait moins présomptueux et plus vrai.

A l'origine, tous les objets capables d'exciter la curiosité de l'homme étaient compris dans le cercle de la philosophie. Elle ne s'attachait en particulier à aucune face de la réalité ; mais elle embrassait d'une vue générale l'ensemble des êtres. Elle aspirait à connaître le monde, l'homme et Dieu à la fois. Elle était, comme Cicéron la définit, la science des choses divines et humaines, c'est-à-dire la science universelle.

Socrate essaya de circonscrire ce champ d'études, champ si large qu'il n'avait pas de limites. Il détourna la philosophie de la recherche aussi vaine que téméraire de l'origine du monde, la ramena à l'observation de l'homme, et lui assigna pour but le perfectionnement moral. Il répétait que notre intelligence n'a qu'une capacité très étroite, qu'elle ne peut pas tout comprendre, et que si dans son ardeur de savoir elle s'impose une tâche au-dessus de ses forces, le fruit qu'elle recueille, c'est l'ignorance des vérités qui sont à sa portée et qui lui seraient le plus nécessaires.

Platon et Aristote, qui partageaient le sentiment de Socrate sur la mission pratique de la philosophie, eurent moins de défiance que lui des forces de l'esprit humain. Ils ont laissé des systèmes dans lesquels on ne sait ce qu'il faut admirer le plus, ou de la prodigieuse étendue de l'ensemble, ou de l'excellence de certaines parties. Mais, sous leurs yeux mêmes, ce vaste domaine de la pensée, qu'ils avaient parcouru tout entier, se démembra, comme se démembre en états indépendants un empire trop vaste, et désormais les sciences qui étaient jusque-là confondues, se séparèrent en plusieurs branches correspondant à la diversité de leurs objets.

Classification des sciences.

Déjà Platon reconnaît dans la philosophie trois parties : la logique ou dialectique, l'éthique ou morale et la physique. Aristote distingue les sciences poétiques, les sciences pratiques et les sciences spéculatives qui sont elles-mêmes au nombre de trois, la physique, les mathématiques, et la philosophie première ou théologie. Le plus érudit des latins, Varron, avait composé un ouvrage en neuf livres qui renfermait une statistique du savoir humain. Au moyen âge l'enseignement des écoles comprenait sous le nom de *Trivium* la grammaire, la rhétorique et la logique, et sous celui de *Quadrivium*, l'arithmétique, la géométrie, l'astronomie et la musique. Des classifications moins incomplètes et mieux conçues furent proposées par deux contemporains de saint Thomas d'Aquin, Vincent de Beauvais et saint Bonaventure.

A mesure que le cercle des connaissances s'élargissait,

on comprenait davantage l'utilité de les coordonner. Au commencement du dix-septième siècle, le chancelier Bacon en esquissa dans son traité *De la dignité et de l'accroissement des sciences* (*De dignitate et augmentis scientiarum*) le tableau le plus méthodique et le plus original qui eût encore été tracé. Il y classe les sciences d'après les facultés de l'entendement qui contribuent le plus à les produire. A la mémoire il rattache l'histoire, non pas seulement l'histoire de l'humanité, mais l'histoire de la nature; à la raison il rattache la philosophie, mais la philosophie telle qu'il la comprend a un domaine aussi étendu qu'aux premiers jours de l'antiquité : elle embrasse à la fois la science de Dieu, la science de l'homme et celle de l'univers, et même les sciences mathématiques ; dans le domaine enfin de l'imagination, il fait rentrer la poésie et les beaux-arts. Parti de ces divisions générales, Bacon suit le travail de l'esprit dans le détail de ses applications, n'en négligeant aucune qui mérite d'être rappelée.

Il n'entre pas dans notre sujet de discuter cette classification. Contentons-nous d'ajouter qu'elle a été en grande partie reproduite par d'Alembert et Diderot, dans l'arbre généalogique des connaissances humaines qui sert d'introduction à l'*Encyclopédie*.

En ce siècle, d'autres classifications ont vu le jour. Telle est celle qui a été proposée par l'illustre Ampère ; elle consiste à partager la connaissance humaine en deux branches, les sciences *cosmologiques*, ayant le monde matériel pour objet, et les sciences *noologiques*, ayant pour objet la pensée, lesquelles se subdivisent, les unes comme les autres, en plusieurs groupes symétriques, selon le point de vue où le savant s'est placé pour les étudier. Une autre classification qui appartient à Auguste Comte, le chef de l'école positiviste, est fondée sur le caractère plus ou moins complexe des objets dont traite chaque science. Elle admet six sciences principales qui de siècle en siècle viennent se superposer les unes aux autres, d'abord les mathématiques, la plus ancienne de toutes et celle qui a l'objet le plus simple, puis l'astronomie, la physique, la chimie, la sociologie ou science sociale.

Objet propre et définition de la philosophie.

On voit par ce court aperçu combien il y a de manières de classer les produits de l'intelligence humaine. Ce qui est plus intéressant pour nous que le tableau des différents systèmes de classification, c'est de reconnaître quel est aujourd'hui, dans l'état actuel, l'objet propre de la philosophie. Assurément elle a perdu l'universalité qu'elle avait à ses débuts; mais il nous importe de savoir : 1° quelle est la partie de son ancien domaine qu'elle a conservée; 2° si en devenant une simple branche de la connaissance, elle est séparée de toute autre science, comme la chimie, par exemple, est séparée de la géométrie, ou si plutôt, par certains côtés, toutes les sciences ne se rattachent pas à elle et ne relèvent pas de son autorité.

Tous les phénomènes qui s'offrent à l'observation nous sont connus, comme l'étendue et le mouvement, par le ministère des sens et des instruments artificiels qui viennent au secours de la faiblesse de nos organes. Il en est d'autres que ni l'ouïe, ni la vue, ni le toucher, ne sauraient atteindre, et qui ne peuvent être saisis que par un acte pur de l'intelligence : ce sont les phénomènes de la pensée, comme *juger, se souvenir, vouloir.* Ces phénomènes, étrangers à la sensation, nous révèlent un mode particulier d'existence, une nature d'êtres distincts des corps, les êtres spirituels ou *esprits.* Connaître les esprits, voilà quel est l'objet de la philosophie, de même que l'objet de la physique est de connaître les corps, leurs propriétés et leurs lois. La philosophie débute par l'étude de notre âme, le premier être spirituel qui s'offre à l'observation ; elle décrit ses états ou manières d'être, détermine ses pouvoirs, démontre sa spiritualité. La philosophie examine ensuite quelles sont les fins dernières de l'âme ; elle fixe les conditions de la science, du bonheur et de la vertu, trace des règles à la volonté et à l'intelligence. Le terme des méditations du philosophe est la connaissance de l'être infini par qui tous les autres existent, et qui chez toutes les nations se nomme Dieu.

Ces grands objets n'appartiennent pas exclusivement à la philosophie. Il est une autre science, la théologie, qui parle aussi de l'âme, de son origine céleste, de ses destinées immortelles, de ses devoirs envers le Créateur. Mais la théologie et la philosophie, qui ont le même but, n'ont pas le même point de départ, et suivent des voies très différentes, soit dans l'étude, soit dans l'enseignement des hautes vérités qu'elles considèrent. Appuyée sur le fondement inébranlable d'une parole surnaturelle dont le pouvoir religieux est le gardien et l'interprète, la théologie n'admet pas la discussion de ses dogmes ; elle les impose avec une autorité suprême et infaillible, comme articles de foi pour l'intelligence, comme règles de conduite pour le cœur et la volonté. La philosophie est, au contraire, l'œuvre de l'homme appliquant à la recherche de la vérité l'effort de sa raison. Elle suppose l'examen, et n'a d'autre lumière que l'évidence pour produire la conviction dans les âmes : conviction trop souvent chancelante, et qui n'offre pas le calme pur et inaltérable de la foi religieuse. Le caractère propre de la philosophie et la définition qu'on en peut donner, c'est donc qu'elle a pour objet la connaissance raisonnée de l'esprit humain et de Dieu, et des moyens propres à diriger l'esprit humain vers ses fins suprêmes : le vrai, le beau et le bien.

Qu'appelle-t-on *philosophie des sciences, de l'histoire*, etc.?

Il suffit de réfléchir à cette définition de la philosophie pour reconnaître qu'elle est en relation étroite avec les autres sciences ; qu'il entre dans sa compétence : 1° de vérifier leurs bases : 2° de contrôler leurs méthodes ; qu'il y a en un mot, comme on le dit souvent, une philosophie des sciences, une philosophie du droit, une philosophie de l'histoire, etc.

1° La philosophie discute et vérifie les bases des autres sciences.

Sous la variété des idées particulières que chaque science a pour objet de recueillir, se cachent certaines conceptions générales qui servent de fondement à cette science. Par exemple, la géométrie, qui a pour objet la mesure de l'étendue, suppose l'idée d'étendue et d'autres conceptions universelles, vulgairement appelées axiômes. La physiologie, ou science de l'être vivant, part de l'idée que les diverses parties du corps humain ont chacune leur fonction propre, sont autant de moyens disposés pour une fin qui est la vie. Quel rôle ne jouent pas dans les sciences physiques les notions de temps, d'espace, de cause, de mouvement, et la croyance que l'univers est gouverné par des lois fixes et uniformes ! Ces idées ne sont pas sans doute l'œuvre des philosophes ; l'esprit en porte la source au dedans de lui, et de là elles se répandent naturellement dans toutes les parties de nos connaissances. Mais à l'origine, et par elles-mêmes, elles sont vagues et obscures, elles demandent à être définies et expliquées ; et ce rôle appartient à la philosophie. C'est la philosophie qui fixe leurs vrais caractères ; c'est elle qui recherche leur origine et le mode de leur formation ; c'est elle enfin qui en détermine la portée et qui en règle l'usage.

2° La philosophie remplit une tâche semblable à l'égard des procédés ou méthodes usités dans les différentes sciences. Ces procédés ne dépendent pas seulement du genre de vérités qu'on se propose de découvrir; ils dépendent aussi de la nature de l'être intelligent; et voilà pourquoi, pour enseigner une science à des enfants, on ne procède pas de même que s'il s'agissait d'esprits mûris par l'expérience et habitués à la réflexion et au travail. De là l'influence exercée par la philosophie sur le perfectionnement des méthodes. Mieux la portée et les lois de l'entendement humain ont été connues, et mieux on a vu et compris la route qu'il fallait prendre, les règles qu'il fallait suivre, pour s'élever à la connaissance des choses. Cette route, ces règles, un instinct, plus rapide que la réflexion, les révèle souvent au génie; mais le génie alors marche au hasard. Ce n'est que par l'étude réfléchie de la nature humaine qu'il apprend à se rendre compte de ses démarches, et qu'il entre, pour ainsi dire, dans le secret de sa propre force.

En même temps que la philosophie communique à toutes les sciences en général cette clarté suprême qui caractérise le vrai savoir, elle est particulièrement essentielle à diverses branches de nos connaissances qui sont autant de corollaires de la science de l'homme. Ainsi, la grammaire suppose l'étude fidèle des éléments de la pensée et des lois suivant lesquelles ils se combinent. La rhétorique ne peut rendre compte des grands effets de l'éloquence, ni donner des préceptes à l'orateur, si d'une part elle n'a pas approfondi les passions qui peuvent agiter le cœur humain, et si d'autre part elle ne possède pas tous les secrets de cet art ou plutôt de cette science de la démonstration, qui se confond en quelque sorte avec la science de l'entendement. Qu'est-ce que le droit civil, le droit politique et le droit des gens, sinon autant d'applications de ces principes d'éternelle justice, qui sont gravés dans le cœur de l'homme par la main du Créateur, et que la philosophie a pour objet de définir? Parlerons-nous de l'histoire? C'est ignorer le genre humain, selon la parole de Bossuet, que d'ignorer l'histoire; mais si l'historien ne connaît pas la nature de l'homme, et les ressorts qui la font mouvoir, et la destinée où elle tend, comment s'orientera-t-il au milieu de la succession souvent confuse des événements? Pourra-t-il en pénétrer les causes et les conséquences, et démêler, à travers ce chaos, les voies de la Providence, qui, tandis que l'homme s'agite, le mène à ses fins, qu'elle-même a marquées?

Division de la philosophie.

Il nous reste à voir en combien de parties se divise la philosophie, et dans quel ordre il faut les disposer.

La manière de diviser une science dépend de l'idée qu'on se forme de son objet : selon qu'il est plus ou moins vaste, plus ou moins complexe, les parties de la science sont elles-mêmes plus ou moins nombreuses, et comprennent des questions plus ou moins complexes.

Lorsque le domaine de la philosophie se trouve circonscrit, et qu'on la ramène, comme nous l'avons fait, à l'étude des êtres spirituels, on est naturellement conduit à restreindre le nombre de ses divisions.

De nos jours, en France, elle comprend quatre objets principaux : 1° l'âme, ses opérations, ses facultés, sa nature; 2° la direction de l'intelligence et la recherche des moyens qu'elle a de parvenir à la vérité; 3° la démonstration de l'existence divine et des attributs divins; 4° le perfectionnement moral de l'homme, ses différents devoirs, sa fin dernière.

A ces quatre classes de questions correspondent quatre parties de la philosophie : 1° la *psychologie*, ou étude de l'âme; 2° la *logique*, ayant pour objet la direction de la pensée; 3° la *théodicée,* ou connaissance de la divinité; 4° la *morale,* ou la science des devoirs.

On peut y rattacher l'*esthétique,* ou science du beau, laquelle est aux œuvres de l'art ce que la logique est aux opérations de l'intelligence, et la morale à nos actions.

Certaines parties de la philosophie consacrées à l'analyse des notions premières de l'intelligence et la théodicée tout entière peuvent être réunies sous le nom de *métaphysique.*

L'étude des anciennes doctrines, sous le nom d'*histoire de la philosophie,* forme une dernière et importante partie qui est le complément nécessaire des premières.

Ordre dans lequel il faut disposer les parties de la philosophie.

Quant à l'ordre à établir entre ces parties, il a varié, comme tant d'autres points, suivant les écoles. Les uns donnent le premier rang à la logique, selon l'usage de la plupart des écoles du moyen âge, les autres à la psychologie, ceux-ci à la théodicée.

La disposition la plus naturelle, la plus conforme à la raison, est, ce semble, celle où les questions d'où les autres dépendent sont placées les premières; de sorte qu'étant d'abord résolues, elles servent ensuite à la solution des suivantes, et que l'esprit, en s'appuyant sur les vérités qu'il a d'abord découvertes, s'élève facilement aux vérités plus obscures qui échappent à ses regards.

Or, le premier objet qui s'offre à l'homme, c'est lui-même, et de la connaissance qu'il a de lui-même dépendent son perfectionnement moral et la connaissance de Dieu. C'est donc par la psychologie que la philosophie doit s'ouvrir, puisque la psychologie est supposée par les autres parties de la philosophie. Nous ne prétendons pas dire par là que l'homme soit la mesure de toutes choses, comme le voulaient les sophistes grecs ; mais nous croyons qu'à considérer le mode de développement de notre intelligence et la génération de nos idées, l'étude de l'âme est le point de départ naturel de toutes les autres recherches, et qu'elle nous en facilite l'accès.

Que serait par exemple l'étude de l'être, pour qui n'aurait pas étudié cet être intelligent et libre que nous sommes? Comment définir nos devoirs, avant de nous être fait quelque idée de notre nature, d'où dépend si manifestement notre destinée?

Après la psychologie viendra la logique, corollaire pratique de la science de l'esprit humain.

De là nous voudrions passer à la métaphysique et n'aborder la morale qu'après l'étude de l'être divin. Il nous importe en effet de ne pas laisser croire que sans la connaissance de Dieu et de sa justice, en un mot sans la religion, il peut, à nos yeux, exister une morale qui soit assise sur de solides fondements. Mais le programme arrêté par le conseil supérieur de l'instruction publique nous enchaîne ; nous croyons devoir y rester fidèle dans l'intérêt de ceux de nos lecteurs qui auront à comparaître devant un jury d'examen ; et ce motif nous détermine à placer la morale après la psychologie, en rejetant la métaphysique plus loin.

Quelque intérêt que l'esthétique présente pour quiconque a le sentiment de la poésie et des arts, elle n'est pas entrée jusqu'à ce jour, en France du moins, dans le cadre des études élémentaires de philosophie. Nous ne saurions par conséquent la placer sur le même rang que les autres branches de la science : nous nous contenterons, à l'exemple des auteurs du programme officiel, de lui consacrer quelques pages nulle part mieux placées que dans la psychologie, après l'étude des notions premières de l'entendement.

Nous terminerons par un aperçu des vicissitudes de la philosophie dont l'histoire serait pour nous une lettre morte sans l'étude préalable des questions débattues par les anciens philosophes.

PREMIÈRE PARTIE

PSYCHOLOGIE

CHAPITRE PREMIER

DISTINCTION DES FAITS PHYSIOLOGIQUES ET DES FAITS PSYCHOLOGIQUES. — LA CONSCIENCE. — CERTITUDE, DEGRÉS ET LIMITES DE LA CONSCIENCE.

Objet de la psychologie.

A ne consulter que les sens, tout l'être de l'homme réside dans son corps, et sa vie n'est que la suite régulière des fonctions corporelles. Mais, quand nous nous détachons des sens pour nous replier sur nous-mêmes, nous découvrons, dans l'intimité de notre existence, tout un ordre de faits qui n'ont rien de commun avec la matière, par exemple, *penser, se souvenir, raisonner, vouloir, aimer*, etc. Ces faits nouveaux sont les faits *psychologiques*, ainsi nommés parce que notre âme en est le théâtre et le sujet, ou même la cause. Ils constituent le premier objet, ils sont le fondement de la *psychologie* ou science de l'âme.

Distinction des faits psychologiques et des faits physiologiques.

Mettons en pleine lumière quelques-unes des différences qui existent entre les faits psychologiques et les autres faits de la nature humaine au milieu desquels ils se produisent.

Je reçois à chaque instant de tous les objets qui m'environnent mille impressions qui modifient mes organes, et qui par l'entremise des nerfs parviennent jusqu'à mon cerveau qu'elles modifient également.

Voilà une série de faits qui se passent dans le corps, et que je connais, comme tous les faits de l'ordre physique, tantôt d'une manière superficielle et grossière lorsque je me contente de les regarder avec mes yeux, tantôt d'une manière plus exacte, plus complète, lorsque j'ai à ma disposition pour les étudier un scalpel ou un microscope. Mais quelle que soit la perfection des instruments que j'emploie, ils ne me laissent jamais apercevoir que des membranes, des fibres et des cellules dans ces membranes, et des vibrations dans ces fibres. La physiologie a pour objet de connaître les faits de cet ordre : aussi ont-ils reçu le nom de faits *physiologiques*. Les battements du cœur, la circulation du sang, la sécrétion de la bile sont des faits *physiologiques*

Mais en même temps que je reçois les impressions des objets extérieurs, je connais ces objets, et quand je les ai connus une première fois, je me les rappelle, et non seulement je me les rappelle, mais je prévois ce qu'ils deviendront plus tard. Je prévois, par exemple, que le soleil se lèvera demain et les jours suivants, comme il s'est levé hier. Or ces faits de connaissance, de souvenir, de prévision sont profondément distincts des faits physiologiques qui les accompagnent. N'ayant ni forme, ni couleur, ni solidité, ils ne tombent pas sous les sens ; ils échappent au scalpel et au microscope ; et de même que je puis ignorer ce qui se passe dans mes nerfs au contact des choses sensibles, et quelle est la composition des nerfs, et même si j'ai des nerfs, de même le physiologiste, armé des instruments les plus délicats, ne pénètre pas dans cette région intérieure où se produisent nos connaissances, nos souvenirs, nos pensées.

De la conscience.

Que suit-il de là ? C'est d'abord que la physiologie, quels que soient dans l'avenir ses progrès, ne nous fera jamais complètement connaître l'homme ; c'est ensuite que la psychologie elle-même poursuivrait en vain un but inaccessible à notre ignorance, si le tact et la vue, l'ouïe et l'odorat étaient la source unique et nécessaire de nos connaissances. Mais tandis que nous apercevons, à l'aide de nos organes, les objets matériels qui nous environnent, nous ne restons pas étrangers à nous-mêmes ; nous avons le spectacle de ce qui se passe au dedans de notre âme ; nous sommes avertis de tous ses mouvements, de toutes ses modifications et nous pouvons en suivre le cours. Ce pouvoir particulier, distinct des sens, par lequel nous devenons les témoins de notre vie intérieure, est ce qu'on appelle la *conscience* ou le *sens intime*. C'est en consultant ce témoin intérieur de nos pensées, de nos actes et de nos plus secrets sentiments, que le philosophe apprend à connaître les hommes, en connaissant son propre cœur.

Certitude de la conscience.

Il importe de remarquer que la conscience, qui est le

premier instrument de la connaissance de l'âme, n'est ni moins rapide ni moins sûre que les sens extérieurs.

Il existe une école qui fait profession de s'attacher aux faits et d'appuyer sur ce fondement unique l'édifice de la science, mais qui rejette ou néglige les faits psychologiques et s'en tient exclusivement à ceux de l'ordre matériel, comme si les premiers étaient moins positifs et moins évidents que les seconds.

Cependant qui a jamais douté des douleurs et des joies qu'il se sent éprouver? des idées et jugements qui naissent dans son esprit? de ses désirs, de ses résolutions, de ses actions? Suis-je plus certain de l'existence d'une pierre contre laquelle je viens de me heurter, que je ne le suis du sentiment de souffrance que cette chute m'a causé? Puis-je concevoir que deux et deux font quatre, sans que le fait même de cette conception ne soit aussi clair pour la conscience que les axiomes mathématiques le sont pour les géomètres? Il y a plus : le témoignage de la conscience est à l'abri des objections que celui des sens a quelquefois soulevées. En effet, le principal argument du scepticisme, c'est la difficulté d'expliquer comment le sujet intelligent peut sortir de lui-même, et aller atteindre au dehors un objet qui lui est étranger Or, cette difficulté n'existe pas pour les connaissances que nous devons au sens intime, puisque ici le sujet et l'objet se confondent; que c'est l'âme qui connaît et que c'est elle qui est connue.

Une autre remarque essentielle, c'est que la nature humaine est tout entière dans chacun de nous. Quelles que soient les différences qui séparent le savant et l'ignorant, Leibniz et un pâtre, l'homme civilisé et le sauvage, celui qui possède la plénitude de ses facultés et le malheureux dont la raison est altérée, ces différences laissent subsister en eux tous les caractères inaltérables auxquels l'humanité se reconnaît : de sorte qu'en s'observant lui-même, le philosophe n'étudie pas seulement sa propre pensée et les traits particuliers d'où résulte sa personnalité ; il a devant lui la nature humaine ; et s'il est doué d'une pénétration suffisante, il ne tarde pas à en démêler les éléments généraux. La peinture qu'il en a tracée est-elle véridique, chacun de nous s'y reconnaît et en atteste la fidélité. Est-elle inexacte, incomplète, a-t-elle omis un des traits essentiels de l'humanité, pour la convaincre de fausseté, il suffit de la comparer au modèle intérieur que nous avons en nous-mêmes ; et voilà pourquoi tant de systèmes erronés, qui s'annonçaient comme le dernier mot de la science de l'homme, ont succombé, après un succès éphémère, devant la réprobation de ce juge irrécusable que chacun porte en soi.

Degrés divers de la conscience. Réflexion. Expérimentation.

Comme tous les pouvoirs de l'entendement, la conscience passe par divers états et offre des degrés différents. Tantôt la perception qu'elle nous donne de nous-même est aussi claire que précise ; tantôt elle est confuse et obscure. Ainsi nos actes habituels, lire, écrire, marcher, ont, comme tous nos autres actes, leur source dans l'activité propre de notre âme : cependant nous n'en avons pas pleine conscience. Nous rendons-nous compte à nous-mêmes de toutes les déterminations que suppose la marche, par exemple ? Or, ce que demande la psychologie, ce sont des notions claires ; elle ne saurait se contenter de la vue distraite et passagère de nous-même ; elle exige cet exercice volontaire et soutenu de la conscience qui s'appelle la *réflexion*.

L'âme n'est fidèlement connue que si, la réflexion aidant, elle a été lentement et profondément observée. Il est un art qui consiste à se placer au centre de la vie intérieure, à démêler les phénomènes si variés qui la composent, à négliger les uns pour considérer les autres plus à l'aise, à ressusciter par la force de la mémoire ceux qui ont disparu, à fixer en quelque sorte devant la conscience les parties de la nature humaine les plus cachées et les plus fugitives. Cet art, qui n'est pas sans analogie avec l'*expérimentation* dans les sciences physiques, a été pratiqué par tous les moralistes. Quiconque ne le possède pas ignore le cœur humain et s'ignore lui-même.

Limites de la conscience. Que la conscience n'atteint pas seulement les phénomènes, mais le sujet de la pensée.

Mais la conscience peut-elle nous faire connaître rien au delà des phénomènes de la pensée? Peut-elle pénétrer au fond même de notre nature jusqu'au sujet qui pense, jusqu'à l'âme? Assurément oui. Nous rejetons pour notre part l'opinion de ces philosophes qui prétendent que nous ne connaissons de notre être, par le sens intime, que des modifications passagères et nullement l'être que nous sommes. S'il en était ainsi, notre âme nous restant inconnue pourrait-elle être de notre part l'objet d'aucun jugement? Pourrions-nous affirmer que ces faits divers qui nous sont attestés par la conscience relèvent de l'âme, que l'âme enfin, c'est nous-mêmes? Ce sujet persistant de nos sentiments et de nos pensées, cet être dans lequel nous nous reconnaissons et que nous appelons *je* ou *moi*, ne serait plus que le lien abstrait et hypothétique de nos modifications intérieures : paradoxe incroyable, démenti par la claire vue de lui-même que chacun doit à la conscience.

La psychologie, appuyée sur l'observation directe de la nature humaine, constitue donc, quoi que ses adversaires puissent prétendre, une science aussi positive que l'histoire naturelle ou la physique; car elle possède à la fois un objet nettement défini et une méthode sûre. Elle a même un précieux avantage, qui lui appartient en propre : c'est que l'observateur porte sans cesse avec lui l'objet et l'instrument de ses observations, à la différence de tant d'autres sciences, comme la chimie, la zoologie, l'astronomie, qui attendent durant des années entières, ou qui sont réduites à chercher au loin, au prix de mille sacrifices, soit les matériaux, soit les instruments de leurs études.

Difficultés de l'observation intérieure.

Toutefois on doit reconnaître qu'en psychologie l'observation est très délicate et que l'étude régulière de l'âme trouve à chaque pas des écueils qui en compromettent le succès.

Non seulement nous sommes entraînés vers la nature extérieure par un instinct puissant, que l'habitude de nous répandre au dehors a singulièrement fortifié depuis notre naissance ; mais la simultanéité des faits à connaître, le peu d'impression qu'ils font, le peu de traces qu'ils laissent après eux, sont autant de causes qui multiplient les chances d'omission et d'erreur.

Vainement nous essayons de nous partager entre les phénomènes qu'il s'agit de décrire, et l'opération réfléchie qui est nécessaire pour s'en rendre compte. Trop souvent la réflexion n'a d'autre résultat que de les suspendre et de les faire évanouir. Ainsi la passion se calme et s'affaisse, dès que celui qui l'éprouve rentre en lui-même et se considère.

Enfin, le premier développement de nos penchants et de nos idées remonte à nos plus tendres années, c'est-à-dire à un âge dans lequel la pensée qui s'ignore encore n'a pas le pouvoir ni la volonté de se connaître. Ce travail intérieur de l'âme qui s'éveille à la raison, à la science et à la vertu, offrirait sans doute le plus instructif et le plus curieux de tous les spectacles ; mais il échappe à notre expérience personnelle, et nous n'en connaissons rien que par conjecture.

Si nous ajoutons les obstacles qui naissent des préjugés, de l'esprit de système, des passions et, pour tout dire, de l'imperfection de notre intelligence, nous comprendrons pourquoi le progrès de la science de l'homme a été si fréquemment retardé par des erreurs peut-être pires que l'ignorance.

Moyens d'obvier à ces difficultés : les langues, l'histoire, la psychologie comparée, etc.

Quels moyens avons-nous d'obvier à ces difficultés, et sinon de les surmonter entièrement, du moins de les atténuer? C'est d'observer l'esprit humain dans ses œuvres; nous ne pouvons pas ne pas y trouver une image plus ou moins fidèle de lui-même, qui contribue à éclairer notre route et à diriger nos pas. L'étude des langues, qui sont l'expression de la pensée, nous aidera plus d'une fois à en reconnaître et à en comprendre les lois. L'histoire, qui suit le développement de l'humanité à travers les siècles, fait ressortir en caractères éclatants les traits essentiels qui, constituent l humaine nature. Le philosophe n'a-t-il pas un grand profit à tirer de la lecture des orateurs et des poètes qui ont si bien connu les mystères du cœur humain! Il n'y a pas jusqu'à la connaissance des mœurs des animaux qui ne puisse éclairer en quelques points la connaissance de l'homme. Nous l'avouons cependant, de tous les moyens de faciliter l'observation intérieure, la psychologie comparée, encore si peu avancée, nous paraît le moins sûr et le moins efficace.

CHAPITRE II

CLASSIFICATION DES FAITS PSYCHOLOGIQUES. — DES FACULTÉS DE L'AME.

Classification des phénomènes de conscience.

Pour reconnaître et pour classer les phénomènes de conscience, il n'est pas nécessaire de se fatiguer l'esprit par de stériles inventions : il suffit d'analyser fidèlement ce qui se passe en nous à chaque moment de notre existence.

Par exemple, sur cette table qui est devant moi se trouve un livre publié d'hier et que je ne connais pas. Si je n'étendais pas la main pour m'emparer de ce livre, si je ne l'ouvrais pas; si, après l'avoir ouvert, je ne fixais pas mes regards sur ses pages, je ne saurais pas ce qu'il contient. Dès que j'ai commencé à le lire, mes yeux sont frappés de la vue des caractères et des mots; je saisis la pensée de l'auteur; je juge tantôt qu'il a tort et tantôt qu'il a raison; à l'occasion de ce qu'il écrit, je me rappelle mille autres choses : un tableau qui m'est familier, un beau site que j'ai parcouru, un ami que j'ai perdu. Enfin cette lecture m'est tour à tour indifférente, agréable ou pénible; elle me charme et elle me lasse; il y a des passages que j'admire et d'autres qui m'irritent. Voilà quelques-uns des faits qui se passent dans mon âme, quand je lis un livre pour la première fois. Donnons à chacun de ces faits le nom qu'il porte dans la langue des philosophes, et nous serons bien près d'avoir achevé le classement des phénomènes de conscience.

Etendre la main pour s'emparer d'un livre, l'ouvrir, tenir les yeux fixés dessus, ce sont là des faits *volontaires*.

Voir les caractères imprimés sur les pages, suivre les pensées de l'auteur, juger qu'elles sont vraies ou erronées, ce sont là des faits *intellectuels*.

Enfin, éprouver à la lecture de ce livre du charme ou de l'ennui, aimer, admirer, s'irriter, ce sont là des faits *sensibles*.

Tous les phénomènes de conscience peuvent se ramener à ces trois chefs principaux : faits *sensibles*, faits *intellectuels*, faits *volontaires*.

Sous la dénomination de faits *sensibles* sont rangés la joie et la tristesse, l'amour et la haine, la crainte et l'espérance, tous les penchants et toutes les émotions qui peuvent agiter le cœur de l'homme.

Les faits *intellectuels* sont nos idées, jugements, souvenirs, raisonnements, conceptions.

Enfin, par faits *volontaires* on entend nos résolutions, actions, etc.

Ces trois ordres de faits se distinguent par des caractères précis, qui sont peut-être difficiles à définir, mais que la conscience découvre et affirme avec certitude, comme la vue saisit la différence des couleurs, et l'ouïe celle des sons.

Qui ne sait que sentir n'est pas connaître ? Cela est si vrai que dans les moments où le cœur sent le plus vivement, comme dans la passion, l'esprit ne juge plus, ne raisonne plus ; tout entier à son émotion, il conserve à peine la connaissance de lui-même.

Ce contraste du sentiment et de la pensée éclate en mille occasions de la vie. Ainsi l'habitude amortit les plaisirs et les peines, et les choses qui nous avaient d'abord le plus frappés, nous deviennent à la longue indifférentes. Une application répétée rend, au contraire, nos idées plus distinctes et les grave profondément dans l'intelligence.

Les faits volontaires, actions, résolutions, etc., ne sont pas moins aisés à reconnaître.

Vouloir est en notre puissance, au lieu que sentir ou penser ne dépend pas de nous. Nul ne pense comme il veut. Qui pourrait, par exemple, concevoir que deux et deux font cinq, que tous les rayons du cercle ne sont pas égaux, que tous les phénomènes n'ont pas une cause, que la vertu est digne de blâme, que le vice mérite d'être honoré? En mille autres cas semblables, la vérité s'offre à nous d'elle-même, nous assiège, nous subjugue malgré nous, tandis que d'autres fois des pensées que nous appelons nous échappent. Ainsi, combien de fois n'arrive-t-il pas aux géomètres de chercher longtemps la solution d'un problème sans la découvrir! Il en est de même de nos sentiments: nous ne les produisons pas à notre gré; il n'est pas en notre pouvoir d'éprouver de la joie et du plaisir, comme il dépend de nous de prendre la résolution de nous taire ou celle de parler.

Des facultés de l'âme.

Quelle conséquence tirer de cette analyse des opérations de l'âme? Nul fait n'arrive ni en nous, ni hors de nous, qui n'ait sa cause. Donc l'âme, qui est sans cesse le théâtre de phénomènes nombreux, qui accomplit les opérations les plus variées, l'âme, dis-je, doit posséder certains pouvoirs actifs d'où ces opérations dérivent, et dont elles sont les effets. Ces pouvoirs portent le nom de *facultés*. Une faculté de l'âme peut donc être définie: le pouvoir qu'elle a d'éprouver certaines modifications, d'accomplir certains actes.

Qu'est-ce que déterminer l'existence d'une faculté ?

L'existence d'une faculté de l'âme se détermine en constatant une classe particulière d'opérations qu'on attribue à cette faculté comme à leur cause.

Le philosophe suit en cela une marche analogue à celle du physicien qui veut déterminer les propriétés d'un corps. Quand il voit ce corps en modifier d'autres, et passer lui-même par certains états, il le juge doué de propriétés correspondantes. De même, quand le philosophe observe l'âme qui aime, pense, conçoit, se résout, il s'assure qu'elle a la faculté de penser, concevoir, aimer, se résoudre, etc.

Cependant il existe entre l'observation sensible et l'observation intérieure une différence capitale qui mérite d'être signalée. Le physicien n'aperçoit pas les propriétés des corps ; il les induit des phénomènes ; elles sont pour lui les causes inconnues d'effets connus. Si, par exemple, il voit l'aimant attirer le fer, il ne peut se dispenser d'attribuer une cause à ce fait ; mais, bien qu'il donne à cette cause un nom particulier, il la connaît si peu, qu'il ignore si elle ne se confond pas avec l'électricité. Dans la vie morale, au contraire, l'effet et la cause nous sont révélés simultanément. Nous ne concluons pas l'existence de la faculté de la vue de ses opérations : nous saisissons à la fois les deux termes par une perception directe et instantanée du sens intime. Au moment où je pense, je n'ai pas seulement conscience de ma pensée ; au moment où je veux, je n'ai pas seulement conscience de ma volition ; j'aperçois du même regard la cause qui veut et le sujet qui pense ; et me reconnaissant moi-même dans ce sujet, dans cette cause, je l'appelle *je* ou *moi*.

Que l'âme possède trois facultés.

Puisque toutes les opérations de l'âme peuvent se partager en faits sensibles ou *sentiments*, faits intellectuels ou *pensées*, faits volontaires ou *actions*, l'âme possède trois facultés élémentaires : la *sensibilité* ou faculté de sentir, l'*entendement* ou pouvoir de connaître, la *volonté* ou pouvoir d'agir.

Condillac regarde toutes les facultés de l'âme comme des sensations transformées. Nous commençons, dit-il, par sentir, et cette première impression, en se développant, devient l'attention, la comparaison, le jugement, la réflexion, l'imagination, le raisonnement, le désir, la volonté, à peu près comme le grain de blé, broyé par la meule, se convertit en farine, puis en pain[1].

Comment Condillac n'a-t-il pas vu que la volonté n'est pas le désir, puisque souvent elle le combat, et que la sensation n'explique pas la pensée, puisque la pensée a le pouvoir de s'élever au-dessus des sens?

D'autres se gardent bien de confondre la capacité de sentir et l'activité; mais ils méconnaissent la vertu propre et originale de l'entendement. Suivant eux, les idées sont des sentiments que l'opération des facultés actives a rendus distincts.

Cette théorie, sans doute, n'est pas aussi erronée que celle de Condillac; mais elle procède de la même source, l'esprit de système, et une fausse recherche de l'unité, qui égare les esprits les plus circonspects, en les poussant à substituer des hypothèses au témoignage de la conscience.

Les pouvoirs de l'âme diffèrent comme les opérations qui y correspondent. De même qu'on ne peut pas rame-

---

1. *Logique*, 1ʳᵉ partie, vii et viii.

ner la pensée à la volition, ni la volition au sentiment, de même on ne saurait confondre l'activité avec l'intelligence, ni l'intelligence avec la sensibilité.

Mais quelles que soient leurs différences, les facultés sont unies par les liens les plus étroits. Jamais leur développement n'a lieu d'une manière isolée. Tantôt, il faut en convenir, la pensée l'emporte, comme dans la méditation; tantôt le sentiment, comme dans la passion; tantôt la volonté, lorsque nous luttons avec énergie pour écarter un obstacle. Mais soit qu'elle se plonge dans la méditation de la vérité, soit qu'elle s'abandonne à toute l'ardeur de la passion, soit enfin qu'elle déploie toutes les ressources de son activité, l'âme est toujours tout entière présente à elle-même; et il n'est pas une circonstance de la vie où elle ne sente, où elle ne connaisse et où elle n'agisse à quelque degré.

De là résultent la mutuelle dépendance et l'action réciproque de nos facultés vis-à-vis l'une de l'autre. La sensibilité modifie de mille manières l'intelligence, qui la modifie à son tour, et toutes deux pressent la volonté qui réagit sur elles, et tantôt les comprime, tantôt les développe. Le résultat de ce jeu à la fois simple et varié, c'est l'accomplissement de la destinée humaine. Par la sensibilité, nous sommes poussés vers nos fins; par l'intelligence, nous les comprenons; par l'activité, nous y marchons.

CHAPITRE III

DE LA SENSIBILITÉ. — DES SENSATIONS. — DES SENTIMENTS.

Tous les pouvoirs de l'âme se supposent mutuellement; aussi, quand, au début de la vie, la sensibilité entre en exercice, elle est accompagnée d'un vestige d'intelligence et d'activité. Mais c'est elle qui, la première de nos facultés, atteint la plénitude de son développement. Pendant l'enfance, le cercle de nos idées est singulièrement borné, l'énergie de nos pouvoirs actifs a peu d'intensité; mais notre âme connaît déjà la joie, la tristesse, l'aversion, la colère, la crainte, et la plupart des émotions qui l'agiteront dans la suite.

De la sensation.

Le fait le plus saillant de la sensibilité est la *sensation*, c'est-à-dire ce qui se passe en nous à la suite de l'impression des choses extérieures sur nos organes.

Négligeons le côté purement physique du phénomène, et bornons-nous à considérer la part que l'âme peut y revendiquer.

Analyse des sensations.

La sensation met l'âme en rapport avec les objets extérieurs de cinq manières différentes, qui correspondent aux cinq sens, le *toucher*, la *vue*, l'*ouïe*, l'*odorat*, le *goût*.

Par le toucher, nous éprouvons les sensations de la résistance, de l'étendue, de la forme et de la température des corps. Par la vue, nous avons la sensation de la couleur ou plutôt de l'étendue colorée; par l'ouïe, celle des sons; par l'odorat, celle des odeurs; par le goût, celle des saveurs.

Ces différentes sensations n'ont pas lieu en général isolément. Tous les sens entrent à la fois en exercice et reçoivent les impressions simultanées de toutes les qualités sensibles des corps. Il en résulte entre les sens comme un échange de données qui permet de substituer l'un à l'autre dans la perception des objets extérieurs. Les notions de l'impénétrabilité, de la forme réelle et de la distance, acquises par les impressions du toucher, se combinent avec les perceptions visuelles, celles-ci avec les perceptions de l'ouïe, les sensations de l'odorat avec celles du goût, et elles se servent mutuellement de signes. La couleur jaune de l'or rappelle qu'il est, après le platine, le plus pesant des métaux; le son d'une cloche indique son éloignement ou sa proximité; la saveur d'un fruit fait songer à sa forme. Ni le sens de l'ouïe n'entend les distances, ni le sens de la vue ne voit la pesanteur des corps, ni le goût ne savoure les formes, ni le tact ne touche la couleur ou les sons; mais l'esprit juge, s'il entend un son, la distance à laquelle ce son est produit; s'il voit une apparence colorée, la dureté ou la mollesse du corps qui se présente à nos yeux; s'il touche une surface, la couleur dont elle est peinte.

On aperçoit aisément dans les faits que nous venons d'analyser la présence de deux éléments, l'un intellectuel, l'autre sensible, dont le premier étouffe le second, puisque le résultat final est une perception. Il y a des perceptions que chaque sens nous fournit par lui-même; il y en a d'autres que nous devons au concours de plusieurs sens aidés de la mémoire. Les premières ont été appelées perceptions *naturelles* ou *originelles*, et les secondes, perceptions *acquises* ou *habituelles*. Celles-ci, comme on l'a souvent remarqué, sont moins des perceptions que des jugements qui accompagnent la sensation. C'est à elles qu'il faut rapporter toutes les erreurs communément attribuées aux sens. Les sens, chacun dans sa sphère, ne nous trompent pas ; c'est l'esprit qui se trompe lui-même en interprétant mal leur langage. Quand, par exemple, un bâton est plongé dans l'eau, la forme brisée qu'il présente à nos yeux est la suite des lois de la réfraction de la lumière. L'erreur ne vient donc pas de la vue, mais de l'esprit qui croit par habitude que ce bâton, qui paraît rompu, l'est effectivement.

Des sentiments.

Mais la sensation n'est pas l'unique phénomène qui dépende de la sensibilité, et il se produit dans notre âme beaucoup de faits sensibles auxquels le mot de *sensation* ne saurait être appliqué, et qui reçoivent en général celui de *sentiment*, par exemple : le sentiment des proportions, de l'harmonie, de l'ordre et de la beauté, le sentiment du bien et du mal, celui du devoir et de la vertu, le sentiment du respect et de l'admiration, l'amour, la haine, la crainte, l'espérance. Nous entrons ici dans un ordre de phénomènes nouveaux, où la sensibilité se manifeste sous les points de vue les plus variés, tantôt éclairée par les conceptions de la raison, comme dans le sentiment si élevé et si pur qui accompagne le spectacle de la beauté et de la vertu ; tantôt avec sa puissance affective, avec sa capacité de jouir et de souffrir, d'aimer et de haïr. Etudiée à ce dernier point de vue, elle offre à nos recherches toute une série de faits dans lesquels sans doute elle n'intervient pas seule, mais où elle joue le principal rôle : ce sont nos plaisirs et nos peines, quelquefois réunis sous le nom d'*émotions*, nos inclinations, nos passions.

Plaisirs et peines, inclinations et passions de l'âme.

Lorsque l'objet en présence duquel l'âme se trouve l'affecte agréablement, que se passe-t-il en elle ? Elle ressent du *plaisir* et de la *joie*; elle *aime* cet objet, elle le *désire*, elle l'*espère*, elle le *regrette*.

Si l'objet est pénible, l'âme *souffre*, elle *s'inquiète*; elle éprouve de la *haine*, de l'*aversion*, de la *crainte* ou le sentiment de la *sécurité*.

S'il s'agit enfin ou d'un bien difficile à obtenir ou d'un mal difficile à écarter, l'âme fait effort sur elle-même; elle s'anime, elle s'irrite ; et de là naissent l'*audace*, la *hardiesse*, le *courage* et la *colère*.

Tel est dans l'âme le contre-coup qui suit la rencontre des objets agréables ou désagréables. Elle s'agite, elle *pâtit* sous cette impression. De là le nom de *passion*, donné à cet ensemble de faits.

Outre les passions que nous venons d'indiquer, il y a encore la *honte*, l'*envie*, l'*émulation*, l'*admiration*, et quelques autres semblables; mais elles se rapportent aux premières.

Ainsi « la *honte*, dit Bossuet, est une tristesse ou une crainte d'être exposé à la haine ou au mépris pour quelque faute ou pour quelque défaut naturel, mêlée avec le désir de le couvrir ou de nous justifier. L'*envie* est une tristesse que nous avons du bien d'autrui, et une crainte qu'en le possédant il ne nous en prive, ou un désespoir d'acquérir le bien que nous voyons déjà occupé par un autre, avec une forte pente à haïr celui qui nous semble nous le détenir. L'*émulation*, qui naît en l'homme de cœur quand il voit faire aux autres de grandes actions, enferme l'espérance de les pouvoir faire, parce que les autres les font, et un sentiment d'audace qui nous porte à les entreprendre avec confiance.

« L'*admiration* et l'*étonnement* comprennent en eux ou la joie d'avoir vu quelque chose d'extraordinaire et le désir d'en savoir les causes, aussi bien que les suites, ou la crainte que sous cet objet nouveau il n'y ait quelque péril caché, et l'inquiétude causée par la difficulté de le connaître : ce qui nous rend comme immobiles et sans action ; c'est ce que nous appelons être étonné[1]. »

Il y a donc au fond du cœur de l'homme des passions principales qui sont la source de toutes les autres, et il y en a de secondaires. Quand on pousse l'analyse à ses dernières limites, les seules passions qui paraissent irréductibles et vraiment simples sont le plaisir et la peine, l'amour et l'aversion. Toutes les autres sont complexes et supposent l'opération simultanée de la sensibilité et de l'intelligence. Considérons, par exemple, la crainte et l'espérance. Qu'est-ce qu'espérer? C'est croire qu'on obtiendra un bien qu'on désire. Qu'est-ce que craindre? C'est croire à la présence prochaine d'un mal que l'on redoute. C'est donc à la fois sentir et connaître : le sentiment est accompagné d'une conception, d'un jugement, qu'il éveille et qui sert à le compléter.

Chacun de nous a pu remarquer la liaison étroite qui existe entre l'amour et le plaisir. Un objet ne nous fait jamais plaisir que nous ne l'aimions, et nous ne l'aimons jamais qu'il ne nous fasse plaisir. Cependant, bien que les deux phénomènes s'accompagnent, ils n'ont pas une égale importance. L'amour est le fond même de la sensibilité. « Otez l'amour, a dit Bossuet, il n'y a plus de passions ; et posez l'amour, vous les faites naître toutes. » Qu'est-ce que le plaisir comparé à l'amour? L'amour est l'aspiration et comme l'élan naturel de l'âme vers les biens pour lesquels Dieu l'a créée et que la vie se

---

1. *De la connaissance de Dieu et de soi-même*, ch. 1ᵉʳ, § 6.

passe à poursuivre. Le plaisir n'est qu'un phénomène accessoire et secondaire, qui tire toute sa valeur de son rapport avec les biens mêmes dont il accompagne la possession commencée ici-bas. Par une sage et bienveillante disposition du Créateur, la première récompense de la vertu est le contentement qu'elle fait éprouver à celui qui la pratique ; mais c'est la vertu qui est le but suprême et non pas cette jouissance qui vient après et qui s'évanouit dès qu'on la recherche pour elle-même. On voit par là dans quelle erreur sont tombés les philosophes qui ont regardé le plaisir comme la fin dernière de l'homme : ils se sont arrêtés à la surface, au signe extérieur, à l'accident ; ils n'ont pas atteint la substance et le fond même de la vie. On voit aussi combien s'abusent les âmes, captives de leurs sens, qui ne rêvent que la volupté ; elles ne peuvent obtenir quelques joies éphémères, qu'en sacrifiant le bonheur, qui est la destinée accomplie.

Classification des penchants de l'âme humaine.

Dès que la sensibilité est mise en rapport avec les objets, source de ses plaisirs et de ses peines, elle se décompose en un certain nombre d'instincts ou de penchants qui peuvent se ramener à cinq classes principales :

1° Penchants corporels ou *appétits*, qui tirent leur origine du corps et qui nous sont communs avec les bêtes, comme la faim et la soif. Ils ont pour caractères d'être intermittents, de déterminer en nous une sensation douloureuse quand ils ne sont pas satisfaits, de s'apaiser, quand ils le sont, puis de reparaître avec la même énergie, après un intervalle plus ou moins long.

2° Penchants intellectuels ou *désirs :* par exemple le désir de connaissance, ou curiosité, le désir de pouvoir, ou ambition, l'amour des arts, etc. ;

3° *Affections*, comme l'amour, l'amitié, la tendresse

maternelle et filiale, le patriotisme, la reconnaissance, la pitié;

4° Sentiments *moraux*, l'amour du bien, les plaisirs de la conscience, le remords, etc.;

5° Sentiments *religieux*, l'amour de Dieu, la piété, etc.

Nous n'insisterons pas sur les penchants corporels, essentiellement mêlés à la vie organique et contribuant à l'entretenir.

Parmi les penchants qui ne viennent pas du corps, les uns sont *originels*, l'âme les apporte en naissant; les autres sont *acquis*.

Les penchants originels dépendent de la constitution de l'homme : aussi se retrouvent-ils chez tous les individus, à quelque nation que ces individus appartiennent et quelle que soit la position où ils vivent. Dès les premières années de l'existence on les voit se manifester; ils se développent dans la jeunesse et l'âge mûr, et subsistent jusque dans la plus extrême vieillesse. C'est en vain qu'on essayerait d'en rendre raison et d'expliquer, comme l'ont voulu quelques philosophes, par un calcul d'intérêt, par la prévision de certains avantages, les actes auxquels ils nous poussent. Ils devancent la réflexion et le calcul; et tout ce que l'on en peut dire, c'est que nous les éprouvons parce que nous sommes ainsi faits. Le rôle de la volonté n'est donc pas tant de les étouffer, que d'en prévenir la déviation, de les contenir, et de les modérer.

Au nombre de ces désirs primitifs et innés figurent la curiosité, l'ambition et la sympathie ou amour de nos semblables. Il n'est pas un homme, en effet, qui n'ait en lui-même l'amour de la vérité et que l'ardeur de la connaître ne pousse mille fois dans sa vie à se poser ces inévitables questions, familières même au premier âge: « Comment? Pourquoi? » Il n'en est pas un qui reste insensible à la possession et à l'exercice du pouvoir, depuis le monarque absolu qui dispose de la vie et de la fortune de ses sujets, jusqu'au laboureur qui tourmente la terre, jusqu'à l'enfant qui brise par caprice les objets de ses plaisirs. Il n'est pas un homme, enfin, qui ne se plaise au commerce de ses semblables, et pour qui la solitude ne soit une cause de tristesse et d'affliction profonde. De là les progrès des sciences qui ont été cultivées et honorées chez tous les peuples; de là les conquêtes de l'industrie dans cette lutte perpétuelle que l'homme soutient contre la nature physique, afin de l'asservir et d'améliorer notre condition terrestre; de là enfin la société humaine et toutes les institutions qui s'y rattachent.

Les penchants que nous avons appelés *acquis* ont en général pour objet tout ce qui nous aide à atteindre les fins de nos penchants originels. Par exemple, nous n'avons originellement reçu aucune inclination pour les richesses, et il importe peu à notre nature morale que nous possédions une quantité plus ou moins lourde de ces deux métaux qui s'appellent l'or et l'argent. Mais les richesses nous assurent de nombreuses jouissances que le pauvre ne connaît pas; on commence par les rechercher à ce titre, en souvenir des avantages qu'elles procurent; puis on finit par les confondre avec les véritables biens et par les désirer pour elles-mêmes; et c'est ainsi que croît peu à peu la passion de l'avarice.

Il est aisé de conclure de là que les penchants secondaires ne présentent pas les mêmes caractères que ceux qui sont originels. D'abord, ils n'ont pas leurs racines dans la constitution de l'homme, mais dans un fait ultérieur, dans une liaison d'idées qui suppose l'expérience, trop souvent dans un préjugé de l'entendement ou dans une aberration de la volonté. Secondement, ils ne sont pas universels, mais particuliers; ils sont le propre d'une nation, d'une famille, d'un individu, quelquefois d'une époque; ils ne se trouvent pas chez les autres individus, les autres familles, les autres nations. Est-il nécessaire d'ajouter qu'ils varient et se multiplient avec la foule des situations où chacun de nous peut être placé, avec les liaisons d'idées qu'il peut former? De là résulte cette prodigieuse diversité de goûts et d'inclinations qui se remarque entre les hommes, bien que tous aient la même destinée et les mêmes tendances originelles.

Un point digne de remarque, c'est que les penchants qui se rapportent à la vie de l'âme sont de leur nature inépuisables, insatiables. Vainement nous les jugerions comblés par la possession de l'objet qu'ils poursuivaient le plus ardemment; apaisés pour quelques heures, ils ne tardent pas à chercher de nouvelles satisfactions, aussi vaines et aussi fugitives que les premières. Quel est l'ambitieux entouré d'honneurs et de gloire, quel est le savant riche des dons du génie et des fruits de l'étude, qui ne soient mécontents, l'un de sa science, l'autre de son autorité, et qui ne rêvent un sort meilleur? De même que l'intelligence porte en soi l'idée de l'infini, de même il semble que l'infini soit le premier besoin de la sensibilité, puisque nul objet borné ne peut remplir le vide immense de notre âme. Un fait pareil, fût-il isolé, démontrerait invinciblement les hautes destinées qui attendent l'humanité, et que les misères de cette vie ne lui permettent pas d'accomplir.

Des mauvais penchants.

Mais naturellement portée, comme elle est, vers la vérité et le bien, d'où vient que l'âme se plonge, avec une si déplorable facilité, dans tous les excès du vice? Comment se fait-il que, se détournant du bien qu'elle connaît et qu'elle aime, elle opère le mal dont elle a horreur? A côté des penchants honnêtes, y a-t-il donc chez l'homme des inclinations dépravées qui le poussent à l'oubli de la règle et du devoir? Quel est enfin ce mélange de grandeur et de bassesse, de misère morale et d'héroïsme, qui est tout le fond de notre nature, et qui permet de la comparer à un édifice ou inachevé ou ruiné? Ces contradictions surprenantes du cœur humain, qui avaient frappé l'antiquité elle-même, ont été relevées par plusieurs apologistes de la religion chrétienne comme un des indices de la déchéance originelle.

CHAPITRE IV

L'INTELLIGENCE. — ACQUISITION DE LA CONNAISSANCE. DONNÉES DE LA CONSCIENCE ET DES SENS.

Parmi les opérations de l'âme humaine, il n'en est pas de plus importante que la pensée, terme général sous lequel on comprend nos jugements, souvenirs, raisonnements, perceptions, les découvertes du savant, les inspirations de l'artiste, les croyances générales de l'humanité.

Puisque l'homme pense, il a une faculté de penser. C'est cette faculté qui a été diversement appelée *intelligence, entendement, raison*.

Le domaine où se déploie l'intelligence est aussi vaste que la réalité. Elle se connaît d'abord elle-même; elle connaît l'âme dont elle est le pouvoir, et tous les états et opérations de l'âme. Elle connaît en second lieu le monde matériel; elle contemple la multitude innombrable des corps, leurs propriétés si différentes et leurs lois. Enfin, au delà des choses individuelles et passagères, elle découvre les vérités universelles et immuables; elle conçoit le temps et l'espace illimités, la cause et la substance absolues, les règles éternelles des proportions, la beauté, la justice, et, par-dessus toutes les autres vérités, l'être infini, centre de la perfection, source de l'existence, Dieu.

Les pouvoirs auxquels l'entendement doit cette variété surprenante de connaissances ont appelé en tout temps les recherches des philosophes, qui ont mis leur principal soin à les décrire avec exactitude. Ils peuvent se ramener aux facultés suivantes : la *conscience*, la *perception extérieure*, la *raison*, l'*attention*, la *comparaison*, l'*abstraction*, la *généralisation*, le *raisonnement*, la *mémoire*, l'*imagination* et la *raison*.

Par la *conscience*, la *perception extérieure*, l'entendement reçoit, pour ainsi dire, la première impression de la vérité et acquiert ses premières connaissances.

Par la *mémoire*, il les conserve et les rappelle ; par l'*imagination*, il les combine et conçoit des objets qui n'existent pas dans la nature.

Par l'*attention*, l'*abstraction*, la *généralisation*, le *raisonnement*, il les élabore, les modifie et les étend.

Nous devons enfin à la plus haute de nos facultés, à la *raison*, certaines notions premières qui sont les principes directeurs de la connaissance, et qui introduisent l'âme dans une région supérieure à l'expérience.

Acquisition de la connaissance.—De la conscience ou perception intime.

Nous avons vu que la conscience est le pouvoir que nous avons de nous connaître. Elle nous instruit : 1° des états et des opérations de notre âme ; 2° de ses facultés, et particulièrement de sa faculté permanente de vouloir ; 3° de l'existence et des attributs fondamentaux de la personne humaine, savoir : la simplicité et l'identité. La conscience sert par là même d'origine à plusieurs idées importantes qui ne sauraient dériver de la sensation. En nous apprenant que notre âme est active, elle nous donne l'idée de cause ; en nous apprenant qu'elle est une, elle nous donne l'idée d'unité ; en nous apprenant qu'elle est identique, c'est-à-dire qu'elle ne change ni ne varie, elle nous donne la notion d'identité.

Comme nous l'avons vu aussi, le témoignage de la conscience est d'abord confus et obscur ; mais il s'éclaircit par ce retour volontaire de l'âme sur elle-même, qui est la *réflexion*. Le propre de la réflexion est de rendre plus distinctes et plus claires les notions qui viennent de la conscience. Elle est l'instrument nécessaire de la science de l'homme ; car elle aide à discerner les moindres nuances de la vie intérieure ; mais, comme au lieu d'embrasser la réalité tout entière, elle n'en saisit généralement qu'une partie, c'est à son insuffisance qu'il faut attribuer la plupart des erreurs des philosophes.

Entre les connaissances incomplètes sans doute, mais nettes et précises que nous devons à la conscience réfléchie, et les premières et obscures perceptions de la conscience spontanée, il y a une série d'états intermédiaires, qui après avoir marqué le début de l'existence, reparaissent dans tout son cours. Nous avons déjà signalé la faible conscience qui accompagne nos actes habituels. La conscience est également assoupie dans l'ivresse, la folie et le rêve, dans le travail de la méditation, et dans le désordre d'une passion violente qui fait que l'âme s'oublie et en quelque sorte ne se connaît plus. Leibniz, un des premiers, a signalé ces défaillances du sens intime, qui ne laissent de place qu'à de sourdes perceptions, et qui sont si fréquentes même dans l'âge mûr. Beaucoup de philosophes ont eu le tort de les négliger ; mais une erreur en sens contraire, et bien autrement grave, s'est produite de nos jours. Qui croirait qu'un écrivain allemand, dont les doctrines font à cette heure quelque bruit, a pu donner la première place, non seulement dans la science de l'homme, mais dans la science de l'univers, à ce qu'il appelle l'*inconscient*, c'est-à-dire à une pensée qui ne se connaît pas et à une activité qui s'ignore ; ce qui revient à nier la sagesse de Dieu et à soumettre le monde des esprits comme celui des corps aux lois d'un aveugle destin ?

La conscience a cela de propre qu'elle accompagne toutes les autres facultés de l'esprit, à la différence de ces facultés elles-mêmes, dont on pourrait dire qu'elles s'exercent isolément, si l'âme n'était pas tout entière dans chacune de ses opérations. Je puis sentir sans percevoir, percevoir sans me souvenir, me souvenir sans imaginer ; un de ces actes ne suppose pas nécessairement l'autre. Mais je ne puis absolument pas sentir, ni percevoir, ni me souvenir, sans avoir, à quelque degré, conscience que je perçois, que je sens, que je me souviens, de même que je ne puis avoir conscience, sans que j'aie conscience de quelque acte. C'est que la conscience n'est pas un pouvoir spécial de l'entendement, mais la forme même de la vie intellectuelle, et la condition de l'exercice des autres facultés.

De la perception extérieure.

Par *perception extérieure* ou *externe*, les philosophes entendent généralement soit la connaissance que nous avons du monde extérieur, soit les facultés au moyen desquelles nous acquérons cette connaissance.

La notion de l'extériorité, ce fait si ordinaire et en apparence si simple, est un des points qui ont occupé le plus souvent les philosophes. Parmi les nombreux systèmes inventés pour en rendre compte, nous citerons :

1° L'hypothèse des *idées représentatives*, d'après laquelle nous ne connaissons les corps que par l'intermédiaire de certaines idées ou images qui les représentent. Inventée par Démocrite, développée par Épicure et Lucrèce, cette hypothèse a trouvé des partisans jusque dans les temps modernes.

2° La théorie de la *vision en Dieu*, due à Malebranche, qui considère l'intelligence divine comme le centre, ou plutôt comme le miroir, dans lequel nous apercevons toutes choses.

3° Le système de la *sensation transformée* de Condillac, qui prétend que les objets extérieurs ne sont pour nous que nos propres sensations, dont nous nous dépouillons pour les en revêtir.

4° La doctrine de l'école écossaise, dont le chef Thomas Reid, après avoir réfuté, par d'excellents arguments, la théorie des idées-images, a donné une analyse exacte de la perception, et l'a rattachée à une faculté spéciale, à une loi primitive de l'esprit humain.

Toutes ces théories, si l'on en excepte celle de Reid, sont désavouées par la conscience, et ouvrent des voies à un dangereux scepticisme. Car si, d'une part, nous ne connaissons pas les corps en eux-mêmes, qui nous répond, non pas seulement qu'ils sont semblables à nos idées, mais encore qu'ils existent? Si, d'une autre part, ils ne sont que nos propres sensations, comme le veut Condillac, que devient la différence de l'homme et de la nature, de la pensée et de ses objets, de l'esprit et de la matière?

La doctrine de l'école écossaise, plus sage, plus fidèle, laisse peut-être à désirer sous le rapport de la profondeur; elle décrit le phénomène plutôt qu'elle ne l'explique.

Si nous voulons réunir les éléments d'une meilleure théorie et déterminer la part exacte des différents pouvoirs de l'esprit dans l'acquisition de l'idée de corps, il est nécessaire que nous revenions sur l'analyse des données de chaque sens.

Le toucher, le plus important des sens, nous fait connaître par lui-même la résistance, l'étendue, la forme, la température des corps. Aidé de la mémoire, il nous instruit des rapports de forme, d'étendue, de résistance, de température; il nous fait connaître la position et l'éloignement des différents corps; enfin, aidé du raisonnement, il peut se substituer à la vue dans la perception de la forme visible.

La vue, par elle-même, ne nous découvre que l'étendue colorée, ainsi que l'ont démontré plusieurs expériences faites sur des aveugles opérés de la cataracte. Mais dès que la vue vient à être aidée du tact, de la mémoire et de l'induction, son domaine ne tarde pas à s'étendre. Les notions de l'impénétrabilité, de la forme réelle, de la distance, etc., acquises par le toucher, se combinent, comme nous l'avons dit plus haut, avec les perceptions visuelles; la mémoire nous rappelle les premières à l'occasion des secondes; et l'induction gravant et fortifiant ce souvenir, aussitôt qu'une apparence colorée est venue frapper nos regards, nous arrivons à juger qu'il existe des corps, et que ces corps sont à telle distance de nous, et qu'ils possèdent telles propriétés.

Il en est de l'ouïe comme de la vue; par elle-même, elle ne nous fait connaître que les sons; mais avec le secours du tact et des autres facultés que nous avons nommées, son domaine s'étend d'une manière à peu près indéfinie. Elle devient une faculté d'autant plus précieuse pour l'esprit, qu'elle est la condition du langage oral, c'est-à-dire de la parole.

Comme l'ouïe et la vue, de même le goût et l'odorat ne sont arrivés que plus tard à nous instruire de l'existence des corps; primitivement, ils ne nous révélaient que l'odeur et la saveur.

Il est aisé de voir, par l'analyse des perceptions de nos sens, quel est celui de tous à qui nous devons la première idée de corps et de matière. Un corps est une substance douée de propriétés nombreuses, partagées par plusieurs philosophes en deux classes : les propriétés *primaires* et les propriétés *secondaires*. Les propriétés primaires sont celles qui entrent comme élément indispensable dans la conception de la substance matérielle, et sans lesquelles cette substance ne saurait exister pour l'esprit; on en distingue trois : la solidité ou impénétrabilité, l'étendue, et la figure ou forme. Les qualités secondaires peuvent au contraire se séparer des corps, au moins par la pensée, et alors même que l'esprit ne les conçoit pas, il ne laisse pas que de pouvoir acquérir l'idée de matière. Telle est la couleur, qualité générale, sans contredit, et qui cependant échappe à l'aveugle, bien qu'il ne soit pas privé pour cela de la connaissance du monde sensible. Telle est la sonorité que le sourd ne connaît pas, ce qui ne l'empêche nullement d'avoir une idée très nette de la substance corporelle. Il en est de même de beaucoup d'autres qualités comme l'odeur, la saveur, la pesanteur. Ceci posé, la question de savoir comment l'esprit a formé la notion de corps peut s'énoncer de la manière suivante : Comment, dès l'origine, avons-nous connu la solidité, l'étendue et la figure ? Or, c'est le tact seul qui nous a fait connaître ces qualités, la première fois que notre main a rencontré un objet matériel. C'est donc le tact, et le tact seul entre tous les sens, qui est l'origine de l'idée de matière et de corps.

Mais l'analyse peut être poussée plus avant. Lorsque ma main touche un corps, si les impressions produites simultanément sur l'organe par tous les points de la surface de ce corps n'arrivaient pas jusqu'à l'âme, et ne retentissaient pas, pour ainsi dire, dans la conscience, le phénomène de la sensation ne s'accomplirait pas. D'autre part, si je ne réagissais pas contre la sensation, ou si connaissant, par mon effort même, qu'elle ne vient pas de moi, je ne la rapportais pas à une cause étrangère à moi, elle resterait un signe obscur et vain, qui ne m'apprendrait rien de l'existence des corps. Les pures impressions du tact ne suffisent donc pas pour former la notion d'extériorité, et il faut y joindre la conscience, l'activité volontaire et l'idée de cause, qui donnent le dernier coup et impriment en quelque sorte la marque de l'intelligence aux données grossières de la sensibilité.

Après avoir parlé de la conscience et de la perception extérieure, nous aurions à nous occuper de la raison, cette faculté sublime qui nous révèle des vérités immuables et nous fait pour ainsi dire entrer en commerce avec Dieu même; mais nous aurons l'occasion de revenir plus utilement sur ce grave sujet, lorsque nous traiterons des principes directeurs de la connaissance.

CHAPITRE V

SUITE DU PRÉCÉDENT. — CONSERVATION ET COMBINAISON DE NOS CONNAISSANCES. — MÉMOIRE. — ASSOCIATION DES IDÉES. — IMAGINATION.

Après avoir acquis par la conscience et la perception extérieure un certain nombre de connaissances, nous les conservons par la mémoire; nous les combinons par la puissance de l'imagination.

De la mémoire.

La *mémoire* est la faculté qui nous rappelle le passé. Fénelon a décrit dans un langage admirable le prodige de la mémoire :

« Je connais, dit-il, tous les corps de l'univers qui ont frappé mes sens depuis un grand nombre d'années : j'en ai des images distinctes, en sorte que je crois les voir, lors même qu'ils ne sont plus. Mon cerveau est comme un cabinet de peintures dont tous les tableaux se remueraient et se rangeraient au gré du maître de la maison. Les peintres, par leur art, n'atteignent jamais qu'à une ressemblance imparfaite : pour les portraits que j'ai dans la tête, ils sont si fidèles, que c'est en les consultant que j'aperçois les défauts de ceux des peintres, et que je les corrige en moi-même...

« Je me souviens distinctement, continue Fénelon,

d'avoir connu ce que je ne connais plus ; je me souviens de mon ou blimême ; je me rappelle les portraits de chaque personne en chaque âge de la vie où je l'ai vue autrefois. La même personne repasse plusieurs fois dans ma tête : d'abord je la vois enfant, puis jeune, et enfin âgée. Je place des rides sur le même visage où je vois, d'un autre côté, les grâces tendres de l'enfance : je joins ce qui n'est plus avec ce qui est encore, sans confondre les extrémités. Je conserve un je ne sais quoi, qui est tour à tour toutes les choses que j'ai connues depuis que je suis au monde. De ce trésor inconnu sortent tous les parfums, toutes les harmonies, tous les goûts, tous les degrés de lumières, toutes les couleurs et toutes leurs nuances, enfin toutes les figures qui ont passé par mes sens et qu'ils ont confiées à mon cerveau[1]. »

La mémoire ne peut nous rappeler le passé qu'autant qu'elle a recueilli nos connaissances à mesure de leur formation, et qu'elle en a formé le dépôt. Elle comprend deux faits élémentaires : 1° la conservation des idées; 2° leur reproduction ou rappel. Le premier de ces faits échappe à l'observation. Où et comment les idées se conservent-elles ? La conscience est muette à cet égard. Le second fait peut, au contraire, aisément s'observer.

Il nous arrive souvent de ne pas reconnaître nos anciennes idées quand elles se reproduisent. Ainsi le rêveur et l'artiste ne s'aperçoivent pas que les perceptions qu'ils ont eues autrefois, leur ont fourni, à l'un tous les éléments de sa rêverie, à l'autre tous les traits dont il compose ses tableaux. Cette reproduction d'une idée, sans la conscience que nous l'avons eue antérieurement, s'appelle proprement *conception*. Lorsque la conception est accompagnée de la reconnaissance de son objet, elle se transforme et devient le *souvenir*, qui est par excellence l'acte de la mémoire. Nous nous souvenons toutes les fois

---

1. *Traité de l'existence de Dieu.* Ire partie, chap. II.

que nous nous retraçons une chose ou un fait passé, en nous disant qu'il est passé.

Analyse du souvenir.

Le souvenir comprend trois éléments : 1° la persuasion de l'existence passée de l'objet qu'on se rappelle ; 2° la notion de la durée qui s'est écoulée depuis que cet objet a frappé pour la première fois la vue ; 3° celle de l'identité personnelle, c'est-à-dire la croyance que nous qui nous souvenons, et nous qui avons autrefois connu, nous sommes une seule et même personne.

La formation du souvenir suppose que nous avons accordé un certain degré d'attention à l'objet ; car, ainsi qu'on le verra plus loin, c'est une vérité d'expérience, que la mémoire laisse échapper la plupart des événements et des choses qui n'ont pas été gravées dans l'esprit par une forte et sérieuse application.

De l'association des idées.

Une autre condition nécessaire à la naissance du souvenir, c'est qu'il soit éveillé par un autre souvenir ou par une autre perception analogue.

Le philosophe anglais Hobbes assistait un jour à une conversation sur les guerres civiles qui désolaient l'Angleterre, lorsqu'un des interlocuteurs demanda combien valait le denier romain. Cette question inattendue semblait amenée par un caprice du hasard et parfaitement étrangère au sujet de l'entretien ; mais en y réfléchissant mieux, Hobbes ne tarda pas à découvrir ce qui l'avait suggérée. Par un progrès rapide et presque insaisissable le mouvement de la conversation avait amené l'histoire de la trahison qui livra Charles Ier à ses ennemis ; ce souvenir avait rappelé Jésus-Christ, également trahi par

Judas, et la somme de trente deniers, prix de cette dernière trahison, s'était offerte alors, comme d'elle-même, à l'esprit de l'interlocuteur.

Cette propriété que nos idées ont de s'appeler réciproquement, est connue sous le nom d'*association* ou de *liaison des idées*.

Pour peu qu'on observe avec attention la manière dont une idée est évoillée par une autre, il est manifeste que ce rappel n'est pas fortuit, mais qu'il tient aux rapports secrets de nos conceptions. Ces rapports sont aussi multipliés que les faces diverses sous lesquelles la réalité peut s'offrir à nous. Les uns, comme le temps, le lieu, la ressemblance, le contraste, le signe et la chose signifiée sont accidentels et en partie arbitraires ; les autres, comme les relations de la cause et de l'effet, des moyens et de la fin, du principe et de la conséquence, sont des rapports logiques, essentiels, nécessaires. Nous citerons quelques exemples des uns et des autres.

1º Une association d'idées fondée sur la simultanéité est ce qui rend les synchronismes si commodes dans l'étude de l'histoire. Deux faits qui ont eu lieu à la même époque se lient dans notre esprit, et le souvenir de l'un suggère l'autre. César fait penser à Pompée, François Ier à Léon X, Louis XIV aux écrivains célèbres que son règne a produits.

2º Une contrée rappelle les contrées limitrophes. Un paysage qui était oublié cesse de l'être, lorsque nous nous sommes retracé un de ses points de vue. Là est tout le secret de la mémoire dite *locale*. Qui ne sait aussi la vive émotion que produit sur l'âme la vue des lieux illustrés par de grands événements ou par de grands noms?

3º Le portrait d'un parent ou d'un ami que nous avons perdu a-t-il frappé nos regards, les vertus et l'affection de cette personne chérie se retracent dans notre âme, et renouvellent la douleur que nous a causée sa perte. Dans une autre sphère, la ressemblance est le principe de la métaphore, de l'allégorie et des jeux de mots. Une parité accidentelle de consonnance entre deux termes qui n'ont pas la même signification, inspire ces saillies si chères aux esprits légers.

4° Oreste, dans *Andromaque,* rend grâce au ciel de son malheur qui *passe son espérance.* Les poètes ont donné aux Furies le nom d'*Euménides* ou de bonnes déesses. La mer Noire, funeste aux navigateurs, était appelée chez les anciens, *Pont-Euxin* ou mer hospitalière. Ces antiphrases ou ironies, transitions d'une idée à l'idée opposée, sont l'effet d'une association fondée sur le contraste. Les pensées contraires ont la propriété de s'éveiller mutuellement, comme les pensées qui se ressemblent. La santé fait songer à la maladie, l'esclavage à la liberté, la guerre à la paix.

5° Chaque jour, dans la vie privée, l'œuvre nous rappelle l'ouvrier; le père nous rappelle les enfants, et les enfants leur père. La vue des effets éveille le souvenir de leurs causes; une fin accomplie, celui des moyens propres à l'accomplir, et réciproquement. Si j'aperçois des caractères et une presse, comment ne penserais-je pas qu'ils servent à imprimer?

6° Enfin ce qui prouve la fécondité de l'association qui s'établit dans la mémoire entre les principes et les conséquences, entre le signe et la chose signifiée, c'est que le premier rapport est la condition du raisonnement, et que le second est la condition du langage. Que l'esprit cesse d'avoir ses idées unies de manière qu'il découvre facilement le particulier dans le général et le général dans le particulier, que devient la faculté de raisonner? Qu'il nous soit interdit d'aller soit d'un sentiment ou d'une idée au mot qui les traduira, soit d'un signe quelconque aux secrètes pensées dont il est l'expression, que deviennent et le pouvoir de la parole et du geste, et l'art précieux de l'écriture?

Théories sur la mémoire et sur l'association des idées.

Les faits que nous venons d'exposer nous sont tellement familiers, que chacun a pu les observer en lui-même ; mais il est plus facile de les constater que de les expliquer. Celui qui pourrait dire à quoi tient cette propriété que nos idées ont de se reproduire et de se rappeler les unes les autres, celui-là aurait pénétré le mystère de la mémoire.

Il ne suffit pas, ou plutôt il ne sert à rien de dire que le rappel des idées est causé par le mouvement des esprits animaux, passant par les mêmes canaux qu'ils ont déjà traversés, comme le voulait Descartes, ou par un nouvel ébranlement de fibres nerveuses déjà ébranlées précédemment, comme le prétendent aujourd'hui beaucoup de physiologistes. Ces hypothèses qui subordonnent les phénomènes de la mémoire à ceux de l'organisation, n'expliquent nullement la nature du souvenir, ni comment je rapporte mes souvenirs à un objet passé, et mes perceptions à un objet présent, sans jamais confondre ces deux actes de mon esprit.

Une théorie plus spécieuse, disons mieux, plus profonde, considère le rappel des idées comme l'effet d'une loi plus générale qui pousse l'esprit de l'homme à répéter les mêmes actes, et quand un acte complexe a été commencé, à l'achever. Je revois les lieux que j'ai déjà vus ; à l'idée de ces lieux se trouve rattachée, dans une notion complexe, l'idée des grands hommes qui les ont habités : dès que l'une des idées comprises dans cette notion se présente à mon esprit, elle appelle aussitôt, elle excite l'autre idée qui complétera la notion totale Cette seconde idée à son tour en fait naître plusieurs qui ont fait partie avec elle du même groupe de pensées ; et ainsi nous parcourons de proche en proche toute la chaîne de nos connaissances. La veille, à cet égard, diffère du sommeil, en ce sens que durant la veille nos perceptions présentes nous avertissent que beaucoup de ces idées qui s'appellent l'une l'autre, ne correspondent pas actuellement à un objet réel ; durant le sommeil au contraire, ce correctif venant à manquer, nous sommes livrés aux illusions du rêve.

Peut-être cette théorie, qui a eu de nos jours quelque succès, analyse-t-elle plutôt qu'elle n'explique les phénomènes de la mémoire. Elle a, du moins, l'avantage de ne pas faire violence aux faits et de pousser l'analyse aussi loin qu'elle peut être conduite.

Importance de l'association des idées.

Quelle qu'en soit au reste l'origine, ces innombrables liaisons d'idées, condition nécessaire de nos souvenirs, ne sont pas importantes pour la mémoire seule, et leur empire s'étend à l'intelligence tout entière, soit qu'elles facilitent le jeu de la pensée, soit qu'elles contribuent à nous égarer.

Combien l'homme ne commet-il pas de méprises, dont le principe est une fausse liaison d'idées? Depuis la frayeur innocente de l'enfant qui, ayant associé l'idée de danger à celle de ténèbres, craint de se trouver seul dans l'obscurité, jusqu'à l'erreur coupable de celui qui croit son bonheur attaché à la mort de son ennemi, la plupart de nos préjugés et de nos superstitions n'ont pas d'autre source.

Mais il y a plus encore. Considérez ces liaisons que suggèrent la ressemblance, le contraste et les rapports de temps et de lieu. Ce sont elles qui font en partie le charme de la conversation où elles répandent la variété, la grâce et l'enjouement. Toutefois, quand on les cultive sans mesure, l'intelligence tombe bientôt dans une sorte de rêverie incohérente, où brillent des saillies heureuses, quelques éclairs d'imagination, mais qui flotte à l'aventure, sans unité et sans règles. Le désordre des pensées réagit sur les caractères; les sentiments sont versatiles; la conduite légère et inconséquente ; toutes les facultés s'affaiblissent ou s'égarent.

Il est, comme on l'a vu, d'autres associations plus étroites, qui supposent un effort systématique de l'attention : telles sont les liaisons fondées sur les rapports de cause à effet, de moyen à fin, de principe à conséquence. Elles engendrent à la longue la fatigue, et cet ennui, qui naît de l'uniformité; mais aussi, lorsqu'elles sont passées en habitude, elles donnent à l'esprit de l'empire sur lui-même et de la régularité. Il acquiert cette suite dans les idées et cette profondeur méthodique, d'où résulte l'aptitude aux sciences. Le caractère participe à la droiture du jugement; la conduite devient plus mesurée, les sentiments plus solides ; ce que la raison a gagné profite au cœur, pourvu qu'il sache se garantir de la sécheresse.

La conséquence pratique à tirer de là c'est que l'association des idées est, de tous les principes de notre nature, celui peut-être qui demande à être dirigé avec le plus de soin, surtout dans l'enfance et dans la jeunesse. Le triomphe de l'éducation est d'écarter les liaisons fausses et vicieuses, d'encourager, au contraire, et de fortifier celles qui peuvent contribuer à la rectitude de l'esprit et de la conduite.

Une école de philosophie que nous aurons trop souvent à combattre, ne se borne pas à reconnaître l'importance de l'association des idées : elle y voit une loi primordiale qui serait au monde spirituel ce que la gravitation est au monde physique, et qui suffirait à expliquer tous les sentiments du cœur, toutes les notions, même les plus élevées, de l'intelligence. C'est là une exagération manifeste. Que l'association des idées explique beaucoup de faits de la nature humaine, qui pourrait le contester ? Mais, pour peu qu'on observe de près les faits dont elle rend raison, comme certains penchants et certaines idées, on voit que ces penchants et ces idées supposent des idées, premières, des penchants primitifs, qui sont antérieurs à toute association, et qui constituent le fond même de l'âme humaine[1].

Influence de la volonté sur la mémoire.

Par l'effet de l'association des idées, nos souvenirs peuvent s'éveiller sans le concours de la volonté; mais dès qu'ils sont une fois nés, elle contribue de plusieurs manières à les modifier.

D'abord elle leur donne de la clarté et de la précision; sous son regard, ils se déterminent et deviennent plus exacts.

Puis, tandis qu'elle s'efforce de les éclairer, elle en suscite un grand nombre de nouveaux. Combien de dates ne s'offrent pas souvent à notre esprit avant qu'il ait retrouvé la date oubliée qu'il cherchait !

Enfin, ce qui a plus d'importance, la volonté peut, dans une certaine mesure, unir nos pensées selon les rapports qu'elle-même a choisis. Reid observe ingénieusement que nous en usons avec nos pensées comme un grand prince avec les courtisans qui se pressent en foule à son lever: il salue l'un, sourit à l'autre, adresse une question à un troisième ; un quatrième est honoré d'une conversation particulière ; le plus grand nombre s'en va comme il était venu: ainsi, parmi les pensées qui s'offrent à nous, plusieurs nous échappent, mais nous retenons celles qu'il nous plaît de considérer, et nous les disposons dans l'ordre que nous jugeons le meilleur. La volonté

---

1. Voyez, plus haut, ch. III, p. 34, et plus bas, ch. VII.

peut préférer un genre d'associations bizarres, mais faciles, à des liaisons plus régulières, mais aussi plus pénibles à former. Elle peut rechercher les analogies lointaines, les oppositions cachées, les rapports accidentels. Ce pouvoir de la volonté sur le souvenir a donné naissance à la *mnémotechnie*, qui est l'art de faciliter la mémoire en attachant nos souvenirs aux idées les plus propres à les rappeler.

De l'imagination.

L'imagination, au sens le plus général du mot, est la faculté de concevoir l'image ou idée d'un objet absent. Chez les Grecs elle se nommait φαντάσια, fantaisie, et ses produits, des φαντάσματα, fantômes, reflets, plus ou moins altérés, d'une sensation antérieure.

Tantôt l'image qui s'offre à notre esprit est la représentation d'un objet que nous avons vu autrefois, soit que nous le reconnaissions ou non pour l'avoir déjà vu, par exemple un monument que nous avons visité, un parent ou un ami que nous avons perdu, un événement dont nous avons été témoins ; tantôt elle nous représente un objet fictif, comme un cheval ailé, une montagne d'or, un géant.

Dans le premier cas, l'imagination se confond avec la mémoire, et les images qu'elle engendre, ou plutôt qu'elle reproduit, ne sont que des souvenirs qui affectent plus ou moins la sensibilité.

Dans le second cas, l'imagination suppose encore la mémoire comme nous le verrons tout à l'heure ; mais elle ne s'arrête pas au simple souvenir ; elle donne naissance à des conceptions qui lui sont propres, à des images qui sont autre chose que la représentation d'une réalité antérieurement connue.

Ainsi lorsque nous lisons dans l'*Iliade* la description du bouclier d'Achille, ou le récit des combats que les héros chantés par Homère se livrent sous les murs de Troie; lorsque Dante nous promène, en compagnie de Virgile, à travers les cercles de l'enfer; que Milton fait revivre pour nous les délices de l'Éden, ou que Michel-Ange nous retrace les scènes effrayantes du jugement dernier; enfin, lorsque l'Arioste et Cervantes nous racontent les aventures de leurs personnages, et que Swift nous fait pénétrer, à la suite de Gulliver, dans le pays des Lilliputiens: assurément ces tableaux divers nous transportent, bien au delà des bornes de la réalité, dans une région qu'aucune des facultés qui nous ont été données pour connaître le vrai n'est admise à parcourir; ils sont l'œuvre de l'imagination.

C'est surtout à ce dernier point de vue que nous étudierons l'imagination.

Que l'imagination ne crée pas.

Pour peu qu'on examine attentivement les produits les plus extraordinaires de l'imagination, il est facile de reconnaître qu'ils se composent d'éléments réels, diversement combinés; de sorte que le rôle de cette faculté consiste surtout à rapprocher les images, les notions et les souvenirs épars qu'elle a recueillis. Ainsi l'idée de *montagne d'or*, qui n'a pas son type propre dans la nature, résulte de la juxtaposition de deux idées très réelles, l'idée d'*or* et celle de *montagne*. Analysez les œuvres de la poésie, de la peinture et de la statuaire; dans les aventures les plus romanesques, dans les caractères les plus invraisemblables, dans les figures les plus impossibles, aussi bien que dans les tableaux et les récits qui paraissent le plus naturels, vous reconnaîtrez un assemblage de parties qui existent réellement en divers sujets, et que l'imagination recueille, associe et combine suivant ses propres lois.

Analyse de l'imagination.

L'imagination n'est donc pas, comme on pourrait le croire, un pouvoir élémentaire, mais une faculté complexe qui, dans son exercice, dépend de plusieurs autres. Quand on étudie avec soin sa nature et son mode d'action, on voit qu'elle est soumise à trois conditions principales : 1° la *mémoire* lui offre les matériaux sur lesquels son activité doit s'exercer ; 2° l'*abstraction* divise ces matériaux, isole un objet, une qualité, un trait, un détail de toutes les circonstances qui s'y rattachent dans la réalité ; 3° l'*association des idées* unit entre elles ces parties détachées, et permet à l'esprit d'en former, soit le corps d'un récit, soit un nouvel être fictif.

Mais l'imagination peut passer par deux états bien différents.

Tantôt abandonnée à elle-même, elle ne suppose rien au delà de ces trois opérations élémentaires ; tantôt elle comprend de plus la conception rationnelle du vrai, du bien et du beau, et tous les sentiments qui s'y rattachent.

L'imagination est-elle abandonnée à elle-même, elle erre au hasard d'objet en objet, tour à tour lente ou rapide, toujours mobile et capricieuse, moins propre à guider l'esprit qu'à l'égarer ; heureux quand il ne cède pas à l'empire de ses propres conceptions, jusqu'à ne plus les distinguer de la réalité ! C'est alors que se produisent pendant le sommeil, les phénomènes des *rêves*, et, pendant la veille, ceux de la *rêverie*, de l'*hallucination* et de la *folie*.

Que nous nous laissions aller au cours de nos pensées, qu'elles se succèdent dans notre âme, tour à tour gaies et tristes, gracieuses et sévères, en vertu de liens cachés dont nous sentons l'influence plutôt que nous ne les découvrons : c'est en cela que consiste la *rêverie*. Mais qu'une de ces images qui traversent notre esprit s'y arrête : qu'elle s'empare de lui, le domine et l'absorbe enfin tout entier; que par conséquent elle efface, en les tournant à son profit, toutes les autres impressions, tous les autres souvenirs, elle donnera naissance à l'*hallucination* et à la *folie* dont on a dit avec raison qu'elle était une idée fixe. Nous aurons à y revenir, lorsque nous parlerons des rapports du physique et du moral.

Mais l'imagination, si souvent livrée à elle-même, peut aussi être éclairée par la raison, vivifiée par l'idée et le sentiment du beau.

On se trompe quand on croit que la rigueur de la science est incompatible avec l'imagination. Lorsque le savant a minutieusement décrit et classé les faits qui peuvent être observés directement, il serait contraint de s'arrêter si l'imagination ne lui suggérait des hypothèses pour découvrir les antécédents et les relations de ces mêmes faits. Sans doute ces hypothèses la raison lui commande de les contrôler : mais l'imagination qui les lui a fournies, lui donne encore la première idée des expériences à entreprendre pour les vérifier.

Mais c'est surtout dans les arts que la puissance de l'imagination s'exerce. Là elle est vraiment créatrice; car elle ne se borne pas à reproduire servilement les objets qui l'ont frappée. Elle refait en quelque sorte la nature, et en l'imitant, elle la surpasse. Si les matériaux dont elle se sert sont empruntés, elle les combine d'après une règle cachée qu'elle trouve au fond le plus intime de l'âme humaine; et c'est les yeux fixés pour ainsi dire sur ce type intérieur qu'elle enfante les chefs-d'œuvre qui nous enchantent et qui nous captivent. « Phidias, ce grand artiste, quand il faisait une statue de Jupiter ou de Minerve, n'avait pas sous les yeux, dit Cicéron, un modèle particulier dont il s'appliquait à exprimer la ressemblance; mais au fond de son âme résidait un certain type accompli de beauté, sur lequel il tenait ses regards attachés, et qui conduisait son art et sa main[1]. »

La nature complexe de l'imagination la rend très variable. L'organisation physique, le caractère, les habitudes, le climat, les institutions politiques et religieuses, toutes les influences extérieures qui entourent l'homme, agissent sur elle et contribuent à la modifier. De là cette variété qu'elle présente, suivant les individus, les siècles et les pays, et qui se manifeste d'une manière éclatante dans la poésie et les arts des nations. Entre l'*Iliade* d'Homère et les *Védas* de l'Inde; entre l'*Énéide* et les *Niebelungen* de l'Allemagne; entre les tragédies de Corneille et de Racine, et les drames de Shakespeare et de Caldéron; entre l'architecture grecque et celle des Arabes; entre la peinture italienne, si pure, si élevée, et les tableaux de genre des Flamands, quelles différences prodigieuses! Chaque pays, comme chaque siècle, porte dans les œuvres d'imagination ses préjugés, ses goûts, sa règle, son point de vue particulier.

Influence de l'imagination.

Si le propre de l'imagination est de créer des fictions, il n'est pas surprenant qu'elle exerce une influence très profonde sur l'esprit et sur le cœur.

Et d'abord, elle ouvre à l'homme une source nouvelle de jouissances qui sont les plus délicieuses après celles de la vertu. N'est-ce pas à elle que nous devons les plaisirs des arts, et qui ne sait combien ils sont variés et pénétrants, et quelles traces bienfaisantes ils laissent après

---

1. Cic., *Orator*, II : « Neque enim ille artifex (Phidias) quum faceret Jovis formam aut Minervæ, contemplabatur aliquem a quo similitudinem duceret, sed ipsius in mente insidebat species pulchritudinis eximia quædam, quam intuens, in eaque defixus, ad illius similitudinem artem et manum dirigebat. »

eux! L'âge n'en tarit pas la source, et depuis la première enfance jusqu'à la plus extrême vieillesse, ils réjouissent et consolent le cœur humain.

Mais si l'imagination nous procure une part de nos joies les plus pures, elle accroît aussi, dans une proportion à peu près égale, la somme de nos peines. En effet, elle sème sur nos pas les vaines inquiétudes, les fausses appréhensions, les factices terreurs qui contribuent si largement au malheur de la vie. Elle nous attriste, elle nous tourmente par l'image, non seulement des maux que nous souffrons, mais de ceux qui peuvent nous atteindre, ou qui menacent nos parents, nos amis, et jusqu'aux personnes qui nous sont le plus étrangères.

Par les impressions qu'elle nous donne, par les sentiments qu'elle excite en nous, l'imagination devient un des ressorts les plus énergiques de l'activité. En faisant luire devant nos yeux une perfection bien supérieure aux avantages que nous possédons, elle nous excite à la rechercher, soit pour nous-mêmes, soit pour les autres. De là cette ardeur égoïste des hommes pour améliorer leur position, même par les entreprises les plus hasardées; de là aussi ces projets souvent impraticables que des esprits généreux et abusés forment pour le bonheur de leur patrie et pour celui du genre humain.

Mais quand l'âme cède trop facilement aux rêves qui l'entraînent loin de la réalité, elle perd peu à peu cette juste appréciation des affaires de la vie, qui se nomme le bon sens. L'homme d'imagination, calculant moins sa conduite sur sa situation réelle que sur celle qu'il imagine, commet à chaque instant de cruelles méprises. Il se trompe et sur les choses qu'il n'a pas pris le temps d'étudier, et sur les personnes qu'il blesse ou qu'il outrage; et son erreur est d'autant plus difficile à rectifier qu'elle dépend de premières impressions que nul effort de raisonnement ne peut détruire.

Un effet non moins pernicieux de l'imagination, qui

tient à ce qu'elle a de plus excellent, c'est d'inspirer le dégoût de la condition actuelle de l'homme ; c'est de transporter l'âme abusée dans un monde chimérique, où seule, en présence de la nature, affranchie des chaînes sociales, elle aspire à goûter l'ivresse du bonheur. Rien n'est plus propre que les romans à développer cette fatale illusion, et voilà pourquoi la lecture en est si dangereuse, surtout dans la jeunesse. Quand de pareils rêves ont perverti l'imagination, le meilleur remède pour guérir l'âme, est l'expérience qui la détourne des chimères et la rapproche des réalités.

« Va, pauvre enthousiaste, s'écrie un poète cité par Dugald-Stewart [1], va, cherche les lieux fréquentés par les hommes, et mêle-toi à l'agitation de la foule. Songe à la puissance, à la gloire, à tout ce que recherchent les nobles âmes, ou bien mets-toi à la suite d'une caravane, en quête de nouvelles scènes pour tes yeux. Passe les Alpes, passe les Apennins, et cours de pays en pays. Plus aventureux encore, élance-toi sur le champ de bataille, au plus épais de la mêlée, là où la terrible voix du clairon retentissant remplit les armées de fureur ; et au milieu du tumulte des camps et des fatigues d'une marche, oublie ces lâches soucis, indignes d'un homme. »

---

1. *Éléments de la philosophie de l'esprit humain.* P. I, ch. VIII, sect. 5.

CHAPITRE VI

SUITE DU PRÉCÉDENT. — ÉLABORATION DE LA CONNAISSANCE ATTENTION. COMPARAISON. ABSTRACTION. GÉNÉRALISATION. JUGEMENT. RAISONNEMENT.

Nous arrivons aux facultés secondaires de l'entendement et aux opérations par lesquelles la connaissance humaine s'élabore, *attention, comparaison, abstraction, généralisation, jugement, raisonnement.*

De l'attention et de la réflexion.

Qu'une vaste campagne se déroule devant moi, j'embrasserai d'un coup d'œil toutes les parties du paysage : les prairies, les chaumières, les arbres, les troupeaux, le cours de la rivière, etc. Mais à cette vue indécise et obscure de l'ensemble succède peu à peu l'étude des détails. Las de contempler inutilement plusieurs choses à la fois, l'esprit se concentre sur une seule, va de celle-ci à une seconde, puis à une troisième, et parcourt successivement les diverses parties du tableau qu'il a sous les yeux, en s'arrêtant sur chaque objet tout le temps nécessaire pour le bien connaître. Cette direction de l'intelligence vers un objet, cette application qu'elle met à le considérer, est ce qu'on appelle l'*attention* (de *tendere ad*).

Lorsque l'attention s'applique aux opérations de l'âme,

aux phénomènes de conscience, nous avons vu qu'elle prend le nom de *réflexion*.

L'attention produit trois effets principaux :

1º Elle accroît l'énergie de l'impression produite sur nous par les objets qu'elle considère ; elle peut même la rendre exclusive. Qu'une chose occupe fortement notre esprit, nous cessons d'apercevoir les autres, même celles qui sont à nos côtés. Ainsi, quand nous assistons à un spectacle qui nous intéresse, plus nous avons les yeux fortement fixés sur la scène, plus nous prêtons l'oreille aux paroles des acteurs, plus, en un mot, les péripéties du drame nous attachent, et moins, d'autre part, nous voyons, moins nous entendons ce qui se passe autour de nous. Dans le tumulte d'une bataille, un soldat peut être blessé sans en rien savoir. Archimède, absorbé dans la solution d'un problème, ne s'aperçut pas, dit-on, que les Romains avaient pris Syracuse, et mourut victime de sa méditation trop profonde. Reid[1] connaissait une personne qui, dans les angoisses de la goutte, avait coutume de demander l'échiquier ; et comme elle était passionnée pour ce jeu, elle remarquait qu'à mesure que la partie avançait et fixait son attention, le sentiment de la souffrance disparaissait. Nous avons entendu raconter nous-même qu'un philosophe de nos jours, M. Royer Collard, cherchait dans la lecture de Platon une distraction aux douleurs dont il était tourmenté ; et malgré la connaissance qu'il avait de la langue grecque, comme cependant il entendait le grec moins couramment que le français ou le latin, il avait soin de lire les *Dialogues* dans leur texte original, afin que l'effort de l'attention, accru par la difficulté même, contribuât plus efficacement à faire diversion au sentiment de la souffrance.

2º L'attention fait les idées distinctes, précises, claires, et nous permet de démêler dans les choses une foule de

---

1. *Essais sur les facultés actives*, II, ch. III.

propriétés qui échappent à une vue distraite. Comme un ingénieux écrivain l'a dit, elle est une sorte de microscope qui grossit les objets et en découvre les plus fines nuances. Sans elle, l'esprit n'a que de vagues perceptions qui se mêlent et se détruisent, et qui méritent à peine le nom de connaissances.

3º Enfin, l'attention est une des conditions du souvenir. Pour se rappeler une chose, il faut y avoir été attentif. Si quelqu'un entend un discours sans attention, dit Reid, que lui en reste-t-il? S'il voit sans attention l'église de Saint-Pierre ou le Vatican, quel compte peut-il en rendre? Tandis que deux personnes sont engagées dans un entretien qui les intéresse, l'horloge sonne à leurs oreilles sans qu'elles y fassent attention; que va-t-il en résulter? La minute d'après, elles ne savent si l'horloge a sonné ou non.

Ces effets ordinaires de l'attention expliquent l'influence qu'elle exerce sur ceux qui en ont contracté l'habitude. Elle leur fait considérer chaque chose, en peser toutes les raisons, toutes les difficultés, tous les inconvénients. C'est elle, comme l'a remarqué Bossuet, qui rend les hommes graves, sérieux, prudents, capables des grandes affaires et des hautes spéculations[1].

La nouveauté, le contraste et le changement éveillent l'attention; par un effet contraire, la fatigue que ressentent nos organes ne nous permet pas de la laisser attachée trop longtemps aux mêmes objets. Mais son caractère essentiel est de dépendre de la volonté. Nous sommes attentifs quand nous voulons et aux choses que nous voulons. C'est là ce qui fait que nos erreurs nous sont imputables, puisque le plus souvent il dépendait de nous de les éviter, en nous montrant plus attentifs.

Condillac a soutenu que toute la part de l'âme, lorsqu'elle est attentive, se réduit à « une sensation que nous

---

1. *De la connaissance de Dieu et de soi-même*, ch. 1, § 13.

éprouvons comme si elle était seule, parce que toutes les autres sont comme si elles n'étaient pas[1]. » Sans doute, une sensation exclusive accompagne la plupart de nos actes d'attention ; mais elle en est le résultat, nous l'avons vu ; elle n'en constitue pas le fond ni la nature. Évidemment Condillac, ici comme ailleurs, a confondu l'effet avec la cause.

De la comparaison.

Après avoir considéré les objets en eux-mêmes, l'esprit les rapproche afin d'en saisir les ressemblances et les différences. Cette nouvelle opération est la *comparaison*.

Lorsque l'esprit compare, il s'applique à deux objets à la fois ; il est à la fois attentif à deux objets ; la comparaison n'est donc qu'une double attention, mêlée du désir d'apercevoir le rapport de deux idées.

Il suit de là que la comparaison est essentiellement ce que l'attention est elle-même, c'est-à-dire une opération volontaire, que diverses causes peuvent bien rendre plus facile, plus prompte et plus sûre, mais qui est sous la dépendance étroite de la volonté.

Il suit aussi de là qu'elle ne doit pas être confondue avec la perception même du rapport : car cette perception ne dépend pas de l'activité libre du moi. Tantôt elle précède l'application volontaire de l'esprit, tantôt elle ne la suit pas et en quelque sorte y résiste. Que de vérités échappent au regard du savant qui en poursuit la découverte avec le plus d'ardeur !

La comparaison est la source de nos idées de grandeur, de petitesse, de supériorité, d'égalité, de proportion, de changement, de progrès, etc. Elle intervient

---

1. *Logique*, Ire partie, ch. vii.

dans les jugements par lesquels rapprochant deux idées, l'idée d'un sujet et celle d'un attribut, nous prononçons que ces idées conviennent entre elles ou ne conviennent pas. Enfin elle contribue à donner de la précision et de l'exactitude à nos connaissances dont les objets s'éclairent mutuellement par la ressemblance et par le contraste.

De l'abstraction.

Les premières notions de l'intelligence embrassent l'ensemble des choses et de leurs qualités. Si j'ai, par exemple, un fruit dans les mains, je perçois au même instant sa forme, sa couleur, son poids, son odeur. L'idée de l'ensemble des qualités d'une chose est une idée *concrète*; l'idée d'une qualité isolée qui est perçue à l'exclusion de toutes les autres est une idée *abstraite*. L'opération par laquelle nous formons des idées abstraites se nomme *abstraction*.

C'est un préjugé de croire que l'abstraction est un acte compliqué et rare. Il n'en existe pas qui soit plus simple et plus fréquent. A commencer par les sens, ils ne peuvent pas ne pas abstraire; car chacun découvre une qualité spéciale. La vue, par exemple, ne perçoit que la couleur; l'ouïe, les sons; le goût, les saveurs. La raison n'abstrait pas moins naturellement que les sens, lorsqu'elle conçoit les causes, les substances, le temps, l'espace, le bien, le beau. Enfin, le langage est aussi un moyen d'abstraction; car la plupart des mots ne désignent et ne peuvent désigner qu'un seul côté des objets.

Le pouvoir d'abstraire est la condition de toutes les recherches scientifiques. Au point de départ de chaque science, l'analyse retrouve une ou plusieurs idées abstraites. L'idée abstraite d'étendue est le fondement de la géométrie ; l'idée abstraite du mouvement engendre la mécanique ; celle du repos et de l'équilibre, la statique ; celle du son, l'acoustique ; celle de la lumière et des couleurs, l'optique ; enfin, pour citer un dernier exemple, l'idée du bien et du mal est le principe de la morale et de toutes les sciences qui s'y rattachent.

Mais si l'abstraction a son utilité, elle a aussi ses inconvénients et ses dangers. En isolant les uns des autres les objets de nos connaissances, elle nous fait oublier les rapports qui les unissent ; et, ce qui est plus grave, elle nous porte à accorder une sorte d'existence substantielle à de pures qualités dont nous faisons des êtres véritables, parfois des personnes douées, comme nous, d'intelligence et de liberté.

Ce dernier genre d'erreur, consistant à réaliser des abstractions, est le fond même du paganisme, qui fut la personnification des forces de la nature, des vices et des vertus des hommes.

De la généralisation.

Nos connaissances subissent une nouvelle métamorphose par la *généralisation* qui de particulières les rend *générales*, c'est-à-dire qui étend à plusieurs objets une idée qui ne s'appliquait d'abord qu'à un seul objet. Ainsi, l'esprit commence par avoir l'idée de *Pierre*, de *Paul*, de *Jean* ; il s'élè ensuite à l'idée d'*humanité*.

Les idées générales sont certainement les plus nombreuses de toutes ; car parmi neuf ou dix espèces de mots dont les langues se composent, une seule espèce, la classe des noms ou substantifs, renferme des signes consacrés aux notions individuelles ; ce sont les substantifs ou noms propres, *Pierre, Paul, Jean*, etc. Toutes les autres espèces de mots expriment des notions universelles.

La formation des idées générales suppose deux conditions : 1° l'abstraction; 2° la comparaison. Par l'abstraction nous formons l'idée de certaines qualités; nous découvrons, par exemple, que Pierre est doué d'intelligence et qu'il a un corps organisé d'une certaine manière. Par la comparaison, nous nous assurons que ces qualités se retrouvent chez plusieurs êtres.

Comme toutes les idées générales ne le sont pas au même degré, c'est-à-dire ne s'étendent pas au même nombre d'individus, on a été amené à les partager en plusieurs classes subordonnées les unes aux autres; de là les notions d'*espèce*, de *genre*, de *famille*, d'*ordre*, qui servent à établir les classifications, si commodes pour retenir ou pour transmettre les détails des sciences.

Ces notions présentent une double propriété : 1° elles s'étendent à un certain nombre d'objets, ce qui constitue leur *extension*; 2° elles expriment certains caractères communs à ces objets, ce qui constitue leur *compréhension*. Ajoutons, avec tous les logiciens, que l'extension et la compréhension sont en rapport inverse; en d'autres termes, qu'une idée générale embrasse d'autant moins de qualités qu'elle désigne un plus grand nombre d'individus.

L'idée d'*homme* s'applique à tous les hommes; elle a donc plus d'extension que l'idée d'*Européen*; mais celle-ci a plus de compréhension, puisque, indépendamment des qualités communes au genre humain, elle indique le fait d'être né dans cette partie du monde qui s'appelle l'Europe.

La généralisation abrège les recherches et soulage la mémoire, en nous permettant de réunir un grand nombre de notions particulières que nous ne pourrions jamais nous rappeler, ni même acquérir, si elles devaient rester isolées les unes des autres. Mais les idées générales ont le défaut d'être vagues et insuffisantes; car elles nous montrent seulement les ressemblances des objets et ne nous en font pas apercevoir les différences. Or, il sert peu de savoir, surtout dans le commerce de la vie, en quoi les choses et les personnes se ressemblent, si l'on ignore par où elles diffèrent et quel est le trait essentiel qui les caractérise. De là tant d'erreurs commises par les esprits spéculatifs que l'habitude de se diriger d'après certains principes généraux conduit à confondre tout, et, par conséquent, à se tromper en tout.

Un des points qui ont soulevé le plus de débats au moyen âge a été de savoir si les idées générales, alors appelées *universaux*, ont un objet propre, distinct des choses individuelles, ou bien si elles ne sont que de simples formules, ayant une valeur purement nominale. La première opinion était soutenue par les *réalistes*, la seconde par les *nominalistes*. Les historiens citent parmi les réalistes saint Anselme, Guillaume de Champeaux et Duns Scot; parmi les nominalistes, Roscelin, qui fut le père du système, à la fin du onzième siècle, et Guillaume Occam, qui le renouvela au commencement du quatorzième. D'autres philosophes, dont le plus illustre est Abélard, prétendirent que les idées générales n'étaient ni des mots ni des choses, mais des conceptions de l'intelligence; ils reçurent le nom de *conceptualistes*. Ces trois opinions pèchent surtout en ce qu'elles sont exclusives. Que les universaux soient conçus par l'esprit et que le langage aide l'esprit à les concevoir, qui pourrait le nier? Mais s'ils n'étaient rien de plus que cette conception même; si, en dehors de l'entendement, la nature ne renfermait que des individus, ou si les ressemblances qui les relient entre eux étaient purement accidentelles, comment se ferait-il que ces ressemblances, qui sont le point de départ de la généralisation, n'eussent jamais souffert d'altérations profondes, essentielles, durant cette longue suite de siècles que la mémoire de l'homme peut embrasser[1]? D'où viendraient ces lois stables et uniformes, cette permanence indéfinie des espèces et des genres, qui constitue à tous les degrés de l'existence l'ordre et l'harmonie de l'univers? Soutiendra-t-on avec certains naturalistes, que, si haut qu'elle remonte, cette permanence n'est pas invariable, et que par une lente évolution, sous l'influence des milieux où elles vivent, comme le supposait Lamarck, comme l'enseigne aujourd'hui M. Darwin, les espèces actuelles peuvent se transformer et donner naissance à des espèces nouvelles, douées de caractères différents? Encore faut-il admettre que cette puissance de transformation, dont la nature animée n'a offert jusqu'ici que des exemples très contestables, est soumise à des règles déterminées, qu'elle s'accomplit de la même manière dans des cas analogues ; ce qui ramène aussitôt la pensée à quelque chose de fixe et d'immuable, à une loi qui s'impose à l'individu, qui le domine et le contient, et que l'individu n'explique pas. Là est la vraie solution du problème des universaux. Les universaux sont assurément des conceptions à l'esprit, comme le disait Abélard; les mots servent à les former, ainsi que l'avait vu Roscelin; mais en même temps les universaux correspondent, en dehors de l'intelligence, à certaines analogies constantes, à certaines relations uniformes des choses, analogies et relations qui sont distinc-

1. « Les Égyptiens, qui semblent avoir prévu nos doutes, dit M. Dumas (*Éloge historique d'Isidore-Geoffroy Saint-Hilaire*, Paris, 1872, in-4, p. 22), nous ont laissé, dans les sépultures de Thèbes et de Memphis, des musées où nous retrouvons en nature le blé, le lin et beaucoup d'autres plantes, des cadavres de nombreux animaux, et une foule de momies humaines. Ces représentants de types de l'époque actuelle, âgés de trois mille ans, ne se distinguent pas de leurs descendants. Trente siècles ont passé, et notre bœuf demeure identique avec le bœuf Apis; notre lin ne diffère pas de celui qui fournissait le tissu des bandelettes; l'ibis qui vit sur les bords du Nil se confond avec l'ibis sacré; les races humaines dont les restes reposent sous ces antiques nécropoles sont les mêmes qui peuplent encore aujourd'hui le pays. »

tes de l'élément individuel. Et quel est le dernier fondement de ces analogies et de ces rapports ? Il n'est autre que la sagesse de Dieu qui a établi les lois de l'univers, et assigné, ici-bas, son rang à chaque créature.

Du jugement.

Lorsque l'esprit a formé un certain nombre d'idées et qu'il les a comparées, il ne tarde pas à s'apercevoir que les unes conviennent entre elles et peuvent être réunies, et que les autres ne le peuvent pas. Il reconnaît, par exemple, que l'idée de *Dieu* s'accorde avec l'idée de *bonté*, et qu'elle ne s'accorde pas avec l'idée d'*injustice*. Apercevoir le rapport qui existe entre deux idées, c'est *juger*. Dieu est bon, Dieu n'est pas injuste ; voilà des jugements.

Il n'est pas nécessaire d'insister sur l'importance du jugement et sur le rôle qu'il joue dans le développement de l'intelligence ; mais ce qu'il importe de bien comprendre, c'est que la propriété du jugement ne consiste pas seulement, comme la plupart des logiciens l'ont pensé, dans la perception de rapport qui en est la fonction ordinaire et le caractère le plus apparent. Cette opinion suppose, en effet, que l'esprit qui juge est toujours en possession de deux idées qu'il compare entre elles et dont il découvre le rapport à la suite de cette comparaison : or, il n'en est pas constamment ainsi. Soit, par exemple, ce jugement, le plus simple de tous : *J'existe* ; je le porte spontanément, sans avoir eu d'abord l'idée du *moi* et celle d'*existence*. Il y a plus : je n'aurais jamais formé la notion abstraite d'*existence*, si je n'avais d'abord connu mon existence personnelle.

Le vrai caractère du jugement c'est l'affirmation ; sa vraie définition, c'est qu'il consiste à affirmer qu'une chose est ou n'est pas. Non seulement l'esprit conçoit certaines idées à l'aide des sens, de la conscience et de la raison ; mais de plus il croit, il affirme que ces idées sont vraies, c'est-à-dire qu'elles expriment fidèlement la réalité. Or, cette persuasion vive et forte est ce qui constitue essentiellement le fait de juger.

Sans doute le jugement a lieu, dans certains cas, sous une forme négative. Mais il ne faut pas que les formes souvent capricieuses du langage nous induisent en erreur sur les vraies conditions de la pensée. Toute négation couvre une affirmation et peut s'y ramener. Lorsque je dis, l'âme n'est pas *matérielle*, n'est-ce pas comme si je disais que l'âme est *non matérielle ?*

Considéré comme puissance d'affirmer, le jugement se trouve mêlé à tous les actes de l'esprit; tous, hormis ceux de l'imagination, ont leur fin dans cette croyance que les objets sont tels qu'ils nous paraissent. Les diverses opérations de la pensée ne sont en effet rien autre chose que l'intelligence se développant d'une certaine manière et s'appliquant à un certain nombre de vérités. Or, l'intelligence est ainsi faite, qu'elle a foi en sa propre véracité et qu'elle ne saurait se dépouiller de cette foi spontanée et profonde. Quoi qu'elle fasse et quoi qu'elle considère, elle ne peut pas ne pas croire qu'elle voit ce qui est; elle ne peut pas ne pas affirmer, elle ne peut pas ne pas juger.

Il suit de là que le jugement n'est pas une faculté spéciale de l'entendement humain, comme les sens et la mémoire, mais bien plutôt la loi universelle de toutes nos facultés, la conséquence nécessaire de notre organisation spirituelle. Un être intelligent qui ne jugerait pas, c'est-à-dire qui ne croirait pas, offrirait la plus étrange et la plus inexplicable de toutes les contradictions.

Lorsque la réflexion s'applique au jugement, elle ne tarde pas à y distinguer deux éléments : d'une part l'idée affirmée, d'autre part l'affirmation même. L'idée peut à son tour être développée et décomposée, et devenir par là l'occasion de jugements nouveaux, résultat de l'abstraction, de l'analyse et de la comparaison. C'est alors que le jugement se traduit dans le langage par cet assemblage régulier de mots qu'on appelle une *proposition*. La proposition est l'expression du jugement, comme le mot est l'expression de l'idée. Nous étudierons plus loin ses conditions et ses formes, en exposant quelques principes de grammaire générale.

Du raisonnement.

Il n'est pas de physicien aujourd'hui qui n'enseigne que tous les corps de l'univers s'attirent en raison directe de leur masse et en raison inverse du carré des distances. Mais combien de siècles se sont écoulés avant que cette loi si importante fût connue? Les plus habiles parmi les savants s'en tenaient, comme le vulgaire, au simple fait de la pesanteur des objets terrestres, qui est visible pour les sens.

Newton, qui découvrit le premier les lois de l'attraction, s'en servit pour expliquer comment la lune est retenue dans son orbite autour de la terre, et comment la terre elle-même gravite avec les planètes autour du soleil, centre du monde.

Parvenue à ces hauteurs, l'astronomie aperçut de nouveaux horizons. Beaucoup de faits importants, mal expliqués jusque-là, tels que les marées, apparurent comme la suite nécessaire de la gravitation universelle. Le jour éclatant que la science de Newton avait fait luire sur l'ensemble s'étendit de proche en proche à toutes les parties de la création.

Ainsi, de la vue des corps qui tombent, la pensée de l'homme s'est élevée dans le cours des siècles à la connaissance du système général de l'univers, pour descendre de là aux phénomènes particuliers.

Prenons un autre exemple. Tous les traités de géométrie commencent par des définitions et des axiomes, qui sont des vérités de sens commun accessibles aux intelligences les plus médiocres. Qui croirait que d'aussi simples vérités peuvent conduire à des résultats de quelque valeur ? Cependant laissez faire l'esprit humain ; il saura développer ce germe qui paraît stérile ; et par la vertu naturelle de la raison, il en fera sortir une science régulière qui touche également aux usages les plus familiers de la vie et aux spéculations les plus élevées de la métaphysique.

Ce pouvoir que possède l'esprit de tirer une vérité d'une autre vérité, de passer d'un jugement à un autre jugement, se nomme le *raisonnement*.

Induction ; déduction.

Tantôt le raisonnement s'élève d'une vérité particulière à une vérité générale ; dans ce cas, il s'appelle *induction*.

Tantôt il descend d'une vérité générale à une vérité particulière ; il prend alors le nom de *déduction*.

C'est l'induction, par exemple, qui nous apprend que tous les corps en général tendent, lorsqu'ils tournent, à éprouver une dépression dans le sens de l'axe de leur rotation. Cette loi établie, si nous l'appliquons au globe terrestre, nous sommes amenés, par voie de déduction, à penser que la terre n'est pas tout à fait ronde, mais qu'elle est aplatie vers le pôle ; vérité de fait autant que de raisonnement, qui a été confirmée par l'observation.

Principe de la déduction.

Le principe de la déduction est qu'on peut affirmer d'un être tout ce qu'on affirme de la classe dans laquelle il est compris. Si Pierre est homme, il a tous les attributs qui appartiennent à l'humanité ; il est doué de raison, mais sa raison est faillible ; il possède une âme immortelle, mais cette âme est unie à un corps qui est sujet à la maladie et à la mort. Comment un être pourrait-il être placé dans une classe dont il ne partagerait pas tous les caractères ? Il y aurait là une contradiction que notre esprit ne peut comprendre. Aussi, quand les logiciens veulent creuser jusqu'aux derniers fondements de la déduction, ils disent que le raisonnement déductif s'appuie sur cet axiome, appelé *principe de contradiction :* « Une même chose ne peut pas à la fois être et n'être pas. »

Principe de l'induction.

Il est manifeste, même à première vue, que le procédé inductif est moins facile à justifier.

Comment l'esprit peut-il s'élever du particulier au général, c'est-à-dire aller du moins au plus, et du sein d'une vérité moins étendue tirer une autre vérité qui l'est davantage, pareil en quelque sorte à celui qui, possesseur d'une parcelle de terre, croirait posséder un royaume ?

Selon quelques philosophes nos conclusions inductives seraient le fruit d'observations répétées. Mais cette explication n'est pas admissible pour deux raisons : la première, c'est qu'il suffit d'une observation bien faite pour motiver une induction légitime ; la seconde, c'est que les observations, quelque multipliées qu'elles soient, sont toujours bornées à certains points de l'espace et du temps, et que par conséquent elles ne sauraient expliquer une conclusion qui embrasse tous les temps et tous les lieux.

D'autres philosophes, entre autres M. Stuart Mill, voudraient également ramener l'induction à l'expérience ; et obligés qu'ils sont de reconnaître que nos raisonnements inductifs supposent un *postulat*, à savoir la notion que les mêmes circonstances étant données, les mêmes faits se reproduisent, ils prétendent que cette notion est en quelque sorte la résultante d'une longue suite d'inductions spontanées qui s'étant trouvées justifiées servent de garanties aux inductions à venir. Mais l'habileté du célèbre logicien se trouve ici en défaut, et il tourne dans un cercle. En effet, que sont ces inductions spontanées qu'il admet? D'où viennent-elles et comment ont-elles pu produire? Elles ne sont pas rationnellement possibles sans ce postulat, sans cette notion même qui serait, selon M. Stuart Mill, le fruit d'une série d'inductions.

Qu'il y ait chez l'homme un penchant irrésistible qui le porte à conclure de ce qui est ou de ce qui a été, à ce qui sera, le fait n'est pas douteux ; mais c'est précisément ce fait qu'il s'agit d'expliquer.

Selon nous, le vrai fondement de l'induction c'est la confiance de l'homme dans l'ordre de la nature. Nous croyons que les lois de la nature sont stables, et voilà pourquoi nous jugeons du passé et de l'avenir par le présent. Nous croyons que ces lois sont générales, uniformes, et voilà pourquoi nous affirmons que le cours des choses est dans tous les pays ce qu'il est dans le coin étroit de l'espace que nous habitons.

Ces croyances ne dérivent pas de l'observation qu'elles dépassent et qu'elles servent à diriger. C'est la main du Créateur qui en a déposé le germe dans tous les esprits ; elles sont comme un instinct providentiel de la pensée que tous les hommes apportent en naissant.

Mais quelque naturel que soit leur empire sur nous, elles ne nous enchaînent pas aussi étroitement que les démonstrations de la géométrie. Il sera éternellement vrai que les rayons du cercle sont égaux ; peut-être ne sera-t-il pas éternellement vrai que l'aiguille aimantée se tourne vers le nord. Nulle existence ici-bas n'est nécessaire. La généralité de certains phénomènes n'en détruit pas la contingence.

Là réside l'erreur fondamentale de l'athéisme. Les athées plaignent le vulgaire de se payer de notions vagues et mal définies ; et eux-mêmes, brouillant les idées les plus simples, confondent dans leurs systèmes l'uniformité avec la nécessité. Ayant observé, comme le reste des hommes, que les causes physiques agissent d'une manière uniforme, ils se persuadent et veulent persuader au genre humain, que l'existence de ces causes est nécessaire, qu'elles se suffisent à elles-mêmes, qu'elles ne relèvent pas d'une cause plus élevée, source première de la vie, et qu'ainsi Dieu, selon la parole impie d'un astronome célèbre, est une hypothèse dont la science n'a que faire.

Une vue plus profonde du double caractère des lois de la création révèle à l'intelligence les perfections du Créateur. Puisque ces lois peuvent changer, elles sont l'œuvre d'une cause, et cette cause est libre ; puisqu'elles ne changent pas, puisqu'elles sont stables, cette cause est intelligente et sage. C'est la marque de la sagesse de s'accorder avec soi-même et d'agir par les voies les plus simples, comme c'est le propre de la liberté d'engendrer des œuvres où la nécessité n'a aucune part. La croyance inductive, rattachée à son principe le plus élevé, se résout dans l'idée de la Providence, et l'analyse psychologique du procédé le plus familier à l'homme s'achève et s'éclaire par la connaissance des attributs divins.

Importance du raisonnement.

Le raisonnement, sous sa double forme, est, comme on a pu le voir, une des sources les plus fécondes de la connaissance humaine.

Supposons un instant l'homme réduit à la conscience, aux sens et à la mémoire : il ne connaîtrait que les vérités qui auraient frappé ses regards. Dès lors, l'avenir et la plus grande partie du présent lui échapperaient. Il serait dénué et de la prévoyance qui va au-devant des événements, et de la science qui pénètre les parties obscures et mystérieuses des choses. Mais à l'aide du raisonnement, chaque idée acquise devient un germe fécond d'où sortent sans cesse de nouvelles idées; le cercle si étroit de nos perceptions et de nos souvenirs est franchi pour ainsi dire fatalement; la pensée voit son domaine s'étendre jusqu'à l'infini.

Tant de jugements que nous portons tous les jours sur les objets les plus frivoles et sur les plus graves, sur le caractère et la conduite des autres, sur la pluie et le beau temps, sur la santé et la maladie, sur les récoltes, etc., tous les calculs, projets, sentiments qui en découlent n'ont pas d'autre origine que le raisonnement inductif. C'est aussi l'induction qui est le fondement de la physique et des sciences naturelles, dont le principal objet est l'étude des lois et du plan de l'univers.

La déduction n'a pas moins d'importance. Que nous servirait de concevoir des vérités universelles, si nous n'avions pas le pouvoir d'en faire l'application aux cas particuliers, et de dégager toutes les conséquences qu'elles renferment? Combien de connaissances indispensables, combien de règles de conduite, combien de sciences et d'arts manqueraient à l'homme! C'est par déduction que procèdent le mathématicien, le moraliste, le jurisconsulte.

C'est aussi la déduction qui permet au théologien de pénétrer tous les rapports et toutes les suites des vérités surnaturelles, et de les disposer en corps de doctrine. Ce serait donc se former une idée très fausse des lois naturelles et des inépuisables ressources de l'intelligence, que de prétendre la réduire, comme l'ont voulu quelques philosophes, à l'observation, de lui permettre, tout au plus, une induction timide, et de proscrire le raisonnement déductif comme un procédé artificiel, stérile et dangereux.

CHAPITRE VII

DES NOTIONS PREMIÈRES ET DES PRINCIPES DIRECTEURS DE LA CONNAISSANCE.

Existence des notions et vérités premières.

Si nous apercevions pour la première fois une machine à vapeur, notre curiosité aussitôt éveillée voudrait savoir dans quel pays, depuis quelle époque, par quelles mains, pour quel but ce merveilleux mécanisme a été inventé ; et si quelqu'un nous disait qu'il ne suppose ni un inventeur qui en ait conçu la première idée, ni des ouvriers qui l'aient construit, qu'il n'a aucune destination, qu'il n'a pas été fabriqué ici plutôt que là, il y a vingt ans plutôt qu'aujourd'hui, nous ne manquerions pas de considérer cette réponse comme la plaisanterie impertinente d'un bel esprit qui veut se jouer de notre crédulité.

C'est que notre intelligence renferme en elle-même certaines idées de lieu, de durée, de cause et d'effet, de moyen et de fin, qu'elle applique fatalement à toutes choses ; de telle sorte qu'elle ne saurait se persuader qu'il y ait ou des corps qui ne soient pas dans un lieu, ou des événements qui ne s'accomplissent pas dans le temps, ou des effets qui n'aient pas de cause, ou une seule existence qui soit sans raison et qui ne tende pas à une fin.

Ces idées inhérentes à l'esprit humain et les jugements

qu'elles engendrent et qui en sont inséparables, ont été justement nommées par plusieurs philosophes *notions premières, vérités premières, principes directeurs de la connaissance*

Elles ont en effet cela de propre, qu'elles ne supposent aucune autre idée qui leur soit antérieure. Toutes les autres en dérivent, et elles-mêmes ne dérivent d'aucune autre. Enfin, selon la remarque du P. Buffier[1], elles sont si fortement imprimées en nous, qu'elles nous dirigent dans notre jugement et dans notre conduite, et que ceux-là mêmes qui les nient sont obligés de les suivre à leur insu et de contredire dans la pratique leurs maximes spéculatives.

Caractères des vérités premières.

D'autres caractères distinguent encore les premières notions.

Elles sont si claires que, quand on entreprend de les prouver ou de les attaquer, on ne peut le faire que par des notions qui ne sont pas plus claires, ou même qui le sont bien moins encore.

Elles sont si universellement répandues dans le genre humain, qu'on les retrouve partout les mêmes, dans tous les lieux et dans tous les temps, et que ni l'ignorance ni les préjugés ne peuvent les détruire.

Enfin par opposition aux autres notions de l'entendement qui sont particulières et contingentes, la plupart des notions premières présentent un caractère d'absolue *nécessité*. Cette machine que nous prenions tout à l'heure pour exemple pourrait ne pas exister. Elle a commencé le jour où des ouvriers ont agencé les pièces qui la composent ; il suffirait d'un choc pour la briser ; et si elle était

---

1. *Traité des vérités premières*, part. I, ch. VI.

brisée ma raison ne s'étonnerait pas. Cette machine n'a qu'une existence *contingente*; la notion que j'en ai est une notion *contingente*. Mais il ne peut pas se faire qu'elle n'ait pas été fabriquée, qu'elle n'ait pas un auteur, c'est-à-dire, une cause. Je considère comme absolument *nécessaire* qu'elle en ait une : le jugement que je porte à cet égard est un jugement *nécessaire;* il répond à une notion première et nécessaire de mon entendement.

Essais divers de classification des notions premières.

A considérer la nature des vérités premières, il semblerait que la philosophie dût en posséder depuis longtemps une liste exacte. Ce travail a été entrepris en effet plusieurs fois, mais toujours en vain. C'est que l'analyse de la pensée est d'une délicatesse extrême, d'une difficulté infinie, surtout lorsqu'il s'agit de dégager les notions élémentaires qui ont servi à engendrer toutes nos connaissances.

Aristote distinguait sous le nom de *catégories* dix notions qu'il considérait comme essentielles : la *substance*, la *qualité*, la *quantité*, la *relation*, le *temps*, le *lieu*, la *situation*, l'*action*, la *passion*, la *manière d'être*.

D'autres philosophes, venus après Aristote, se sont placés à un autre point de vue dans l'étude des notions premières, et les ont classées d'une manière différente.

Entre toutes ces classifications, aucune n'est plus remarquable que celle qui fait l'objet du célèbre ouvrage de Kant intitulé *Critique de la raison pure*. Après avoir distingué ce qu'il appelle les *formes* de la sensibilité, les *catégories* de l'entendement et les *idées* de la raison, Kant admet deux formes de la sensibilité, l'espace et le temps, et douze catégories de l'entendement, qu'il groupe trois par trois, sous les titres de *quantité, qualité, relation, modalité*, et parmi lesquelles nous citerons l'u-

nité, la *pluralité*, l'*universalité*, la *substance*, la *cause*, la *contingence*, la *nécessité*, etc. Les idées de la raison ont pour fond commun l'unité suprême à laquelle cette faculté ramène tous les concepts de l'intelligence.

Assurément la doctrine de Kant suppose une vigueur d'esprit, une puissance d'analyse peu communes. Cependant elle est plus artificielle qu'exacte; l'observation intérieure ne témoigne pas que l'esprit procède dans ses jugements comme l'imagine le philosophe allemand. Kant inscrit d'ailleurs sur la liste de ses catégories beaucoup d'idées qui dérivent de l'expérience.

Exemples de notions premières.

Sans pousser plus loin cette revue des systèmes, sans prétendre surtout en établir un nouveau, nous nous bornerons à citer comme exemples de notions premières celles qui sont le plus apparentes, celles qui se détachent, pour ainsi dire, avec le plus d'éclat, sur le fond de la pensée humaine.

1° Tous les hommes ont la notion de l'espace qui contient les corps ; tous savent qu'il n'y a pas de corps qui ne soit dans l'espace, et que l'espace s'étend au delà de tous les corps, qu'il est immense.

2° Tous les hommes ont la notion de la durée; ils connaissent la relation nécessaire de la durée aux événements qui s'y produisent; ils conçoivent la durée sans bornes, l'éternité.

3° Il en est de même de la substance et de ses qualités, de la cause et de ses effets. Nous croyons que toute qualité suppose une substance, que tout fait a une cause. Aussi, apercevant dans l'univers une variété prodigieuse d'êtres et de phénomènes qui ne sont pas leur cause à eux-mêmes, nous affirmons l'existence d'une cause souveraine qui les a créés et que nous appelons *Dieu*.

4° Nous concevons que toute chose a été créée pour une fin et qu'elle y tend. Ainsi la vue nous a été donnée pour voir, et la parole pour exprimer nos pensées à nos semblables. Quand nous n'apercevons pas la fin d'une chose, nous ne doutons pas pour cela que cette fin existe; nous accusons plutôt la faiblesse de notre esprit, qui ne saurait pénétrer tous les desseins du Créateur. C'est cette croyance qui est connue en philosophie sous le nom de *principe des causes finales*.

5° L'entendement possède la notion première du bien et du mal, du devoir et du droit, du mérite et du démérite. Il connaît avec évidence que nous sommes tenus de ne pas nuire à autrui, d'honorer nos parents, de respecter la parole donnée, et que celui qui viole ces obligations sacrées est digne de châtiment, que celui au contraire qui les accomplit, même aux dépens de ses intérêts, est digne de récompense.

6° Tous les hommes ont l'idée du beau, et cette idée est le fondement commun de tous les arts.

7° Tous les hommes, enfin, comme on l'a dit plus haut, croient que le monde est gouverné par des règles uniformes et constantes qui s'étendent à tous les pays et à tous les siècles.

Que les notions premières ne s'expliquent pas par l'expérience.

Comment l'entendement s'élève-t-il à la connaissance des vérités premières? Il suffit de voir les corps pour en connaître la couleur, de les entendre pour en discerner le son, de les toucher pour savoir qu'ils sont étendus et solides. Un sens de moins diminuerait la connaissance que nous avons de la matière; un sens de plus nous permettrait peut-être d'y découvrir quelque propriété nouvelle. La conscience nous instruit de tout ce qui se passe en nous, comme la sensation nous avertit de tout ce qui se passe au dehors. C'est elle qui nous fait connaître nos plaisirs, nos peines, nos espérances, nos désirs, nos pensées, nos résolutions, les opérations et les facultés de notre âme. Les sens et la conscience sont habituellement désignés par le nom d'*expérience* ou *observation :* est-ce par l'expérience que les notions premières peuvent être expliquées, soit que l'observation les ait directement produites, soit qu'elles résultent de l'action des facultés de l'esprit opérant sur les données expérimentales?

Ainsi l'a pensé une école célèbre qui a reçu du caractère et de l'exagération même de ses doctrines le nom d'école *empirique* (de ἐμπειρία, expérience), c'est-à-dire qui s'appuie exclusivement sur l'observation. Suivant l'école empirique, les idées absolues découlent de l'observation, comme les idées relatives; la seule différence est qu'elles n'en viennent pas directement, mais qu'elles supposent un travail ultérieur de l'esprit. Ainsi, nous devons aux sens l'idée de *montagne* et l'idée d'*or* : unissant ces deux idées, nous formons l'idée de *montagne d'or*, que les sens ne nous donnent pas immédiatement. De même, nous voyons des causes particulières : supprimant les imperfections qu'elles présentent et qui les limitent, nous concevons une cause infinie et illimitée, qui est Dieu.

La naissance de l'école empirique se confond avec les origines de la philosophie grecque. Elle a commencé, environ six cents ans avant notre ère, avec Thalès, qui ramenait toute la réalité à des éléments matériels connus par la sensation, et un siècle après, elle a trouvé sa première formule dans les hypothèses hardies de Leucippe et surtout de Démocrite.

Leucippe avait considéré les phénomènes de l'univers comme le produit des atomes unis et séparés par le mouvement; Démocrite déduisit de là une explication de la connaissance. Suivant lui, il se détache de la surface des corps certaines pellicules déliées et légères qui sont l'image de leurs qualités; mises en contact avec nos organes, ces pellicules produisent le sentiment et la pensée. Les atomistes léguèrent cette bizarre théorie à Épicure, qui l'adopta sans la modifier; et Épicure la transmit à Lucrèce, qui l'embellit des couleurs de la poésie.

Zénon, chef du stoïcisme, opposé en tout le reste à Épicure, paraît avoir été d'accord avec son rival sur la question de l'origine des idées. C'est à ce fondateur de l'école du Portique qu'appartient, dit-on, la célèbre maxime : *Nihil est in intellectu quin prius fuerit in sensu,* rien n'est dans l'entendement qui n'ait passé par le sens.

Aux temps modernes, la philosophie empirique compte aussi dans ses rangs des noms considérables.

Ainsi le contemporain et l'adversaire de Descartes, Gassendi, pose, au début de sa *Logique,* que toutes nos idées tirent leur origine de la sensation. Il avoue qu'elles n'ont pas été toutes dans le sens telles qu'elles existent actuellement dans l'esprit; mais il prétend qu'elles se résolvent en des éléments sensibles que la réflexion a élaborés et transformés.

Thomas Hobbes ne pensait pas autrement que Gassendi : « L'entendement, dit-il, ne possède aucune notion qui n'ait été engendrée dans le sens. » La sensation est le résultat d'un mouvement; quand le mouvement s'arrête, elle s'affaiblit et se transforme en imagination. Les mots venant alors au secours de l'homme, il fixe et combine ses idées; il juge, il raisonne, c'est-à-dire il substitue un signe à un autre signe de même valeur; en un mot, il calcule. Le calcul, selon Hobbes, est la forme nécessaire du raisonnement.

Mais parmi les modernes défenseurs de l'empirisme Locke, sans contredit, est le plus profond. La connaissance humaine, dit-il, se partage en idées et en jugements. Qu'est-ce qu'un jugement? Une perception de rapport entre deux idées. Les jugements supposent donc les idées. Celles-ci sont simples ou composées Les idées composées naissent des idées simples, qui ont elles-mêmes pour origine immédiate la sensation et la réflexion, c'est-à-dire l'expérience. Aussi toute la connaissance, quel que soit son objet, repose en dernière analyse sur l'expérience, et tire d'elle son autorité. Tel est le point de départ, telle est aussi la conclusion du grand ouvrage de Locke, l'*Essai sur l'entendement humain*.

Nourri des maximes du philosophe anglais, Condillac alla plus loin en suivant la même voie; car il nia le rôle de la réflexion, et réduisit l'entendement à la sensibilité physique. L'impression des objets matériels sur nos organes est, suivant Condillac, le principe générateur de tous les faits de la pensée. Les conceptions abstraites et universelles ne sont elles-mêmes que des sensations transformées.

L'ancienneté de l'empirisme et la longue influence que cette philosophie a exercée, prouvent qu'elle a des racines profondes dans l'esprit humain. Elle est d'une simplicité parfaite, et à n'envisager que la surface des choses, elle semble très rigoureuse. Mais cette rigueur n'est qu'apparente, cette simplicité est factice et arbitraire. L'école empirique s'est souvent élevée avec beaucoup de raison contre l'abus de l'hypothèse, et sa doctrine est elle-même une pure hypothèse qui donne lieu à d'insurmontables difficultés.

Et d'abord, elle n'explique ni l'universalité, ni la nécessité des notions absolues. En effet, par les sens et la conscience, nous ne sortons ni du lieu où nous sommes ni du moment actuel. Nous voyons ce qui se passe ici, là, à telle heure, et rien au delà. Vainement nous appelons à notre aide la mémoire et le témoignage : le témoignage et nos souvenirs sont bornés comme nos perceptions. Vainement nous élaborons les données de l'observation : ces données ne peuvent rendre ce qu'elles ne contiennent pas, des jugements universels. Est-ce l'observation qui nous a appris que tous les phénomènes de l'univers, sans exception, ont une cause et se produisent dans le temps? Non, certes, puisque nous n'avons observé qu'un nombre de phénomènes très restreint.

Mais les notions expérimentales sont moins encore, s'il se peut, nécessaires qu'universelles. Que nous montre l'observation? Ce qui est, non ce qui doit être. Je veux que nos sens, aidés de la mémoire et de l'induction, aient le pouvoir de nous découvrir tout ce qui s'est passé ou se passera dans l'univers; je veux que nul phénomène n'échappe à nos laborieuses investigations; encore ne saurions-nous pas, par cette voie, que les faits ont dû se passer de telle manière, et qu'ils ne pouvaient se passer autrement. Il n'y a pas une expérience au monde capable de nous faire connaître que nul corps ne saurait exister en dehors de l'espace, et que nécessairement l'espace renferme tous les corps. La nécessité ne se voit pas, ne se touche pas, ne se sent pas.

Que les notions premières ne s'expliquent pas par l'association des idées, ni par l'hérédité.

La doctrine de l'école empirique a été renouvelée de nos jours en Angleterre et en France, avec une ingénieuse subtilité, qui fait honneur au talent de ses modernes partisans, mais qui n'a pas réussi à en corriger le vice radical. Les notions premières, ont dit les uns, sont une pure association entre des idées que l'esprit ne peut séparer, parce qu'elles se sont toujours trouvées unies, que l'expérience a confirmé leur union et que l'habitude en a fait une nécessité. Les notions premières, ont dit les autres, sont un effet de l'hérédité. Nos pères nous les ont transmises; nous les transmettrons à nos descendants; passant ainsi de génération en génération, elles sont devenues partie intégrante de notre nature; ce sont des habitudes héréditaires qui remontent à l'origine du genre humain.

Mais comment accepter de pareilles hypothèses? Une association qui se forme un jour entre certaines idées, qui se répète les jours suivants, ne saurait, à quelque date qu'elle remonte, expliquer les notions premières, ces notions tellement essentielles qu'on n'imagine pas que la créature intelligente en ait été un seul moment dépourvue. Elles sont de tous les temps comme elles sont de tous les pays, et elles ne sauraient dériver d'une liaison qui n'aurait pu se fortifier qu'à la longue par une suite d'observations répétées. Et non seulement elles sont universelles; elles ont un caractère de nécessité qui ne consiste pas seulement dans l'empire qu'elles exercent sur nous. Elles ont pour objet des vérités nécessaires, que l'esprit distingue clairement des vérités contingentes. Il croit aux unes comme aux autres, et il ne peut pas ne pas y croire; mais les vérités nécessaires ont ceci de particulier, que le contraire nous en paraît impossible. Or cette nécessité qui est en elles et qui ne dépend pas de nous, aucune liaisson d'idées n'en peut rendre compte. *Le même est le même*, voilà le premier principe de la connaissance; est-ce l'association qui l'a introduit dans notre esprit?

Les mêmes objections et d'autres encore s'élèvent contre l'hypothèse de l'hérédité. Elle ne réussit pas mieux que la doctrine de l'association à expliquer l'universalité et la nécessité des notions premières. En outre qui dit héritage dit une possession première que des parents ont transmise à leurs descendants; mais d'où venait-elle à ces premiers parents eux-mêmes et comment l'avaient-ils acquise? Il faut de toute nécessité remonter à un premier homme pour lequel les notions premières ne soient pas une habitude héréditaire, mais un bien qui lui appartienne en propre. La difficulté se trouve reculée; certainement elle n'est pas résolue.

Ainsi, de quelque manière qu'on s'y prenne, les notions premières ne peuvent être confondues avec les données de l'expérience. Quand on veut les y faire rentrer, on est conduit à les dénaturer, comme n'a pas manqué de le faire l'école empirique. Qu'est-ce par exemple, pour Locke et ses disciples, que la causalité? C'est la succession Qu'est-ce que la substance? Une collection de qualités. Qu'est-ce que le bien? L'utile. Qu'est-ce que l'infini? La négation du fini. De là sont résultées les conséquences les plus funestes pour la morale, la religion, l'art et la science elle-même. David Hume, si hardiment et si profondément sceptique; Helvétius, qui ramène la vertu à l'intérêt; Lamettrie et d'Holbach, apôtres ardents du matérialisme et de l'athéisme, tous ces écrivains, qui ont consacré leurs veilles à saper les plus saintes croyances du genre humain, sont les héritiers directs de Locke et de Condillac. Ces philosophes, malgré la sagesse apparente de la méthode qu'ils ont recommandée, ont répandu la semence qui, cultivée par leurs successeurs, a produit de si déplorables fruits; de même que chez les anciens, une psychologie semblable en beaucoup de points à celle du *Traité des sensations* et de l'*Essai sur l'entendement humain* inspirait à Épicure sa morale décriée et ses étranges théories sur l'âme et sur Dieu.

Autres doctrines sur les notions premières.

L'erreur et les dangers de la doctrine empirique ont conduit un grand nombre de philosophes à chercher aux idées nécessaires une origine tout autre que les sens et la conscience.

Ce n'est pas ici le lieu d'exposer avec détail les différentes théories qui ont été inventées; essayons seulement de caractériser en peu de mots les principales.

Au-dessus des choses particulières, soumises à la génération et à la mort, qui sont emportées par un perpétuel mouvement, Platon posait les idées incréées, immuables et éternelles. Les idées apparaissent dans le monde où elles répandent la proportion et la vie; mais leur centre est en Dieu. C'est là, au sein même de l'intelligence infinie, que la pensée de l'homme a contemplé le beau, le bien et le vrai suprêmes, avant le jour où l'âme, en punition d'une faute, a été rejetée loin de Dieu et attachée à un corps mortel. Au milieu des misères de sa condition présente, elle conserve le souvenir des merveilles qu'elle a vues, et dont elle aperçoit dans la nature sensible l'image à demi effacée. Ce vague souvenir est le fondement de la connaissance que nous avons de l'absolu. Savoir n'est que se rappeler. Toute science n'est que réminiscence.

Ces théories, qui tenaient de la fiction, ne devaient pas convaincre le génie sobre et positif d'Aristote. Aussi, malgré les vérités qu'elles renferment, il les considéra comme de purs rêves, et ne cessa pas de les combattre. Cependant sa vive polémique contre Platon ne suffit pas pour le ranger parmi les partisans exclusifs de l'observation. Selon lui, les sens ne nous révèlent que le particulier; l'universel, ce qui s'étend à tous les objets, ne peut pas être senti. Ailleurs, il semble admettre des vérités primitives qui portent leur certitude avec elles-mêmes et entraînent immédiatement notre foi.

L'école néoplatonicienne, qui fut fondée dans Alexandrie au second siècle de l'ère chrétienne, se rejeta bien loin de l'expérience, dans tous les excès du mysticisme. S'il faut en croire Plotin et ses successeurs, interprètes infidèles de Platon, la vérité n'apparaît pleinement à l'homme que dans l'extase, alors que l'âme abîmée en Dieu, vivant de sa vie, participant à sa lumière, a une vue immédiate de l'absolu. Porphyre nous raconte que Plotin, son maître, fut assez favorisé de Dieu pour s'être élevé quatre fois à cet état surnaturel.

Descartes distingue des idées qui nous viennent du dehors et qu'il appelle *adventices*, comme l'idée du soleil, de la chaleur, du son, etc.; et d'autres idées que nous formons et inventons nous-mêmes, et qu'il appelle *factices*, comme celle d'une sirène et d'un hippogriffe. Mais d'où nous vient l'idée de Dieu, qui n'est pas une fiction de notre esprit, puisque nous ne pouvons pas y ajouter ou y retrancher à notre gré, et qui ne dérive pas davantage des sens, puisqu'elle est infinie? Descartes répond que nous en apportons le germe en venant au monde, que cette idée procède avec beaucoup d'autres de la faculté naturelle que nous avons de penser, en un mot qu'elle est *innée*.

Cette opinion, adoptée par la plupart des disciples de Descartes, ne satisfaisait pas entièrement Malebranche, qui crut la simplifier en y substituant la célèbre hypothèse de la vision en Dieu. Selon Malebranche, nous ne connaissons pas les choses en elles-mêmes, ni par des idées créées avec nous; mais nous les voyons à la lumière de l'intelligence divine et dans ses idées.

Leibniz, tour à tour adversaire de Locke et de Descartes, fit une réserve profonde à la maxime fondamentale de l'empirisme. Rien n'est dans l'entendement, qui n'ait été dans le sens, excepté, dit-il l'entendement lui-même, *nisi ipse intellectus*. Or, l'entendement renferme l'être, la substance, l'unité, l'identité, et plusieurs autres notions que les sens ne peuvent donner. Ces notions, pour Leibniz comme pour Descartes, sont autant de germes que nous apportons en naissant, autant de traits lumineux cachés au dedans de nous, et que la rencontre des objets extérieurs fait paraître. Le pouvoir que nous avons de les former n'est pas une faculté nue, consistant dans la seule possibilité de les acquérir; c'est une disposition, une aptitude, une préformation qui détermine notre âme, et qui fait que certaines vérités peuvent en être tirées, « tout comme il y a de la différence, disait Leibniz, entre les figures qu'on donne à la pierre ou au marbre indifféremment, et celles que les veines marquent déjà, ou sont disposées à marquer, si l'ouvrier en profite. »

Vers la fin du dernier siècle, Thomas Reid et Kant agitaient de nouveau la question de l'origine des connaissances, et malgré la différence de leur point de départ et de leur méthode, ils arrivaient à des conclusions analogues.

Parti de l'analyse de la perception extérieure, Reid reconnut que des idées ou des croyances qui ne venaient pas de l'observation se mêlaient aux notions dérivées de cette source; puis cherchant quelle pouvait être la nature de ces croyances, il les regarda comme des lois constitutives de l'esprit humain, qui, certaines conditions une fois remplies, ne peut s'empêcher de porter certains jugements. Or, pour le philosophe allemand, les notions universelles et nécessaires, les jugements synthétiques *a priori*, comme il les appelle, sont aussi des lois de la pensée, qu'il partage, comme nous l'avons déjà dit, en *formes* de la sensibilité, *catégories* de l'entendement et *idées* de la raison. La connaissance humaine est le produit de l'application régulière de ces lois aux vagues données, aux matériaux confus et épars fournis par l'expérience.

Que la connaissance humaine a deux origines :
l'expérience et la raison.

La doctrine de Reid, et surtout celle de Kant, contient un germe de scepticisme, puisque, si les jugements universels et nécessaires étaient seulement, comme le veulent ces philosophes, des lois de l'esprit et une règle de croyance, dépendant de notre constitution, ils n'auraient qu'une portée toute relative; ils seraient sujets à changer comme l'esprit même, et toute certitude serait détruite.

La vision en Dieu de Malebranche le mysticisme des Alexandrins et l'idéalisme de Platon donnent également lieu à des objections très fortes; mais au milieu de la divergence des opinions, un point capital subsiste, par lequel se touchent tous ces systèmes et quelques autres théories moins célèbres ou plus modernes : c'est que l'entendement humain possède un ordre à part de notions irréductibles à l'expérience. Désignons, comme on le fait ordinairement sous le nom de *raison*, le pouvoir entièrement distinct de la conscience et des sens, quel que soit d'ailleurs son mode de procéder, par lequel l'esprit les acquiert, nos idées se trouveront avoir deux origines : l'*expérience* et la *raison*.

Par l'*expérience*, nous formons les idées contingentes et relatives; celles qui se rapportent au corps dérivent de l'expérience sensible ou des sens; celles qui se rapportent à l'âme, de l'expérience psychologique ou de la conscience. Par la *raison*, nous concevons les notions premières, principes directeurs de la connaissance.

C'est l'expérience qui donne l'éveil à la raison; c'est à l'occasion des perceptions des sens et de la conscience que l'esprit entrevoit l'universel et le nécessaire; ôtez ces perceptions, et l'entendement reste inactif. Mais d'autre part supprimez la raison, les données expérimentales ne forment plus qu'un amas incohérent d'impressions qui ne s'étendent point au delà du moment présent, et qui ne méritent pas le nom de connaissances. C'est la raison qui les coordonne, les éclaire et les complète en y ajoutant ses propres données, ces notions premières dont elle est la source, et que ni l'ouïe, ni le tact, ni la vue, ne sauraient nous fournir.

Après avoir saisi la vérité sans la chercher, en vertu des seules lois de l'intelligence, l'esprit revient sur la notion obscure qu'il en avait d'abord acquise et qu'il transforme au moyen de l'activité volontaire. A l'aide de l'attention qui décompose les objets, de la comparaison qui les rapproche, du raisonnement qui découvre les propriétés les plus cachées, et qui dans une vérité nous fait entrevoir d'autres vérités qui en sont la conséquence ; enfin, par la puissance du langage qui non seulement nous communique les pensées de nos semblables, mais qui nous aide à fixer les nôtres et nous oblige à les analyser : nous transformons nos idées, nous leur donnons de la précision, de la clarté, de l'étendue. Particulières et concrètes à leur origine, elles deviennent abstraites, collectives, générales ; elles engendrent des idées nouvelles, qui à leur tour en produisent d'autres. Ainsi se développe la connaissance humaine ; ainsi naissent et marchent les sciences par les forces combinées du génie et de la volonté.

Les résultats de l'activité intellectuelle.

Mais avant les découvertes du génie, avant les conquêtes de la science, dès le premier éveil de l'intelligence humaine, elle arrive à des notions qu'elle conçoit plus ou moins obscurément, mais qui sont l'indestructible résultat de son activité naissante : la notion d'elle-même, la notion du monde extérieur, la notion de Dieu.

Par la conscience elle se connaît elle-même ; éclairée de la lumière intérieure, elle affirme la réalité de son être chaque fois qu'elle dit : *je* ou *moi*.

Par les sens elle connaît le monde extérieur et n'élève aucun doute sur la vérité de la perception qu'elle en a.

Par la raison elle entre en commerce avec Dieu.

Quand notre intelligence conçoit le temps et l'espace illimités, la substance et la causalité absolues, les règles immuables des proportions, la beauté sans mélange, le bien suprême, toutes ces idées sont une même idée qui a pour objet Dieu conçu comme immense et éternel, comme cause première, sagesse parfaite, justice infaillible et souveraine.

« Ces vérités, dit excellemment Bossuet, subsistent devant tous les siècles et devant qu'il y ait un entendement humain. Et quand tout ce qui se fait par les règles des proportions, c'est-à-dire tout ce que je vois dans la nature, serait détruit, excepté moi, ces règles se conserveraient dans ma pensée ; et je verrais clairement qu'elles seraient toujours bonnes et toujours véritables, quand moi-même je serais détruit, et quand il n'y aurait personne qui fût capable de les comprendre.

« Si je cherche maintenant où et en quel sujet elles subsistent éternelles et immuables comme elles sont, je suis obligé d'avouer un être où la vérité est éternellement subsistante et où elle est toujours entendue ; et cet être doit être la vérité même, et doit être toute vérité ; et c'est de lui que la vérité dérive dans tout ce qui est et ce qui s'entend hors de de lui.

« C'est donc en lui, d'une certaine manière qui m'est incompréhensible, c'est en lui, dis-je, que je vois ces vérités éternelles ; et les voir c'est me tourner à celui qui est immuablement toute vérité, et recevoir ses lumières.

« Cet objet éternel, c'est Dieu, éternellement subsistant, éternellement véritable, éternellement la vérité même[1]. »

---

1. *De la connaissance de Dieu et de soi-même*, chap. IV, § 5. Il faut rapprocher de ce passage de Bossuet les admirables pages de Fénelon sur la raison : « Oh que l'esprit de l'homme est grand ! il porte en lui de quoi s'étonner et se surpasser infiniment lui-même. Ses idées sont universelles, éternelles et immuables, etc. » Voy. *Traité de l'existence de Dieu*, Ire partie, chap. I.

CHAPITRE VIII

NOTIONS D'ESTHÉTIQUE

Avant de quitter le domaine de l'intelligence, nous nous arrêterons encore quelques instants à l'analyse d'une notion première, féconde en applications, l'idée du beau, à laquelle se rattachent toutes les productions de l'art et la science de l'art ou *esthétique*.

Esthétique vient du mot grec αἰσθητικόν, ce qui sent ou qui est senti, comme si le sentiment, αἴσθησις, était la source de l'art, opinion mal fondée; car si la sensibilité est en jeu dans les œuvres de l'art, l'idée du beau, conception de la raison, y joue le rôle principal.

Le beau.

C'est le propre de tous les objets beaux de nous charmer. Une belle figure, un beau site, une belle action, nous causent une émotion délicieuse. Est-ce à dire que le beau se confonde avec l'agréable et qu'il puisse être défini : ce qui plaît? Assurément non. Il y a en effet beaucoup de choses qui nous plaisent et que nous n'appelons pas belles, par exemple les odeurs et les saveurs. Qui de nous a jamais dit du parfum d'une rose, de l'agréable goût d'une pêche, qu'il était beau? Devant une table richement servie je distingue l'impression causée par la saveur des mets, et le jugement que mon esprit porte sur la belle ordonnance des plats. Dans un ordre de faits bien autrement élevé, n'y a-t-il donc qu'une sensation de plaisir dans ce qui se passe au fond de notre âme à la lecture d'une scène d'Eschyle ou de Corneille, devant un tableau de Raphaël ou de Michel-Ange ?

Le beau se distingue de l'utile comme de l'agréable. Quantité d'objets sont utiles, comme une pelle, un marteau, une scie, dont on ne dira jamais qu'ils sont beaux. Quantité d'autres sont beaux, comme une sonate de Beethoven, comme une oraison funèbre de Bossuet, comme la décoration d'un monument, dans lesquels ce qui nous frappe n'est pas l'utilité. Assurément il y a des choses qui sont à la fois utiles et belles ; mais lorsque l'utilité en est apparente, elle masque la beauté et empêche d'y songer. Enfin l'appréciation de l'utile et celle du beau appartiennent visiblement à des natures ou à des habitudes d'esprit différentes. Les artistes, voués au culte de la beauté, n'ont pas en général le sens de l'utile et s'entendent assez mal en affaires. Les esprits positifs, si bons juges du profit qu'on peut retirer d'une entreprise, passent pour être de médiocres connaisseurs en matière d'art.

Le beau touche de près au bien. Aussi chez les Grecs le mot καλός qui signifie *beau*, et le mot ἀγαθός qui signifie *bon*, étaient employés dans un sens analogue, et le langage populaire les avait réunis dans cette belle expression de καλοκαγαθία, qui marque l'intime alliance de la beauté et de la vertu. Notons cependant que le bien moral a pour caractère essentiel d'enchaîner la volonté par ce lien qu'on appelle l'*obligation* ou le *devoir*, caractère que le beau ne présente pas : d'où il suit qu'il ne peut pas être confondu avec le bien.

Le beau touche au vrai comme il touche au bien, et voilà pourquoi Platon a pu le définir : la splendeur du vrai. Mais toutes les vérités ne brillent pas de ce pur et doux éclat qui ravissait l'âme du disciple de Socrate ;

notre esprit du moins ne l'aperçoit pas dans toutes les vérités. Les savants ne sont pas tous des artistes, ni les artistes des savants. Autre chose est la science, autre chose est l'art.

L'analyse philosophique a signalé dans les objets beaux différents caractères comme la proportion et l'ordre, la convenance à la fin pour laquelle l'objet existe, une certaine unité qui relie entre elles ses différentes parties, etc. Ces caractères méritaient d'être constatés; mais il faut se garder d'en exagérer l'importance. Quand on les emploie à définir la beauté, les définitions auxquelles on arrive ont le double tort d'être fort obscures et d'être incomplètes; car dans beaucoup de cas elles sont inapplicables. Je reconnais la proportion, la convenance, l'unité servant de lien à la variété, dans un chef-d'œuvre architectural; je ne les retrouve plus dans les beaux sites de la nature, par exemple, dans l'imposant spectacle que j'aperçois du sommet du Puy de Dôme ou du Rigi.

Différents genres de beauté. Le sublime.

Ne cherchons pas à donner une définition de la beauté qui embrasse tous les aspects sous lesquels la beauté peut s'offrir aux regards de l'homme; contentons-nous d'indiquer ses variétés principales.

Il y a une beauté physique, comme la beauté d'une figure, une beauté intellectuelle, comme la beauté d'un poème, une beauté morale, comme la beauté du dévouement et de l'héroïsme.

Il y a des choses simplement *jolies*, que nous prenons plaisir à entendre ou à voir, mais auxquelles manque je ne sais quel caractère de grandeur nécessaire pour compléter l'impression de la beauté.

Il y a des choses qui ne sont pas seulement belles,

qui sont *sublimes*. Le *Moi!* de Médée, le *Qu'il mourût* du vieil Horace, sont des mots sublimes. La vue d'une tempête mêlée de tonnerre et d'éclairs est un spectacle aussi sublime qu'effrayant. Parmi les œuvres les plus sublimes du génie humain, on rangera toujours la cathédrale de Paris, celles de Reims et de Cologne. Ce qui caractérise le sublime, c'est d'élever l'homme au-dessus de lui-même, c'est de lui donner la perception d'une puissance et d'une grandeur qui le dépasse, et de mêler dans son âme à l'austère et sombre jouissance qu'elle éprouve tantôt un sentiment de respect et d'admiration, tantôt une vague terreur.

Principes et conditions des beaux-arts. L'expression.

C'est à la lumière de l'idée du beau que naissent et se développent les beaux arts, ainsi nommés pour les distinguer des arts mécaniques et industriels qui ont pour objet l'utilité.

L'objet propre des beaux arts ou plus simplement de l'art, c'est la reproduction désintéressée de la beauté. Nous disons *désintéressée* pour mieux marquer que l'art n'est pas né d'une pensée utilitaire, mais qu'il poursuit une fin étrangère et supérieure aux calculs de l'égoïsme.

Pour reproduire la beauté, pour l'exprimer, l'art a des moyens divers dont les uns s'adressent à la vue, comme les lignes, les formes, les couleurs, les mouvements, et dont les autres s'adressent à l'ouïe, comme les sons et les paroles. Sur ce principe est fondée la division des arts. L'architecture, la sculpture, la peinture et la danse parlent à la vue; la musique et la poésie parlent à l'ouïe.

Chaque art a ses conditions et ses règles particulières, mais ils sont tous assujettis à une condition générale qui est d'être *expressifs*. Qu'on passe en revue les œuvres qui ont laissé le plus de souvenir dans la mémoire des hommes, il sera facile de constater qu'elles ont toutes une signification, soit qu'elles mettent des caractères en relief, soit qu'elles expriment des sentiments et des pensées. Le ciseau de Phidias avait imprimé à la tête de Jupiter Olympien la majesté qui convient au maître des Dieux. Homère fait revivre pour nous les passions, les vertus et les vices de ses héros. Hermione et Phèdre dans Racine, Othello dans Shakespeare, sont l'image fidèle des fureurs de l'amour et de la jalousie. A quelle puissance d'expression la musique ne parvient-elle pas chez Beethoven? Les compositions les plus légères doivent avoir un sens; celles qui n'exprimeraient rien fatigueraient inutilement l'esprit sans le charmer.

L'imitation. Que l'imitation n'est pas la fin dernière de l'art.

Mais quel est le constant objet qui s'offre aux études de l'art et que l'art doit exprimer? N'est-ce pas la nature? Et comment exprimer la nature, sinon en l'imitant? De là est née une théorie célèbre qui ne se contente pas d'assigner à l'art comme point de départ, mais qui lui assigne comme but suprême l'imitation de la réalité. Cette théorie si répandue, acceptée de nos jours par l'école réaliste comme le dernier mot de la philosophie de l'art, est-elle fondée? Nous n'hésitons pas à répondre négativement

Et d'abord il y a des arts qui n'imitent point, comme l'architecture et la musique. Une symphonie, une danse un palais, l'église Notre-Dame, n'imitent rien.

En second lieu, dans les arts qui imitent, la beauté de l'œuvre n'est pas proportionnée à la fidélité de l'imitation. Un buste en cire, surtout avec des yeux brillants et des joues coloriées, imitent mieux la réalité qu'un buste en marbre blanc; mais c'est le buste en marbre, et non le buste en cire, qui passe pour une œuvre d'art, digne d'admiration. Le buste en cire n'est qu'une œuvre industrielle qui n'attire d'autres regards que ceux du vulgaire.

Il y a plus : l'imitation ne plaît qu'autant qu'elle n'est pas poussée assez loin pour qu'elle fasse illusion et que l'esprit ne puisse plus apercevoir de différence entre l'objet réel et l'objet imité. Quand l'illusion commence, le plaisir cesse, « le sentiment de l'art comme on l'a remarqué, disparaît pour faire place à un sentiment naturel, quelquefois insupportable. Si je croyais qu'Iphigénie est en effet sur le point d'être immolée par son père à vingt pas de moi, je sortirais de la salle en frémissant d'horreur[1]. »

La fiction et l'idéal.

C'est donc bien à tort que certains philosophes et certains artistes ont considéré l'imitation de la nature comme la fin suprême de l'art. Oui l'art imite la nature; mais il n'en est pas l'esclave; il la corrige et la dépasse. Il invente des personnages ; il leur prête des caractères et des aventures qui sont assurément de pures fictions imaginées par l'artiste, mais qui sont souvent plus vraies que la réalité et qui rivalisent avec elle. Au-dessus des choses qui frappent les sens, l'artiste digne de ce nom conçoit un idéal qu'il aspire à reproduire.

« Tout objet naturel, si beau qu'il soit, dit excellemment M. Cousin, est défectueux par quelque côté. Tout ce qui réel est imparfait. Ici l'horrible et le hideux s'unissent au sublime; là, l'élégance et la grâce sont séparées de la grandeur et de la force. Les traits de la beauté sont épars et divisés. Les réunir arbitrairement, emprunter à

---

1. V. Cousin, *Du vrai, du bien et du beau*, VIII° leçon.

tel visage une bouche, à tel autre des yeux, sans une règle qui préside à ce choix et dirige ces emprunts, c'est composer des monstres; admettre une règle, c'est admettre déjà un idéal différent de tous les individus. C'est cet idéal que le véritable artiste se forme en étudiant la nature. Sans elle il ne l'eût jamais conçu; mais avec cet idéal, il la juge elle-même, il la rectifie et il ose entreprendre de se mesurer avec elle.

« L'idéal, continue M. Cousin, est l'objet de la contemplation passionnée de l'artiste. Assidûment et silencieusement médité, sans cesse épuré par la réflexion et vivifié par le sentiment, il échauffe le génie et lui inspire l'irrésistible besoin de le voir réalisé et vivant. Pour cela, le génie prend dans la nature tous les matériaux qui peuvent le servir, et leur imprimant sa main puissante, comme Michel-Ange imprimait son ciseau sur le marbre docile, il en tire des œuvres qui n'ont pas de modèle dans la nature, qui n'imitent pas autre chose que l'idéal rêvé ou conçu, qui sont en quelque sorte une seconde création inférieure à la première par l'individualité et la vie, mais qui lui est bien supérieure, ne craignons pas de le dire, par la beauté intellectuelle et morale dont elle est empreinte[1] »

---

1. V. Cousin, *Du vrai, du bien et du beau*, VIII° leçon. Rapprochez ce qui précède de la citation que nous avons donnée plus haut, ch. VI, p. 57 d'un passage de Cicéron sur Phidias.

CHAPITRE IX

DE L'ACTIVITÉ ET DE SES DIVERS CARACTÈRES VOLONTÉ. INSTINCT. HABITUDE.

La sensibilité et l'intelligence ne suffisent pas pour expliquer les opérations multiples et complexes qui se produisent en nous et qui nous sont révélées par la conscience.

Outre la capacité de jouir et de souffrir, d'aimer et de désirer, outre le pouvoir de connaître le vrai, de juger, de se souvenir, de raisonner, l'homme possède la faculté d'agir ou *activité*. Qu'est-ce que *agir*? Agir est un fait élémentaire de l'âme humaine que chacun peut observer au dedans de soi, et qui est plus clair que toutes les définitions que nous en pourrions donner.

Le caractère le plus saillant de l'activité est la spontanéité. Lorsque je sens ou que je pense, je suis moins la cause que le sujet du phénomène qui s'accomplit en moi; l'impulsion vient du dehors; je la subis. Il n'en est pas de même lorsque nous agissons; notre action émane de nous; elle est notre ouvrage.

Toutefois, l'activité n'est pas tellement maîtresse de son propre développement, qu'elle s'exerce d'elle-même et sans y avoir été excitée : toute opération active un peu énergique suppose un mobile qui nous ait poussés à l'accomplir. Ce mobile se trouve tantôt dans les impressions sensibles, tantôt dans les jugements de l'intelligence. Que l'intelligence et la sensibilité soient muettes, l'effort de l'âme se ralentit et s'arrête. L'activité dépend donc, à certains égards, de ces facultés, bien qu'elle soit distincte d'elles et destinée à leur commander.

Il y a trois états par lesquels l'activité peut passer : l'*instinct*, la *volonté*, l'*habitude*.

De l'instinct.

Sous le nom d'*instinct*, on range ordinairement tous les actes que nous accomplissons presque à notre insu et sans avoir conscience du but où ils tendent. Telle est l'action par laquelle l'enfant qui vient de naître saisit le sein de sa mère et met en mouvement les muscles qui opèrent la succion. L'enfant n'a certes pas alors l'idée de la faim ni de la soif, et il ne peut pas calculer ni même prévoir le mouvement qu'il accomplit sous l'empire du besoin. L'instinct devance donc les progrès tardifs de la raison ; non seulement il lui vient en aide, mais il la supplée et il en tient lieu, comme on le voit par l'exemple des animaux dépourvus d'intelligence, qui font, par instinct, avec une précision merveilleuse, des choses que l'intelligence, aidée des ressources de l'art, peut à peine égaler. Une force cachée pousse l'abeille et le castor, et sans avoir à chercher leur voie, comme sans pouvoir jamais en dévier, ils vont droit au but que leur a marqué la providence. Chez l'homme, précisément parce que l'homme est doué de raison, l'instinct est moins développé que chez l'animal. Cependant, il n'est pas une époque de la vie où nous n'agissions quelquefois par instinct, c'est-à-dire sans savoir pourquoi ni comment. Ainsi, étant sur le point de tomber, nous étendons instinctivement les bras en avant pour nous garantir dans notre chute.

Remarquons les caractères de l'instinct, afin de ne pas tomber dans l'erreur de ces naturalistes qui le confondent avec l'intelligence, et qui n'établissent pas de différence entre l'homme et l'animal.

1° L'instinct est aveugle, en ce sens que les actes instinctifs ne sont accompagnés ni chez l'homme, ni chez les animaux, de la connaissance du but où ils tendent.

2° L'instinct est infaillible, soit qu'il pousse le castor à bâtir sa hutte, le bœuf à brouter l'herbe, le tigre et le lion à poursuivre leur proie.

3° L'instinct tend à une fin spéciale, hors de laquelle son pouvoir cesse. Il est bon pour une œuvre déterminée et inutile pour une autre. L'oiseau construit tel nid, le lapin tel terrier, chaque espèce d'araignée la toile qu'il est dans sa nature de tisser.

L'être qui agit par intelligence, et non par instinct, sait au contraire pourquoi il agit. L'action qu'il accomplit n'atteint pas toujours son but, et en tout cas ne l'atteint pas sans effort, et avant toute expérience. Enfin, il peut agir de plusieurs manières différentes, et n'est pas renfermé dans un genre particulier d'action, de travail et d'industrie.

Quelle que soit la part de l'instinct dans la vie de l'homme, il ne faut donc pas en exagérer l'importance.

De l'habitude.

Un autre état par lequel l'activité peut passer est l'*habitude*, cette disposition qui est engendrée par la répétition fréquente des mêmes actes, et dans laquelle nous sommes disposés à faire ce que nous avons fait mille fois déjà. Les actes habituels offrent avec l'instinct cette analogie frappante, qu'ils ne supposent ni calcul ni réflexion, et qu'ils sont à peine accompagnés du sentiment obscur d'eux-mêmes. Lorsque l'enfant commence à marcher, ses pieds tremblent, chaque pas lui coûte un effort; mais à mesure que cet effort se répète; il devient moins pénible, et un temps arrive où l'enfant n'en a plus conscience, et marche, comme nous faisons tous, presque sans le savoir. Il en est de même pour la parole, pour l'écriture, et généralement pour tous les exercices tant de l'esprit que du corps. Laborieux au début, ils cessent à la longue de nous causer aucune fatigue, et nous deviennent aussi aisés que s'ils nous étaient naturels : ce qui a fait dire à un ancien que l'habitude était une seconde nature[1]. Voilà pourquoi l'influence de l'éducation est si grande, et pourquoi il importe tant que l'enfant soit exercé au travail et à la pratique des vertus qui font l'honnête homme et le bon citoyen. Dans le reste de la vie la piété, la sincérité, la tempérance, la patience, la justice, nous sont d'autant plus faciles, qu'elles sont, dès nos plus jeunes ans, passées dans nos habitudes. Que si, au contraire, l'enfant a vécu dans l'oisiveté, s'il est nourri de mauvaises lectures, s'il a fréquenté de mauvaises sociétés, s'il a contracté des habitudes vicieuses, il est facile de voir quelles difficultés il éprouvera par la suite à rentrer dans les sentiers de la vertu, trop longtemps inconnus pour lui.

De la volonté.

Le troisième état de l'activité chez l'homme, c'est la *volonté*, laquelle se distingue profondément et de l'instinct qui la précède, et de l'habitude qui la suit et qu'elle contribue dans beaucoup de cas à engendrer.

Le caractère propre de la volonté, c'est la conscience de l'acte volontaire et du but de cet acte. Celui qui veut sait qu'il veut, et en même temps il sait ce qu'il veut. Qu'il cède à un bon mouvement ou à une mauvaise inspiration, il agit en pleine connaissance de cause, ou, ce

---

1. "Ὥσπερ γὰρ φύσις ἤδη τὸ ἔθος, Aristot., *De Mem.*

qui revient au même, avec intention; ses actes sont des actes intentionnels.

La volonté joue le rôle principal dans la vie morale de l'homme. C'est elle qui, suivant une expression célèbre, nous pose au centre de l'univers et nous distingue du reste des êtres par le caractère éminemment personnel de l'opération volontaire; c'est elle qui nous rend capables de mérite et de démérite, qui fonde, pour tout dire, la responsabilité. Nous ne sommes pas directement responsables de nos sensations et de nos pensées, puisqu'elles ne dépendent pas de nous, et que nous pouvons être exposés à des erreurs ou à des convoitises que notre vertu combat; mais nous devons porter la conséquence des actes que nous avons produits avec connaissance et intention. Nous devons en pâtir s'ils sont mauvais, et en recevoir le juste prix s'ils sont bons et honnêtes.

Analyse de l'activité volontaire.

Marquons les circonstances et, pour ainsi parler, les moments essentiels qui composent ce phénomène si capital de l'activité volontaire.

Nous recevons de tous les objets qui nous environnent des sensations et des idées qui se succèdent avec une variété infinie, et qui nous poussent dans les sens les plus contraires. Le propre de l'enfance est de céder à ces impressions fugitives et puissantes qu'elle n'a pas la force de combattre. Mais quand l'âme est parvenue à la conscience d'elle-même, la scène change: elle oblige ses facultés de compter avec elle; elle prend les rênes de son intelligence et de sa sensibilité, afin de les diriger où elle veut; elle se possède pour se gouverner. C'est le premier signe, c'est le premier moment de l'activité volontaire.

Lorsque l'âme est dans cet état, elle est prête à l'action; mais il lui faut, pour qu'elle agisse, la vue distincte de ce qu'elle doit faire. Tantôt, elle le découvre avec la promptitude de l'éclair. Ainsi, dès qu'une mère aperçoit le danger de son enfant, elle s'élance pour le secourir; d'Assas, dès qu'il entend l'ennemi, s'écrie : *A moi d'Auvergne!* Tantôt incertaine entre plusieurs partis, l'âme examine, réfléchit, se consulte elle-même ou consulte les autres pour découvrir quel est le parti le plus utile ou le plus honnête. Ainsi, Auguste prend conseil de Maxime et de Cinna, pour savoir s'il doit conserver l'empire.

Cette comparaison des motifs qui nous pressent en sens inverse est la *délibération*. Il n'est pas nécessaire à Dieu de délibérer, parce que sa raison infinie embrasse éternellement du même regard, sans incertitude comme sans labeur, tous les rapports des êtres. La délibération est le propre d'un esprit imparfait, comme est l'esprit de l'homme, à qui la vérité est rarement présente, et qui ne la découvre que s'il l'a cherchée avec effort et patience.

Soit qu'il nous ait fallu ou non délibérer, notre âme se convainc bientôt qu'il est bon qu'elle fasse telle chose, qu'elle ne fasse pas telle autre chose. Après avoir dit intérieurement : *Je dois faire*, elle ajoute : *Je veux* ou *je ne veux pas faire*. Rodrigue, dans la tragédie de Corneille, est longtemps partagé entre son amour pour Chimène et les devoirs de la piété filiale; mais la voix du devoir l'emporte enfin, et le Cid se résout à venger l'honneur paternel, même au prix de son propre bonheur. La résolution d'agir succède ainsi, dans notre âme, à la conception de l'acte, que la raison présente à la volonté comme le plus honnête ou le plus utile.

Comme il y a des résolutions lentes et réfléchies, et des résolutions spontanées et promptes, il y en a qui sont vacillantes, mobiles, incertaines; d'autres sont fermes et invariables, en un mot, opiniâtres; elles persistent malgré les événements, et nul échec ne les ébranle ni ne les déconcerte. Le genre de résolutions habituelles à une personne constitue son *caractère*. Le caractère indécis ne fait pas se résoudre. Le caractère faible abandonne dès le premier choc ses résolutions qui semblaient le mieux arrêtées. Le caractère versatile change à tout instant de résolutions. Le caractère résolu se décide promptement et marche à son but sans se détourner. Le caractère opiniâtre persiste à vouloir ce qu'il a d'abord voulu, tant qu'il n'est pas arrivé à ses fins.

L'âme ayant pris sa détermination met en mouvement les organes pour l'accomplir; elle opère, elle agit. Quelquefois elle a décidé qu'elle n'agirait pas, ou qu'elle agirait plus tard, à un jour donné, d'une manière ou d'une autre, selon les circonstances. Ainsi la veille d'une bataille, un général se décide à engager le combat le lendemain, dès la première heure, sur tel point et non pas sur tel autre; ou bien il décampe sans bruit, et il va chercher un autre champ de bataille, sur lequel à quelques jours de là il combattra l'ennemi avec plus d'avantage et de meilleures chances de succès. La résolution, dans tous ces cas, a pour effet d'écarter l'action, ou de l'ajourner, ou de la subordonner aux événements : ce qui montre bien que malgré leur dépendance étroite ces deux faits, la résolution et l'action, ne doivent pas être confondus.

En résumé, se posséder, concevoir la pensée d'un acte, se résoudre, agir : voilà les quatre parties principales du phénomène volontaire; mais toutes n'ont pas la même importance au point de vue de l'activité et de la responsabilité humaine. Ainsi le jugement par lequel nous prononçons que certaine chose est à faire ou à ne pas faire s'impose fatalement à notre intelligence, et il ne dépend pas plus de nous de ne pas le prononcer, que de croire que deux et deux font cinq. Puis-je, par exemple, juger à mon gré que je dois ou que je ne dois pas restituer le dépôt qui m'a été confié; que je ferai une chose utile et sage ou un acte déraisonnable, en me livrant à des dépenses que je n'ai pas le moyen de payer, en acceptant une fonction que je n'aurai pas le talent de remplir, en exposant légèrement ma santé et l'avenir de mes enfants? Évidemment, dans tous ces cas, et dans mille autres circonstances analogues, notre appréciation de la conduite à tenir est nécessitée en nous de la même manière et avec la même force que les autres jugements de l'intelligence.

Considérons maintenant un autre élément du phénomène volontaire, l'exécution ou action physique : elle part de nous, elle a en nous son principe, puisqu'elle est voulue et commandée par nous ; mais elle échappe en partie à notre pouvoir ; car elle suppose certaines conditions de santé et de vigueur dans les organes, conditions qu'il ne nous est pas toujours donné de remplir. Vainement un prisonnier chargé de chaînes voudrait les briser ; vainement un paralytique voudrait remuer le bras et marcher ; vainement, sans le secours d'un levier, nous voudrions lever un fardeau pesant.

Mais quand je me résous, ma résolution ne dépend-elle pas de moi? Ne pouvais-je pas ne pas la prendre et me décider tout autrement que je ne l'ai fait? Évidemment chacun se résout de la manière et dans le sens qu'il veut. Rien ici-bas ne saurait enlever à la créature raisonnable ce privilège intime et suprême. Il subsiste, ne fût-ce que chez quelques âmes héroïques, même dans la captivité et dans les persécutions ; il défie alors les abus de la force et trompe les coupables espérances des tyrans.

Que conclure de là? C'est que la résolution, que nous ne séparons pas ici de la possession de soi-même, est l'élément capital qui, dans le phénomène volontaire, représente essentiellement l'activité propre de l'âme.

Mais de cette conclusion même, fondée sur l'analyse la plus exacte de la volonté, découle en morale un corollaire avoué par tous les philosophes : c'est que le mérite et la culpabilité de l'homme dépendent moins de ce qu'il fait que de ce qu'il résout, moins de ses actes que de ses intentions. Le meurtrier auquel sa victime échappe, lorsqu'il s'apprêtait à la frapper, n'est pas moins criminel que s'il avait consommé le forfait déjà résolu dans son âme perverse; et le soldat qui meurt pour son pays, le magistrat qui se dévoue pour la défense des lois, le marin qui expose sa vie pour sauver un naufragé, sont honorés comme des héros, alors même que l'événement trahit leur effort généreux. Cependant il n'appartient qu'à Dieu de pénétrer le fond des consciences; et comme d'ailleurs les résolutions de l'homme sont vacillantes et que souvent elles faiblissent en face de l'action, la justice humaine n'a pas à tenir compte de celles qui restent enfermées dans le secret des cœurs. Aussi, quelles qu'elles soient, il faut qu'elles se manifestent par un commencement d'exécution pour attirer ici-bas sur leurs auteurs les récompenses et les peines qui sont la sanction des lois sociales.

CHAPITRE X

LA LIBERTÉ MORALE OU LIBRE ARBITRE. — DÉMONSTRATION DE LA LIBERTÉ. — RÉFUTATION DES SYSTÈMES QUI NIENT LA LIBERTÉ. FATALISME. DÉTERMINISME.

Le mot *liberté* s'emploie dans plusieurs acceptions. Tantôt il désigne la faculté d'agir, par opposition à la contrainte : je suis libre en ce moment de marcher et de mouvoir mon bras; un homme chargé de chaînes ne jouit pas de cette liberté. Tantôt il signifie la possession de certains droits, comme celui de disposer de soi et de ses biens, ou liberté naturelle; celui de pratiquer son culte, ou liberté de conscience; celui de conserver ses opinions, ou liberté de penser, etc.

Mais le sens psychologique et vrai du mot liberté est celui auquel l'analyse de l'activité nous a tout d'abord conduits. En un mot, la liberté, autrement appelée *libre arbitre*, est le pouvoir de se résoudre ou d'opter entre différents partis.

Démonstration de la liberté.

Deux sortes de preuves tirées, les unes de l'observation de la conscience, les autres du raisonnement, s'unissent pour démontrer que l'homme est un agent doué de liberté, arbitre de ses actes et de sa destinée.

A chaque instant de la vie, la conscience nous dit que

nous avons le pouvoir de prendre une détermination ou une autre ; que ce choix n'est pas le résultat d'une contrainte extérieure ; qu'il n'est pas non plus nécessité intérieurement par une loi de la nature humaine, mais qu'il émane de notre activité volontaire.

Ainsi, je puis indifféremment marcher à droite ou à gauche, lever le bras ou le tenir baissé, me taire ou parler. Si j'ai devant moi un livre et des fruits, je puis laisser les fruits pour m'emparer du livre, et réciproquement. Si je me suis mis à lire, je puis continuer ma lecture ou la suspendre, ou, après l'avoir interrompue, y revenir de nouveau. Citons d'autres exemples plus sérieux. Quand l'intérêt, la passion et le devoir me poussent en sens contraire, je puis écouter la voix du devoir, ou le cri de la passion, ou les calculs de l'intérêt. Socrate pouvait s'évader de sa prison : il préféra respecter les lois de son pays et boire la ciguë. Les martyrs pouvaient sauver leur vie en adorant les faux dieux : ils aimèrent mieux affronter les supplices, que renier leur foi. Cette lutte, tantôt obscure et tantôt éclatante, de l'égoïsme et de la vertu, se passe dans toutes les consciences ; elle est l'histoire du cœur de l'homme. Mais quel est le juge qui tranche le débat, qui donne la victoire, sinon l'âme elle-même, armée de sa liberté ?

Bayle demande à cette occasion si la conscience ne laisserait pas échapper une partie des causes qui produisent nos résolutions, si notre confiance dans le libre arbitre ne serait pas le résultat de cette ignorance, et si nous ne ressemblerions pas à une girouette animée qui serait persuadée de la liberté de ses mouvements, quoiqu'elle ne fît qu'obéir à l'impulsion du vent. Nous convenons, et nous l'avons dit plus haut, que parmi les influences qui peuvent atteindre notre âme, aussi bien que parmi les phénomènes qui se passent en elle, il en est qui effleurent à peine la conscience et qu'elle ne nous révèle que d'une manière obscure ; qui, selon l'expression de Leibniz, sont en quelque sorte latents. Mais il y a une vérité que la conscience nous atteste avec la dernière évidence, et avec une autorité infaillible : c'est que nos déterminations, quels que soient les mobiles extérieurs qui les aient provoquées, ont leur cause en nous-mêmes. Incertains que nous sommes quelquefois des raisons qui nous font agir, nous ne conservons aucun doute, dès que nous en arrivons au principe qui agit, qui veut, qui se résout, qui tantôt trouve les organes et la nature extérieure dociles à son impulsion, et tantôt au contraire éprouve de la résistance et doit tendre tous les ressorts de son activité pour en triompher. Nous savons que ce principe intérieur de force et de vie, c'est nous. Voilà ce que dit la conscience à tous les hommes ; et son témoignage démontre infailliblement le libre arbitre.

Mais, pour achever de mettre cette vérité dans tout son jour, considérons l'ensemble des faits qui accompagnent nos déterminations.

Avant d'agir, je rentre souvent en moi ; je pèse les avantages des partis contraires ; je délibère. Quand je ne me sens pas capable de me décider moi-même, je consulte les autres ; ils m'adressent des avis, des prières, des promesses, des menaces. Après avoir agi, je me félicite ou je me repens de mon action ; autour de moi, on me blâme ou on me loue ; on m'admire si j'ai voulu le bien ; on me méprise si j'ai commis le mal. Or, qui ne voit que ces faits supposent la liberté, ne s'expliquent que par la liberté, et que sans la liberté ils constitueraient de véritables actes de folie ?

Si je ne suis pas libre, mon action ne dépend pas de moi ; elle sera nécessairement ce qu'elle doit être, que je le veuille ou non, et quoi que fassent les autres. Par conséquent, à quoi bon délibérer ? Que sert de prier, de menacer, de promettre ? Les hommes délibèrent-ils pour empêcher les corps de s'attirer, ou pour changer les lois de l'attraction ?

Si je ne suis pas libre, je n'ai pas pu tenir une autre conduite que celle que j'ai tenue. Donc il est insensé à moi de me repentir quand j'ai mal fait, de me féliciter intérieurement quand j'ai bien agi. De la part des autres, il est insensé de me blâmer ou de me louer, de me punir ou de me récompenser, comme si je pouvais encourir quelque responsabilité pour des résolutions qui n'ont pas dépendu de moi et que je me suis trouvé prendre fatalement, à peu près comme le feu brûle, comme l'eau coule, comme l'aimant attire le fer.

La certitude de la liberté ne ressort pas moins clairement de l'analyse de la notion du devoir. Le devoir n'existe qu'à la condition qu'il puisse être pratiqué; car nul ne saurait être tenu de faire les choses qui sont hors de sa puissance. La raison nous dit avec une évidence irrésistible que nous avons des devoirs à remplir envers nous et envers les autres; donc la faculté de les remplir est en nous; nos actions relèvent de nous-mêmes; nous sommes libres.

L'existence de la liberté peut enfin se conclure de l'idée seule que tous les hommes ont de leur liberté. S'ils n'étaient pas véritablement libres, comme ils le croient, d'où leur serait venue cette idée si étrange, ce sentiment si opposé au cours ordinaire de la nature, où tout est régi par des lois fixes et invariables? Bien que nous ne placions pas cet argument, comme un brillant écrivain l'a essayé, au-dessus ni même au niveau des autres preuves de la liberté qui ont pour elle la sanction du sens commun et une longue tradition, il n'appartient assurément qu'à un être libre de se concevoir comme libre et de vouloir pour soi-même cette liberté dont il a l'idée.

Réfutation du *fatalisme* et du *déterminisme*.

Malgré la solidité des preuves qui l'établissent, le dogme de la liberté a trouvé des contradicteurs nombreux, qui, de la part faite dans leur système à la nécessité ou au destin, *fatum*, ont reçu le nom de *fatalistes*.

Le fatalisme faisait le fond des religions de l'antiquité; et personne n'ignore, par exemple, quelle importance avait, dans le polythéisme grec, le dogme du destin, puissance aveugle qui enchaînait les actions des dieux et celles des hommes au joug de la plus inexorable nécessité.

Le stoïcisme épura ce dogme désolant; il accorda au destin des attributs qui le rapprochaient de la Providence; il considéra ses décrets comme l'œuvre salutaire de la raison éternelle; mais il ne rétablit pas la liberté dans ses droits; et, pour toute vertu, il laissa au sage la résignation et l'impassibilité que produit dans un cœur la certitude qu'il ne dispose de sa destinée.

En vain le christianisme bannit de la religion les grossières images sous lesquelles le paganisme avait comme étouffé la Divinité; ses dogmes mal interprétés servirent de prétexte à de nouvelles erreurs. Le sentiment de la personnalité humaine s'effaçant chez quelques âmes à mesure que l'idée de Dieu y brillait d'un plus pur éclat, on vit apparaître un grand nombre de sectes, entre autres l'hérésie des *Predestinations*, qui, par une piété mal entendue, n'accordaient à l'homme que l'apparence du libre arbitre, et qui concentraient effectivement toute activité dans les mains du Créateur. Souvent condamnées par le pouvoir ecclésiastique, ces tristes et funestes doctrines ne laissèrent pas que d'agiter le moyen âge; et pendant que le fatalisme, transformé par Mahomet, se propageait en Orient, elles en conservèrent la tradition chez les peuples chrétiens. Les sentiments de Luther sur le pouvoir de la grâce sont connus. Il les a exposés avec rudesse dans son traité célèbre *De servo arbitrio*, dont le titre seul indique assez l'esprit. Calvin enseigna les mêmes erreurs, qui devinrent bientôt le dogme fondamental des Églises réformées, et vers lesquelles Jansénius et Port-Royal inclinèrent si fortement.

La philosophie moderne, à l'exemple de la théologie, compte aussi plusieurs systèmes où le fatalisme n'est pas même déguisé. Ainsi Hobbes, qui ramène la volonté au simple désir et qui fait consister la liberté dans la possibilité de se mouvoir, était naturellement amené à soutenir que la liberté n'appartient pas plus à l'homme qu'à un fleuve. Suivant les principes de Spinosa, toute cause agit nécessairement : la cause première, Dieu, par une nécessité inhérente à sa nature; les causes secondes et l'âme en particulier, par la nécessité de la nature divine. Un disciple de Locke, Collins, frappé de l'influence des motifs sur la volonté, prétendit qu'ils l'entraînent toujours, et considéra les résolutions de l'homme comme inflexiblement déterminées par les circonstances qui les accompagnent. A peine est-il nécessaire de joindre aux noms qui précèdent ceux des encyclopédistes, Diderot, d'Holbach, Lamettrie, qui aboutissaient à la négation de la liberté comme à la conséquence rigoureuse de leurs doctrines sur l'homme et sur la nature.

Le fatalisme a reparu de nos jours sous une forme nouvelle et sous un nom à quelques égards nouveau. Il s'appelle aujourd'hui le *déterminisme*, comme si ses partisans actuels reculaient devant le nom qu'il a porté jusqu'ici. Le déterminisme consiste en effet à soutenir que les événements d'ici-bas forment une chaîne dont tous les anneaux sont liés d'une manière indissoluble, qu'ils s'engendrent nécessairement les uns les autres, et qu'en particulier les actes de la volonté sont soumis à des conditions tellement déterminées, qu'ils ne dépendent pas, à proprement parler, de nous, mais de ces conditions mêmes.

Nous examinerons tour à tour les principales objections du fatalisme en nous occupant d'abord de celles qui se tirent de la constitution générale de l'homme, et notamment de l'influence que les motifs et le tempérament exercent sur la volonté.

1° L'âme, disent les fatalistes, n'agit pas sans motifs ; parmi plusieurs motifs, le plus fort l'emporte toujours, à peu près comme le poids le plus lourd fait pencher le plateau de la balance sur lequel il est placé; d'où la conséquence, que nos déterminations sont le produit des motifs, et non l'effet de notre causalité personnelle.

Nous accordons, bien que Reid l'ait contesté, que l'homme n'agit pas sans motifs; mais les motifs disposent, inclinent; ils ne contraignent pas. Ce qui le prouve, c'est que nous les discutons, et souvent y résistons. Imaginez le parti le plus conforme à mes intérêts et à mon devoir; je me sens la force de m'y refuser; imaginez au contraire le projet le plus extravagant; je me sens la force de l'entreprendre. Une bille cède au choc d'une autre bille; la balance fléchit fatalement sous le poids qui l'entraîne; mais l'âme reste maîtresse d'elle-même en présence des plus vives sollicitations de l'esprit et du cœur. Elle a en soi une force de résistance que ni la raison, ni la passion, ne peuvent détruire, et quand elle abandonne la victoire, c'est qu'elle le veut bien.

2° Les fatalistes ajoutent que le tempérament exerce sur le caractère, le genre de vie et les habitudes des hommes une influence incompatible avec la liberté. A les entendre, on naît vertueux ou méchant, comme on naît vigoureux ou chétif, et la moralité dépend de l'organisation. Sans doute le tempérament et les inclinations qu'il développe favorisent ou entravent la pratique des vertus difficiles et le perfectionnement moral; mais là n'est pas la question. Il ne s'agit même pas de savoir si dans certains cas extraordinaires, tels que l'ivresse, le somnambulisme et la folie, la liberté est obscurcie, étouffée, et son exercice interrompu; car tout le monde convient qu'elle est exposée à des défaillances. Mais sommes-nous en droit de considérer de pareils accidents comme la règle? L'ascendant de la volonté sur le tempérament, n'éclate-t-il pas en mille occasions? Le tempérament, gardons-nous de l'oublier, n'agit sur l'âme que par l'intermédiaire des sentiments et des idées qu'il suggère. Or les sentiments et les idées rentrent dans la classe des motifs qui sollicitent la liberté sans la contraindre. Là réside le secret du pouvoir que l'éducation exerce; de là vient cet empire que l'homme acquiert à la longue sur sa pensée. Si notre destinée dépendait de la conformation de notre crâne, ce serait en vain que nos parents et nos maîtres essayeraient de réformer nos inclinations vicieuses, et que nous-mêmes nous chercherions à nous améliorer. Le succès de leurs efforts et des nôtres démontre que l'influence de l'organisation a son contrepoids, et que l'instinct n'étouffe pas la liberté.

3º Poussant plus à fond et ramenant à des termes plus précis les objections précédentes, les déterministes de nos jours s'arment contre la liberté de cette loi générale qui subordonne tous les faits de l'univers à des conditions déterminées, loi à laquelle la volonté de l'homme n'échappe pas.

L'existence de cette loi n'est pas contestable ; mais il s'agit de savoir si l'activité libre, si la volonté n'est pas elle-même au nombre de ces conditions d'où dépendent certains événements, à savoir les actes humains, si notre âme ne possède pas une énergie propre, capable de se déterminer elle-même, qui a sa place dans l'univers à côté des forces aveugles et fatales de la nature. A cette question le sens intime répond affirmativement avec une invincible évidence que les théories les plus subtiles ne sauraient obscurcir. Vainement dira-t-on que le sens intime se trompe en laissant échapper le lien qui unit nos volitions à leurs causes véritables. Ces causes, quelles sont-elles? qui les indiquera? Et si nous ne les connaissons pas, comment chercher dans cet inconnu un argument solide contre un fait évident? Ne nous lassons pas de répéter que notre âme, fût-elle poussée à se résoudre dans un sens plutôt que dans un autre par des mobiles ignorés d'elle, il reste indubitable, aux yeux du sens intime, que la force qui se résout, qui veut, qui agit, c'est nous-mêmes.

4° Nous arrivons à des objections d'un autre ordre tirées de la contradiction apparente qui existe entre la liberté et les attributs divins. Les fatalistes soutiennent que la liberté est contraire : 1° à la prescience de Dieu, parce qu'un acte libre ne saurait être prévu; 2° à sa puissance parce qu'un acte libre échapperait à l'action providentielle; 3° à sa justice et à sa bonté, parce que le libre arbitre est la faculté de faire le mal comme le bien.

Pourquoi n'avouerions-nous pas que ces objections, que nous avons essayé de ramener à leur forme la plus simple, ont fait le tourment des philosophes et des théologiens? Gardons-nous cependant d'y attacher une importance exagérée et de laisser croire que les arguments des fatalistes sont irréfutables.

S'agit-il d'abord de la prescience divine, ce terme de prescience, qui fait naître dans l'esprit l'idée de succession, manque d'exactitude quand il est appliqué à Dieu; car il n'y a pour Dieu ni passé ni avenir, mais un continuel présent; de sorte que Dieu, à proprement parler, ne prévoit pas les actes humains, mais les voit. Il les voit du haut de son éternité, comme du haut de la montagne le voyageur aperçoit ce qui se passe dans la plaine. Mais la vue d'un objet n'en change pas la nature : le simple regard du spectateur ne rend pas nécessaire l'action qu'il contemple, si elle est libre, non plus qu'il ne la rend libre, si elle est nécessaire. La prescience divine n'est donc pas inconciliable avec la liberté humaine.

Il en est de même de la puissance. Ce petit domaine, où s'exerce la volonté de l'homme, n'est pas sa conquête ni son œuvre. Nous le tenons de Dieu même ; c'est Dieu qui nous y a établis et qui nous permet de le gouverner. La liberté ne contredit donc pas la puissance de Dieu, puisqu'elle procède de lui et n'existe que par lui.

Des considérations d'un ordre différent aident à comprendre comment sous un Dieu juste, sage et bon, il peut exister, malgré les misères de la liberté, des créatures libres, maîtresses de leurs actes et de leurs destinées. La liberté ne contribue-t-elle pas à la perfection de l'univers ? Qu'elle disparaisse, il n'y a plus de place parmi les hommes pour la justice, la tempérance, le courage, le dévouement, la charité. Un monde ainsi fait, d'où la grandeur morale serait bannie, vaudrait-il mieux que le monde actuel, dont les défauts sont du moins rachetés par l'héroïsme de la vertu ?

Mais admettons que ces éclaircissements ne suffisent pas pour dissiper les doutes que suggère l'accord de la liberté avec les attributs divins : que conclure de là ? Les objections du fatalisme ne sauraient prévaloir contre la voix de la conscience, qui nous crie que nous sommes libres, de même que le sentiment de la liberté ne saurait ébranler la certitude de la prescience et des autres perfections divines. L'homme est maître de sa conduite, et cependant au-dessus de lui plane la majesté infinie de Dieu qui prévoit ses déterminations d'une manière infaillible, et qui les dirige avec une souveraine puissance ; voilà des vérités solidement établies, celle-ci par la force de la raison, celle-là par l'expérience intérieure. Alors même que la faible portée de notre entendement ne nous permettrait pas d'apercevoir la connexion de ces vérités et d'en concilier l'opposition apparente, nous devrions, puisqu'elles nous sont également démontrées, nous y tenir avec une égale fermeté. « Quand nous nous mettons à raisonner, disait admirablement Bossuet[1] à propos du point délicat que nous venons de toucher, nous devons d'abord poser comme indubitable que nous pouvons connaître très certainement beaucoup de choses dont toutefois nous n'entendons pas toutes les dépendances et toutes les suites. C'est pourquoi la première règle de notre logique, c'est qu'il ne faut jamais abandonner les vérités une fois connues, quelque difficulté qui survienne quand on veut les concilier ; mais qu'il faut au contraire, pour ainsi parler, tenir toujours fortement comme les deux bouts de la chaîne, quoiqu'on ne voie pas toujours le milieu, par où l'enchaînement se continue. »

1. *Traité du libre arbitre*, chap. IV.

CHAPITRE XI

DES MANIFESTATIONS DE LA VIE PSYCHOLOGIQUE. LES SIGNES ET LE LANGAGE

Afin de compléter l'analyse de la vie psychologique, il ne sera pas inutile de l'étudier non plus dans les phénomènes intimes qui la constituent et dans les facultés qu'elle suppose, mais dans ses manifestions extérieures, c'est-à-dire dans les signes et dans le langage.

Ce qu'on entend par signes.

Un *signe* est ce qui sert à représenter un objet absent ou invisible pour les sens. Ainsi les pulsations du pouls sont le signe de la vie; la hauteur du mercure, dans le tube barométrique, est le signe de la pesanteur de l'atmosphère; la fumée est le signe du feu; la grandeur et la magnificence dans les œuvres sont les signes du génie.

Tous les objets de la nature se servent mutuellement de signes. Le mugissement des vents annonce la tempête; la lave qui couvre les flancs d'une montagne est l'indice d'un volcan éteint; l'aspect seul du lion révèle la vigueur de ses muscles; les effets manifestent les causes; les qualités déterminent les substances. Mais le signe suppose une intelligence qui le comprenne, c'est-à-dire qui aperçoive son rapport avec la chose qu'il signifie. C'est en vain qu'il frappe les yeux qui ne voient pas et les oreilles qui ne savent pas entendre. Ainsi les animaux dépourvus de raison ne sont pas émus au spectacle des cieux qui « racontent la gloire » de leur auteur invisible.

Les sentiments et la pensée de l'homme ne sont pas moins inaccessibles aux sens extérieurs que les substances et les causes de l'univers. Ni l'ouïe, ni la vue, ni le toucher ne peuvent pénétrer dans le sanctuaire réservé à la conscience. Les modifications de notre âme, nos besoins, nos désirs, nos connaissances resteraient donc cachés à nos semblables, si nous n'avions le pouvoir de les en instruire à l'aide de certains signes. Aucune relation ne pourrait dès lors s'établir parmi les hommes; la société n'existerait pas.

Du langage ; diverses espèces de langage.

Le *langage* est l'ensemble de ces signes particuliers, à l'aide desquels nous communiquons nos pensées et nos sentiments à autrui.

Le langage peut se diviser, selon l'origine des signes qui le composent, en langage *naturel* et langage *artificiel;* et suivant le sens auquel ces signes s'adressent, en langage d'*action* et langage *oral*.

1º Le langage *naturel* est celui que la nature elle-même nous enseigne, comme les cris inarticulés que pousse l'enfant, les exclamations que la joie ou la douleur nous arrache, les mouvements désordonnés de la passion, etc. Tous les hommes le parlent, et tous le comprennent sans l'avoir appris. Il est aussi familier à l'enfant qu'à l'homme fait, au sauvage qui vit retiré dans les bois qu'à l'habitant des pays civilisés. Quel est le coin du monde où les pleurs d'une mère qui vient de perdre sa fille paraissent un signe de joie, où le ris et les jeux soient une marque de douleur?

2° Le langage *artificiel* est l'œuvre du génie de l'homme, qui, de siècle en siècle, perfectionna le langage naturel, ajouta de nouveaux termes à la langue qu'il parlait, créa même de nouvelles langues à l'usage des sciences et des arts. Comme toutes les inventions humaines, le langage artificiel est mobile, changeant, sujet à mille vicissitudes. Chaque peuple a sa langue, et cette langue n'est pas la même à toutes les époques de son histoire. Nul ne la sait, c'est-à-dire ne l'entend et ne la parle, s'il ne l'a d'abord apprise de ses parents ou de quelque maître.

3° Le langage d'*action* s'adresse à la vue : c'est le jeu de la physionomie ; ce sont les diverses attitudes du corps, exprimant ou la prière, ou la menace, ou l'amour, ou la fureur ; c'est surtout le geste, la seule éloquence qui soit permise aux sourds-muets.

« Il n'est mouvement qui ne parle, a dit Montaigne ; à ne considérer que la main, que n'exprimons-nous pas à son aide! Nous requérons, nous promettons, appelons, congédions, menaçons, prions, supplions, rions, refusons, interrogeons, instruisons, commandons, imitons, encourageons, jurons, témoignons, etc...[1] »

4° Le langage *oral* comprend les signes qui s'adressent à l'ouïe, comme les cris et la parole.

La parole est supérieure à toutes les autres formes du langage, soit en raison de la correspondance étroite qui existe entre l'organe vocal et l'organe de l'ouïe, et qui les destine spécialement à la communication de la pensée, soit à cause de l'aptitude de la voix à exprimer avec promptitude, facilité et précision les nuances les plus délicates du sentiment et de la connaissance.

Mais la parole est par elle-même fugitive, et les traces

---

1. *Essais de Montaigne*, l. II, chap. IV.

qu'elle laisse dans la mémoire s'effacent rapidement. Il importait donc de la fixer, afin de donner ainsi de la durée aux idées qu'elle exprime : de là est né l'usage des signes permanents et de l'*écriture*.

Écriture hiéroglyphique ; écriture alphabétique.

Il y a deux sortes d'*écriture* : l'écriture *hiéroglyphique* et l'écriture *phonétique* ou *alphabétique*.

L'écriture *hiéroglyphique*, ainsi appelée parce qu'elle était employée anciennement par les prêtres égyptiens, peint directement les idées. L'écriture *alphabétique* n'exprime au contraire que les sons ; ce qui l'a fait quelquefois nommer *phonétique*.

Il semblerait que des signes, qui sont la représentation immédiate de la pensée, doivent être préférés à ceux qui ne traduisent que son image parlée. Mais cet avantage de l'écriture hiéroglyphique n'est qu'apparent. Quand on considère le nombre et la nature des signes dont elle est formée, et la difficulté de les lire ou de les écrire, on s'aperçoit qu'elle est très compliquée, et qu'elle nuit au libre jeu de nos facultés intellectuelles. Il n'en est pas de même de l'écriture alphabétique, qui, à l'aide des lettres de l'alphabet, au nombre de vingt à vingt-cinq, représentant des sons élémentaires, exprime aisément toutes les modulations de la parole et toutes les nuances de la pensée.

Origine du langage.

Une grave question que soulève l'étude du langage est la question de son origine. Peu de points ont donné lieu, surtout depuis le siècle dernier, à de plus vifs débats. Les uns, Condillac, par exemple, veulent que le langage soit une création du génie et de la volonté de l'homme ;

les autres, comme M. de Bonald, soutiennent que les facultés humaines n'auraient pas suffi pour l'inventer, et qu'il est un don, une révélation surnaturelle de Dieu.

Si nous ouvrons la Genèse, nous y lisons que Dieu a parlé à l'homme; qu'il a fait comparaître devant lui tous les êtres de la création, et qu'ils ont reçu de la bouche d'Adam les noms qu'ils portent. Les partisans de la doctrine de M. de Bonald ont souvent allégué ce témoignage du plus ancien livre qui ait raconté les commencements de l'humanité.

Mais écartons le récit de l'historien sacré, si nous paraissons, en l'invoquant, faire une part trop large à l'autorité; et essayons de remonter, par le seul raisonnement, aux origines du langage.

Deux points ne peuvent être contestés sérieusement : le premier, que toutes les langues comprennent un grand nombre d'éléments qui sont d'origine humaine, par exemple les termes nouveaux, les tournures nouvelles dont chaque idiome s'enrichit de siècle en siècle, à mesure que les idées se modifient et s'étendent; le second, que sous ces éléments factices se cachent des signes primitifs, que chacun a spontanément employés et compris, et sans lesquels, dépourvu de tout moyen de s'entendre avec ses semblables, il n'aurait pu créer aucun signe artificiel.

La question, d'après cela, n'est pas de savoir si le langage est un don de Dieu ou une invention de l'homme, mais quelle part il faut faire dans l'établissement du langage à l'action divine et au travail humain, ces deux causes ayant contribué à sa formation.

Une fois la difficulté réduite à ces termes, il importe de considérer que l'isolement ne nous est pas naturel, que nous sommes nés pour vivre en société, et que nous avons dû recevoir, dès l'origine, les facultés nécessaires pour atteindre cette fin providentielle. Or, la société, pour ses moindres relations, exige des signes variés, précis et clairs; les mouvements incertains et les cris inarticulés que la passion arrache aux êtres vivants ne présentent pas ces caractères. Dieu donc, puisqu'il ne fait rien en vain, a dû, en créant l'espèce humaine, lui donner pour s'exprimer un moyen différent et moins imparfait; l'homme, dès le berceau du monde, s'est distingué du reste des créatures par sa langue, comme il s'en distinguait par sa raison.

Mais une langue, si parfaite qu'elle soit, ne vaut que par l'usage qu'on en fait avec conscience et liberté. Si l'homme n'avait pas remarqué et volontairement reproduit les signes qu'il avait reçus de Dieu, ces signes seraient restés pour lui un don stérile. La part de la raison dans la formation du langage n'a pas seulement consisté à le développer, à le perfectionner; elle a servi d'abord à le rendre nôtre, à nous l'approprier, et, par là, elle a été une des conditions de son existence et de sa fécondité. On a dit que la pensée n'existerait pas sans la parole; il serait plus exact de dire que, sans l'active opération de la pensée, la parole serait un vain son qui frapperait inutilement l'oreille. La parole et la pensée sont deux faits simultanés qui réagissent l'un sur l'autre. Primitivement, grâce au don divin, l'homme pense et il parle; par la pensée, il s'approprie la parole et invente de nouveaux signes à l'image des signes naturels; par la parole, il exprime, éclaircit et développe la pensée. Ainsi se concilient les théories opposées de M. de Bonald et de Condillac.

Influence des signes sur la formation des idées.

Le langage, qui est le premier lien de la société, est aussi l'instrument le plus efficace que l'entendement ait à sa disposition pour étendre et perfectionner ses connaissances.

Examinons les principaux services que le langage nous rend sous ce rapport.

Comme auxiliaire de l'intelligence, le langage sert premièrement à noter les idées à mesure qu'on les acquiert. La pensée, de sa nature, est fugitive; sans les signes qui la saisissent pour ainsi dire au vol, elle nous échapperait promptement. Mais à peine est-elle conçue par l'esprit, elle s'incarne pour ainsi dire dans un mot qui aide à la retenir; ce mot, à son tour, est fixé par l'écriture, et désormais les jours, les mois, les années s'écoulent, sans que l'idée gravée en caractères indestructibles puisse être effacée du souvenir de l'homme. Lorsqu'il l'a oubliée, le signe qui la représente la lui rappelle. Toutes les facultés de l'intelligence trouvent ainsi journellement, grâce au langage, une pâture abondante pour les alimenter; car ce ne sont pas seulement nos propres pensées qu'il nous remet sous les yeux, ce sont encore toutes celles de nos semblables; c'est, pour ainsi dire, le trésor entier de leur intelligence dans lequel nous puisons librement; ce sont leurs connaissances, leurs souvenirs et leurs découvertes auxquelles nous participons, dès que notre vue se repose sur les caractères qui les expriment.

Secondement, le langage est un moyen régulier d'analyse pour la pensée. Chaque mot n'exprimant qu'une seule idée, nous sommes bien forcés, quand nous parlons, d'analyser nos pensées pour les communiquer aux autres, et quand les autres nous parlent, de suivre pour ainsi dire pas à pas les analyses toutes faites qu'ils nous présentent. Ce qui était confus dans l'intelligence est rendu distinct; ce qui était simultané devient successif. Les aspects divers de la vérité passent un à un devant nos yeux, comme les signes eux-mêmes du langage. Et comme chaque langage a une méthode et une syntaxe d'après lesquelles les mots doivent se succéder dans un ordre fixe et régulier, il en résulte que toutes ces analyses ne se font pas au hasard, mais méthodiquement; d'où cette maxime profondément vraie de Condillac, que les langues sont autant de méthodes analytiques.

Mais le langage n'est pas seulement très utile pour conserver ou pour analyser la pensée, il a un autre avantage non moins précieux : il contribue à la formation d'un grand nombre d'idées que nous n'aurions jamais eues sans son secours, comme les idées abstraites, les idées générales et les idées collectives. L'esprit a sans doute en lui-même la faculté de les concevoir; mais, à peine formées elles se dissiperaient promptement sous le regard même de l'esprit. La qualité abstraite irait rejoindre l'ensemble d'où on l'a détachée; l'idée générale se diviserait entre les individus dont elle résume les ressemblances; l'idée collective s'effacerait et s'oublierait, si nous ne donnions comme un corps à toutes ces conceptions vagues et fugitives. Comment, par exemple, pourrions-nous former, sans le secours des signes, l'idée d'un nombre un peu étendu? Comment exécuter les opérations de l'arithmétique et de la géométrie? Qu'on nous donne à faire de tête une règle de trois, ou à extraire la racine carrée d'un nombre élevé; sans le secours des signes, comment le pourrions-nous? Nous éprouvons déjà une difficulté sérieuse à ces calculs, même en alignant des chiffres, qui du moins fixent et retiennent nos idées; que serait-ce si nous étions privés même des noms de nombre? La plus forte tête elle-même, l'organisation la plus exceptionnelle serait incapable, dans cette dernière hypothèse, de tout calcul un peu compliqué.

Frappés de l'influence décisive du langage sur la pensée, quelques philosophes se sont demandé si l'homme pouvait penser sans les mots? La question est plus curieuse qu'utile; car nous n'imaginons pas l'homme, nous le prenons tel qu'il est, avec l'ensemble des facultés qu'il a reçues du Créateur, et de tous les moyens qui aidont à son développement intellectuel et moral. Or, que parmi ces moyens figure le langage, c'est là un point qui ne peut pas être contesté. Veut-on savoir en outre si le langage est à ce point nécessaire, que l'esprit ne puisse former une idée sans l'attacher à un signe, ni la concevoir indépendamment du signe qui la représente? Sans doute la plupart des idées sont soumises à cette condition; mais j'en trouve une tout au moins, celle de l'existence personnelle, qui en est affranchie. De quel signe en effet ai-je besoin pour savoir que je suis? Y a-t-il dans quelque langue parlée sur la terre un mot privilégié, sans lequel nul homme ne pourrait former cette notion fondamentale? L'influence des signes a donc ses limites dans la vertu propre et spontanée de l'entendement. Ce sont de précieux instruments, sans lesquels les plus brillantes facultés de l'esprit ne seraient qu'un don stérile, à peu près comme nos bras, sans le secours du levier, seraient incapables de mouvoir une masse pesante. Mais de même que ce levier, si utile et si nécessaire, est par lui-même un objet inerte, et que la force véritable appartient à l'homme qui en dirige le mouvement, de même le merveilleux mécanisme du langage, quelque indispensable qu'il soit au travail de la pensée, la présuppose comme premier moteur.

Caractères d'une langue bien faite.

Si bien adaptées qu'elles soient aux besoins de l'entendement, les langues humaines ont leurs imperfections et leurs inconvénients. Tous les signes dont elles se composent ne présentent pas un sens précis et déterminé. Un seul mot exprime quelquefois plusieurs idées, tandis qu'une même idée est attachée à plusieurs mots. Prenons quelques-uns des termes usités par les philosophes, par exemple, *âme, esprit, sensation, idée, bonheur, liberté,* et ce nom même de *philosophie;* quelles significations différentes n'ont-ils pas reçues chez les anciens et chez les modernes? Or, habitués que nous sommes à nous servir des langues, nous considérons moins nos pensées que leur expression : au lieu d'aller des idées aux mots, nous allons des mots aux idées; nous jugeons des rapports qu'elles ont entre elles par ceux des termes qui nous les représentent. L'ambiguïté du langage a donc pour effet nécessaire une fâcheuse confusion dans les pensées, confusion qui doit engendrer à son tour d'inévitables erreurs.

On comprend par là combien il importe qu'une langue soit bien faite, c'est-à-dire qu'elle réunisse toutes les qualités nécessaires à la communication facile et prompte et à l'expression fidèle des idées. Il faudrait que le langage fût : 1° *complet,* c'est-à-dire qu'il renfermât des signes pour toutes les pensées; 2° *déterminé,* c'est-à-dire que chaque mot eût sa signification propre et n'empiétât pas sur celle des autres; 3° *simple,* c'est-à-dire que les mots exprimant des idées élémentaires fussent courts et faciles à retenir; 4° enfin, *analogue,* c'est-à-dire que les combinaisons analogues de mots répondissent à des combinaisons analogues de pensées.

La langue des mathématiques remplit à peu de chose près toutes ces conditions. Il n'est pas de nombre, si petit ou si grand qu'on le suppose, qui ne puisse pas être exprimé par la combinaison des signes primitifs, chiffres ou noms, dont cette langue se compose. Tous les termes ont chacun une acception si bien déterminée, que dans une variété infinie de combinaisons aucune méprise résultant de la confusion de deux termes n'est possible. Les mots qui expriment les dix premiers nombres sont tous d'une syllabe, et peuvent entrer facilement dans les termes plus étendus qui indiquent des quantités de plus en plus élevées. Enfin, les mathématiciens ont pris soin que le mouvement pour ainsi dire de leur langue fût calqué exactement sur celui de la pensée; le fil de l'analogie conduit l'esprit de l'unité aux dizaines, puis aux centaines, puis aux mille, et de là aux nombres les plus élevés, sans presque jamais se rompre.

Dans quelques branches des sciences naturelles, la chimie et la botanique, par exemple, la langue aujourd'hui en usage approche de la rigueur des mathématiques. Au siècle dernier, le vœu de Condillac et de ses disciples était que la philosophie partageât ce privilège qu'ils regardaient comme le plus précieux pour ses progrès. Par une exagération singulière, ils allaient jusqu'à soutenir qu'une science n'était qu'une langue bien faite, comme si la perfection de la science ne contribuait pas elle-même plus que tout le reste à perfectionner la langue dans laquelle ses résultats sont exprimés!

Avant Condillac, une vue plus profonde des conditions de la pensée avait amené Leibniz et Descartes à se demander s'il ne serait pas possible de créer une langue philosophique universelle, qui aurait eu le double avantage de se prêter à l'expression de toutes les idées, et d'être à l'usage de tous les peuples, comme le latin le fut au moyen âge dans la chrétienté. Mais quelles difficultés ne présente pas un pareil projet! Qui dressera le tableau des notions élémentaires de l'entendement? Qui démêlera leurs relations essentielles dans la variété infinie des combinaisons qu'elles peuvent former? Comment fixer les lois de la langue nouvelle? Comment les faire accepter universellement? La tentative de Leibniz a été souvent renouvelée de nos jours; mais elle n'a pas encore trouvé un génie assez pénétrant pour l'accomplir. Il faut que le philosophe se résigne à exprimer ses plus sublimes conceptions dans l'idiome imparfait dont se sert le vulgaire : sa seule obligation est de définir avec exactitude les termes obscurs ou mal déterminés qu'il est réduit à employer.

Les avantages que la langue des mathématiques possède sous le rapport de l'exactitude excluent d'ailleurs, il faut le remarquer, les qualités littéraires et poétiques, si puissantes sur le cœur de l'homme, qu'elles charment et qu'elles entraînent Comment concilier avec la richesse et la magnificence du discours cette rigueur de la géométrie qui bannit les épithètes et les synonymes, et qui ne veut que des démonstrations courtes et précises ? Gardons-nous donc de juger trop sévèrement les langues vulgaires et de leur préférer les langues scientifiques. Si quelquefois elles égarent l'intelligence, rappelons-nous qu'elles ne s'adressent pas moins au cœur et à l'imagination qu'à la raison, et que les défauts mêmes, que des censeurs trop rigides leur reprochent, sont en partie la source des plaisirs qu'elles nous procurent.

Notions de grammaire générale.

L'étude du langage dans ses rapports avec la pensée conduit à poser les bases de la *grammaire générale*.

La grammaire est l'art de parler et d'écrire correctement une langue. Mais au-dessus de toutes les grammaires particulières qui comprennent les règles spéciales à la langue de chaque peuple, il y a une science qui considère tout ce que ces idiomes ont de commun, et qui en cherche le fondement dans la nature de l'homme, dans les lois de la pensée ; c'est la grammaire générale dont nous allons exposer sommairement les principes.

Depuis que, par le progrès de la géographie et de l'histoire, par les merveilleuses découvertes qui ont fait revivre en quelque sorte les idiomes détruits, le catalogue des langues connues s'est augmenté dans une proportion considérable, quelques grammairiens ont paru croire que l'étude comparée des langues, qui en fait ressortir les analogies et les différences, suffirait, sans la connaissance de l'esprit humain, pour fonder la science du langage. Mais par cette méthode purement empirique, comment remonter à la raison des faits observés? Je dirai plus : parmi la variété infinie des formes que l'expression de la pensée humaine peut affecter, comment distinguer ce qui est fondamental et ce qui est accessoire? Dira-t-on que tous les faits ont une égale importance? Autant vaudrait soutenir qu'en botanique il est aussi légitime de classer les plantes à la manière des anciens botanistes, d'après la couleur des pétales de la corolle, la forme des tiges et les autres accidents extérieurs, que de s'attacher, comme l'a fait M. de Jussieu, aux différences plus caractéristiques qui résultent de la contexture du fruit. Sans doute, ici comme partout, le vrai point de départ est l'observation; mais le premier objet à étudier est l'entendement humain. Si la comparaison des idiomes des différents peuples est nécessaire pour apprécier la puissance si flexible de l'esprit de l'homme dans l'invention et le perfectionnement des langues, l'analyse de la pensée répand sur les modes divers de son expression une lumière sans laquelle les lois du langage ne sauraient être bien comprises ni bien expliquées. La grammaire ne serait par elle-même qu'un simple recueil d'observations, plus ou moins savantes, plus ou moins ingénieuses; la psychologie l'élève au rang d'une science qui cache des principes constants sous la variété de ses détails.

Analyse du langage

Nous avons vu que l'acte de la pensée, dans sa forme la plus simple, était l'*idée*, qui consiste à se représenter une chose. Nous avons vu aussi que l'idée avait son terme presque nécessaire dans le *jugement*, qui est l'idée affirmée, qui est l'affirmation que l'idée est conforme à son objet.

Les signes des idées sont les *mots* qui se composent de *syllabes* et de *lettres*.

Les signes des jugements sont les *propositions*, qui sont un assemblage de mots.

Pour esquisser une théorie des lois du langage, il y a donc à étudier successivement ce qui concerne les lettres, les mots et les propositions.

Des lettres et des syllabes.

Les lettres représentent les sons élémentaires qui, par leur combinaison, produisent les nuances les plus variées de la parole.

L'alphabet primitif des Grecs, dont l'invention est attribuée à Cadmus, ne comprenait que seize lettres, portées plus tard à vingt-quatre; ce qui est, à peu de chose près, le nombre consacré pour la plupart des alphabets modernes.

Suivant que les lettres expriment un son, par lui-même complet, qui permet de les prononcer seules, ou qu'elles s'unissent à d'autres pour former ce qu'on appelle des syllabes, qui représentent les articulations de la voix, elles reçoivent le nom de *voyelles* ou celui de *consonnes*.

Les voyelles et les consonnes subissent, d'après la manière dont elles sont prononcées, diverses modifications qui semblent les multiplier.

L'intensité du son émis détermine leur *accent*; sa durée, leur *quantité*.

Lorsque je prononce le mot *tempête*, ma voix s'élève en arrivant à la seconde syllabe, et le son paraît se prolonger. La syllabe est *accentuée*, et si on l'envisage sous le point de vue de la quantité, elle est *longue*.

C'est de l'accent joint à la quantité, tour à tour longue ou brève, que résulte l'harmonie du langage. Si tous les sons étaient intenses au même degré, s'ils avaient tous la même durée, qui ne sent quelle serait la monotonie de la prononciation?

Enfin, il peut arriver qu'un son exige certain effort pour être émis, comme dans la première syllabe des mots *héros*, *hêtre*, *honnir*. Le son est alors *aspiré*. Quelquefois l'aspiration se transforme en une véritable consonne. Ainsi, dans la langue française, elle est exprimée par la lettre *h*.

Des mots.

Les mots ne sont pas déterminés, comme les lettres et les syllabes qui servent à les former, par les modulations de la voix, mais par des pensées, dont ils sont les signes. Ils devraient être aussi nombreux que les conceptions de l'intelligence, et ils se subdivisent de la même manière.

Passons en revue rapidement nos principales idées. Notre esprit a des idées de *substance* et des idées de *qualité*. Il porte des *jugements*, c'est-à-dire il *affirme*. Entre les substances, il conçoit des *rapports*; il en conçoit aussi entre les qualités. Autant d'idées, autant de mots pour les exprimer.

Aux idées de substance correspondent des signes de substances ou *substantifs*; aux idées de qualité, des signes de qualités ou *adjectifs*; aux idées de rapport, des signes de rapports ou *prépositions* et *conjonctions*. Et de même, pour exprimer l'affirmation, toutes les langues renferment un mot particulier qui a le même nom que la parole : c'est le *verbe*, qui communique au discours sa force et toute sa lumière.

Ce sont là les cinq espèces de mots principales, auxquelles peuvent se ramener toutes les parties du discours. L'*article*, qui ne se trouve pas dans toutes les langues n'est, comme le participe, qu'une sorte d'adjectif. Le *pro-*

nom tient la place du nom. L'*adverbe* est une expression complexe, formée d'une préposition et d'un substantif; *ensuite* est pour *dans la suite*; *sagement* est pour *avec sagesse*. Enfin l'*interjection*, ce mot qui se jette au travers du discours, comme l'étymologie l'indique, est tantôt une locution elliptique, tantôt un cri de l'âme, écho du langage naturel, qui tient la place d'une proposition entière.

On voit déjà par ce qui précède qu'entre tous les mots qui composent une langue, les uns sont les racines des autres qui en sont dérivés d'une manière plus ou moins sensible. Ainsi le mot latin *specere* ou *spicere* est la racine des mots *despicere, respicere, suspicere, prospicere*, etc, Une racine sanscrite, la racine *ar*, labourer, ouvrir le sol, a donné naissance aux mots grecs, ἀροῦν, ἄροτρον, ἄρσις; et aux mots latin *arare, aratrum, aratio*, etc. Les grammairiens les plus autorisés ne comptent pas au delà de cinq cents racines dans l'hébreu et dans le sanscrit.

Les mots subissent des modifications nombreuses qui, comme les mots eux-mêmes, sont les conséquences de nos idées.

Ainsi, pour ce qui concerne les substantifs, les *genres* correspondent à la distinction des sexes, que la nature a établie dans les êtres organisés, et que l'esprit de l'homme a étendue par analogie à tous les objets de l'univers. Les *nombres*, comme le *singulier* et le *pluriel*, marquent l'extension des idées, et expriment si elles s'appliquent à un seul objet ou à plusieurs objets. Les *cas* sont des changements de désinences que quelques langues emploient pour exprimer certaines idées de rapport par un signe plus abrégé que la préposition.

Dans les verbes, les *temps* sont l'image de la division de la durée en passé, présent et futur. Les *modes* indiquent si l'affirmation de l'esprit a lieu simplement : ce qui est le mode *indicatif*; ou si elle est subordonnée à quelque condition : ce qui est le mode *subjonctif*.

Analyse de la proposition.

L'analyse de la proposition se fait de la même manière que l'analyse des parties du discours, en considérant le langage comme la traduction fidèle des faits de l'intelligence.

Puisque le jugement n'est autre chose que l'affirmation d'une idée, toute proposition doit renfermer deux termes au moins, dont l'un représente l'idée : c'est le *sujet*, et dont l'autre indique qu'elle a été affirmée : c'est le *verbe*. La plupart des grammairiens admettent comme élément nécessaire de la proposition un troisième terme, l'*attribut*. C'est qu'ils considèrent le jugement comme la perception d'un rapport entre deux idées. Or, nous avons vu que cette théorie n'était pas exacte. Si l'esprit porte beaucoup de jugements qui sont le résultat de la comparaison de deux idées, par exemple : *César est un grand guerrier, Dieu est juste*, il en porte aussi qui ne supposent pas la comparaison, et dans lesquels l'esprit est seul en présence du sujet, avec la faculté qu'il a d'affirmer ; par exemple, le jugement : *je suis, j'existe*.

Il y a des propositions *individuelles*, dont le sujet est un seul individu, comme *Pierre est mortel* ; des propositions *particulières*, dont le sujet est plusieurs individus, comme *certains hommes sont malheureux* ; et des propositions *universelles*, dont le sujet est tous les individus formant une même classe, comme *les hommes sont mortels*.

Il y a des propositions *absolues*, qui sont claires et complètes par elles-mêmes, et des propositions *relatives*, qui en supposent d'autres qui les précèdent et dont elles dépendent. Il y a des propositions *simples*, il y en a de *complexes*, de *composées*.

La source première de ces variétés et de plusieurs autres, est toujours la même; c'est la pensée, et en particulier le jugement.

L'analyse peut pousser plus loin encore. Une fois les mots et les propositions étudiés, on peut examiner d'après quelles règles les propositions s'unissent pour former des phrases, d'où résulte toute la suite du discours.

Cette partie de la grammaire est la syntaxe, qui, suivant l'étymologie de ce nom, traite de l'arrangement régulier des mots.

Ne nous lassons pas de répéter que les lois de la syntaxe ne sont pas arbitraires, que, loin de là, elles sont le produit, en quelque sorte fatal, de la constitution de l'esprit humain, produit modifié par le génie propre de chaque nation.

Toutes les langues décomposent la pensée, puisque toutes, comme on l'a vu plus haut, énoncent, d'une manière distincte et successive, des idées qui étaient confuses et simultanées dans notre esprit. Mais dans les unes le travail de décomposition va plus loin que dans les autres.

Dans les langues qui ont des cas, un même mot, outre sa signification propre, peut exprimer par un simple changement de désinence plusieurs idées de rapport différentes. Ainsi dans ces deux phrases, *Alexander vicit Darium, Alexandrum vicit Darius*, il n'y a de changé que la terminaison des mots *Alexander* et *Darius*; mais ce simple changement suffit pour exprimer des idées très opposées. Si nous ajoutons que, dans les langues qui présentent ce caractère, les mots se transforment et se combinent de mille manières pour former des mots nouveaux, comme si l'intelligence avait fait effort sur elle-même pour réduire le nombre des signes élémentaires du langage, on comprendra pourquoi elles ont reçu des grammairiens le nom de langues *synthétiques*. Le grec, le latin, sont des langues synthétiques.

Il y a d'autres langues, comme le français, qui ne possèdent point de cas, dans lesquelles la conjugaison des verbes offre peu de variétés, qui renferment sans doute un grand nombre de mots, ou dérivés, ou composés, mais qui maintiennent en général entre les mots la même distinction qu'entre les pensées, et qui tendent à avoir autant de mots que l'esprit peut former d'idées simples. Ces langues s'appellent *analytiques*, précisément parce que le travail d'analyse qui se fait dans l'esprit lorsque nous parlons, s'y montre mieux à découvert.

Le propre des langues analytiques, c'est que les mots qui forment les propositions y sont rangés dans l'ordre le plus conforme à la dépendance logique des idées. Le sujet est énoncé le premier, puis le verbe, puis l'attribut ou le régime. En effet, s'il s'agit d'attribuer une qualité à une substance, comme dans cette phrase : *L'or est jaune*, la substance est antérieure logiquement à ses qualités ; s'il s'agit d'indiquer un rapport de cause à effet, comme dans cette autre phrase : *La chaleur fond la cire*, la cause est antérieure logiquement à ses effets.

Mais dans les langues synthétiques, les rapports des mots étant indiqués par leurs désinences, il est possible d'intervertir l'ordre logique sans altérer le sens de la proposition. Soit cette phrase par laquelle Tacite commence la vie d'Agricola : *Clarorum virorum facta moresque posteris tradere antiquitus usitatum*, elle ne contient pas un mot qui soit à sa vraie place : mais comme la terminaison de chaque mot en indique la relation avec tous les autres, la clarté n'a pas à souffrir de ces transpositions, et l'on peut aisément, dès qu'on le veut, rétablir l'ordre logique.

Les inversions contribuent à l'harmonie et à la pompe du style. Elles se prêtent à l'expression des passions fortes, dont l'impétuosité et le désordre veulent des accents qui répondent à la situation de l'âme ; elles sont oratoires et poétiques. Grâce à l'inversion, Homère et Virgile,

Démosthène et Cicéron ont eu au service de leur génie une langue flexible, variée, d'une abondance incomparable, la vraie langue de l'éloquence et surtout de la poésie. Mais la langue française, qui n'a pas la même richesse et qui ne comporte pas d'aussi grands effets, est peut-être préférable, tant pour l'usage de la vie que pour l'exposition régulière, exacte et précise des vérités les plus abstraites. En évitant les inversions, en s'attachant à l'ordre logique, le français a gagné, de l'avis de tous les grammairiens, cette rigueur, cette clarté suprême qui ne suffit pas sans doute à l'imagination, mais qui convient par excellence à la langue des affaires comme à celle des sciences et de la philosophie.

Si nous poursuivions ces études de grammaire générale, nous verrions avec quelle admirable fécondité l'esprit de l'homme invente, pour l'expression de ses sentiments et de ses idées, des procédés nouveaux qui cependant se rattachent aux lois essentielles de l'intelligence. Non seulement les différentes nations qui se partagent la terre ont chacune leur langue ; mais ces langues comprennent un plus ou moins grand nombre de dialectes secondaires ou de patois, qui sont eux-mêmes soumis à des variations incessantes. Un des sujets les plus dignes de recherches, même pour l'historien, c'est assurément la comparaison de tous ces idiomes, de ceux qui sont encore en usage, ou qui ont laissé d'eux-mêmes, ainsi que le grec et le latin, des monuments impérissables, comme de ceux dont il n'existe plus que des débris rares et incomplets. En suivant leurs traces, à travers le monde, on retrouve celles des peuples qui les ont parlés ; le sens des mots qui les composent indique les mœurs de ces peuples ; leur comparaison fournit d'inappréciables témoignages de la parenté des races humaines. C'est à la lumière de cette méthode que les Grecs et les Romains ont pu être rattachés avec les Celtes et les Goths, les Indous et les Slaves à une même famille de peuples, la famille Arienne dont le berceau primitif fut l'Asie centrale. Telle est la portée de cette science de la grammaire comparée, une des plus brillantes conquêtes de notre âge, dont les résultats rappellent, à quelques égards, les découvertes de Georges Cuvier en paléontologie.

CHAPITRE XII

Des rapports du physique et du moral. — Le sommeil. — Les rêves. — La folie. — Psychologie animale.

Ce serait avoir circonscrit d'une manière bien étroite le domaine de la psychologie que de ne pas y comprendre l'étude des relations de l'âme et du corps. La vie psychologique et la vie organique exercent l'une sur l'autre une action que notre expérience personnelle nous atteste chaque jour et dont l'analyse n'offre pas moins d'intérêt que celle des autres faits de la nature humaine. Après avoir décrit les phénomènes de la sensibilité, de l'intelligence et de la volonté, voyons donc maintenant comment le physique agit en nous sur le moral et le moral sur le physique, et essayons de caractériser quelques-uns des états particuliers qui sont la suite de cette mutuelle dépendance.

Influence du corps sur l'âme.

Bossuet, qui connaissait si bien la double nature de l'homme, a consacré le second chapitre de son beau traité *De la connaissance de Dieu et de soi-même* à la description du corps humain, et le troisième à l'étude des lois de son union avec l'âme. « Cette union, dit-il, se fait remarquer principalement par deux effets. Le premier est que de certains mouvements du corps suivent certaines pensées ou sentiments de l'âme; et le second réciproquement, qu'à une certaine pensée ou sentiment qui arrive à l'âme sont attachés certains mouvements qui se font en même temps dans le corps : par exemple, de ce que les chairs sont coupées, c'est-à-dire séparées les unes des autres, ce qui est un mouvement dans les corps, il arrive que je sens en moi la douleur, que nous avons vue être un sentiment de l'âme; et de ce que j'ai dans l'âme la volonté que ma main soit remuée, il arrive qu'elle l'est en effet au même moment ».

Mais pour bien comprendre jusqu'où s'étend ce double effet, il est indispensable de donner ici quelques détails. Nous les emprunterons au célèbre ouvrage des *Rapports du physique et du moral*, que publiait au commencement de ce siècle le médecin Cabanis. L'auteur professait le matérialisme, et beaucoup de pages de son livre portent la trace de cette grande erreur; mais on y trouve des observations étrangères à tout esprit de système, qui sont curieuses et vraies.

Le corps agit différemment sur l'âme selon la manière dont il est disposé. Parmi les causes qui modifient son action, Cabanis signale : 1° l'âge; 2° le sexe; 3° le tempérament; 4° l'état de santé ou de maladie; 5° le régime; 6° le climat.

Nous voyons que l'enfant n'a pas les sentiments ni les goûts du jeune homme, et que le jeune homme pense et agit autrement que le vieillard.

Il y a chez la femme une délicatesse d'esprit et de cœur qui fait place chez l'homme à la mâle énergie que supposent les entreprises ardues et les travaux pénibles.

Le tempérament est cette disposition générale de l'organisation déterminée principalement par la nature des fluides qui dominent dans le corps. Il y a des tempéraments bilieux, sanguin, nerveux : chacun a le sien. Mais quelle influence notre tempérament n'exerce-t-il pas sur nous, sur le caractère et la marche de nos idées, sur la rapidité de nos réflexions, sur la froideur ou l'effervescence de nos sentiments !

Il en est de même de l'état de santé ou de maladie. Dans la santé, l'esprit est dispos comme le corps ; dans la maladie, l'affaiblissement du corps se fait sentir à l'âme, bien que certaines âmes énergiques ne se laissent pas abattre par la souffrance, et continuent de se montrer, dans les épreuves les plus cruelles, supérieures au corps qu'elles animent.

Il est d'ailleurs certain que les habitudes de notre vie, le régime que nous suivons, les aliments qui composent notre nourriture ne sont pas indifférents pour nous, même au point de vue moral. La sobriété facilite le travail de l'esprit; l'ivrognerie et la gourmandise l'alourdissent. Une vie molle et efféminée détend les ressorts de l'âme; une vie réglée, des aliments simples, une boisson saine, un sommeil modéré, même sur la dure, contribuent à lui donner de l'énergie.

Enfin le climat a également son action qu'il ne faut ni exagérer, ni méconnaître. Les peuples voisins du pôle ne sentent pas et ne pensent pas comme ceux du centre de l'Afrique. La poésie des Scandinaves ne ressemble pas à celle des Grecs. Les impressions que l'homme reçoit de la nature sont tellement différentes selon la latitude où il vit, que tout son être moral en est modifié et troublé.

Influence de l'âme sur le corps.

Mais si l'âme subit par tant de côtés l'influence du corps, elle garde sur lui un empire que les philosophes connaissent et qui n'a point échappé aux physiologistes ni surtout aux médecins.

Notre volonté gouverne nos membres, et dans l'état de santé, dès qu'elle a commandé, les organes obéissent. La joie et la tristesse, le plaisir et la douleur, la tendresse, la haine, le mépris, la colère, toutes nos impressions intérieures viennent se peindre sur notre physionomie, à moins que nous soyons assez maîtres de nous-mêmes, comme le sont, suivant la renommée, les diplomates, pour en arrêter l'expression. Il suffit d'une nouvelle, c'est-à-dire de quelques sons qui ont ébranlé l'air, pour jeter le trouble dans notre organisation : le corps reçoit alors le contre-coup du sentiment que l'âme éprouve; il en rougit ou il en pâlit; il peut y perdre la santé et même la vie. On meurt d'une lente consomption causée par la tristesse, comme on peut mourir foudroyé par une émotion soudaine. Il y a des maladies dont le siège semble échapper au médecin et qui résistent à tous les remèdes. Un praticien habile ne s'y trompe pas; il a vite reconnu que le mal ne vient pas du corps, mais de l'âme, et qu'elle est la cause première de ces désordres qui déjouent les prévisions et les efforts de la science.

Voilà quelques exemples qui mettent en pleine lumière l'action réciproque du moral sur le physique et du physique sur le moral. Mais à cette dépendance mutuelle des deux vies qui constituent l'existence humaine se rattachent, comme nous l'avons dit, quelques faits particuliers qui méritent d'être étudiés ; ce sont le sommeil, les rêves, l'hallucination, la folie et le somnambulisme.

Le sommeil.

Qu'est-ce que le sommeil? C'est cet état plus facile à décrire qu'à définir, dans lequel les fonctions des sens extérieurs sont suspendues, sans que les autres fonctions vitales le soient. On a cessé de voir et d'entendre, mais l'estomac ne cesse pas de digérer, la poitrine de respirer, le cœur de battre, le sang de circuler.

Le repos de l'âme accompagne celui du corps. Du dehors elle ne reçoit plus, comme dans la veille, de sensations, ni d'idées qui déterminent son activité; elle cesse d'ailleurs de l'exercer volontairement, et elle abandonne pour quelques heures la direction de ses propres facultés. Toutefois même alors: 1° elle n'échappe pas à l'impression de ce qui se passe dans le corps, des actions et réactions intérieures qui remplissent la vie organique; 2° elle conserve le souvenir de ses perceptions passées, qu'elle laisse aller d'elles-mêmes et s'enchaîner au hasard dans des combinaisons nouvelles dont elle a plus ou moins conscience.

Le sommeil de l'âme offre donc quelque analogie avec celui du corps. De même que dans le corps endormi certaines fonctions vitales persistent, de même persistent dans l'âme les images de ce qu'elle a vu et la trace de ses plus anciennes pensées. Elle continue de penser sans le vouloir; l'application et l'effort qui caractérisent la veille ont disparu; la pensée subsiste.

Le phénomène du sommeil s'observe chez les animaux comme chez l'homme, et dans les plantes elles-mêmes on aperçoit quelques indices d'un ralentissement périodique de la vie végétative. Dire que chez tous les êtres doués de vie, le sommeil naît de la lassitude; noter quelques-uns des caractères qu'il présente, ce n'est pas assurément l'expliquer; et cependant la science n'a rien de plus à en dire; et à ce sujet peut-être la physiologie est-elle encore moins avancée que la psychologie. Celle-ci du moins, aidée de la mémoire, peut savoir quelque chose de l'état de notre âme lorsque nous dormons: mais le corps de l'homme endormi se prête plus difficilement à l'observation. Qui pourrait songer à le soumettre au microscope et au scalpel?

Les rêves.

Ce qui rend surtout intéressante la question du sommeil, ce sont les rêves dont il est si souvent accompagné.

Les rêves sont des représentations de personnes, d'objets et d'événements qui s'offrent à nous pendant que nous dormons et qui nous frappent comme ferait la réalité. Ce sont de vains fantômes, prompts en général à se dissiper et qui cependant nous paraissent vrais. Nous croyons voir, entendre, agir, jouir ou souffrir, alors que rien ne se produit en dehors de la vision que nous avons.

Il y a des rêves dans lesquels la sensibilité joue le rôle principal et que pour ce motif Maine de Biran appelle *affectifs*. Quelquefois de douces et voluptueuses émotions, le plus souvent des émotions tristes et accablantes, la tristesse, la douleur ou l'épouvante y dominent. A cette catégorie se rattachent les rêves désignés sous le nom de *cauchemar*.

Il y a des rêves que le même philosophe appelle *intuitifs*, qui ont pour fond les perceptions de la vue, l'image des lieux que nous avons visités, des personnes que nous avons connues.

Il y a des rêves *intellectuels*, les plus rares de tous, dans lesquels, nous élevant pour ainsi dire au-dessus de nous-mêmes, nous composons des discours et des vers; nous imaginons des aventures dignes de figurer dans un roman.

Les rêves sont étroitement liés à l'état du corps; ils résultent des impressions diverses qui affectent nos organes intérieurs, le cerveau, le cœur, les poumons, l'estomac et les autres viscères. Le pouvoir personnel étant assoupi et ayant pour ainsi dire abdiqué, ces impressions déterminent des liaisons d'idées, qui se forment au hasard et qui se succèdent avec une rapidité singulière. De là l'incohérence et la bizarrerie qui se remarquent dans les rêves, et l'extravagance monstrueuse de quelques-uns. De là aussi leur courte durée, et le peu de traces que la plupart laissent après eux. Pour se souvenir, il faut être attentif, et quand l'âme commence à donner son attention à un songe, presque aussitôt ce songe s'évanouit; celui qui dormait se réveille. Comment se fait-il cependant que durant nos rêves, les objets qu'ils nous représentent nous paraissent réels? Cette particularité caractéristique ne tient à d'autre cause qu'à la suspension de la vie de relation. Nos sens qui pendant la vie nous mettent en rapport avec le monde extérieur, nous permettent par là même de discerner les perceptions vraies qui correspondent à quelque chose de subsistant, et les perceptions fausses, visions chimériques de notre esprit. Mais le moyen de contrôle nous manque durant le sommeil. Les perceptions externes étant alors abolies, nous ne vivons plus qu'avec nos propres pensées, ou plutôt avec les associations irrégulières et involontaires d'idées, qui viennent d'elles-mêmes nous surprendre. Telle est la source de l'illusion passagère dans laquelle nous tombons en dormant et qui cesse au réveil.

L'hallucination et la folie.

Mais pendant la veille elle-même, il peut arriver que l'âme prête une réalité objective à des sensations ou images purement internes.

Ce phénomène se présente à l'œil de l'observateur sous deux formes différentes, celle de l'*hallucination*, et celle de la *folie* ou *aliénation*.

Dans l'hallucination, l'esprit est obsédé de fausses images dont il ne peut se débarrasser; mais il n'est pas dupe de ces images ; il voit ce qui n'est pas, mais, il a conscience de l'illusion de ses sens; il la reconnaît et essaye de s'y soustraire. Charles Bonnet connaissait un homme plein de jugement et de mémoire, dit-il, qui, en pleine veille et indépendamment de toute impression du dehors, apercevait de temps en temps, devant lui, des figures d'hommes et de femmes, d'oiseaux, de voitures, de bâtiments. Mais il ne prenait pas ses visions pour des réalités et sa raison s'en amusait [1]. Cet homme était un halluciné.

Mais l'hallucination ne conserve pas toujours le pouvoir de se tenir en garde contre elle-même et de se rectifier. Quand l'illusion est si forte que l'esprit ne peut plus la reconnaître, l'hallucination devient la *folie*. Ce qui caractérise en effet l'état de l'esprit dans la folie, ce n'est pas seulement d'avoir la perception de ce qui n'est pas, c'est de juger que de telles perceptions sont véritables; c'est de leur accorder une réalité objective, et de ne pouvoir être détrompé de cette erreur, ni par l'expérience, ni par le raisonnement. La folie est le rêve persistant, opiniâtre d'un homme éveillé.

Quelle est la cause de la folie? Les physiologistes s'accordent à reconnaître qu'elle tient à des altérations organiques et spécialement à des lésions du cerveau dont le résultat est de paralyser la pensée. Elle nous offre un nouvel exemple des rapports du physique et du moral. La santé du corps est nécessaire à celle de l'esprit. Comme disaient les anciens, *mens sana in corpore sano*.

La folie offre un grand nombre de variétés connues sous le nom de *monomanies*, parce que le *fou* ou *l'aliéné* vit sous l'empire d'une préoccupation unique, d'une idée fixe qui le subjugue; telles sont la monomanie ambitieuse, la monomanie mélancolique, la monomanie hypocondria-

---

1. Bonnet *Essai analyt. de l'âme*, ch. XXIII.

que, etc. A la différence de la monomanie la *démence* est une simple débilité des opérations de l'entendement et de la volonté. Mais il n'entre pas dans notre sujet de nous arrêter à ces analyses qui sont du domaine des sciences médicales.

Le somnambulisme.

Aux phénomènes que nous venons d'étudier se rattachent ceux du *somnambulisme*.

Le somnambulisme est une sorte de sommeil qui offre plusieurs des caractères du sommeil véritable, mais qui en diffère aussi par beaucoup de côtés. Comme le sommeil véritable, il suspend quelques-unes des relations de la vie de relation, celles de la vie interne continuant de s'exercer. Mais le somnambule n'est pas aussi complètement séparé du dehors que l'homme endormi. Est-il interrompu dans son sommeil par quelques mots d'avertissement, le somnambule répond à qui l'appelle et se laisse diriger. Nous connaissons une somnambule qui se promenait quelquefois la nuit et qu'une parole de ses parents rappelait dans sa chambre. Pendant le sommeil ordinaire, nous avons perdu le gouvernement de nous-mêmes; si nous faisons quelques mouvements, ils sont désordonnés; au contraire, les somnambules semblent savoir ce qu'ils font et où ils vont; ils marchent du moins dans une direction déterminée, et si, comme on le prétend, ils s'avancent quelquefois sur un toit, ils comptent leurs pas et savent se préserver d'une chute. Les membres qu'ils font mouvoir sont retombés sous l'empire de la volonté; et c'est une chose remarquable que la précision docile avec laquelle ils obéissent. Non seulement chez le somnambule les mouvements du corps sont dirigés par la volonté : ils le sont aussi par la raison; on n'y retrouve pas ce désordre, cette incohérence, qui distinguent le rêve; tout y est mesuré, réglé et suivi.

Voilà quelques-uns des traits qui caractérisent le somnambulisme. Ce qu'il y a de plus curieux, c'est que l'art peut ici rivaliser avec la nature, et que s'il y a un somnambulisme naturel, il y a aussi un somnambulisme artificiel. Nous n'irons pas jusqu'à donner notre créance à toutes les assertions d'opérateurs plus ou moins désintéressés sur les merveilleux effets du somnambulisme que divers procédés peuvent produire dans quelques sujets. A part ces résultats supposés et la prétendue lucidité qu'il communique à l'esprit, le somnambulisme artificiel est un fait que la science doit enregistrer, en attendant que la mystérieuse nature du phénomène soit expliquée.

Psychologie animale. Extrême différence de l'homme et des animaux.

Pour compléter cet aperçu rapide des rapports de l'âme et du corps, nous ajouterons quelques mots destinés à dégager une des plus importantes conclusions de la philosophie naturelle. C'est que la nature humaine a ses caractères propres qu'on ne retrouve pas chez les animaux, et qu'ainsi, dans la classification des êtres, l'homme doit occuper un rang à part et former à lui seul un règne, le *règne humain*.

A considérer son organisation physique, l'homme ne diffère pas essentiellement des animaux, de ceux-là surtout qui composent les genres supérieurs ; il est sujet aux mêmes besoins qu'eux : il est pourvu des mêmes organes, et dans ces organes l'observateur, muni du scalpel ou du microscope, retrouve les mêmes éléments. C'est à raison de cette similitude, comme le remarque M. Quatrefages[1], que la physiologie, la pathologie et la théra-

---

1. *Rapport sur les progrès de l'anthropologie*, Paris, 1867, grand in-8, p. 75.

peutique humaines trouvent d'utiles lumières dans les expériences faites sur les animaux.

A ces ressemblances dans l'organisation physique des animaux et de l'homme viennent s'en ajouter d'autres qui touchent à l'intelligence. On voit, dit Bossuet, on voit les animaux « éviter les périls, chercher les commodités, et se défendre aussi industrieusement qu'on le puisse imaginer ; ruser même, et, ce qui est plus fin encore, prévenir les finesses, comme il se voit tous les jours à la chasse, où les animaux semblent montrer une subtilité exquise.

« D'ailleurs, on les dresse, on les instruit ; ils s'instruisent les uns les autres. Les oiseaux apprennent à voler, en voyant voler leurs mères. Nous apprenons aux perroquets à parler, et à la plupart des animaux mille choses que la nature ne leur apprend pas.

« Ils semblent même se parler les uns aux autres. Les poules, animal d'ailleurs simple et niais, semblent appeler leurs petits égarés, et avertir leurs compagnes, par un certain cri, du grain qu'elles ont trouvé. Un chien nous pousse quand nous ne lui donnons rien, et on dirait qu'il nous reproche notre oubli. On entend ces animaux gratter à une porte qui leur est fermée : ils gémissent ou crient d'une manière à nous faire connaître leurs besoins ; et il semble qu'on ne puisse leur refuser quelque espèce de langage. Cette ressemblance des actions des bêtes aux actions humaines trompe les hommes ; ils veulent, à quelque prix que ce soit, que les animaux raisonnent ; et tout ce qu'ils peuvent accorder à la nature humaine, c'est d'avoir peut-être un peu plus de raisonnement. »

Mais voici ce qu'on n'aperçoit ici-bas que chez l'homme, seul entre toutes les créatures.

C'est la conception des idées universelles et nécessaires.

C'est le pouvoir de s'approprier ces idées, de les dégager des notions particulières auxquelles elles sont unies, de les élever à leur forme abstraite, condition de la science.

C'est, entre toutes ces idées, l'idée d'une cause suprême, de laquelle dépendent le monde et l'humanité, en un mot, l'idée de Dieu, source de la religion.

C'est, avec l'idée de Dieu, la notion du bien et du mal, celle de l'obligation et du devoir, source de la moralité.

L'observation la plus attentive ne découvre rien de pareil chez les animaux. Descartes a eu tort sans doute de les considérer comme de pures machines : car nous les voyons accomplir des actes que le mécanisme n'explique pas, et qui supposent un certain degré de sentiment et de connaissance. Mais les animaux n'ont que d'obscures perceptions, qui ne sauraient être assimilées à la connaissance humaine, et qui les relèguent, dans l'échelle de l'existence, à un degré inférieur.

De là vient que les animaux ne parlent pas, et n'expriment ce qu'ils éprouvent que par des cris inarticulés, tout à fait différents du langage de l'homme.

De là vient aussi qu'ils sont étrangers à tout progrès et qu'ils n'inventent rien, l'oiseau construisant son nid, le castor sa hutte, l'abeille sa cellule, absolument de la même manière qu'il y a six mille ans.

Quel signe plus frappant de la supériorité de l'homme, que le contraste entre les œuvres de son génie et cette immobilité du pur instinct !

« Par ses travaux, dit Buffon dans une admirable page[1], les marais ont été desséchés, les fleuves contenus, leurs cataractes effacées, les forêts éclaircies, les landes cultivées; par sa réflexion, les temps ont été comptés, les espaces mesurés, les mouvements célestes reconnus, combinés, représentés, le ciel et la terre comparés, l'uni-

1. *Époques de la nature*, 7º époque.

vers agrandi et le Créateur dignement adoré; par son art émané de la science, les mers ont été traversées, les montagnes franchies, les peuples rapprochés, un nouveau monde découvert, mille autres terres isolées sont devenues son domaine. Enfin la face entière de la terre porte aujourd'hui l'empreinte de la puissance de l'homme. »

Concluons avec Bossuet, « que l'homme qui se compare aux animaux ou les animaux à lui, s'est tout à fait oublié[1] ».

---

1. *Connaissance de Dieu et de soi-même*, ch. v, § 6.

DEUXIÈME PARTIE

LOGIQUE

CHAPITRE XIII

DÉFINITION DE LA LOGIQUE.

Définition de la logique.

La *logique*, dans son acception la plus générale, est l'étude des lois de la pensée.

Le monde des esprits a ses lois, comme celui des corps. Nos pensées ne se forment pas et ne s'enchaînent pas au hasard; elles ont entre elles des rapports constants, invariables, essentiels, qui font que l'une conduit nécessairement à l'autre, et que si la première est admise, la seconde ne peut pas être rejetée. Lorsque j'ai admis, par exemple, que l'âme est un être simple, et que tout être simple peut survivre au corps, je ne puis contester que l'âme, par sa nature, échappe à la dissolution des organes.

C'est la connaissance de ces lois primitives et essentielles, qui est l'objet le plus élevé des méditations du logicien : c'est à ce point de vue abstrait que la logique a été traitée par le génie le plus profond que la philosophie ait produit, Aristote.

Mais la logique peut être envisagée sous une autre face plus restreinte et plus modeste, comme l'art de bien conduire sa pensée dans la connaissance des choses, tant pour s'instruire soi-même que pour instruire les autres Telle est la définition qui en a été donnée par les logiciens de Port-Royal, pour qui la logique est moins une recherche spéculative qu'une étude pratique. Port-Royal s'applique moins à découvrir la nature de l'entendement, que la meilleure méthode pour le diriger; moins à savoir comment il pense, qu'à exposer les moyens qu'il a de mieux penser.

Mais comment diriger les facultés que l'on ne connaît pas? Comment tracer des règles à l'intelligence, si l'on ne s'est pas rendu un compte exact de ses opérations? La logique suppose donc à un certain degré la connaissance de l'esprit humain, c'est-à-dire la psychologie; elle ne peut se dispenser d'observer les caractères, l'origine et les transformations successives de nos idées, ni d'étudier le jeu des différentes facultés par lesquelles s'opère ce travail fécond et mystérieux.

A ce point de vue, il est facile de faire la réponse à une question qui a longtemps divisé l'École : si la logique est une science ou un art? On voit par ce qui précède qu'elle est à la fois l'un et l'autre. La logique est une science, puisqu'elle traite à sa manière de la nature et des opérations de l'entendement, idées, jugements, raisonnements, etc., et que sur tous ces sujets elle arrive à des conclusions qui sont certaines, quel que soit l'usage que nous jugions utile d'en faire pour notre perfectionnement moral et intellectuel. La logique est un art, puisqu'elle ne se renferme pas dans la spéculation, mais qu'elle tend à la pratique, et que son principal but est de rendre plus sûrs et plus féconds les efforts de l'intelligence dans la recherche de la vérité.

Division de la logique.

Ce rapide aperçu du double but que la logique peut poursuivre, indique assez la division qu'elle comporte.

Elle se partage en deux branches : la logique *formelle* et la logique *appliquée*.

La logique *formelle* est l'étude des lois, ou, si l'on veut, des formes de la pensée, abstraction faite des objets dont la pensée s'occupe.

La logique *appliquée* est l'ensemble des règles particulières que l'entendement suit dans la recherche et l'exposition de chaque ordre de vérités, et comme il y a des vérités de différents ordres dans la recherche desquelles l'entendement ne procède pas de la même manière, la logique appliquée se divise elle-même en logique *inductive* et logique *déductive*.

La logique *inductive* est celle qui convient aux sciences d'observation, comme la physique et l'histoire naturelle.

La logique *déductive* est celle des sciences de raisonnement comme les mathématiques.

Utilité de la logique.

L'utilité de la logique a été souvent contestée. On a demandé quelle influence elle pouvait exercer sur les progrès de l'intelligence, et si la prétention d'enseigner à l'homme à penser n'était pas aussi étrange que serait celle de lui apprendre à vivre.

Sans doute, la raison a devancé les préceptes de la logique, et nous raisonnions longtemps avant de savoir que des philosophes avaient écrit sur les lois du raisonnement. La poésie a de même précédé la poétique, et l'éloquence l'art des rhéteurs. Faut-il en conclure qu'il est inutile de cultiver les dons naturels, et que l'usage que nous en faisons ne serait pas meilleur s'il était bien réglé ?

Le rôle du logicien est d'observer comment procède l'esprit quand il pense bien, et comment, quand il se trompe ; il établit ses règles d'après cette double expérience ; elles sont le résumé des observations qu'il a faites, et c'est à ce titre seul qu'il les garantit. Lorsque, par une application assidue, par un usage répété, ces règles nous sont devenues habituelles, qui ne voit quelles heureuses conséquences peuvent découler de là pour notre perfectionnement intellectuel ? Nos idées deviennent plus nettes, nos raisonnements plus serrés, nos définitions plus exactes, notre langage plus précis ; nous sommes plus forts contre l'erreur, et nous avons plus de subtilité pour déjouer le sophisme.

CHAPITRE XIV

LOGIQUE FORMELLE. — IDÉES ET TERMES. — JUGEMENTS ET PROPOSITIONS. — DÉFINITION.

Nous venons de dire que la logique formelle était l'étude des lois ou formes de la pensée.

Qu'y a-t-il dans la pensée? 1° des idées; 2° des jugements qui résultent de l'affirmation ou du rapprochement des idées; 3° des raisonnements.

Des idées.

Parmi les produits de l'intelligence, le premier de tous et le plus général, le fait élémentaire, pour ainsi dire, de l'entendement, c'est l'*idée*.

Qu'est-ce que l'*idée*? Les définitions que donnent les philosophes sont très divergentes. Selon Laromiguière, l'idée serait un sentiment distinct; mais cette définition n'a rien à voir avec la logique, et elle suppose l'inadmissible confusion de la pensée et du sentiment. Bossuet distingue les images des choses matérielles et les idées intellectuelles qu'il appelle proprement *idées*: ce qui nous semble trop restreindre le sens ordinaire du mot.

La logique enseigne, comme nous le verrons, à ne pas définir les faits primitifs qui, par leur nature, échappent à la définition. Suivons ce sage précepte, et bornons-nous à dire que l'idée est pour nous la connaissance sous sa forme la plus simple.

Les idées se partagent en différentes espèces, d'après le point de vue sous lequel on les considère.

Considérées sous le point de vue de leurs objets, elles sont aussi nombreuses que les êtres sortis de la main du Créateur. Nous possédons des idées *sensibles* ou idées des objets connus par les sens, tels que les corps ; des idées *intellectuelles* ou idées des objets étrangers au corps, tels que l'âme, Dieu, etc. ; des idées *morales*, ou notions du bien et du mal, du vice et de la vertu, etc.

Considérées sous le point de vue de leurs qualités, les idées sont *vraies* ou *fausses*, *distinctes* ou *confuses*, *claires* ou *obscures*, *abstraites* ou *concrètes*, *générales* et *universelles* ou *particulières*, *collectives* ou *individuelles*.

Une idée *vraie* est celle qui est adéquate à son objet. *Veritas est adæquatio rei et intellectus*, dit S. Thomas[1]. Une idée *claire* nous frappe si fortement que nous ne pouvons pas ne pas croire à la réalité de son objet. Telle est l'idée de notre existence personnelle.

Une idée *distincte*, suivant la juste remarque de Leibniz, non seulement nous fait distinguer son objet de tous les autres, mais nous en représente les différentes parties, les différents aspects. Telle est l'idée que l'horloger a d'une montre.

L'idée *concrète* est l'idée d'une substance envisagée avec l'ensemble de ses qualités; l'idée *abstraite* est, au contraire, l'idée d'une qualité détachée de sa substance.

Une idée qui s'étend à un grand nombre d'invidus, qui exprime ce qu'il y a dans ces individus de commun et de persistant, l'idée d'*humanité*, par exemple, est une idée *générale* ou *universelle*.

L'idée d'un seul individu est une idée *individuelle*,

---

1. I. S., q. XVI, art. 1.

l'idée de Pierre, de Jean. L'idée d'une réunion d'individus est une idée *collective*, par exemple l'idée d'une armée.

Il est à remarquer que dans une idée collective peuvent entrer, disons mieux, entrent nécessairement des idées générales. Qu'est-ce qu'une armée? Une réunion de soldats? Mais l'idée de *soldat* s'applique à tous ceux qui font partie non seulement de cette armée, mais de toutes les armées imaginables. Elle a donc un caractère d'universalité.

En psychologie, nous avons déjà parlé des idées générales. Nous avons parlé de la double propriété qu'elles ont de s'étendre à un certain nombre d'objets; ce qui constitue leur *extension*, et de désigner dans ces objets un certain nombre de qualités; ce qui constitue leur *compréhension*. Nous avons aussi rappelé la querelle dont les idées générales avaient été l'occasion au moyen âge sous le nom d'*universaux*. Il est inutile de revenir sur tous ces points.

Des termes.

L'idée exprimée par un mot est ce que les logiciens appellent un terme.

Nous trouvons dans la *Logique* de Bossuet d'excellentes observations sur la liaison des termes avec les idées.

« L'idée, dit-il, est ce qui représente à l'entendement la vérité de l'objet entendu. Le terme est la parole qui signifie cette idée.

« L'idée représente immédiatement les objets; les termes ne signifient que médiatement et en tant qu'ils rappellent les idées.

« L'idée précède le terme, qui est inventé pour la signifier : nous parlons pour exprimer nos pensées.

« L'idée est ce par quoi nous disons la chose à nous-mêmes : le terme est ce par quoi nous l'exprimons aux autres.

« L'idée est naturelle, et est la même dans tous les hommes. Les termes sont artificiels, c'est-à-dire inventés par l'art, et chaque langue a les siens[1]. »

Les termes exprimant les idées se partagent comme elles. Il y a donc des termes abstraits et concrets, universels et particuliers, collectifs et individuels.

Il y a aussi des termes *positifs*, comme *vertu, justice, mobilité*; et des termes négatifs, comme *injustice, ingratitude, immobilité*. Mais dit encore Bossuet, « on écoutant quelque terme négatif, qui le veut entendre comme il faut, doit considérer ce qui lui répond de réel et de positif dans l'esprit : comme, pour entendre ce terme *invincible*, il faut considérer avant toutes choses, ce qui est posé dans ce terme, parce que ce qui est posé, c'est-à-dire une force supérieure, est le premier et ce qui fonde l'exclusion de la victoire des autres.

« Ainsi quand on dit : *Dieu est immuable*, on pourrait croire que ce terme n'enferme rien autre chose qu'une simple exclusion de changement. Mais au contraire cette exclusion du changement est fondée sur la plénitude de l'être de Dieu; parce qu'il est de lui-même, il est toujours; et il est toujours ce qu'il est, et ne cesse jamais de l'être[2]. »

Des jugements et des propositions.

Mais l'intelligence ne se borne pas à concevoir des idées : elle porte des jugements.

La fonction propre de la faculté de juger, c'est : 1° d'affirmer des idées; 2° de les unir ou de les désunir; c'est de

---

1. *Logique* de Bossuet, liv. Ier, ch. III.
2. *Ibid.*, ch. XVII.

nous permettre de dire : *Je suis; Dieu est juste; l'homme n'est pas éternel.*

Avoir l'idée d'*existence*, l'idée de *Dieu*, l'idée d'*homme*, l'idée de *juste* ou celle de *l'éternel*, ce n'est pas juger; mais nous jugeons quand nous affirmons que nous existons, que Dieu est juste, que l'homme n'est pas éternel.

L'expression du jugement, c'est la *proposition*.

Nous ne pouvons que renvoyer à l'analyse que nous avons donnée plus haut de la proposition. On a vu que la proposition se composait quelquefois de deux termes : le *sujet* et le *verbe*, et le plus souvent de trois : le *sujet*, le *verbe* et l'*attribut*.

L'attribut est souvent appelé par les logiciens *prédicament* ou *prédicat*, du latin *prædicamentum, prædicare, prædicatum*, ce qui est dit d'un sujet, en grec κατηγορεῖν, κατηγόρημα.

On a vu aussi qu'il y avait plusieurs sortes de propositions, comme il y a plusieurs sortes de jugements; mais il est essentiel de revenir sur ce point.

Lorsque l'esprit juge, ou il affirme qu'une chose est, ou il affirme qu'elle n'est pas; en d'autres termes, il nie qu'elle soit. En outre, soit qu'il affirme, soit qu'il nie, il le fait d'une manière générale ou particulière ; générale, quand le sujet de la proposition est pris dans toute son étendue; particulière, quand il est pris selon une partie seulement de son étendue. Il y a donc quatre sortes de jugements ou de propositions: 1° Propositions *affirmatives universelles :* Tous les hommes sont mortels. 2° Propositions *négatives universelles :* Aucun homme n'est parfait. 3° Propositions *affirmatives particulières :* Quelques hommes sont malheureux. 4° Propositions *négatives particulières :* Quelques hommes ne sont pas riches.

Quand le sujet de la proposition désigne un individu déterminé, comme *Pierre est mortel*, la proposition diffère sans doute de l'universelle, en ce sens que son sujet n'est pas un terme commun ; néanmoins, comme le remarquent très bien les écrivains de Port-Royal [1], « elle doit s'y rapporter plutôt qu'à la particulière ; puisque son sujet, par cela seul qu'il est singulier, est nécessairement pris dans toute son étendue ; ce qui fait l'essence d'une proposition universelle. Car il importe peu pour l'universalité d'une proposition que l'étendue de son sujet soit grande ou petite, pourvu que, quelle qu'elle soit, on la prenne tout entière. »

Une propriété que les logiciens, à l'exemple d'Aristote, ont étudiée avec soin dans les propositions, c'est d'être *convertibles*.

La *conversion* des propositions est la transposition qu'on fait de leurs termes, sans que leur vérité en soit altérée.

Quand je dis : *Tout homme est animal raisonnable*, je puis mettre l'attribut à la place du sujet, le sujet à la place de l'attribut, et dire : *Tout animal raisonnable est homme.*

De même je puis dire : *Quelque homme est juste*, ou *Quelque juste est homme*.

Mais pour que la conversion s'opère d'une manière aussi simple, il faut que les deux termes de la proposition aient la même extension ; qu'ils conviennent et cadrent pour ainsi dire : « comme deux pièces de bois parfaitement égales, dit Bossuet [2], qu'on peut mettre dans un bâtiment à la place l'une de l'autre, sans que la structure en souffre ».

Quand j'ai dit : *Tout homme est animal*, je n'ai pas le droit de dire : *Tout animal est homme*; je dois restreindre la signification du terme *animal* à celle du terme *homme*; je dois entendre : *Quelque animal*, et me borner à dire : *Quelque animal est homme*.

---

1 *La Logique*, partie II, ch. III.
2. *Logique*, partie II, ch. IX.

Les règles de la conversion des propositions découlent du principe que nous venons d'énoncer. Voici comment elles sont résumées par Bossuet :

« Je dis, premièrement, que toutes les propositions particulières affirmatives se convertissent parfaitement par la nature même des propositions : comme de ce qu'il est vrai de dire : *Quelque homme est juste*, il est vrai de dire *quelque juste est homme*....

« Je dis, secondement, que les propositions négatives universelles se convertissent parfaitement par la nature même des propositions. La raison est que les termes y sont pareillement de même étendue, étant tous deux pris universellement. Ainsi de ce que nulle plante n'est animal, il s'en suit que nul animal n'est plante ; et en effet, s'il y avait quelque animal qui fût plante, il y aurait quelque plante qui serait animal....

« Je dis, troisièmement, que les propositions universelles affirmatives ne se peuvent, par leur nature, convertir qu'imparfaitement et en changeant dans la conversion, l'universel en particulier. Par exemple, de ce que tout homme est animal, il n'en peut résulter autre chose sinon que quelque animal est homme. La raison est que les termes sont inégaux, l'attribut étant toujours particulier....

« Je dis, quatrièmement, que deux particulières négatives ne se peuvent convertir, en aucune sorte, par la nature des propositions, parce que les deux termes ne peuvent jamais être de même étendue, l'attribut de la négative, même particulière, étant toujours universel. Par exemple, de ce que quelque homme n'est pas musicien, il ne s'en suit nullement que quelque musicien ne soit pas homme, parce qu'il faudrait pour cela, que comme il y a quelque homme qui n'est aucun des musiciens, il y ait quelqu'un des musiciens qui ne fût aucun des hommes. »

Quand on compare les propositions universelles et les

particulières, les affirmatives et les négatives, on les trouve opposées en diverses sortes. Car, ou elles le sont dans leur quantité, en ce que l'une est universelle et l'autre particulière; ou, dans leur qualité, en ce que l'une est affirmative et l'autre négative; ou enfin dans l'une et dans l'autre. Ici encore nous suivrons Bossuet, ce grand maître de style et de sagesse :

« Quand les deux propositions qui conviennent en quantité sont universelles, si l'une est affirmative et l'autre négative, elles s'appellent *contraires;* comme quand on dit: *Tout homme est juste; nul homme n'est juste.*

« Quand les deux propositions qui conviennent en quantité sont toutes deux particulières; elles s'appellent *sous contraires,* parce qu'elles sont comprises sous deux propositions contraires : comme quand on dit: *Quelque homme est juste; quelque homme n'est pas juste.*

« Quand les deux propositions conviennent en qualité, c'est-à-dire qu'elles sont toutes deux affirmatives ou toutes deux négatives, si l'une est universelle et l'autre particulière, elles s'appellent subalternes, parce que l'une est sous l'autre, c'est-à-dire la particulière sous l'universelle; comme quand on dit : *Tout homme est juste; quelque homme est juste; nul homme n'est juste; quelque homme n'est pas juste.*

« Enfin quand elles ne conviennent ni en quantité, ni en qualité, en sorte que l'une soit universelle affirmative et l'autre particulière négative, ou, au contraire, l'une universelle négative et l'autre particulière affirmative: elles s'appellent *contradictoires ;* comme quand on dit: *Tout homme est juste; quelque homme n'est pas juste;* ou, au contraire : *Nul homme n'est juste; quelque homme est juste.*

« Il sera maintenant aisé, conclut Bossuet, en comparant ensemble ces quatre sortes de propositions, de voir comment la vérité de l'une induit ou la vérité ou la fausseté de l'autre.... Parmi les subalternes, si l'universelle est vraie, la particulière l'est aussi, et non au contraire. Pour ce qui est des deux contradictoires, si l'une est vraie, l'autre est fausse.... Quant aux propositions contraires, elles ne peuvent jamais toutes deux être véritables; mais elles peuvent être toutes deux fausses... Les sous-contraires peuvent être toutes deux véritables, sans pouvoir être toutes deux fausses... »

De la définition.

Un point plus important et d'une application plus fréquente que ces distinctions et ces règles qui paraîtront à beaucoup de nos lecteurs surannées, c'est la théorie de la définition.

La définition est une proposition qui explique la nature d'une chose ou le sens d'un mot.

Il y a deux sortes de définitions : celles de choses, ou définitions *réelles*, et celles de mots, ou définitions *nominales*. Elles offrent cette différence, que les définitions de choses sont déterminées et comme nécessitées par la nature, tandis que les définitions de mots sont arbitraires et ne peuvent pas être contestées. Chacun est le maître, en effet, d'attribuer la signification qu'il veut aux termes qu'il emploie : et si j'avertis, par exemple, que j'appellerai du nom du cercle toute figure qui a trois côtés et trois angles je ne puis être en cela taxé d'aucune erreur, bien que je sois blâmable de détourner une expression de son sens ordinaire.

En outre, comme les définitions nominales sont arbitraires, non seulement elles n'impliquent pas l'existence de leurs objets, elles n'en supposent même pas la possibilité, et s'appliquent aussi bien à des termes qui signifient une chose contradictoire, comme une chimère, qu'à ceux qui désignent un être véritable. La définition réelle, au contraire, suppose la possibilité de son sujet, qui ne pourrait pas être défini, s'il n'avait pas une essence propre, n'impliquant pas contradiction. Que si l'essence nous échappe, et que nous ne connaissions que les accidents et quelques effets, comme le bruit et la lumière qui accompagnent la foudre, la définition se borne à noter certaines propriétés qui conviennent au sujet; elle facilite ainsi l'emploi du terme qui le désigne; mais elle est nominale au fond, bien qu'en apparence elle soit réelle.

Quelques logiciens se sont demandé si la définition de mots ne rentrait pas dans la définition de choses, et réciproquement. Pour qui saisit bien le caractère de toutes deux, il est évident que cette simplification n'est pas possible, à moins qu'on ne tienne nul compte du langage ou nul compte de la pensée. Ce qu'il faut reconnaître, c'est que les définitions réelles sont à certains égards nominales, lorsque celui qui les entend ignore à la fois le nom et la nature de la chose définie. Quand, par exemple, une nouvelle substance ou une espèce animale inconnue reçoit un nom nouveau, qui dépend du choix de l'inventeur, évidemment la définition qui est donnée s'applique à la fois au nom et à l'objet.

Voyons maintenant comment l'esprit procède dans les définitions. Soit l'homme à définir.

La nature humaine comprend plusieurs éléments essentiels, comme l'être, l'organisation, le sentiment, la pensée. Mais chacun de ces éléments pris à part la dépasse, c'est-à-dire reparaît dans des choses différentes de l'humanité. L'être est dans tout ce qui existe; l'organisation se trouve dans les plantes; le sentiment, dans les animaux; la pensée, en Dieu. Je n'aurai donc pas défini l'homme en lui attribuant la pensée, ou le sentiment, ou la vie organique, ou simplement l'existence. Cette attribution incomplète ne suffira pas pour donner une idée de ce qu'il est, et même elle exposera à le confondre avec ce dont il diffère.

Si je veux le caractériser pleinement, je dois chercher une formule qui, non seulement convienne à sa nature, mais qui n'exprime qu'elle, qui lui soit tellement propre, qu'elle ne puisse s'appliquer à aucune autre espèce que l'humanité.

Or il est facile de voir que cette formule adéquate ne peut être que la réunion de tous les attributs humains qui se déterminent l'un l'autre en se combinant, et qui rapprochés donnent la représentation exacte de notre nature commune.

Le sentiment, la vie organique et la raison doivent donc également figurer dans la définition de l'homme. Il est un être organisé, sensible et raisonnable.

Mais la forme de cette définition peut aisément être simplifiée. Tous les objets de la pensée forment une série dont chaque terme est compris dans ceux qui le précèdent, et comprend à son tour ceux qui le suivent. L'individu est dans l'espèce, l'espèce dans le genre, le genre inférieur dans un genre plus élevé, tous les individus, toutes les espèces et tous les genres dans la catégorie suprême de l'être. Les attributs passent ainsi de classe en classe, en s'augmentant de l'une à l'autre; et il suit de là qu'on peut réunir sous une appellation générique et exprimer par un mot tous ceux que l'objet à définir emprunte à la classe immédiatement supérieure.

La vie organique et le sentiment appartiennent au genre des êtres animés, dont l'homme fait partie. A l'énonciation successive de ces deux propriétés, je puis donc substituer le nom du genre qui les résume, et dire : L'homme est un animal, en ajoutant qu'il est doué de raison, pour achever de déterminer sa nature.

Les attributs généraux de l'humanité sont les seuls éléments qui entrent dans cette définition; mais on peut aussi définir les choses, et on les définit même d'une manière plus instructive et plus profonde, en indiquant leur origine ou leur but. Les géomètres pouvaient définir la sphère un solide dont la surface a tous ses points à une égale distance d'un point intérieur appelé centre; ils ont préféré dire qu'elle est un solide engendré par la révolution d'un demi-cercle autour de son diamètre. Ce serait assurément mal définir une montre que d'en exposer le mécanisme et d'en taire l'usage.

Mais, quels que soient l'objet et le mode de la définition, on doit remarquer qu'il faut toujours aboutir à un genre qui la comprend, et à une différence qui la caractérise. Dans les deux définitions de la sphère, elle est rangée dans la catégorie des solides, et déterminée par l'addition d'une idée particulière. Les usages d'une montre servent de même à la reconnaître entre toutes les autres machines avec lesquelles on la classe.

Voilà le fondement du principe posé par Aristote, et avoué par la plupart des logiciens, que toute définition se fait par le genre et la différence, *omnis definitio fit per genus et differentiam*, ou autrement, que toute définition consiste à placer un objet dans une classe déterminée, et à indiquer les caractères qui le distinguent de tous les objets de la même classe.

Comme chaque genre a plus ou moins de compréhension, il n'est pas indifférent de choisir un genre ou un autre parmi ceux qui renferment l'objet à définir, mais il faut s'arrêter au genre qui le contient immédiatement. Ainsi, ce n'est pas la même chose de dire : L'homme est un *être*, ou : L'homme est un *animal* doué de raison; car, dans le premier cas, je n'indique pas qu'il ait un corps uni à un esprit; je le fais voir dans le second cas. Le genre qui renferme immédiatement un objet s'appelle son *genre prochain*.

Les logiciens ajoutent que la définition doit convenir à tout le défini et au seul défini, *toti definito et soli definito*, en un mot être *propre* et *universelle :* précepte évident de soi-même.

Ils veulent aussi qu'elle soit *réciproque*, c'est-à-dire

que le sujet et l'attribut puissent être pris indifféremment l'un pour l'autre. Ce dernier caractère est ce qui distingue la définition des propositions pures et simples dont les termes ne sont pas convertibles. L'or est jaune, voilà une proposition ; car l'idée de couleur jaune n'est pas adéquate à l'idée d'or, puisqu'il y a d'autres choses que l'or qui sont jaunes, et que l'or, de son côté, n'a pas cette unique propriété. Une étoile est un astre qui brille de sa propre lumière, voilà une définition, parce que le sujet et l'attribut sont deux idées égales, ou, pour mieux dire, une seule idée exprimée de deux manières différentes, par un seul mot dans le premier membre, et par un assemblage de mots dans le second.

Une dernière qualité nécessaire à la définition est la clarté : « Une définition obscure, dit Aristote, ressemble à ces tableaux de mauvais peintres, qui sont inintelligibles à moins d'une inscription pour en expliquer le sujet. » Il est donc essentiel, lorsqu'on définit, d'éviter les métaphores qui voilent la pensée ; on doit, au contraire, rechercher la précision qui produit la netteté, et qui fait que la parole n'est, pour ainsi dire, que l'idée devenue sensible dans le discours.

Toute expression équivoque, toute notion indécise doit être définie. A cette condition seulement nous serons compris des autres, et nous nous comprendrons nous-mêmes.

Sachons cependant nous borner dans l'emploi des définitions. Tout ne peut pas être défini, tout ne doit pas l'être. A quoi bon définir les termes et les idées qui n'offrent rien d'ambigu ni d'obscur ? Comment définir les notions simples ? Je puis définir l'*homme* ; pourquoi ? parce que l'homme est un sujet composé, qui se prête par conséquent à l'analyse ; mais je ne puis pas définir l'*être* dont la simplicité s'y refuse.

Il n'y a qu'une science, la géométrie, où les définitions aient une évidence immédiate. Dans les autres branches des connaissances humaines, elles sont pour la plupart incomplètes et hypothétiques. C'est que les figures et en général les objets de la géométrie, comme quelques philosophes l'ont dit, sont des constructions de la pensée, qui y met précisément ce qu'elle veut, et qui sait tout ce qu'elle y met, à peu près comme l'horloger connaît une pendule. Par exemple, décrire un cercle c'est tracer une figure terminée par une courbe dont tous les points sont à égale distance d'un point intérieur qu'on appelle centre ; le mot *cercle* résume ce fait, la définition l'expose, et il ne reste au géomètre qu'à en tirer les conséquences. Il en est de même pour les triangles, pyramides, ellipses, etc., que nous pouvons toujours construire en aussi grand nombre qu'il nous plaît ; tout y est d'une clarté parfaite pour l'intelligence, parce qu'elle engendre elle-même le sujet à définir. Comme, au contraire, les phénomènes, les substances, les causes, nous sont donnés par la nature, et que nous ne les créons pas, nous ne pouvons nous en rendre compte que peu à peu, au prix de longs efforts et de pénibles erreurs.

CHAPITRE XV

SUITE DE LA LOGIQUE FORMELLE. — DÉDUCTION ET SYLLOGISME.

Lorsque notre esprit tire un jugement d'un autre, c'est-à-dire lorsqu'il raisonne, nous avons vu que tantôt il s'élevait d'un jugement particulier à un jugement général, et que tantôt il descendait du général au particulier. Cette seconde manière de raisonner est la *déduction*. Sans revenir sur les considérations qu'elle nous a fournies en psychologie, étudions-la, en logicien, dans sa forme la plus rigoureuse et la plus célèbre, qui est le syllogisme.

Ce qu'on entend par syllogisme.

Le *syllogisme* est un argument composé de trois propositions, dont la dernière, appelée *conclusion*, découle des deux premières appelées *prémisses*.

Ces trois propositions naissent elles-mêmes de la combinaison de trois idées, nommées *termes*, qui sont prises deux à deux. La plus générale de ces idées reçoit le nom de *grand terme*; la moins générale, le nom de *petit terme*; celle qui tient le milieu est le *moyen terme*, dont le rôle est d'unir les deux idées extrêmes.

La proposition où le grand terme est comparé au moyen s'appelle *majeure*; celle où le moyen est comparé au petit, *mineure*; la conclusion naît du rapprochement du petit terme et du grand. La majeure et la mineure forment les *prémisses* du raisonnement.

Soit, par exemple, ce syllogisme : Tout corps est pesant ; or, l'air est un corps : donc l'air est pesant. Les trois termes d'où résultent ces propositions sont les idées de *corps*, *pesant*, *air*. Le grand terme est *pesant*, qui exprime une qualité très générale ; le petit terme est *air*, qui désigne une substance particulière ; le moyen terme est *corps*, qui sert à montrer que l'attribut *pesant* convient à l'air. La majeure est, d'après cela : Tout corps est pesant. La mineure : L'air est un corps : et ces deux propositions forment les prémisses, que suit la conclusion : L'air est pesant.

La majeure est en général énoncée la première ; cependant elle pourrait aussi bien ne l'être qu'après la mineure. Ce qui la caractérise, ce n'est pas la place qu'elle occupe, ce sont les idées qu'elle renferme.

Telle est la constitution régulière du syllogisme ; mais il est bien rare que le raisonnement se présente sous cette forme sévère et presque géométrique. Tantôt les prémisses demandent à être expliquées et prouvées, n'étant pas claires par elles mêmes ; tantôt la conclusion en sort si naturellement qu'il est superflu de les énoncer toutes les deux. Il arrive d'autres fois que l'esprit assemble plusieurs syllogismes qu'il abrège en les exprimant et d'où il tire une conclusion unique. De là dérivent autant de variétés du procédé déductif :

1° L'*enthymème*, où une des prémisses du syllogisme, est sous-entendue ; ex. : Tout corps est pesant ; donc l'air est pesant.

2° L'*épichérème*, où une au moins des prémisses est accompagnée de sa preuve ; ex. : Tous les corps sont pesants, l'expérience le démontre ; or l'air est un corps : donc, etc.

3° Le *sorite*, enchaînement de propositions d'où sort

une seule conséquence, ex. : Qui honore Dieu, respecte ses commandements ; qui respecte les commandements divins, pratique la charité ; qui pratique la charité, contribue à prévenir le crime par le soulagement de la misère ; qui prévient les actions criminelles sert les intérêts de l'Etat : donc celui-là sert les intérêts de l'Etat qui honore Dieu.

4° Le *dilemme*, où deux propositions contraires deviennent le point de départ de deux syllogismes qui ont la même conclusion ; ex. : En ce monde, on suit ses passions ou on ne les suit pas. Si on ne les suit pas, on est malheureux des efforts qu'il faut faire pour les combattre ; si on les suit, on est malheureux de la honte qu'on s'attire en s'y abandonnant. Il n'y a donc point de bonheur en ce monde.

5° L'*exemple*, qui consiste à prouver l'une des prémisses du syllogisme par un fait analogue à la conséquence que l'on veut tirer, etc. Ex. : Un gouvernement prévoyant doit combattre de tout son pouvoir tout ce qui contribue à la décadence de l'Etat. Or la corruption des mœurs contribue à la décadence de l'État plus que toute autre cause. Nous en avons un exemple frappant dans l'histoire de Rome qui fut prospère aussi longtemps que ses mœurs restèrent pures, et que des mœurs dépravées conduisirent à la perte de sa liberté, sous l'Empire, et plus tard, à sa ruine. Donc, etc.

Figures et modes du syllogisme.

Le procédé déductif présente des différences d'un autre ordre, qui sont les *modes* et les *figures* du syllogisme. Les modes dépendent de la nature des propositions qui entrent dans le raisonnement ; les figures, de la place occupée par le moyen terme dans les prémisses.

Nous l'avons déjà vu et nous sommes obligés de le

répéter, lorsque l'esprit juge, ou il affirme qu'une chose est, ou il affirme qu'elle n'est pas; en d'autres termes, il nie qu'elle soit. En outre, soit qu'il affirme, soit qu'il nie, il le fait d'une manière générale ou particulière ; générale, quand le sujet de la proposition est pris dans toute son étendue ; particulière, quand il est pris selon une partie seulement de son étendue. Il y a donc quatre sortes de jugements ou de propositions : 1° Propositions *affirmatives universelles :* Tous les hommes sont mortels. 2° Propositions *négatives universelles* : Aucun homme n'est parfait. 3° Propositions *affirmatives particulières:* Quelques hommes sont malheureux. 4° Propositions *négatives particulières:* Quelques hommes ne sont pas riches.

Les scolastiques désignaient ces quatre propositions par les voyelles A, E, I, O, et, pour indiquer leur double caractère, ils avaient imaginé les deux vers suivants :

Asserit I, negat E, verum generaliter ambo
Asserit A, negat O, sed particulariter ambo.

Comme on peut combiner de soixante-quatre manières différentes quatre termes pris trois à trois, les modes du syllogisme s'élèvent à soixante-quatre, dont les différences résultent du caractère affirmatif ou négatif, général ou particulier, des prémisses et de la conclusion.

Pour les figures, elles sont au nombre de quatre seulement; car le moyen terme ne peut occuper que quatre positions, comme sujet ou comme attribut, tantôt dans la majeure, tantôt dans la mineure.

Dans la première figure, il est sujet de la majeure, attribut de la mineure ; ex. : Tout homme est mortel ; Pierre est homme : donc Pierre est mortel. Dans la seconde figure, il est attribut de toutes deux ; ex. : Nul

---

1. *La Logique*, partie II, ch. III.

homme de bien ne manque à sa parole ; Pierre manque à sa parole : donc Pierre n'est pas un homme de bien. Dans la troisième figure, il est sujet ; ex. : Notre âme est appelée à une destinée immortelle ; notre âme est un être imparfait : donc il y a des êtres imparfaits, qui sont appelés à une destinée immortelle. Enfin, dans la quatrième figure le moyen terme est attribut de la majeure et sujet de la mineure ; ex. : Ce qui est simple, comme l'âme, échappe à la dissolution des organes ; ce qui échappe à la dissolution des organes peut survivre au corps ; donc l'âme peut survivre au corps. Galien, qui fut à la fois grand philosophe et grand médecin, a, dit-on, admis le premier cette quatrième figure, qu'Aristote avait négligée comme étant moins naturelle que les autres.

Chaque figure étant susceptible de soixante-quatre modes, il semblerait en résulter que le nombre total des variétés du syllogisme monte à deux cent cinquante-six ; qu'il y a deux cent cinquante-six manières de raisonner par déduction.

Règles du syllogisme.

Mais tous les syllogismes que l'esprit a la possibilité de faire ne sont pas également bons et ne mènent pas à une conclusion. La plupart sont une suite frivole de propositions, d'où nulle conséquence ne peut sortir. Il est donc nécessaire de connaître les conditions que doivent remplir les bons raisonnements, afin de pouvoir les distinguer des mauvais. Tel est l'objet des règles du syllogisme, qui ont été posées pour la première fois par Aristote, avec une précision supérieure, et qui furent développées au moyen âge par les scolastiques. Les huit principales, où sont résumées les conditions essentielles du syllogisme, s'exprimaient naguère par les vers suivants :

> Terminus esto triplex, medius, majorque minorque.
> Latius hos quam præmissæ conclusio non vult.
> Nequaquam medium capiat conclusio fas est.
> Aut semel aut iterum medius generaliter esto.
> Utraque si præmissa neget, nihil inde sequetur.
> Nil sequitur geminis ex particularibus unquam.
> Ambæ affirmantes nequeunt generare negantem.
> Pejorem sequitur semper conclusio partem.

Voici la traduction et le commentaire de ces vers barbares, dignes de l'oubli où ils sont tombés, malgré l'utilité qu'ils présentaient comme moyen mnémonique à une époque où le syllogisme occupait dans la méthode philosophique une place prépondérante :

1° Tout syllogisme doit renfermer trois termes : le grand, le petit et le moyen. Donc, il ne faut pas, d'une proposition à l'autre, changer le sens des termes, puisque, dans ce cas, les mêmes mots n'exprimant pas les mêmes idées, on arriverait, au lieu de trois idées, à en avoir quatre, en avoir cinq, etc. C'est le défaut de beaucoup de raisonnements qui sont réguliers en apparence, et qui pèchent par le fond, parce que les mots n'y conservent pas partout la même signification.

2° Les termes du syllogisme ne doivent pas être pris dans la conclusion plus généralement que dans les prémisses. Les planètes sont des astres ; les planètes accomplissent leur révolution autour du soleil ; conclurai-je que les astres tournent autour du soleil ? Non : car je donnerais ainsi dans la conclusion au mot *astres* un sens général qu'il n'a pas dans les prémisses.

3° La conclusion ne doit pas renfermer le moyen terme. Le moyen terme sert à montrer le rapport des deux termes extrêmes, auxquels il est successivement comparé.

Donc il est étranger à la conclusion, qui est l'expression de ce rapport.

4° Le moyen terme doit être pris une fois au moins universellement, c'est-à-dire dans toute son étendue. Autrement, il pourrait, par l'une de ses parties, convenir au grand terme, et par une autre au petit terme, sans que nous fussions en droit de conclure de là que le petit terme et le grand terme se conviennent entre eux. Soient ces deux prémisses : Quelques corps sont doués de propriétés électriques; quelques corps sont combustibles : il ne suit pas de là que les corps combustibles sont doués de propriétés électriques, ni que les corps doués de propriétés électriques sont combustibles.

5° On ne peut tirer une conclusion de deux prémisses négatives. Quand les prémisses sont négatives, c'est que le moyen terme ne s'accorde pas avec les extrêmes; mais est-ce à dire que les extrêmes s'accordent, ou qu'ils ne s'accordent pas? Les ellipses ne sont pas des triangles, et les triangles ne sont pas des cercles; ce qui ne prouve pas qu'un cercle soit la même figure qu'une ellipse, ni une figure différente.

6° On ne peut également tirer aucune conclusion de prémisses particulières. En effet, quand les prémisses sont toutes deux particulières, le moyen terme y est pris pour une partie seulement de son étendue. Or nous venons de voir qu'il devait être pris une fois au moins universellement.

7° Une conclusion négative ne saurait sortir de prémisses affirmatives. Si j'ai affirmé que les deux termes de la conclusion sont unis avec un troisième, quelle raison aurais-je de soutenir qu'ils sont désunis entre eux?

8° La conclusion suit toujours la plus faible partie; c'est-à-dire elle est négative, si une des prémisses est négative; elle est particulière, si une des prémisses est particulière; elle est à la fois particulière et négative, si l'une des prémisses est négative et l'autre particulière, comme lorsque je dis : Les avares ne savent pas jouir de la richesse ; or quelques hommes sont avares, donc quelques hommes ne savent pas jouir de la richesse.

Outre les règles précédentes, qui résument, nous l'avons dit, les conditions essentielles du raisonnement, les scolastiques en avaient établi d'autres propres à chaque mode et à chaque figure. Ce n'est pas ici le lieu d'exposer en détail cette longue suite de préceptes, désormais sans usage, qui composaient la logique de l'Ecole. Bornons-nous à constater le fait qu'ils servent à mettre en lumière : c'est que parmi les deux cent cinquante-six combinaisons possibles de propositions négatives ou affirmatives, particulières ou générales, que l'esprit peut concevoir, il n'en est que dix-neuf qui conduisent à une conclusion, c'est-à-dire qui constituent un syllogisme en règle, et qui méritent, à proprement parler, le nom de raisonnement.

Au reste, cette législation si détaillée peut aisément être ramenée à des termes plus simples. Il a été démontré par les philosophes modernes que toutes les règles, tant particulières que générales, du syllogisme, rentraient dans ces deux principes : 1° que nul terme ne doit être pris d'une manière plus générale dans la conclusion que dans les prémisses ; 2° que le moyen terme doit être pris une fois au moins universellement. Ces dernières règles peuvent elles-mêmes se ramener à un principe plus élevé, qui est presque un axiome du sens commun : c'est que les prémisses doivent renfermer la conclusion.

Avantages et inconvénients de la forme syllogistique.

L'importance du syllogisme a été diversement appréciée par les scolastiques et par les philosophes modernes. Les premiers considéraient l'art syllogistique comme le moyen le plus direct, sinon comme le seul moyen de parvenir à la vérité ; voilà pourquoi ils ont mis tant de soin à en définir exactement les moindres règles. Les seconds, tout au contraire, n'ont voulu voir dans cet art si vanté qu'une invention stérile, frivole, et ils l'ont banni du domaine de la philosophie sérieuse.

Ces deux manières de juger sont également exagérées. Le syllogisme n'est sans doute pas le seul moyen de connaître que nous ayons ; mais il n'est pas non plus un procédé purement artificiel, qui serait né un jour des combinaisons d'un homme de génie. Il constitue, comme l'induction, une opération régulière et naturelle de l'esprit humain, qui l'emploie habituellement, même à son insu. Bossuet remarque avec beaucoup de sens, que toutes les fois que nous trouvons dans le discours les particules *parce que, car, puisque, donc,* et les autres qu'on nomme causales, c'est la marque presque indubitable d'un raisonnement. Le syllogisme n'est pas énoncé ; mais l'esprit le fait intérieurement, et achève en lui-même les jugements qu'il n'exprime pas.

Dans la science du droit, le rôle du syllogisme n'est pas moins marqué. Je ne parle pas de ces notions innées de justice et d'honnêteté, qui sont les principes premiers dont la loi écrite est le commentaire. Mais la loi écrite elle-même a des conséquences que le législateur n'a pas expressément indiquées, et que la mission du jurisconsulte et du juge est précisément de dégager. Or, ce travail d'interprétation ne peut avoir lieu que par une suite de syllogismes qui s'appuient sur le texte de la loi prise comme règle générale, et qui de là descendent aux cas particuliers. Analysez les jugements que rendent les tribunaux ; vous y trouverez toujours une majeure, qui est un article de loi ; une mineure, qui est l'énonciation du fait soumis à la décision des magistrats ; une conclusion, qui sera, dans les jugements criminels ou correctionnels, la peine infligée au condamné, et dans les jugements civils, le règlement final des droits des plaideurs.

C'est donc bien à tort que la plupart des philosophes modernes, Leibniz excepté, ont proscrit le syllogisme comme s'il n'était pas une opération naturelle de l'intelligence, une loi nécessaire qu'elle suit lorsqu'elle raisonne, soit dans le commerce habituel de la vie, soit dans les recherches scientifiques.

Mais les scolastiques ne s'étaient pas contentés de mettre en lumière cette forme essentielle de la démonstration, ni même de reproduire les descriptions si profondes qu'Aristote en a données; ils avaient eu la prétention de dépasser le philosophe grec, et, poussant l'analyse à ses plus extrêmes limites, leur subtilité avait créé pour l'usage de la philosophie; que dis-je? pour l'usage de toutes les sciences, une méthode tout artificielle qui donne lieu aux plus sérieuses objections :

1° Elle est d'une sécheresse et d'une monotonie qui, outre le dégoût qu'elles amènent, nuisent encore à l'étendue de l'esprit et le disposent à la routine;

2° Elle se complique à l'infini de préceptes de détail, qui surchargent l'intelligence, et, loin de faciliter sa marche, l'embarrassent et la retardent;

3° Elle corrompt le langage philosophique par les termes et les formules techniques qu'elle ne vérifie pas, substitue l'étude des mots à celle des choses, détourne de l'observation, et par là s'oppose aux progrès de la saine philosophie, et surtout à ceux des sciences naturelles, qui ne vivent pas d'abstractions, mais qui ont pour objet les réalités.

Une méthode qui offrait de pareils inconvénients, rendus chaque jour plus visibles par la stérilité des résultats qu'elle produisait, méritait le discrédit profond où elle était tombée dès la fin du moyen âge. Aussi, lorsque Bacon vint enseigner que l'art d'interpréter la nature ne consistait pas à disputer sur toutes choses, mais à étudier patiemment les faits; lorsque Descartes, joignant l'exemple au précepte, montra, par tout l'ensemble de ses travaux, combien de vérités importantes la raison peut ou découvrir ou démontrer, pourvu qu'elle ne se paye pas de termes obscurs, mais qu'elle s'attache aux idées claires : ces illustres fondateurs de la philosophie moderne ne firent que répondre au vœu des esprits les plus excellents de leur siècle, en consommant une réforme que depuis longtemps déjà l'abus du syllogisme avait rendue nécessaire et inévitable.

Toutefois la méthode syllogistique elle-même, employée dans une sage mesure, n'est pas sans offrir de notables avantages que ses adversaires ont eu le tort de méconnaître.

Il est certain qu'elle fait contracter à l'esprit d'excellentes habitudes, qu'elle le rend ferme, exact, rigoureux et en même temps souple et délié [1].

Elle a une autre utilité : elle sert à prévenir les erreurs qui naissent des notions mal définies. Les vrais rapports des idées nous échappent, quand elles sont surchargées de mots plus propres souvent à les voiler qu'à les faire comprendre ; mais une fois dépouillées de tout ornement étranger et amenées, pour ainsi dire, face à face, dans les prémisses d'un syllogisme, elles manifestent d'elles-mêmes leurs caractères propres, leur sens véritable, et il est plus aisé de voir si elles peuvent s'unir pour former des jugements.

---

1. Rollin attachait le plus haut prix à l'argumentation syllogistique comme moyen d'assouplir et de fortifier l'esprit des jeunes gens qui fréquentent la classe de philosophie : « On leur fait remarquer, dit-il (*Traité des études*, liv. V, art. 2), comment quelquefois l'omission d'un mot, le changement d'un terme, un double sens, un équivoque, rend un raisonnement vicieux. On leur demande à se tenir fermes sur leur principe, à y ramener tout, à ne s'en point laisser écarter, et à y trouver la solution des difficultés qu'on leur oppose. Par cet exercice journalier et cette application continuelle des règles, leur esprit s'ouvre et se forme peu à peu, se développe de plus en plus chaque jour, s'accoutume à sentir le faux, acquiert une facilité de s'exprimer et devient capable d'entrer dans les questions les plus difficiles et les plus abstraites. »

Observons enfin que l'emploi de la forme syllogistique dans les écoles du moyen âge n'a pas été sans influence sur la formation et sur le perfectionnement des langues modernes. Nulle cause n'a contribué d'une manière plus efficace à donner au français, en particulier, cette construction à la fois naturelle et sévère, qui présente les mots dans l'ordre même où la raison les place. De là sont nées cette précision supérieure et cette clarté remarquable qui distinguent notre langue, et qui, de l'avis unanime, en font par excellence la langue de la raison et de la philosophie.

CHAPITRE XVI

ΣIQUE APPLIQUÉE. — DE LA MÉTHODE EN GÉNÉRAL. — DE L'ANALYSE ET DE LA SYNTHÈSE.

C'est en vain que l'homme aurait été créé intelligent s'il ne savait régler l'usage de son intelligence. Les facultés sublimes qu'il a reçues demandent à être dirigées habilement; il faut, pour qu'elles ne restent pas un don inutile, qu'il possède l'art de les gouverner, qu'il mesure la carrière à parcourir et discerne la voie qui le mènera plus sûrement au but.

« Ce n'est pas assez, disait Descartes, d'avoir l'esprit bon, mais le principal est de l'appliquer bien. Les plus grandes âmes sont capables des plus grands vices aussi bien que des plus grandes vertus; et ceux qui ne marchent que fort lentement peuvent avancer beaucoup davantage, s'ils suivent toujours le droit chemin, que ne font ceux qui courent et qui s'en éloignent[1].

« Pour moi, continue Descartes, je n'ai jamais présumé que mon esprit fût en rien plus parfait que ceux du commun; même j'ai souvent souhaité d'avoir la pensée aussi prompte, ou l'imagination aussi nette et distincte, ou la mémoire aussi ample ou aussi présente que quelques au-

---

1. *Discours de la méthode*, Ire partie. Descartes ne fait ici que traduire Bacon, *Nov.*, *Organ.*, aph. LXI : « Claudus in via antevertit « cursorem extra viam. Etiam illud manifesto liquet, currenti extra « viam, quo habilior sit et velocior, eo majorem contingere aberra- « tionem. »

tres... Mais je ne craindrai pas de dire que je pense avoir ou beaucoup d'heur de m'être rencontré en certains chemins qui m'ont conduit à des considérations et des maximes dont j'ai formé une méthode, par laquelle il me semble que j'ai moyen d'augmenter par degrés ma connaissance, et de l'élever peu à peu au plus haut point auquel la médiocrité de mon esprit et la courte durée de ma vie lui pourront permettre d'atteindre. »

Ce qu'on entend par méthode.

Ce mot *méthode*, que Descartes vient d'employer, est le terme dérivé du grec (μέθοδος, de μετά et ὁδός, route), qui désigne cette voie que la raison suit pour s'élever à la vérité.

Le choix de la méthode, comme on peut en juger par ce qui précède, est un des points qui méritent le plus d'appeler l'attention du sage; c'est du moins un de ceux qui ont le plus occupé la philosophie moderne. Ne parlons plus de Descartes ni de son immortel *Discours de la méthode*. Avant lui, Bacon avait fait paraître son *Novum Organum;* après lui, Malebranche écrivit sa *Recherche de la vérité;* Locke, Spinosa, Leibniz ont tracé des *Règles pour la direction de l'esprit;* Kant, à la fin du siècle dernier, publiait sa *Critique de la raison pure*, presque tout entière consacrée à cette question fondamentale.

Quel que soit l'objet que la raison se propose d'étudier, il est deux opérations, en sens contraire, qu'elle pratique tour à tour, qui produisent toutes nos connaissances, et qui, séparées ou réunies, constituent le fond de toute méthode; ce sont l'*analyse* et la *synthèse*.

De l'analyse.

L'*analyse* (de ἀναλύω, je décompose) consiste à séparer les éléments d'une chose pour la mieux connaître.

En botanique c'est l'analyse qui nous sert à distinguer les différentes parties de la fleur : la corolle, les étamines, le pistil.

En physiologie, c'est par l'analyse que dans un organisme compliqué, comme celui des mammifères, les manifestations de la vie sont ramenées au jeu de certains organes, et l'action de ces organes aux propriétés de certains tissus et de certains éléments organiques.

Le chimiste procède par voie d'analyse, quand il sépare les éléments qui entrent dans la composition d'une substance, et qu'il montre que l'eau, par exemple, est formée d'hydrogène et d'oxygène, combinés dans une certaine proportion.

De même, c'est l'analyse appliquée à l'étude de l'âme, qui permet aux philosophes de diviser les faits de conscience en trois classes : les pensées, les sentiments et les volitions, et de distinguer soit différentes espèces de sentiments et de pensées, soit les influences multiples qui peuvent agir sur les décisions de la volonté.

Enfin nous procédons par analyse toutes les fois qu'ayant sous les yeux un objet, quel qu'il soit, un fruit, un livre, une table, nous distinguons les qualités de cet objet, nous considérons à part sa forme, son poids, sa couleur, sa saveur et ses autres qualités, qui, par rapport à cet objet même, sont quelque chose de simple et en même temps de général, puisqu'elles se retrouvent dans une multitude d'autres objets.

Ainsi le propre de l'analyse est de passer du composé au simple, du particulier au général, du concret à l'abstrait. Elle peut également s'appliquer au monde physique et au monde moral, aux phénomènes de la matière et à ceux de l'esprit.

De la synthèse.

La *synthèse* (de συντίθημι, je réunis) suit une marche opposée à l'analyse : elle rapproche des éléments que celle-ci a isolés, et reproduit l'unité qu'elle a détruite. Ainsi le chimiste qui a décomposé une certaine quantité d'eau, peut aussitôt après la créer, pour ainsi dire, de nouveau, en combinant les volumes d'hydrogène et d'oxygène qu'il a recueillis. De même, quand le philosophe a étudié séparément chacune des facultés de l'âme, il les compare et en examine les rapports et le jeu. La synthèse va donc du simple au composé, de la partie au tout, des détails à l'ensemble : elle remonte la voie que l'analyse avait descendue. Ces deux opérations, aussi naturelles l'une que l'autre, sont également indispensables. Sans l'analyse, l'esprit n'a que des conceptions vagues, obscures, souvent même arbitraires et hypothétiques ; sans la synthèse, il n'aperçoit que des objets isolés, et ne tarde pas à fléchir sous le nombre des vérités de détail qu'il découvre. Ces vérités même, si bien établies qu'elles soient, laissent subsister du doute dans son esprit : il ne s'en considère comme entièrement maître qu'autant que la synthèse a fourni, pour ainsi dire, la contre-épreuve de l'analyse. Depuis longtemps les chimistes se sont rendu compte, par de savantes recherches, des éléments qui composent les substances organiques ; mais quel progrès nouveau la science n'aura-t-elle pas accompli, le jour où la synthèse, rivale cette fois de la nature vivante, aura pu rapprocher ces éléments, et reproduire le composé, comme d'habiles chimistes l'ont déjà fait pour plusieurs substances !

De l'analyse et de la synthèse rationnelles.

Mais la chimie, la botanique, la psychologie et les autres sciences expérimentales ne sont pas les seules qui pratiquent l'analyse et la synthèse. Dans les sciences où domine le raisonnement, soient qu'elles emploient l'induction, comme la physique, ou la déduction, comme les mathématiques, ces deux procédés se retrouvent chacun avec son caractère propre.

Newton a défini en ces termes l'analyse et la synthèse inductives : « Le procédé analytique consiste à recueillir des expériences, à observer les faits et à tirer de là des conclusions générales : *Methodus analytica est experimenta capere, phœnomena observare, indeque conclusiones generales inductione inferre*. Le raisonnement, continue Newton, peut ainsi passer du composé au simple; du mouvement aux forces motrices; des effets aux causes; des causes particulières aux générales, et de celles-ci aux universelles. Le propre de la synthèse est de poser comme principes les causes dont l'existence a été reconnue, de s'en servir pour expliquer les phénomènes qui en dérivent, et de donner la preuve des explications proposées : *Synthetica est causas investigatas et comprobatas affirmare pro principiis, earumque ope explicare phœnomena ex iisdem orta, istasque explicationes comprobare*[1]. »

Newton attribuait à l'analyse sa découverte des lois de l'attraction, qu'il avait induites de l'étude des phénomènes célestes; il rapportait à la synthèse l'explication, au moyen de ces lois, du mouvement des planètes et du phénomène des marées.

L'analyse et la synthèse ainsi comprises paraissent au

---

1. Newton, *Optique*, t. III, q. xxxi, p. 326, édit. 1740.

premier coup d'œil tout autres que dans les sciences d'observation. Cependant, quand on considère la chose de plus près, on s'aperçoit que l'analyse, même dans le cas cité par Newton, part du fait concret, c'est-à-dire du composé, pour aboutir à la loi abstraite, c'est-à-dire au simple, tandis que la synthèse, qui applique la loi générale à de nouveaux faits, passe du simple au composé.

Un mathématicien de la fin du seizième siècle, qui n'a pas laissé un nom aussi grand que Newton, mais qui fut cependant un des créateurs de l'algèbre moderne, Viète, va nous expliquer une nouvelle transformation que subissent la synthèse et l'analyse dans les sciences de pur raisonnement et en particulier dans les mathématiques. « L'analyse, dit-il, consiste à partir de la chose cherchée que pour un moment on concède, et à passer de là, par voie de conséquence, à une chose qui est reconnue pour vraie. Tout au contraire, la synthèse part d'une chose qui est accordée, et de là nous conduit, par voie de conséquence, à la chose qui est cherchée : *Analysis est adsumptio quæsiti tanquam concessi per consequentia ad verum concessum; ut contra, synthesis, adsumptio concessi per consequentia ad quæsiti finem et comprehensionem*[1]. »

En d'autres termes, dans les sciences de pur raisonnement, l'analyse part de la question même à résoudre ; elle en décompose ou en modifie les données particulières, et poursuit, à travers ces transformations, une conséquence, évidemment vraie ou évidemment fausse, qui prouve la vérité ou l'erreur de l'hypothèse d'où l'on est parti. La synthèse, au contraire, pose d'abord une maxime certaine ou qui paraît telle, la développe et y ramène la question proposée, qui se trouve par là même résolue

Il s'agit, par exemple, de faire passer une circonfé-

---

1. Cité par Lacroix, *Essai sur l'enseignement en général et sur celui des mathématiques en particulier*. Paris, 1805, in 8, p. 236.

rence par trois points donnés. Si je veux procéder analytiquement, je supposerai le problème résolu. Je verrai alors que les portions de circonférence comprises entre ces trois points forment deux arcs de cercle dont les extrémités peuvent être réunies par deux cordes, et que si je lève au milieu de ces deux cordes deux lignes perpendiculaires, celles-ci passeront évidemment par le centre du cercle. La solution du problème consiste donc à relier les trois points donnés par deux lignes droites, et à élever sur le milieu de ces droites une perpendiculaire; le point d'intersection des deux perpendiculaires sera le centre du cercle cherché. Si je raisonne par synthèse, je suivrai la voie opposée, je montrerai que les trois points donnés étant joints par deux droites sur le milieu desquelles j'élève deux perpendiculaires, le point d'intersection de ces perpendiculaires se trouve à égale distance des trois points, et par conséquent peut représenter le centre d'une circonférence qui passerait par ces points.

Prenons un autre exemple emprunté à l'ordre moral. Je suppose que je veuille démontrer que l'âme est immortelle; l'analyse consisterait à partir de cette proposition même, qui me conduirait par une série de déductions à une proposition qui n'est pas contestée, par exemple, que Dieu est juste. Je procéderais au contraire par voie de synthèse, si, — ayant posé d'abord que Dieu est juste, puis que sa justice serait offensée si tout pour l'homme finissait à la tombe, — je concluais de là que notre âme est immortelle.

Dans l'analyse mathématique, le théorème à démontrer, la solution à découvrir se trouvent partagés et transformés en un certain nombre de propositions qui en sont la conséquence ou la traduction.

Dans la synthèse, l'esprit part d'une vérité certaine, à laquelle, suivant les cas, il en ajoute une seconde, puis une troisième; et la démonstration ou la solution cherchée est l'expression finale du rapport de ces vérités pour ainsi dire accumulées.

Des règles de l'analyse et de la synthèse.

Les règles de l'analyse et de synthèse varient suivant l'usage que nous faisons de ces deux procédés.

S'agit-il de recherches expérimentales, la première condition est de ne rien omettre et de ne rien supposer. Il faut que l'esprit parcoure tous les aspects de la réalité, sans en négliger aucun. Il faut aussi qu'il ne mêle pas aux résultats de l'observation des éléments étrangers et factices qui pourraient les altérer.

Condillac, qui entreprend d'analyser l'âme humaine, croit avoir touché le but lorsqu'il a réduit toutes nos opérations et toutes nos facultés à la seule sensation : mais combien l'analyse qu'il nous offre n'est-elle pas vicieuse, puisqu'il omet l'intelligence et la volonté ! Avant Condillac, La Rochefoucauld était tombé dans une erreur égale, lorsqu'il essayait de ramener tous les motifs des actes humains à l'amour de soi, comme si l'on pouvait expliquer par l'égoïsme la tendresse maternelle et le dévouement des martyrs ! En physique, en chimie et en histoire naturelle, que de fois d'imparfaites analyses n'ont-elles pas conduit à méconnaître certains éléments, certains organes, certaines forces, que de nouvelles observations devaient par la suite mettre en lumière ! Le progrès de la science a consisté dans celui de l'analyse, qui, grossière à son origine, est devenue de jour en jour plus complète et plus délicate.

Dans les sciences de raisonnement, l'analyse et la synthèse ont leurs conditions spéciales. Il importe de bien fixer l'état de la question, d'en corriger les données si elles sont ambiguës, de diviser, selon le précepte de Descartes, les difficultés, autant que faire se peut, de ne laisser aucun terme obscur sans le définir, pas plus qu'une seule proposition douteuse sans la démontrer, etc., etc.

A mesure que nous avancerons dans la logique, nous aurons occasion de revenir sur ces règles et de les développer.

CHAPITRE XVII

Logique inductive. — Méthode des sciences de la nature. — Observation. — Hypothèse. — Expérimentation. — Classification. — Induction. — Analogie. — Définitions empiriques. — Application de la méthode aux sciences psychologiques.

De la méthode dans les sciences physiques et naturelles.

Interprète et ministre de la nature, l'homme, dit Bacon, ne peut la connaître qu'autant qu'il l'a observée[1].

La méthode d'observation ou méthode expérimentale est en effet la seule qui puisse être suivie avec succès dans les parties des sciences humaines qui ont les phénomènes naturels pour objet.

Les philosophes ont cru pendant longtemps qu'ils pourraient découvrir la constitution de l'univers par une sorte de divination qui rendrait l'étude des faits superflue. C'était ressembler à un enfant qui, sans avoir jamais vu en détail une machine à vapeur, voudrait se rendre compte du jeu de tous les rouages de la machine par un effort d'imagination. Encore l'entreprise de cet enfant marquerait-elle moins de présomption que l'espérance ambitieuse du philosophe qui, du fond de

---

1. *Novum Organum*, I, 1 : « Homo, naturæ minister et interpres, tantum facit et intelligit, quantum de naturæ ordine, re vel mente observavit; nec amplius scit aut potest. »

son cabinet, et avant toute expérience, prétendrait expliquer les œuvres de Dieu.

Les premiers sages de la Grèce ont imaginé plusieurs systèmes sur l'origine des choses. L'élément universel était l'eau, suivant Thalès; l'air, suivant Anaximène; le feu, suivant Héraclite. Empédocle admettait quatre éléments, la terre, l'eau, l'air, et le feu, soumis à l'action de deux forces, dont l'une les agrége et dont l'autre les sépare. Quel a été le résultat de ces ingénieuses hypothèses? On eut bientôt reconnu combien elles étaient erronées, et elles disparurent avec leurs auteurs en laissant à peine quelques lueurs pâles et incertaines.

Descartes suppose que par l'effet d'un mouvement originaire de rotation imprimé par la main divine à la matière, ses parties, les unes très subtiles, les autres plus ou moins grossières, ont formé des tourbillons qui remplissent les espaces et qui sont la cause prochaine de tous les phénomènes de l'univers. Combien Descartes montrait, je ne dirai pas plus de force d'invention, mais un sentiment plus vrai de la seule méthode qui convienne aux sciences physiques, lorsque, frappé de la grandeur et de la variété infinie de la nature, il donnait le conseil de multiplier les expériences, et annonçait le projet de se livrer lui-même tout entier à cette occupation si nécessaire!

La méthode expérimentale suppose un assez grand nombre de procédés secondaires qui sont comme autant de pas que fait l'esprit dans la recherche de la vérité. Nous les ramènerons aux suivants : 1° l'expérience qui comprend l'observation proprement dite et l'expérimentation; 2° l'analogie; 3° l'induction; 4° l'hypothèse; 5° la classification; 6° la définition.

Observation. Expérimentation.

Observer, c'est considérer attentivement les choses qui s'offrent d'elles-mêmes à la vue, sans que l'esprit ait le pouvoir d'en varier les aspects.

Expérimenter, c'est produire ou modifier artificiellement les phénomènes à étudier, pour que l'étude en soit plus facile, plus sûre, plus féconde.

La nature, suivant une comparaison célèbre, est comme Protée : il faut la tourmenter pour lui surprendre ses secrets.

L'expérimentation tourmente la nature. Si la nature se tait, elle l'oblige à parler; si elle parle, elle diversifie son langage. Elle prolonge les phénomènes qui ne font que passer; elle évoque ceux qui sont évanouis et ceux qui se produisent à de longs intervalles ou dans les pays éloignés; elle accroît leur intensité, à peu près comme le microscope grossit les objets, pour qu'ils frappent mieux les regards.

Mais toutes les parties de la nature ne sont pas sous la puissance de l'homme. Quel empire exerçons-nous sur les astres dont la voûte des cieux est parsemée? Le seul privilège de notre intelligence est d'en admirer la marche régulière, qu'elle ne peut ni accélérer ni ralentir.

Il y a donc des sciences où l'esprit ne fait que constater et recueillir les phénomènes, tels qu'ils se présentent à lui; il y en a d'autres où il peut joindre à l'observation proprement dite l'expérimentation. L'astronome *observe*; le physicien *observe* et *expérimente*.

Il est à remarquer d'ailleurs que les sciences physiques ont dû, à l'origine, se renfermer dans l'observation pure; ce n'est que peu à peu qu'elles sont devenues expérimentales, obligées qu'elles étaient de varier les conditions des phénomènes pour en découvrir les lois cachées et pénétrer plus avant dans la connaissance de l'univers.

Règles de l'observation.

Toute observation suppose : 1° l'application patiente de l'esprit à l'objet qu'on observe, une forte et sérieuse attention, qui ne laisse échapper aucune circonstance digne d'être remarquée ; 2° l'examen successif et détaillé des parties de l'objet, et l'analyse fidèle de tous leurs caractères ; 3° la synthèse de ces parties, que l'observateur doit comparer, rapprocher, réunir, après les avoir étudiées isolément.

L'univers offre le même spectacle au pâtre et à l'enfant qu'à Newton, à Copernic et à Galilée ; mais l'enfant et le pâtre n'ont qu'une vue grossière de l'ensemble, tandis que Galilée et Newton en démêlent toutes les parties, et dans chacune aperçoivent la loi sous le phénomène, la cause sous l'effet.

Mais comment le génie le plus pénétrant s'élèvera-t-il à cette connaissance claire, distincte et fidèle des choses, qui constitue le savoir véritable, s'il se contente de les observer à la hâte, s'il ne s'est pas livré à un examen fidèle et approfondi de tous leurs détails ?

Les faits qui sont les moins apparents ont souvent plus d'importance que les accidents extérieurs qui frappent le plus. Qu'y a-t-il de moins apparent dans un être vivant que la structure anatomique ; mais combien n'est-elle pas plus essentielle à connaître que certaines parties qui s'offrent d'abord à la vue, comme la taille ou le poil de l'animal ? A considérer le poil et la taille, le chien de Terre-Neuve et le lévrier paraissent de nature très différente ; en étudiant la conformation de leur squelette, le naturaliste s'aperçoit aisément qu'ils appartiennent à la même famille.

Souvent aussi des circonstances que le vulgaire est enclin à juger comme sans valeur, mettent sur la voie de vérités importantes. Quand un crime a été commis, avec quel soin le magistrat chargé d'en rechercher les auteurs, ne recueille-t-il pas les plus légers indices qui peuvent signaler le coupable à la vindicte des lois! Que de fois la trace d'un pas, quelques gouttes de sang répandu, quelques mots écrits, un vêtement souillé, un morceau de papier, un simple cheveu ont suffi pour éclairer des abîmes d'iniquité qui paraissaient impénétrables à la justice humaine. Il en est de même dans les sciences. Quelques-unes des plus belles découvertes de la physique et de la chimie ont été suggérées par des observations que le vulgaire aurait jugées insignifiantes, mais que la sagacité de l'observateur a développées et fécondées. Galilée remarque dans une église de Pise le balancement d'une lampe suspendue à la voûte du temple; il reconnaît que les oscillations s'accomplissent en des temps égaux, et il part de là pour appliquer le mouvement du pendule à la mesure du temps. Quelle est l'origine des mémorables travaux de Galvani sur l'électricité, et de la féconde invention de la pile, due au génie de Volta? L'étude des contractions musculaires éprouvées par une grenouille au contact d'une lame métallique. Galvani eut la bonne fortune d'observer le fait qui avait échappé avant lui à tous les regards; le jugeant curieux, il l'étudia de plus près, et de ces études dont le point de départ avait été si modeste, sortit peu à peu une des branches les plus fécondes de la physique moderne.

Il ne faut donc pas s'étonner du prix que les savants vraiment dignes de ce nom, mettront toujours à se procurer des observations nombreuses, détaillées et précises.

Règles de l'expérimentation.

L'expérimentation est soumise aux mêmes règles générales que l'observation proprement dite; elle a, de plus, ses règles particulières, que Bacon a réunies sous les titres de : *Variatio, productio, translatio, inversio, compulsio experimenti.*

Ainsi premièrement, il faut varier l'expérience, c'est-à-dire il faut la renouveler dans des conditions différentes, afin de pouvoir étudier l'objet sous tous ses aspects. Torricelli veut s'assurer que la pression de l'air est ce qui cause l'élévation de l'eau dans les tuyaux de pompe ; il renouvelle l'expérience dans un tube de verre avec du mercure qui s'élève à une hauteur quatorze fois moindre, parce qu'il est quatorze fois plus pesant que l'eau. Pascal la recommence, de son côté, avec du vin, et, pour dissiper tous les doutes, il tente une dernière épreuve au sommet du Puy-de-Dôme, où l'air raréfié pèse moins et par conséquent détermine une moindre ascension du liquide.

Il faut, en second lieu, étendre l'expérience, c'est-à-dire il faut la répéter dans des proportions plus vastes ; ce qui a pour conséquence de confirmer les résultats obtenus, s'ils sont vrais, et de les rendre plus éclatants. Les procédés suivis dans la fabrication de plusieurs substances et la plupart des machines en usage dans l'industrie peuvent être considérés comme des expériences en grand, qui ont confirmé les découvertes faites dans le laboratoire des physiciens et des chimistes.

Enfin, il faut renverser l'expérience ; par exemple, après avoir découvert par la décomposition de l'eau, qu'elle est formée d'oxygène et d'hydrogène, il faut chercher à produire de l'eau par la combinaison artificielle de ces deux éléments.

Un assez grand nombre d'eaux minérales sont douées de propriétés qui en rendent l'usage très salutaire dans plusieurs maladies ; que fera le chimiste s'il veut pénétrer la cause des propriétés que ces eaux possèdent ? Il ne se contentera pas de les soumettre à une exacte analyse ; mais, après avoir reconnu qu'elles contiennent en dissolution certains sels auxquels leur action peut être vraisemblablement attribuée, il fera dissoudre les mêmes sels dans de l'eau distillée. Il étudiera les effets de cette boisson artificielle sur l'économie animale ; si ces effets sont les mêmes que ceux des eaux minérales naturelles, alors seulement nous serons autorisés à conclure que les vertus médicinales de ces eaux sont produites par les sels qui font partie de leur composition[1].

On n'attend pas de nous une explication détaillée des règles et des procédés de l'expérimentation, qui varient trop pour être décrits complètement. Comprenons seulement que la connaissance des règles ne supplée pas à la sagacité qui imagine les expériences, qui construit au besoin des instruments pour faire celles qu'elle a imaginées, qui soupçonne la vérité avant de l'avoir découverte, et qui ne la cherche même que parce qu'elle l'a soupçonnée.

De l'analogie.

Les ressemblances que nous apercevons entre les objets nous portent généralement à en supposer d'autres que nous n'apercevons pas.

Ainsi, dit Reid, nous observons beaucoup de rapports entre la terre que nous habitons et les autres planètes : toutes font leur révolution autour du soleil quoiqu'à différentes distances et en des temps différents ; toutes empruntent de lui leur lumière ; nous savons avec certitude que quelques-unes ont un mouvement de rotation autour de leur axe comme la terre, et par conséquent une égale succession de jours et de nuits ; quelques-unes aussi ont

---

[1]. Dans un écrit intitulé : *Considérations sur la philosophie, et application à la médecine d'une méthode employée à rechercher les différences que présentent les eaux naturelles dont on fait usage en teinture*, Paris, 1863, in-4, M. F. Chevreul a tracé les règles de la méthode expérimentale, avec l'autorité magistrale qui s'attache à ses éminents travaux et à son nom illustre.

des lunes qui les éclairent pendant l'absence du soleil; toutes enfin obéissent à la loi de gravitation. Il n'est point absurde de conclure de cette réunion de similitudes, que les planètes peuvent être, comme la terre, le séjour de divers ordres [1] de créatures vivantes.

Cette manière de raisonner est désignée par les philosophes sous le nom d'*analogie*. L'analogie peut donc être définie : une forme de raisonnement qui consiste à juger d'un fait par un autre, en se fondant sur la ressemblance du premier au second.

Il faut distinguer dans l'analogie différents degrés, suivant qu'elle est fondée sur des rapports de ressemblance, sur la relation des moyens à la fin, ou sur celle des causes aux effets et des effets aux causes. Nous emprunterons à Condillac un exemple qui offre tous ces cas réunis.

« Je suppose, dit Condillac, deux hommes qui ont vécu si séparés du genre humain et si séparés l'un de l'autre, qu'ils se croient chacun seuls de leur espèce. Si la première fois qu'ils se rencontrent, ils se hâtent de porter l'un de l'autre ce jugement : Il est sensible comme moi : c'est l'analogie dans le degré le plus faible; elle n'est fondée que sur une ressemblance qu'ils n'ont point même assez étudiée.

« Ces deux hommes, que la surprise a d'abord rendus immobiles, commencent à se mouvoir, et l'un et l'autre raisonnent ainsi : Le mouvement que je fais est déterminé par un principe qui sent; mon semblable se meut; il y a donc en lui un pareil principe. Cette conclusion est appuyée sur l'analogie qui remonte de l'effet à la cause, et le degré de certitude est plus grand, que lorsqu'elle ne portait que sur une première ressemblance. Cependant, ce n'est encore qu'un soupçon. Il y a bien des choses qui se meuvent et dans lesquelles il n'y a point de senti-

---

1. *Essais sur les facultés intellectuelles*, II, chap. vi.

ment. Tout mouvement n'a donc pas, avec le principe sentant, le rapport nécessaire de l'effet à la cause.

« Mais si l'un et l'autre disent: Je remarque dans mon semblable des mouvements toujours relatifs à sa conservation ; il recherche ce qui lui est utile, il évite ce qui lui est nuisible ; il emploie la même adresse, la même industrie que moi ; il fait, en un mot, tout ce que je fais moi-même avec réflexion : alors il lui supposera avec plus de fondement le même principe de sentiment qu'il aperçoit en lui-même.

« S'ils considèrent ensuite qu'ils sentent et qu'ils se meuvent par les mêmes moyens, l'analogie s'élèvera à un plus haut degré de certitude ; car ces moyens contribuent à rendre plus sensible le rapport des effets à la cause.

« Lors donc que chacun remarque que son semblable a des yeux, des oreilles, il juge qu'il reçoit les mêmes impressions par les mêmes organes; il juge que les yeux lui sont donnés pour voir, les oreilles pour entendre, etc. Ainsi, comme il a pensé que celui qui fait les mêmes choses que lui, est sensible, il le pense même avec plus de fondement, lorsqu'il voit en lui les mêmes moyens pour le faire.

« Les bêtes sont-elles donc des machines? ajoute Condillac. Il me semble que leurs opérations, les moyens dont elles opèrent, et leur langage d'action ne permettent pas de le supposer ; ce serait fermer les yeux à l'analogie. A la vérité, la démonstration n'est pas évidente ; car Dieu pourrait faire faire à un automate tout ce que nous voyons faire à la bête la plus intelligente, à l'homme qui montre le plus de génie ; mais on le supposerait sans fondement[1]. »

Pour que les conclusions fondées sur l'analogie soient légitimes, il est nécessaire que les rapports observés soient nombreux et importants. La simple ressemblance

---

1. Condillac, *Art de raisonner*, liv. vi.

ou une coïncidence fortuite entre deux faits ne permet pas d'asseoir un jugement certain ni même probable. Cette personne, remarquable par ses vices ou par ses vertus, a offert une conformation physiologique particulière ; suis-je en droit de conclure que cette autre personne, qui a la même stature et le même visage, se distingue par les mêmes qualités ou les mêmes défauts ? Cette comète a paru quelques mois avant la mort de César ; croirai-je, en la voyant reparaître, qu'elle annonce de grands événements ? La raison ne saurait voir dans ces conclusions, et dans toutes celles du même genre, qu'une fausse application du principe d'analogie.

Mais quand, au lieu de reposer sur des rapports vagues, superficiels et peu nombreux, le raisonnement par analogie est fondé sur des relations constantes qui tiennent à ce qu'il y a de plus intime dans la nature des choses, il peut conduire à des résultats du plus haut prix.

Le plus bel exemple qui mérite d'être cité, ce sont les recherches de Georges Cuvier sur les fossiles.

Quelle fut l'origine de cette admirable découverte, qui a comme évoqué tout un monde détruit, et qui nous a rendus, pour ainsi dire, contemporains des premiers âges de la création ? Georges Cuvier n'avait sous les yeux que de simples débris, tels qu'une main, un pied, une côte, une mâchoire, une dent. Mais ces débris, comparés au squelette des espèces vivantes, offraient avec elles de nombreuses analogies ; analogies sous le rapport des formes qui ne différaient que par l'étendue des proportions ; analogies sous le rapport des fins qui étaient visiblement les mêmes dans les espèces anciennes que dans les nouvelles. M. Cuvier nota ces ressemblances, et elles furent pour lui le signe infaillible de celles qu'il n'apercevait pas. Il reconnut qu'il existe entre toutes les parties de la nature animée une loi de corrélation et de coexistence ; que certains traits d'organisation s'appellent nécessairement, que d'autres sont incompatibles et s'excluent ; et à la lumière de ce principe, l reconstruisit, en quelque sorte pièce à pièce, dirigé par l'analogie, ces crocodiles, ces lézards, ces mastodontes, ces mégathériums gigantesques, dont les entrailles de la terre contiennent les restes épars. Ce fut le triomphe de ce grand naturaliste d'avoir su s'orienter, sans se perdre, parmi des milliers d'observations, semblables à autant de caractères d'une langue inconnue qu'il devait déchiffrer ; mais si la grandeur de la découverte prouve la sagacité de l'inventeur, elle nous apprend aussi quel service le raisonnement par analogie peut rendre à l'esprit humain, lorsqu'il est manié par un homme de génie.

De l'induction.

Au fond de tous nos raisonnements par analogie, il n'est pas difficile de découvrir une notion générale qui les motive, et dont ils ne sont que la conséquence et l'application. Par exemple, pour juger que le traitement qui a procuré une prompte guérison dans certains cas de maladie sera employé avec non moins de succès dans un nouveau cas analogue, il faut savoir d'une manière générale que ce genre de traitement convient à ce genre de maladie. La faculté par laquelle l'esprit conçoit le général, se nomme, nous l'avons déjà vu, *induction*. Par les sens et la conscience, nous ne saisissons que des cas particuliers ; c'est l'induction qui, à la vue des objets, nous fait porter des jugements universels, et nous élève à la connaissance des lois constantes et uniformes qui régissent le monde.

Nul procédé ne nous est plus familier que l'induction ; mais nul aussi ne nous expose à des erreurs plus fréquentes ni plus graves. Chaque jour, les calculs que nous jugions le mieux établis, les prévisions qui nous paraissaient le mieux fondées, sont déjoués par l'événement. Nos alarmes sont déçues comme nos espérances.

La cause principale de ces erreurs est le grand nombre des relations qui peuvent exister entre les phénomènes. Comme elles se diversifient, on peut le dire, à l'infini, il devient très délicat de discerner les relations uniformes, invariables, essentielles, en un mot les *lois*. Le précepte que donne la logique est dans ce cas de multiplier, tant qu'on le peut, les expériences; car, plus les faits observés sont nombreux, moins nous sommes exposés à ériger en loi une circonstance fortuite, qui a bien pu nous frapper la première fois qu'elle s'est présentée, mais que nous négligerons nécessairement, dès que nous ne la verrons pas se reproduire.

Afin de bien marquer les points sur lesquels les observations doivent porter, et de nous habituer à en classer méthodiquement les résultats, Bacon, le législateur de l'induction, donne le conseil de dresser des tables de présence, d'absence et de variation. La première table servirait à noter les circonstances principales qui accompagnent le fait à étudier. Mais la simple coïncidence de deux faits ne permet pas d'affirmer que l'un est la condition de l'autre. Si le second subsiste quand le premier disparaît, évidemment, ils n'étaient pas rattachés entre eux par le lien de la cause à l'effet. Outre une table de présence, il faut donc dresser une table d'absence sur laquelle on inscrira les cas dans lesquels le fait qu'on étudie se produit indépendamment des circonstances habituelles qui l'accompagnent. Enfin une troisième table comprendra les modifications que ce fait peut subir quant à son intensité, quant à sa durée, etc. Ainsi la chaleur peut être accompagnée de lumière, d'électricité, de mouvement, de fumée; souvent aussi elle a lieu sans dégagement de lumière ni de fumée; enfin elle a des degrés, dont l'échelle ascendante et descendante est indiquée sur le thermomètre.

Une règle importante et sur laquelle Bacon insiste à juste titre, c'est de procéder avec réserve, et de commencer par des généralisations partielles qui, une fois vérifiées, serviront de point de départ pour s'élever à des généralisations plus étendues.

Voulons-nous, dès les premiers faits observés, ériger en une loi universelle et absolue les soupçons encore incertains qu'ils suggèrent à notre esprit, il se pourra que, par une heureuse rencontre, nous apercevions une vérité nouvelle; mais le plus souvent nous serons à côté de la réalité, et l'expérience ne tardera pas à faire justice de nos conclusions trop hâtives. Telle est cependant l'inclination naturelle de l'esprit humain, que sa curiosité porte à s'élancer d'un seul bond vers les cimes les plus élevées de la science; ce qui faisait dire à Bacon qu'il faudrait à l'intelligence non pas des ailes, mais du plomb pour modérer sa course.

Des hypothèses.

Quelque soin que l'homme apporte à l'étude des œuvres du Créateur, elles offrent à ses regards des parties mystérieuses, que l'observation la plus patiente ne saurait pénétrer. Certains faits, par exemple la formation des continents, ont eu lieu à des époques si éloignées, qu'ils se perdent dans la nuit du passé. D'autres s'accomplissent dans les profondeurs des cieux à des distances que notre vue ne peut franchir. Ceux mêmes qui se passent autour de nous sont produits par des causes dont nous ne voyons que les effets, et qui par elles-mêmes nous échappent.

Quand la science veut sonder ces mystères, elle est réduite à inventer des *hypothèses*. Une hypothèse est une explication qui n'est pas vérifiée, et que cependant on admet comme si elle était vraie.

Pourquoi le sommet de quelques montagnes est-il parsemé de coquilles? L'expérience ne nous apprend rien à cet égard ; mais les uns disent que les eaux qui couvraient autrefois ces montagnes se sont retirées en laissant des vestiges de leur présence ; les autres prétendent que ces montagnes formaient le lit des mers, et qu'elles ont été soulevées par des volcans : ce sont là des *hypothèses*.

Newton, posant les bases du système du monde, se glorifiait de ne pas faire d'hypothèses : *hypotheses non fingo*, disait-il. En effet, une hypothèse, fût-elle vraie, a toujours le défaut d'être arbitraire, par cela seul qu'elle n'est pas prouvée. De plus, les conjectures que forme l'esprit abandonné à lui-même sont le plus souvent fausses ; et ces sortes d'erreurs une fois accréditées par l'usage opposent un obstacle sérieux à l'avancement des connaissances.

Cependant la curiosité de l'homme ne saurait être contenue dans les limites qui sont imposées par la nature à l'observation. Quand il a parcouru la sphère déjà si vaste des vérités visibles, notre esprit s'élance à la poursuite de celles que ses regards n'atteignent pas. Comment satisfaire cette impatiente ardeur de savoir et de comprendre, sinon en supposant ce que l'œil ne voit pas, comme on devine, à force de sagacité, une énigme dont le mot n'a jamais frappé les oreilles? Vainement la raison réclame et proteste avec Newton qu'elle n'entend pas faire d'hypothèse ; elle cède, elle ne peut pas ne point céder au penchant qui la pousse vers les vérités inaccessibles à l'observation ; et combien de fois n'arrive-t-il pas qu'elle les découvre par cette heureuse inspiration du génie qui devance l'expérience ! Quand on remonte à l'origine des découvertes qui ont le plus honoré l'esprit humain, on ne tarde pas à se convaincre qu'elles n'étaient d'abord qu'un vague soupçon de l'intelligence, une prévision encore incertaine, un pressentiment qui, sans les contredire, dépassait cependant les faits observés.

Il ne faut donc pas aller jusqu'à soutenir avec quelques savants de nos jours, que dans les sciences physiques l'hypothèse a toujours été inutile, loin de là. Mais si l'impérieuse nécessité de la méthode hypothétique est incontestable, comme ses dangers sont tout aussi évidents, nous ne devons recourir à cette méthode qu'avec prudence, en cherchant à nous garantir contre les écueils.

Les précautions à prendre concernent : 1° l'invention ; 2° la vérification des hypothèses.

Avant tout, il faut se faire une idée, la plus juste et la plus complète possible, de toutes les circonstances du fait à expliquer. Il faut donc l'observer en détail, à plusieurs reprises, et noter avec soin les particularités qu'il offre.

Parmi les suppositions qui se présentent, la préférence appartient à celles qui expliquent le plus grand nombre de circonstances remarquables : elles sont les plus probables de toutes. Leur probabilité s'accroît, si elles sont simples et tirées de faits connus ; car la sagesse divine n'agit pas en général par des moyens compliqués et extraordinaires ; elle choisit au contraire les voies les plus directes et les plus communes. La gravitation, par exemple, qui a suffi à Newton pour expliquer le système du monde, est de tous les phénomènes le plus simple et le plus facile à entendre.

L'hypothèse choisie, la vérification ne consiste pas seulement à examiner si elle est d'accord avec tous les faits connus, si elle n'est contredite par aucun, si elle rend compte du phénomène à expliquer ; il faut de plus tirer les conséquences de cette hypothèse, et prévoir ce qui doit certainement arriver si elle est vraie, puis instituer, s'il se peut, une expérience qui confirme ou démente la prévision. La prévision s'est-elle trouvée confirmée, l'hypothèse, justifiée directement dans ses conséquences par l'observation, peut être considérée comme exacte, et prendre place dans la science à côté des vérités démontrées.

Mais c'est ici surtout que le physicien, l'astronome ou le philosophe doit se tenir en garde contre lui-même, se défier de l'attachement secret que tout inventeur porte à ses propres idées et mettre un soin scrupuleux à écouter fidèlement la nature sans rien retrancher de ses réponses et sans y rien ajouter. Celui qui crée une hypothèse n'est que trop enclin en effet à méconnaître ce qui la contredit, et à exagérer ce qui la confirme. L'observation étant dès lors incomplète ou altérée, les conclusions qu'on en tire sont nécessairement illégitimes. Non seulement l'hypothèse n'est pas vérifiée, mais celui qui l'a proposée se trouve n'avoir inventé le plus souvent qu'une erreur qui trouble et égare les esprits. Telle a été l'origine de tant de faux systèmes sur la nature et sur l'homme, dont la trace et l'influence apparaissent à toutes les pages de l'histoire des sciences et de la philosophie.

Que si au contraire une hypothèse a été sagement conçue, sincèrement contrôlée, si son auteur n'a pas fait violence aux faits pour la mettre d'accord avec eux, cette hypothèse devient une découverte d'autant plus précieuse que la vérité qu'elle met en lumière était plus cachée ou plus féconde.

Les apparences singulières que la planète Saturne présente, lorsqu'on l'examine au télescope, déconcertaient depuis longtemps les astronomes, quand Huyghens imagina qu'elles pouvaient résulter d'un anneau lumineux qui environnerait la planète. Il put se convaincre que cette explication, en elle-même très simple, rendait compte aisément de toutes les particularités du phénomène; mais il ne s'en tint pas là. Il calcula avec soin les apparences que, dans cette supposition, Saturne devait successivement offrir, et ses observations s'étant trouvées conformes à ses calculs, il jugea que son hypothèse était vraie. Ainsi fut découvert l'anneau de Saturne, que depuis lors la portée des nouveaux télescopes a permis d'observer directement.

Une autre planète, Uranus, offrait dans sa marche des écarts que nul effort de calcul n'avait pu réduire. Les astronomes supposèrent que ces irrégularités incompréhensibles tenaient à l'attraction d'une autre planète perdue dans l'espace à des distances trop considérables pour que l'œil pût l'apercevoir. Il s'agissait de déterminer la position, le volume, la révolution elliptique de cet astre inconnu. Qui ne sait avec quelle merveilleuse précision ce problème de mécanique a été résolu de nos jours et presque sous nos yeux? L'hypothèse était si savamment combinée, elle répondait si bien à la difficulté, qu'elle avait été acceptée comme vraie, avant même d'avoir été confirmée par l'expérience, et que sur la foi d'une formule algébrique, les astronomes se montraient convaincus de l'existence de la planète invisible, quand un habile observateur, muni d'un télescope plus puissant, la découvrit à l'endroit des cieux où le calcul avait marqué son cours.

De la division et des classifications.

En traitant de la méthode inductive, nous ne saurions omettre un de ses procédés les plus importants, la *classification*. Mais il est difficile de parler de la classification sans dire quelques mots d'abord de la *division*.

La *division* est l'acte par lequel l'esprit distingue les éléments qui composent un ensemble. Lorsque ces éléments sont en réalité isolés les uns des autres, comme les quartiers d'une ville et les appartements d'une maison, elle prend le nom de *partition*.

La division diffère peu de l'analyse, et elle offre les mêmes avantages. Quand un objet est vaste, nous le connaîtrions mal, si nous voulions l'embrasser d'un seul coup d'œil; en le divisant nous nous en formons une idée plus claire, plus précise et qui s'efface moins promptement de la mémoire.

La première condition d'une bonne division, c'est d'embrasser toutes les parties du sujet, d'être *complète*.

« Il n'y a presque rien, dit la *Logique de Port-Royal*, qui fasse faire tant de faux raisonnements, que le défaut d'attention à cette règle; et ce qui trompe, c'est qu'il y a souvent des termes qui paraissent tellement opposés, qu'ils semblent ne point souffrir de milieu, qui ne laissent pas d'en avoir. Ainsi, entre ignorant et savant il y a une certaine médiocrité qui tire un homme du rang des ignorants, et qui ne le met pas au rang des savants; entre vicieux et vertueux, il y a un certain état dont on peut dire ce que Tacite dit de Galba : *Magis extra vitia quam cum virtutibus;* entre sain et malade, il y a l'état d'un homme indisposé ou convalescent; entre le jour et la nuit, il y a un crépuscule ; entre les vices opposés, il y a le milieu de la vertu, comme la piété entre l'impiété et la superstition; et quelquefois le milieu est double, comme entre l'avarice et la prodigalité, il y a la libéralité et une épargne louable; entre la timidité qui craint tout et la témérité qui ne craint rien, il y a la générosité qui ne s'étonne point des périls, et une précaution raisonnable, qui fait abandonner ceux auxquels il n'est pas à propos de s'exposer. »

Mais s'il est indispensable de séparer tout ce qui diffère, il l'est aussi de ne point isoler des termes qui rentrent les uns dans les autres. Tout philosophe, par exemple, a le droit et le devoir de séparer en psychologie les sentiments, les pensées et les actions, qui constituent trois ordres de phénomènes à part; mais on ne pourrait pas, sans erreur, ranger dans une quatrième catégorie les faits de mémoire, qui sont une espèce de pensées. En un mot, il ne suffit pas que la division soit complète ; il faut encore qu'elle soit *distincte*, tranchée ou opposée, expressions synonymes.

En troisième lieu, elle doit être *immédiate*, c'est-à-dire porter d'abord sur les parties principales, suivant cette loi de l'esprit humain qui, dans l'analyse, s'attache premièrement aux objets saillants et n'arrive que peu à peu aux détails. La fidélité à cette condition est l'unique moyen de saisir les rapports vrais des choses, et de ne pas supposer entre elles des différences fictives; autrement on est bien près d'imiter un géographe à qui prendrait la fantaisie de partager les Européens en autant de groupes qu'il y a de villes en Europe, sans tenir compte de la divison des royaumes.

Une dernière règle qui n'a pas toujours été suivie, et qui cependant n'a pas moins d'importance que les précédentes, c'est que les divisions doivent être resserrées dans de justes bornes. Pour peu qu'on les pousse trop loin, comme les scolastiques en avaient la funeste habitude, elles fatiguent l'intelligence et l'accablent au lieu de la soulager. On a obscurci l'objet en voulant l'éclaircir, et il finit par échapper au regard et se perdre dans une poussière confuse. *Confusum est quidquid in pulverem sectum est*, a dit Sénèque.

Des définitions empiriques.

A l'aide des procédés que nous venons d'étudier on arrive à reconnaître expérimentalement la nature des choses et celle des phénomènes. Quand on l'a reconnue, on l'exprime par une proposition qui prend, comme nous l'avons vu, le nom de définition; telles sont les définitions de l'or et de l'argent, celles de l'homme et du lion, celles d'un arbre, d'une fleur, etc. Mais remarquons quel est le mode, quel est aussi le caractère de cette définition : elle est *empirique*, c'est-à-dire elle dérive de l'expérience, et elle ne fait qu'en résumer les conclusions. Mais l'expérience a-t-elle été complète ! A-t-elle embrassé tous les caractères essentiels de l'objet? Est-il certain que des études nouvelles ne feront pas découvrir des caractères nouveaux? On voit les obscurités et les doutes que laissent dans l'esprit les définitions empiriques. Elles ne sont jamais que provisoires, et il faut abandonner à l'avenir le soin de les compléter et de les rectifier.

Des classifications.

Quand la nature des êtres et des phénomènes nous est connue aussi exactement que le permettent nos moyens d'investigation, il s'agit de procéder à une opération scientifiquement très importante, la *classification*.

A l'origine des sciences, le nombre des faits observés n'est pas assez considérable pour que l'esprit s'en trouve accablé, et cherche les moyens d'alléger ce fardeau. Mais à mesure que les découvertes s'étendent, les détails se multiplient, et ils ne tarderaient pas à écraser l'intelligence, si elle n'essayait de les coordonner. Nous embrassons, sous une appellation commune, les choses entre lesquelles nous apercevons des rapports; les individus semblables sont réunis pour former une *espèce;* les espèces, un *genre;* les genres, une *famille* ou un *ordre;* les familles, une *classe*.

Cette distribution des êtres par espèces et par genres est ce qu'on appelle *classification*. Voici quand elle est bien faite quels en sont les résultats : 1° parmi la variété infinie des objets l'esprit peut discerner sans confusion et sans peine ceux qu'il a intérêt à connaître; 2° dès qu'il sait la place qui est assignée à une chose, il en sait les caractères généraux, qui sont indiqués par le nom seul de l'espèce à laquelle cette chose appartient; 3° la transmission des vérités acquises est ramenée à quelques règles très simples, aussi aisées à comprendre qu'à appliquer. La clarté pénètre donc avec l'ordre dans nos connaissances : le jugement et la mémoire sont soulagés, et la science est mise plus facilement à la portée de tous les esprits.

Mais ces avantages ne sont pas les seuls de la classification. S'il est vrai, comme le croit le genre humain, que le monde est l'œuvre d'une cause intelligente, il a été créé avec poids, nombre et mesure ; il y règne un ordre caché qui en lie toutes les parties, et la variété des détails n'y détruit pas l'uniformité du plan. Or, ce plan ne peut consister que dans les lois qui régissent les phénomènes, et dans les relations générales qui unissent les êtres particuliers. Au-dessus des classes qui dépendent des conceptions de l'homme et qui changent avec elles, la nature renferme donc un système permanent de genres et d'espèces, où la place de chaque être a été marquée par la main du créateur. Lorsque le savant détermine un de ces genres établis par la sagesse divine, il aperçoit une face de l'ordre universel. Peut-être sa découverte résume-t-elle utilement pour la mémoire un certain nombre d'idées éparses, mais ce n'en est que le côté le moins important. Elle vaut bien plus qu'une simple méthode propre à aider le travail de l'esprit ; elle nous associe aux vues de la Providence, et si elle comprenait tous les genres et toutes les espèces, le plan de la création se déroulerait tout entier à nos regards.

Les classifications peuvent donc être envisagées sous deux points de vue, soit comme un procédé commode, mais arbitraire et artificiel, qui nous permet de coordonner, d'éclaircir et de communiquer aux autres nos connaissances, soit comme l'expression des rapports essentiels des choses. De là deux sortes de classifications, les unes purement *artificielles*, sans autre utilité que de soulager l'esprit ; les autres, dites *naturelles*, qui sont un des buts les plus élevés que la science de la nature puisse poursuivre.

A entendre, il est vrai, les disciples d'une école qui remonte à Lamark, que Cuvier a combattue, et dont le chef avoué est aujourd'hui le naturaliste anglais Darwin, les caractères qui distinguent les êtres ne seraient pas invariables, et sous l'influence des milieux où elles existent, les espèces vivantes se transformeraient, par une lente évolution, les unes dans les autres. Ce n'est point ici le lieu d'examiner si cette doctrine, ainsi que le prétendent ses adversaires, n'est qu'une pure hypothèse que l'observation dément, ou bien, si elle est de jour en jour confirmée, comme le disent ses défenseurs, par les découvertes de la paléontologie ; mais en supposant que dans la suite des âges certaines parties de la création se soient en effet écartées de leur type primitif, il demeure constant que ces modifications supposent, pour s'effectuer, non pas seulement des années, mais des siècles, et que provisoirement elles laissent subsister entre les êtres de l'univers une coordination et des rapports qui peuvent être regardés comme reposant sur la nature même des choses. Or exprimer ces rapports essentiels et vrais, bien différents des relations factices que l'esprit humain établit pour sa commodité entre les objets de ses connaissances, voilà le but des classifications dites naturelles. Elles conservent donc leur caractère propre et toute leur valeur scientifique, quelque opinion qu'on adopte sur la perpétuité des espèces.

La condition générale que toute classification doit remplir est de comprendre tout, de ne supposer rien ; mais les classifications naturelles sont soumises en outre à des règles particulières que les classifications artificielles ne comportent pas.

Chaque point de vue ou propriété des objets peut servir à les classer, quand on ne cherche que les avantages de l'ordre. Je puis, par exemple, classer les végétaux d'après la grosseur de la tige, la dimension des feuilles, leurs propriétés médicinales, etc.; les pierres, d'après leur composition chimique, leur contexture moléculaire, leur densité ; les animaux, d'après la conformation des organes de nutrition, de reproduction, de locomotion, de sentiment, et même d'après les services qu'ils rendent à l'homme. Ce qui prouve qu'en effet tous ces caractères offrent les éléments d'une division commode, c'est qu'ils ont tour à tour été employés dans plusieurs systèmes de botanique, de minéralogie et de zoologie.

Mais les classifications naturelles ne nous laissent pas le choix entre plusieurs points de vue ; il n'y en a alors qu'un seul qui soit légitime, parce qu'il n'y en a qu'un seul qui soit vrai. De là résulte, pour l'historien de la nature, l'obligation d'évaluer préalablement, avec le concours de l'expérience et du raisonnement, l'importance relative des diverses parties des objets. Tel est le principe de la *subordination des caractères*, que Laurent de Jussieu a le premier dégagé, et qui, généralisé par Cuvier, a renouvelé la face des sciences naturelles.

La plupart des anciens botanistes avaient classé les plantes d'après leurs caractères les plus extérieurs, comme la forme de la tige, etc. Tournefort, au dix-septième siècle, imagina de les diviser d'après la structure de la partie colorée et brillante que nous appelons la *corolle* et qu'il prenait pour la fleur tout entière. Au temps même de Tournefort, quelques naturalistes distinguaient dans la fleur des parties qu'il n'avait qu'imparfaitement connues, les *étamines* et le *pistil*, qui sont les organes de la fructification. Linné, jugeant ce nouveau point de vue plus profond, s'en servit pour donner une classification nouvelle, qui fut adoptée aussitôt dans tous les pays du monde. Cependant le pistil et les étamines, pris séparément, ne donnent encore que des rapports incomplets ; pour bien connaître la fleur, il faut surtout considérer leur insertion respective, qui se lie à la production de la plante nouvelle contenue dans la graine. De plus, puisque la graine est le terme du travail qui s'opère dans le végétal, la fin dernière, pour ainsi dire, en vue de laquelle toutes ses parties sont disposées, comment les caractères qui se tirent de la contexture de la graine ne seraient-ils pas les plus importants? Ce fut là l'idée profonde que l'observation suggéra au génie sagace de M. de Jussieu, et qui le conduisit à cette division célèbre du règne végétal en plantes *acotylédones*, c'est-à-dire dont les lobes de la graine ne sont pas visibles, *monocotylédones*, dont la graine n'a qu'un seul lobe, *dicotylédones*, qui ont une graine partagée en deux lobes.

Lorsque Laurent de Jussieu jetait les bases de la nouvelle classification qu'il appelait à juste titre *Méthode naturelle*, quelques botanistes opposèrent qu'une méthode, pour être naturelle, devait se fonder sur toutes les parties prises ensemble, sans donner à aucune une préférence exclusive sur toutes les autres. Mais cette objection spécieuse ne tint pas devant l'évidence des faits et devant l'importance des résultats obtenus. Le principe de M. de Jussieu était si solide, et son point de vue si heureusement choisi, qu'il avait embrassé l'universalité des parties des plantes, et que tout en s'attachant en premier lieu aux caractères essentiels, il n'avait pas été réduit à négliger les caractères accessoires et subordonnés. Les découvertes les plus récentes de la botanique n'ont servi qu'à confirmer les idées de M. de Jussieu; et cinquante mille plantes encore inconnues au moment où il écrivait, ont pu, sans déranger les cadres de sa classification, y trouver leur place, qui avait pour ainsi dire été marquée d'avance par la sagacité du grand naturaliste.

Application de la méthode à la psychologie et aux sciences qui en dépendent.

Il est aisé de voir comment la méthode que nous venons de décrire s'applique à la psychologie et aux sciences qui en dépendent.

La psychologie a pour objet la connaissance de l'âme,

de ses opérations, de ses facultés. La psychologie est donc en grande partie une science de faits. Les faits dont elle s'occupe ne sont d'une autre nature que ceux du monde extérieur, objet des sciences naturelles ; mais à quelque ordre que des faits appartiennent, il n'y a qu'une seule manière d'en requérir la connaissance, qui est l'expérience dans sa double forme : l'observation et l'expérimentation. L'âme qui veut se connaître doit s'observer attentivement et s'observer dans des conditions aussi variées que possible. Ainsi que nous l'avons dit au début de cet ouvrage « il est un art qui consiste à se placer au centre de la vie intérieure, à démêler les phénomènes si variés qui la composent, à négliger les uns pour considérer les autres plus à l'aise, à ressusciter par la force de la mémoire ceux qui sont disparus, à fixer en quelque sorte devant la conscience les parties de la nature humaine les plus cachées et les plus fugitives ». Quiconque aspire à se bien connaître doit savoir pratiquer cet art qui n'est pas sans analogie avec l'expérimentation dans les sciences physiques, et s'aider, en le pratiquant, de toutes les lumières que peuvent fournir la lecture des orateurs et des poètes et la science des langues.

Quant aux règles qui regardent, ou l'induction, ou l'hypothèse, ou les définitions, ou enfin la classification, il est manifeste qu'elles s'appliquent à l'étude de l'âme avec plus de difficulté sans doute, mais aussi nécessairement qu'à l'étude du monde matériel.

Parmi les sciences qui se rattachent à la psychologie, il y en a une dont la méthode mérite une attention spéciale : c'est l'histoire. L'histoire n'ayant d'autre moyen d'information que le témoignage, nous ne parlerons de la méthode historique qu'après avoir parlé du témoignage humain et des règles auxquelles il doit être soumis.

CHAPITRE XVIII

SUITE DU PRÉCÉDENT. — APPLICATION DE LA MÉTHODE AUX SCIENCES HISTORIQUES. — LE TÉMOIGNAGE DES HOMMES. — LA CRITIQUE DES TÉMOIGNAGES.

Le témoignage, par les idées qu'il engendre et par les jugements dont il est la règle, a une part si étendue, non seulement dans les sciences, mais dans la pratique journalière de la vie ; il exerce une si profonde influence, que l'examen de ses applications et de ses lois rentre naturellement dans le cadre des études logiques.

Importance du témoignage comme source de nos idées.

Il n'est pas nécessaire d'avoir longtemps réfléchi pour se convaincre que nous n'avons pas acquis par nous-mêmes toutes les connaissances que nous possédons, mais que nous en avons puisé un grand nombre dans le commerce de nos semblables. Les premières lueurs de l'intelligence venaient à peine de se montrer en nous, que nous apprenions de nos parents l'art de nommer les objets et de figurer les noms par des signes écrits. A l'étude des éléments de la parole et de l'écriture succéda celle de la religion, de l'histoire, de la littérature, des sciences et des arts. Nous avons vu s'écouler ainsi la première période de notre existence, entourés de maîtres qui nous ont enseigné la meilleure partie de ce que nous savons. Maintenant encore, il nous arrive tous les jours d'invoquer le témoignage des autres ; nous nous aidons de leurs conseils et de leur expérience ; c'est par eux que nous apprenons mille choses qui touchent aux intérêts de la société domestique et civile, et dont nous ne pourrions juger par nous-mêmes, comme les contrats et obligations, les liens de parenté, les décisions des tribunaux, les lois, etc.

On s'est souvent demandé quelle était l'origine de la confiance que l'homme accorde si facilement à la parole d'autrui. Certains philosophes n'ont vu là qu'une induction tirée à la fois du pouvoir que nous avons de découvrir la vérité, et du penchant qui nous porte à la dire fidèlement ; d'autres ont cru y reconnaître l'effet irrésistible d'un instinct de crédulité naturel au cœur de l'homme. A quelque opinion qu'on se range, la foi dans le témoignage a besoin d'être sévèrement réglée, puisqu'il a autant de puissance pour nous abuser et nous égarer, que pour nous instruire.

Applications diverses du témoignage.

Les moyens d'instruction que nous trouvons dans le témoignage se rapportent à deux genres d'objets différents, savoir : 1° les doctrines ; 2° les faits.

Règles du témoignage en matière de doctrines.

Pour les doctrines, il faut encore distinguer si elles sont purement spéculatives, comme l'hypothèse que le soleil tourne autour de la terre ou la terre autour du soleil ; ou bien, si elles ont une valeur pratique et peuvent exercer de l'influence sur notre moralité et notre bonheur, comme le dogme de l'existence de Dieu et celui de l'immortalité de l'âme.

S'agit-il de doctrines spéculatives, touchant à des questions qui sollicitent vivement la curiosité de l'homme, mais qui n'intéressent pas la pratique, le grand nombre ni même la gravité des témoignages ne sont pas une garantie suffisante de leur vérité. Combien n'a-t-on pas vu de fausses opinions, en physique et en astronomie, être adoptées à peu près universellement, et par le vulgaire et par les savants! Ici donc, il faut savoir user largement de sa raison et ne se rendre qu'à l'évidence. Il faut se persuader que la nature matérielle et ses lois ont été livrées par la sagesse divine aux disputes des hommes ; que la foule est un mauvais juge de pareilles questions, et que le génie même est exposé à se tromper, s'il n'est pas éclairé par de longues et patientes observations.

Quand une opinion est très ancienne, nous sommes enclins à l'admettre ; il nous semble qu'elle est le fruit du génie mûri par l'expérience ; nous reportons sur ceux qui l'ont inventée une partie de la vénération que la vieillesse nous inspire. Cependant les anciens n'ont pas les mêmes titres à notre confiance que les vieillards. Le vieillard sait beaucoup plus que nous, parce qu'ayant vécu plus longtemps, il a pu observer et réfléchir davantage. Mais relativement à la génération actuelle, ces anciens qui nous ont précédés de plusieurs siècles représentent la jeunesse : *antiquitas sæculi*, comme dit Bacon, *juventus mundi*[1]. Ce sont eux qui manquent d'expérience, parce qu'ils ont derrière eux un passé moins long. Nous qui sommes les derniers venus, nous connaissons mieux la nature ; nous héritons

---

1. *De Augmentis scientiarum*, I, 38. Cf. *Novum Organum*, I, 84. Mais il faut lire surtout le célèbre morceau de Pascal : *De l'autorité en matière de philosophie*.

en effet de la science de nos devanciers, qui s'accroît chaque jour du résultat de nos propres observations.

Si le respect de l'antiquité devait servir de règle dans a physique et les mathématiques, il nous faudrait remonter bien au delà d'Aristote et de Platon, jusqu'à ces premiers sages dont la Grèce honorait le savoir, mais dont les systèmes sur l'origine de l'univers se succédaient comme de vains songes; les admirables progrès accomplis dans la suite des siècles par la raison de l'homme seraient non avenus; et nous devrions répudier les conquêtes de l'industrie moderne, par cela seul qu'elles n'étaient pas connues des Grecs ni des Romains.

La philosophie moderne eut à lutter, lors de sa naissance, contre le préjugé qui consacrait l'autorité des anciens, même dans les matières qui dépendent le plus de l'expérience. Elle fit voir avec une incomparable force de raison l'inanité et le péril du respect superstitieux de l'École pour les livres d'Aristote. Mais elle tomba bientôt dans un excès non moins funeste, en appliquant aux vérités morales et religieuses une règle qu'il fallait réserver pour les vérités de pure spéculation.

En morale et en religion, comment l'antiquité et la généralité des croyances ne mériteraient-elles pas la considération la plus sérieuse? Il s'agit de vérités qui ne s'adressent pas seulement à l'esprit, mais au cœur, de vérités qui sont la règle de nos actions, et d'où dépendent tout ensemble notre bonheur et notre moralité. La Providence divine a dû les graver au fond des âmes, et toutes les intelligences, les plus grossières comme les plus cultivées, sont en quelque sorte appelées à en rendre témoignage. Lors donc que, depuis les temps les plus reculés et dans les contrées les plus lointaines, tous les hommes se trouvent d'accord sur certaines maximes, que ces maximes sont partout reconnues et partout pratiquées, n'est-il pas juste de les considérer comme un jugement de la nature raisonnable de l'homme? Qui ne voit qu'une maxime morale qui serait fausse n'aurait pu s'accréditer dans tout le genre humain et traverser tous les siècles? Avant qu'elle eût pu se répandre chez une seule nation, l'épreuve de la pratique en aurait fait justice. Aussi le consentement universel est-il invoqué par la philosophie comme un argument décisif en faveur de l'existence de Dieu, de la liberté de l'homme, de la distinction du bien et du mal, et de bien d'autres vérités. Il dispenserait même de recourir à d'autres preuves, si notre intelligence n'éprouvait pas l'irrésistible besoin de se rendre compte à elle-même des traditions les plus authentiques et les plus certaines.

Règles du témoignage en matière des faits.

Mais l'application la plus ordinaire du témoignage, c'est la connaissance des faits. Les règles à observer en ce cas sont de deux sortes : les unes regardent les faits eux-mêmes ; les autres, les témoins.

Les faits doivent être : 1° *possibles* ; 2° *vraisemblables*. Possibles, c'est-à-dire de ne pas impliquer de contradiction ; vraisemblables, c'est-à-dire de ne pas s'écarter du cours ordinaire des choses. Cependant, il ne faudrait pas se hâter de rejeter un fait qui paraîtrait ne pas remplir ces deux conditions, s'il était attesté par des témoins sérieux ; car, d'une part, le vrai peut quelquefois, selon le vers de Boileau, n'être pas vraisemblable ; et, d'une autre part, la possibilité des choses ne se laisse pas toujours apprécier exactement. Nul de nous ne saurait mesurer l'étendue infinie de la puissance de Dieu et pénétrer dans le secret de ses volontés. Et même, sans aborder cet ordre de considérations, beaucoup de faits d'abord déclarés impossibles, comme la chute des aérolithes, ont été ensuite reconnus véritables.

Les témoins doivent être : 1° *capables* ; 2° *véridiques*

3º *clairs*. En d'autres termes, il faut qu'ils n'aient pas pu être trompés, qu'ils ne veuillent pas tromper, et qu'ils s'expriment de manière à être compris. S'ils parlent de faits qu'ils n'ont pas été à portée de connaître, ou s'ils manquent de bonne foi, ou si les termes dont ils se servent sont inintelligibles ou seulement obscurs, leur déposition est de nulle valeur.

Quand on arrive à l'application de ces règles, ce sont les circonstances qui décident si elle doit être plus ou moins sévère. Lorsque plusieurs témoins s'accordent à l'égard d'un fait, il est moins nécessaire de soumettre à un examen scrupuleux leur capacité et leur véracité individuelles. Quand, au contraire, un seul témoignage est allégué, l'attention la plus sévère devient indispensable. C'est même une question de savoir si autant ne vaut pas manquer de témoins que d'en avoir un seul à produire. *Testis unus, testis nullus*, disaient les anciens jurisconsultes.

Si l'accord des témoignages est le seul fondement de la certitude.

Quelques philosophes ne se sont pas bornés à faire ressortir les avantages précieux que nous puisons dans le commerce de nos semblables ; ils veulent que toute certitude repose sur l'accord des opinions, et que nulle vérité ne soit indubitable, si elle n'est admise par tout le genre humain. Ce paradoxe d'un écrivain célèbre de nos jours est plein de difficultés et de contradictions. Une seule observation suffira pour le détruire : c'est que nous avons journellement la pleine et entière assurance de mille choses qui n'ont d'autre témoin que Dieu et nous. Est-ce par le témoignage d'autrui que je connais mes sentiments et mes pensées, les objets dont je suis environné, les mouvements divers que je leur imprime pour la commodité de mes besoins, le papier sur lequel j'écris, les caractères que je trace, et une infinité d'autres faits analogues? On doit donc reconnaître que si le témoignage est destiné à étendre le cercle trop étroit de nos facultés personnelles, il ne rend pas ces facultés inutiles et vaines; il ne supprime pas leur exercice comme superflu et dangereux. Les connaissances que nous acquérons par nous-mêmes créent en quelque sorte un fonds qui est sans cesse agrandi par nos semblables; et ainsi, dans chaque homme, l'effort individuel commence l'éducation de l'intelligence, que la société dirige, affermit, développe et consomme.

Règles de la critique historique.

A l'égard des événement qui remontent à une date éloignée, le témoignage acquiert une importance toute particulière, puisque sans son secours, nous resterions dans une ignorance invincible de ces événements.

Trois moyens, qui sont trois formes du témoignage, s'offrent à nous pour connaître le passé : 1° la *tradition* ou le récit oral transmis de bouche en bouche; 2° les *monuments*, comme les médailles, les colonnes, les inscriptions[1]; 3° l'*histoire* ou le récit écrit. La tradition est

---

1. Signalons en passant l'importance historique de l'étude des inscriptions; elle n'a été nulle part mieux exposée que dans le passage suivant d'une circulaire de M. Fortoul, alors ministre de l'instruction publique : « Souvent des inscriptions sont venues révéler des faits importants qui avaient échappé à l'attention des écrivains occupés des grandes questions de l'histoire générale, ou éclairer d'un jour nouveau des faits déjà connus. C'est aux inscriptions antiques que nous devons presque tout ce que nous savons sur l'organisation administrative de l'empire romain. Hiérarchie des grandes fonctions publiques; circonscriptions administratives; privilèges dont jouissaient les différentes espèces de municipalités; composition et attributions de leurs magistratures; institutions religieuses; état des personnes; organisation et distribution, sur toute la surface de l'empire, des divers corps de troupes, légions, cohortes, ailes de cavalerie, chargés

en général obscure et mêlée de fables qui rendent le discernement de la vérité très difficile. Les monuments offrent des garanties de certitude plus sérieuses ; mais les indications qu'ils fournissent sont nécessairement très incomplètes. La source la plus directe et la plus abondante, celle où nous puisons principalement la connaissance du passé, ce sont les récits des historiens.

L'appréciation des sources de l'histoire est l'objet d'un art qui a ses règles spéciales, l'art de la critique historique.

La critique historique, qui a pris de nos jours un si large développement, n'est dans son principe que l'application intelligente des règles générales du témoignage soit à la tradition orale et aux monuments, soit aux récits des historiens. Or, nous avons vu que ces règles étaient relatives : 1° aux faits eux-mêmes ; 2° aux témoins qui en déposent. C'est la même marche, ce sont les mêmes divisions que nous avons à suivre ici.

Conditions relatives aux faits.

C'est une maxime communément admise par la critique que les faits qui ne sont pas conformes aux lois de la nature doivent être rejetés, quels que soient le nombre et le poids des témoignages qui les attestent ; mais cette règle, qui paraît si simple, est d'une pratique très difficile. Sans même réserver les droits de la puissance divine qui pourrait modifier le cours ordinaire des événements,

d'en défendre les frontières contre les attaques du dehors, ou de maintenir à l'intérieur l'ordre et la tranquillité publique; grades et hiérarchie des officiers; construction des monuments; exécution des voies romaines et des autres grands travaux d'utilité publique : toutes ces questions, et beaucoup d'autres, qu'il serait trop long d'énumérer, trouvent dans les inscriptions antiques leur solution, et ne la trouvent pour ainsi dire que là. » (Circulaire du 16 avril 1856.)

connaissons-nous la nature et ses lois assez à fond pour discerner clairement, dans tous les cas, ce qui les renverse? Au sens propre du mot, l'impossibilité mathématique, celle qui résulte de la contradiction des termes, est la seule qui soit absolue. Il ne reste, hors de là, que des exceptions, plus ou moins manifestes, à l'ordre accoutumé de l'univers, exceptions qui sont pour l'historien un motif de multiplier ses informations, mais qui ne constituent pas une fin de non-recevoir invincible. Chacun, du reste, comprend qu'il y a ici, comme on l'a dit avec raison, mille nuances à distinguer entre l'absurde et le merveilleux, entre l'extraordinaire et le vraisemblable.

Conditions relatives aux témoins.

L'œuvre capitale de la critique est l'appréciation des témoignages : ce qui comprend deux points : 1° le témoignage est-il authentique? 2° les qualités connues des témoins permettent-elles d'y ajouter foi?

L'authenticité s'apprécie d'après mille circonstances qui varient avec les temps, les pays, les personnes, les monuments. Ainsi, que tout dans un ouvrage soit conforme aux habitudes de l'époque et du pays où l'on suppose qu'il a été composé; qu'il soit cité par les contemporains de l'auteur présumé, et que depuis, une tradition constante l'ait toujours attribué à cet auteur ; que la supposition ne puisse en être fixée à une époque certaine ni avoir eu lieu sans être aussitôt remarquée et contestée par ceux qui avaient intérêt à dévoiler la ruse : un pareil ouvrage offre assurément tous les caractères de l'authenticité. En ces matières, s'il faut éviter de se montrer trop facile, il faut craindre aussi l'excès de la sévérité qui conduirait à rejeter comme supposés les monuments les plus certains du passé. Qui n'a souri des paradoxes du

P. Hardouin, homme si profondément versé d'ailleurs dans la connaissance de l'antiquité sacrée et profane, qui soutenait sérieusement que la plupart des chefs-d'œuvre de la littérature latine sont apocryphes, et que, par exemple, l'*Énéide* et les poésies d'Horace ont été écrites au moyen âge, dans le fond d'un cloître, par la plume d'un moine inconnu?

Lorsque l'authenticité des sources historiques a été reconnue, il importe de s'assurer si les qualités de l'historien le rendent digne de foi, c'est-à dire : 1° s'il a pu connaître les faits; 2° s'il a été à portée de les juger; 3° s'il est véridique.

Les récits d'un historien méritent peu de créance, lorsqu'il n'est pas contemporain des faits qu'il raconte ; que, ces faits se sont passés à une époque éloignée; qu'on ne voit pas bien par quel moyen la connaissance a pu en arriver jusqu'à lui ; lorsque enfin il paraît, dans tous ses écrits, n'être que l'écho de traditions populaires, vagues et merveilleuses comme la poésie. C'est à cette cause, en grande partie, qu'est due l'incertitude qui environne les annales des premiers siècles de Rome, et, en général, l'origine de tous les empires.

Que si, au contraire, l'historien a vu les faits qu'il raconte, si non seulement il les a vus, mais s'il y a pris part, s'il a été à la fois auteur et témoin, son témoignage est du plus haut prix. Ce témoignage acquiert encore plus de valeur, quand l'expérience de l'historien a été secondée par le génie, ou par cette sagacité heureuse qui découvre les causes dans les effets, qui ne laisse rien échapper et qui sait comprendre et expliquer tout ce qu'elle voit. Quels monuments inestimables que l'*Histoire de la guerre du Péloponèse*, par Thucydide ; celle de la *Retraite des Dix mille*, par Xénophon; les *Commentaires* de César, les *Mémoires* de Sully, du cardinal de Retz, et du duc de Saint-Simon!

Mais c'est en vain que l'historien posséderait la sagacité la plus pénétrante, s'il n'était pas véridique. La véracité, il faut le dire, est souvent altérée en lui par les mêmes causes qui contribuent à l'initier au secret des événements. Lorsqu'il raconte des faits qui lui sont personnels, qu'il en ait été l'auteur ou la victime, il est porté à s'attribuer le plus beau rôle, à présenter les choses sous l'aspect qui lui est le plus favorable, et à déprécier, comme Saint-Simon fait souvent, ses rivaux et ses adversaires. Il est donc très important de faire la part du caractère des historiens, de la position qu'ils ont occupée, de leurs préjugés, de leurs intérêts et de leurs passions. Il faut contrôler leur témoignage par celui des écrivains contemporains, comme, dans les tribunaux, les juges mettent les témoins en présence et contrôlent leurs dépositions contraires les unes par les autres. Un fait est-il contesté? c'est un motif pour ne pas l'admettre à la légère, sinon pour l'écarter entièrement. Quand, au contraire, les circonstances d'un récit n'éprouvent pas de contradiction, même de la part de ceux dont il blesse les intérêts et les affections, cet assentiment tacite est la plus forte garantie en faveur de l'impartialité du narrateur.

Les règles que nous venons d'esquisser rapidement donnent à l'histoire son austère majesté. Quand elle est écrite au hasard, sous la dictée, en quelque sorte, de l'imagination, et qu'elle n'offre qu'un tissu de fables sans vraisemblance, elle devient le plus fastidieux des romans. La critique seule l'élève au rang d'une science qui nous met devant les yeux le tableau vrai des événements humains, pénètre les ressorts cachés qui font mouvoir les peuples, suit l'enchaînement des causes qui, sous le regard de Dieu, fondent et renversent les empires : une science qui nous instruit, nous charme et nous émeut tour à tour, parce que nous nous reconnaissons dans ses personnages ; nous retrouvons en eux nos passions, nos vertus, nos vices, nos prospérités et nos misères.

Application des règles de la critique à la démonstration du christianisme.

Parmi les événements passés qu'une saine critique aide à vérifier, il faut ranger ceux qui se rattachent à l'établissement du christianisme et qui sont l'irrécusable titre de sa céleste origine. Ainsi qu'on l'a souvent remarqué, c'est un des caractères les plus frappants de la religion chrétienne de reposer sur des preuves de fait. Ses apologistes peuvent sans doute invoquer avec succès la sublimité de ses dogmes, la pureté de sa morale, le parfait accord de ses enseignements avec les besoins les plus intimes de la nature humaine; mais ces considérations que chacun développe à sa manière, et dont quelques-unes exigent un certain effort de réflexion, ne l'ont jamais emporté, dans les préférences de l'Église, sur les preuves, pour ainsi dire matérielles, qui se tirent des prophéties et des miracles. Les témoins qui nous attestent ces prodiges, visibles effets de la puissance de Dieu, méritent-ils créance? Ont-ils pu se tromper eux-mêmes? Ont-ils voulu tromper les autres? Voilà le point essentiel de la controverse. Armée des règles de la critique, l'apologétique chrétienne pèse les témoignages; elle montre que les apôtres ne furent ni des imposteurs ni des dupes, et elle en conclut que les faits qu'ils nous attestent sont aussi bien établis que tous ceux de l'histoire ancienne, et que si nous refusons d'y croire, malgré la créance qu'ils ont trouvée chez tant de peuples convertis à l'Évangile, il n'y a plus de règle fixe pour l'appréciation des événements passés.

Réfutation du scepticisme historique.

A la vérité, quelques philosophes soutiennent que, même dans l'hypothèse la plus favorable, lorsque tous les témoignages historiques sont unanimes, les événements passés ne sont jamais connus avec certitude, mais qu'ils ne donnent lieu qu'à des présomptions dont la probabilité va décroissant d'âge en âge. Au siècle dernier, un mathématicien anglais, partant de ces données, s'était mis dans l'esprit de calculer l'affaiblissement graduel des preuves de la religion chrétienne, et il avait découvert qu'elle cesserait d'être probable quatorze cent cinquante-quatre années après celle où il écrivait.

Ces paradoxes, nés en grande partie de l'abus du calcul des probabilités, ne sont qu'un jeu d'esprit sans portée et une gageure stérile contre le bon sens.

En effet, à quelles conséquences ne serions-nous pas conduits? Il serait probable, par exemple, et non pas certain, qu'il a existé un roi de France nommé Henri IV, que sa religion écarta longtemps du trône où l'appelait sa naissance; qui, après avoir abjuré la foi protestante pour le catholicisme, entra dans Paris aux acclamations du peuple, fit le bonheur de ses sujets et mourut assassiné. Ne faudrait-il pas ajouter même que, la probabilité allant toujours en déclinant, ces faits seront moins probables dans deux cents ans qu'aujourd'hui, qu'à nos derniers neveux ils paraîtront incertains, et qu'un jour viendra où les fureurs de la Ligue, l'administration de Sully et le poignard de Ravaillac seront relégués parmi les récits fabuleux ou apocryphes qu'une exacte critique ne saurait admettre? L'absurdité de ces conséquences montre à quel point la théorie arbitraire qui les contient est erronée. Sans doute, s'il s'agit d'un témoignage traditionnel, le fait sera d'autant moins certain à nos yeux qu'il sera plus ancien; car les chances d'erreur, en ce qui concerne le témoignage oral, se multiplient avec les témoins, et il n'est pas rare qu'un récit s'altère en passant de bouche en bouche. Mais si le récit est confié à l'écriture, il est aussi digne de foi, tant que le texte subsiste; il produit aussi naturellement la certitude, que le promier jour. On pourrait même soutenir qu'il acquiert plus d'autorité en vieillissant ; car, lorsque l'œuvre d'un historien a été soumise à l'examen de beaucoup d'esprits qui appartenaient aux rangs les plus opposés, et dont cependant le suffrage a été unanime, les motifs de créance se trouvent multipliés à proportion. Il n'est pas vraisemblable que l'ouvrage eût résisté à un pareil contrôle s'il n'était fondé que sur des préjugés et des intérêts. C'est ainsi, comme on l'a dit, qu'un titre authentique, vérifié par un grand nombre d'arrêts rendus à diverses époques, éloignées les unes des autres, n'en a que plus de force aux yeux des parties adverses et aux yeux des juges.

CHAPITRE XIX

LOGIQUE DÉDUCTIVE. — MÉTHODE DES SCIENCES ABSTRAITES. — USAGE DE LA DÉDUCTION DANS LES SCIENCES EXPÉRIMENTALES. — PART DE LA DÉDUCTION ET DE L'EXPÉRIENCE DANS LA MORALE, LE DROIT ET LA POLITIQUE.

Après avoir décrit les procédés qui constituent la méthode applicable aux sciences de la nature, nous avons à parler maintenant de la méthode qui convient aux sciences abstraites.

Au premier rang des sciences abstraites figurent les mathématiques. On les désigne quelquefois sous le nom de sciences *exactes*, mot qui ne paraît pas heureusement choisi ; car l'exactitude est la première condition de toute science, et on ne s'expliquerait pas qu'aucune science en fut dépourvue. C'est à la rigueur incomparable de leurs résultats que les mathématiques ont dû la qualification qui leur a été donnée.

De même que la méthode des sciences de la nature consiste dans l'*induction*, de même la méthode des sciences abstraites se résume dans la *déduction*. Et comme la déduction doit partir de principes certains qui sont les axiomes et les définitions, et qu'elle doit aboutir à des conclusions démontrées, nous devons examiner successivement ce qui concerne : 1° les axiomes ; 2° les définitions rationnelles ; 3° la démonstration.

Des axiomes.

Un axiome est une vérité évidente par elle-même, que ni l'expérience ni le raisonnement ne découvre, une vérité première, universelle et nécessaire.

Qu'il existe des vérités de cette nature, c'est là un fait, comme nous l'avons déjà vu, qui ne saurait être contesté sérieusement. Lorsque je dis, par exemple, qu'une même chose ne peut être et n'être pas en même temps, que A égale A, il suffit que j'aie énoncé cette proposition, pour qu'elle soit admise par ceux qui m'entendent.

A la racine de toutes les siences, pour peu qu'on veuille réfléchir, on découvre des axiomes. Il y a des axiomes de physique, de morale, de grammaire, de métaphysique : par exemple, que tout fait a une cause ; que le bien est distinct du mal, et que nous sommes tenus de l'accomplir ; que dans une phrase, tout adjectif suppose un substantif, etc.

Mais c'est surtout dans les mathématiques que l'importance des axiomes est manifeste. Ils sont la base de toutes les démonstrations, et bien qu'ils ne suffisent pas pour le développement des théorèmes, aucune vérité ne peut être établie sans leurs secours. Quel degré de certitude offriraient les plus simples vérités de la géométrie, s'il n'était évident que le tout est plus grand que la partie ; que deux grandeurs égales à une troisième sont égales entre elles ; que, d'un point à un autre, on ne peut mener qu'une ligne droite ?

Deux règles principales sont à observer à l'égard des axiomes.

La première consiste à prendre garde de confondre avec les axiomes proprement dits des maximes auxquelles l'habitude et la prévention donnent un faux semblant d'évidence, mais qui par elles-mêmes ne sont rien moins que certaines. C'est ainsi que l'opinion que la nature a horreur du vide a été admise anciennement comme une vérité première par plusieurs physiciens qu'elle a égarés.

Une seconde règle est de ne pas prétendre prouver les axiomes. Ils brillent pour l'intelligence d'une lumière qui la saisit d'abord et la convainc. La preuve est donc inutile et en même temps, elle est impossible ; car on ne pourrait la fournir qu'en rattachant à une vérité plus haute et plus évidente l'axiome à prouver, et aucune ne le surpasse en clarté.

Des définitions rationnelles.

Comme nous avons parlé plus haut de la définition et de ses règles, nous croyons superflu d'y revenir. Nous nous bornerons à deux observations.

La première, c'est que dans les sciences mathématiques, les définitions offrent une exactitude irréfragable. Elles répondent à leur objet ; elles l'embrassent tout entière et n'y ajoutent rien : pourquoi ? Parce qu'elles ne font que résumer le travail de l'esprit, dans la conception idéale de cet objet, un cercle, un triangle, une sphère, tandis que les objets de la nature n'étant pas notre œuvre nous échappent toujours par quelque côté et ne sont qu'imparfaitement connus.

Notre seconde observation, c'est que la partie vraiment féconde de la science, la semence pour ainsi dire d'où elle jaillira comme une plante qui se développe, ce sont les définitions. Les axiomes par eux-mêmes sont des vérités aussi stériles que nécessaires ; le savant ne saurait s'en passer ; ils servent de principes régulateurs à l'esprit ; mais dans leur sein ils ne contiennent pas des vérités nouvelles qui s'en dégagent par la puissance du raisonnement. Il y a sans doute des définitions en géométrie qui ne sont pas moins stériles que les axiomes, comme celles du corps, de la surface, de la ligne ; mais les définitions des figures, comme le triangle, le cercle, les figures semblables, contiennent la science presque tout entière ; les théorèmes dont elle se compose et qui se multiplient avec les siècles, ne sont que le développement de ces premiers germes.

De la déduction et de la démonstration.

Pourvu des axiomes et des définitions, l'esprit passe d'une vérité à une autre qui était contenue dans la première ; il *déduit* celle-ci de celle-là.

Nous avons étudié à fond la déduction ; nous l'avons étudiée au point de vue psychologique et au point de vue logique ; nous avons fait connaître la nature et les règles du syllogisme qui est la forme la plus rigoureuse du raisonnement déductif ; nous n'y reviendrons pas.

Le syllogisme est la voie par laquelle l'esprit s'élève à la *démonstration*, c'est-à-dire à un ensemble de notions, étroitement liées entre elles qui entraînent par leur évidence l'adhésion de l'esprit. Une démonstration n'est pas autre chose qu'un syllogisme ou une suite de syllogismes concluants.

Pour être valable, toute démonstration suppose, comme le syllogisme : 1º que les axiomes sur lesquels elle s'appuie sont clairs et évidents ; 2º que les définitions qu'elle comprend ne sont pas contestées.

Quand donc une démonstration renferme des propositions qui ne sont pas certaines par elles-mêmes, ou des mots dont le sens est ambigu, il faut, avant de passer outre, définir ces mots et expliquer ces propositions, de façon à dissiper toute incertitude et toute obscurité.

Pascal pose ces deux règles qui résument l'art de la démonstration :

« Prouver toutes les propositions un peu obscures, et

n'employer à leurs preuves que des axiomes très évidents ou des propositions déjà accordées ou démontrées.

« Substituer toujours mentalement les définitions à la place des définis, pour ne pas se tromper par l'équivoque des termes que les définitions ont restreints[1]. »

Pascal ajoute une troisième règle qu'il jugeait moins importante, et que cependant on ne peut négliger sans péril : c'est de « n'entreprendre de démontrer aucune des choses qui sont tellement évidentes d'elles-mêmes, qu'on n'ait rien de plus clair pour les prouver. »

Les philosophes ont souvent péché contre cette règle, au grand préjudice de leur science, lorsqu'ils ont cru nécessaire de démontrer les premiers principes, comme si les premiers principes n'étaient pas certains avant toute démonstration, puisqu'ils sont la base même de la démonstration. Les géomètres pèchent aussi contre cette règle toutes les fois qu'ils entreprennent de prouver des vérités qui sont beaucoup plus simples que les preuves qu'on en donne. Que d'efforts de raisonnement n'a-t-on pas faits pour démontrer que par un point donné on ne peut mener qu'une seule parallèle à une droite donnée ? Cette proposition découle de la notion même de la ligne droite, et l'esprit la comprend bien plus facilement lorsqu'on lui laisse le soin d'en reconnaître la vérité, que lorsqu'on accumule, pour le convaincre, d'inutiles démonstrations.

De la démonstration par l'absurde.

Parmi les démonstrations, les unes sont *directes*, c'est-à-dire qu'elles s'appliquent aux choses en elles-mêmes, et établissent que les choses sont ou qu'elles ne sont pas ; les autres sont *indirectes* ; elles prouvent qu'une chose est

---

1. *De l'art de persuader*

telle, en montrant l'absurdité qui s'ensuivrait si elle était autrement. Ce sont les *démonstrations par l'absurde*.

Si je veux prouver, par exemple, qu'une même droite ne peut couper la circonférence d'un cercle en plus de deux points, je pourrai supposer un moment qu'elle la coupe en trois points. La distance de ces trois points au centre du cercle est un rayon ; tous les rayons étant égaux, les trois distances se trouveraient donc égales, et il résulterait de l'hypothèse, que d'un même point, qui est ici le centre du cercle, on peut abaisser trois lignes droites égales sur une même droite ; conséquence erronée, dont l'erreur sert à rectifier la fausse hypothèse d'où l'on est parti, et nous ramène à la proposition primitive qu'il fallait prouver.

Les démonstrations par l'absurde ou par l'impossible sont une application remarquable de ce procédé de l'analyse que nous avons décrit plus haut, et qui consiste à dégager, en partant des données de la question, une dernière proposition évidemment vraie ou évidemment fausse. Mais, suivant la judicieuse remarque des logiciens de Port-Royal, « elles peuvent convaincre l'esprit, mais elles ne l'éclairent point, ce qui doit être le principal fruit de la science ; car notre esprit n'est point satisfait, s'il ne sait non-seulement que la chose est, mais pourquoi elle est ; ce qui ne s'apprend point par une démonstration qui réduit à l'impossible... On peut dire que ces démonstrations ne sont recevables que quand on n'en peut donner d'autres, mais que c'est une faute de de s'en servir pour prouver ce qui peut se prouver positivement[1]. »

---

1. *Logique du Port-Royal*, IVᵉ partie, chap. xii. Une circulaire qui remonte à M. Fortoul, l'*Instruction générale pour l'exécution du plan d'étude des lycées*, interdit dans l'enseignement de la géométrie l'usage des démonstrations fondées sur la réduction à l'absurde. « Lorsque, disait M. Fortoul, pour établir une proposition, on emploie cette tournure indirecte qui consiste à montrer qu'en partant d'une hypothèse

Démonstration *a priori* et *a posteriori*.

Les philosophes distinguent encore les démonstrations *a priori*, qui sont fondées sur les notions pures de l'entendement, et les démonstrations *a posteriori*, qui paraissent tirées principalement de l'expérience. Ainsi l'existence de Dieu peut être prouvée, comme nous le verrons, soit par son idée universellement gravée dans les esprits : ce qui est la preuve *a priori*; soit par les merveilles de la création : ce qui est la preuve *a posteriori*. Mais on doit remarquer que les démonstrations dans lesquelles les données expérimentales paraissent avoir le plus de part, supposent en même temps certaines conceptions rationnelles, qui éclairent et fécondent ces données; de sorte que l'expérience, à proprement parler, ne prouve rien par elle-même, et que toute sa valeur démonstrative est empruntée à des notions premières qu'elle n'a pas engendrées.

Usage de la déduction dans les sciences expérimentales.

Les règles qui précèdent et dont l'ensemble constitue la logique déductive ne paraissent pas s'appliquer aux

contraire, on serait conduit à une conséquence absurde, on nous place assurément dans la nécessité de ne pouvoir nier que le contraire de la proposition à démontrer ne soit une absurdité. Mais a-t-on fait comprendre à l'élève pourquoi la proposition est vraie en elle-même? A-t-on développé son intelligence, donné plus d'étendue à son esprit? L'a-t-on préparé à faire de nouveaux pas dans l'étude de la science? En aucune façon. Assurément, si la réduction à l'absurde était nécessaire pour établir l'exactitude d'une proposition, il faudrait bien se résigner à l'emploi de cette voie, quelque peu satisfaisante qu'elle soit. Loin de là, cette méthode indirecte, lors même qu'il s'agit de la démonstration d'une proposition réciproque, n'est qu'une forme vicieuse qui ne simplifie que le langage. » (Page 80 de l'édition in-4, Paris, Imprimerie impériale, 1854).

sciences expérimentales comme la physique et la chimie. Mais l'intelligence est partout la même ; elle ne se divise pas, elle ne se morcelle pas ; et à quelque genre d'étude qu'elle s'applique, elle opère avec toutes ses facultés réunies. Là où elle semble étrangère à l'expérience, elle s'y rattache par quelques-unes de ses idées ; là où elle paraît ne faire qu'observer, elle raisonne.

Mais c'est dans les sciences expérimentales surtout qu'elle mêle incessamment tous les pouvoirs dont elle est douée, tous les procédés qu'il est dans sa nature de suivre. Et en effet lorsque le savant a découvert une loi de la nature, sa mission n'est pas terminée ; il doit mettre en lumière les applications, c'est-à-dire les conséquences de cette loi. Elle est entre ses mains une vérité générale, un principe dont il doit tirer les conséquences. Il s'y est élevé par l'induction ; par la déduction il en fait sortir les conclusions qu'elle renferme. L'histoire des sciences a enregistré de nombreuses et importantes découvertes qui n'ont pas été observés par un autre procédé. Nous avons ailleurs ce grand exemple : Newton, découvrant le premier les lois de l'attraction et s'en servant pour expliquer comment la lune est retenue dans son orbite autour de la terre, et comment la terre gravite elle-même avec les planètes autour du soleil, centre du monde. Nous savons que les corps qui tournent subissent une dépression dans le sens de leur axe de rotation ; nous en concluons par voie de déduction que la terre est aplatie vers les pôles.

Part de la déduction et de l'expérience dans la morale, le droit et la politique.

Que si maintenant négligeant les sciences qui s'occupent du monde matériel, nous considérons celles qui ont pour objet le monde moral, nous y retrouverons tous les procédés que nous venons de décrire.

Prenons la plus haute de toutes, la théologie.

Le théologien procède à quelques égards comme le géomètre. Outre certaines notions premières qui sont inhérentes à l'entendement, il trouve dans l'Ecriture sainte, dans la tradition, même chez les philosophes profanes, des maximes et des règles dont il se sert pour le développement et la démonstration des vérités chrétiennes. La *Somme de théologie* de saint Thomas d'Aquin, par exemple, est une œuvre de pure déduction, dans laquelle le docteur angélique n'emploie qu'une seule arme, le syllogisme, pour résoudre la multitude des questions qu'il se pose, et qui embrassent à la fois le dogme et la morale.

Après la théologie considérons la morale, le droit, la politique. La morale est un simple corollaire de la connaissance de l'homme. Elle observe sa nature, et de sa nature elle déduit ses devoirs. Au point de vue de la méthode elle est donc à la fois une science expérimentale et une science déductive.

Il serait contraire au bien des hommes, à la raison, au bon sens qu'une législation fût imposée à un peuple sans que le législateur eût au préalable étudié les traditions, les mœurs, les goûts même de ce peuple. Telle est la part qui appartient à l'expérience dans la science du droit. Mais quand l'œuvre législative est terminée, une autre commence qui consiste à suivre dans leurs applications les lois établies et à montrer les conséquences qu'elles entraînent pour l'appréciation juridique des actes humains. Tantôt le jurisconsulte discute des faits réels; tantôt il examine des cas hypothétiques; mais les solutions qu'il donne se présentent constamment comme la conclusion d'un raisonnement déductif, d'un véritable syllogisme qui a pour majeure la loi et pour mineure le fait en question.

Il en est de même de la politique ou science du gouvernement. Elle suppose assurément chez ceux qui s'y adonnent, des vues élevées et de savantes déductions. Mais s'il est bon qu'ils voient les choses de haut, il vaut mieux encore qu'ils les voient de près, et que par une observation attentive, ils sachent se rendre compte des influences qui modifient le cours des événements humains et la constitution des sociétés. Sans rabaisser les conceptions élevées qui sont le privilège du génie, reconnaissons que le génie lui-même, quelque pénétrant qu'il soit, ne saurait suppléer les leçons de l'expérience, même dans les tranquilles sphères de la politique spéculative.

Lorsque, dans le silence du cabinet, un philosophe pose les bases de la constitution sociale qu'il juge la meilleure, sans tenir compte du génie des peuples, de la différence des temps, des pays et des situations, ce philosophe peut faire preuve d'une force d'esprit peu commune; mais la vie et la solidité manquent à ses combinaisons les plus ingénieuses qui sont renversées au premier souffle, si toutefois le caprice des circonstances permet qu'elles subissent l'épreuve de la pratique.

Platon veut tracer le plan d'une république idéale; il part de la notion de la justice; il s'attache à cette règle et n'en admet pas d'autre; quelle est sa dernière conclusion? L'abolition de la famille et de la propriété, c'est-à-dire le démenti le plus audacieux aux penchants et aux croyances les plus énergiques de la nature de l'homme.

Aristote, mieux inspiré que son rival, préludait par l'analyse des constitutions de plus de cent cinquante Etats de la Grèce à son grand traité de politique.

Combien d'erreurs la philosophie sociale n'eût-elle pas évités de nos jours, si, moins présomptueuse et plus circonspecte, elle avait cherché les lois primordiales de la société dans l'histoire, au lieu de prétendre les fabriquer elle-même, à la lueur trompeuse de formules abstraites qui ne peuvent qu'égarer !

CHAPITRE XX

NATURE, CAUSES ET REMÈDES DE L'ERREUR.

Les questions que nous venons de parcourir en appellent naturellement une dernière, celle des causes de nos erreurs.

Qu'est-ce que l'erreur? Comment se fait-il que nous y tombions si souvent? Quels moyens avons-nous d'y remédier?

Ce qu'on entend par *erreur*.

L'*erreur* est un jugement par lequel nous affirmons ce qui n'est pas; en d'autres termes, un jugement faux. Je commets une erreur, par exemple, lorsque je juge que le soleil tourne autour de la terre ; car j'affirme un mouvement qui n'a pas lieu. Deux éléments sont donc nécessaires pour constituer l'erreur : le premier, la conception de ce qui n'est pas; le second, l'affirmation que ce qui n'est pas est réellement. Il suit de là qu'il n'y a pas, à proprement parler, d'idées fausses, puisque les idées, prises en elles-mêmes, n'enveloppent nulle affirmation. Concevoir purement et simplement l'idée d'une montagne d'or ou d'un cheval ailé, ce n'est pas se tromper; l'erreur ne commence qu'à l'instant où j'affirme que ces choses existent dans la nature.

L'erreur ne doit pas être confondue avec l'*ignorance*.

Ignorer, c'est ne pas savoir, et, par conséquent, ne porter aucun jugement; se tromper, c'est savoir mal en croyant qu'on sait bien. Le vulgaire ignore plutôt qu'il ne se trompe; car il ne sait pas, et ne songe pas à juger ce qu'il ne sait pas. Le philosophe, au contraire, ignore et se trompe à la fois; car, d'une part, son savoir, quoique moins borné que celui de la foule, n'embrasse pas néanmoins tous les objets de la nature, et d'une autre part, il invente fréquemment des explications et des systèmes qui sont de pures chimères.

Classification des erreurs.

Bacon a donné, au premier livre de son *Novum organum*, une classification célèbre de nos erreurs. Il les réunit sous le nom d'*idoles*, *idola*, soit qu'il les assimile à de fausses divinités qui reçoivent un culte dû à la vérité seule, soit qu'il les considère comme de vaines images, comme des fantômes qui nous dérobent la vue des choses. Ces *idola* se partagent en quatre grandes catégories : 1° *idola tribus*, erreurs de la tribu, communes à tout le genre humain; 2° *idola specus*, erreurs de la caverne, particulières à chaque individu et provenant de son tempérament, de son éducation, de ses habitudes, sorte d'antre ou de caverne où l'esprit se trouve enfermé; 3° *idola theatri*, erreurs de théâtre, erreurs des philosophes; car, selon Bacon, les systèmes philosophiques sont comme autant de pièces de théâtre que les philosophes viennent jouer sur la scène du monde; 4° *idola fori*, erreurs de langage, ainsi nommées parce que la place publique, le *forum*, est le lieu où les hommes réunis font le plus grand usage des mots.

Cette classification, célèbre vers la fin du dernier siècle, est maintenant abandonnée en grande partie. En effet, abstraction faite de la bizarrerie du langage, les divisions en sont tellement larges qu'elles pourraient donner lieu à d'innombrables subdivisions. Bacon a tracé le plan d'un tableau immense dont il a laissé à ses successeurs le soin de rassembler les traits. Parler avec détail des *idola theatri*, ce serait raconter l'histoire entière de la philosophie. Parler des *idola specus*, ce serait passer en revue ces variétés infinies de caractère, de tempérament et d'opinion qui existent entre les hommes. On peut tout au plus s'arrêter à l'étude des *idola fori* et des *idola tribus*, en partageant celles-ci d'après les diverses facultés de l'intelligence, la mémoire, les sens, le raisonnement, l'imagination, etc.

Des sophismes en particulier.

Parmi les erreurs considérées à ce point de vue, il n'en est pas de plus graves ni de plus fréquentes que celles qui naissent dans l'exercice du raisonnement. On les appelle, en général, *sophismes* ou *paralogismes* : sophismes, quand l'esprit s'y laisse aller volontairement et dans l'intention de tromper autrui ; paralogismes, quand elles ont lieu de bonne foi. Il y a donc cette différence entre le sophisme et le paralogisme, que l'un pèche seulement contre les règles de la logique, tandis que l'autre est une sorte de mensonge, que la morale condamne.

La plupart des logiciens distinguent deux catégories de sophismes, ceux de grammaire et ceux de logique.

Les *sophismes de grammaire* consistent à abuser de l'ambiguïté des mots, en passant du sens divisé au sens composé, du sens figuré au sens direct, du genre à l'espèce, et réciproquement.

Par exemple, il est dit dans l'Ecriture que Dieu justifie les impies. Si Pierre ou Paul, qui est encore impie, concluait de là qu'il est justifié, il abuserait de l'ambiguïté de ce mot *impie*, que l'Ecriture emploie dans un sens divisé, puisqu'elle l'applique, non à ceux qui persévèrent dans leur impiété, mais à ceux qui étaient auparavant impies, et que Dieu justifie par sa grâce.

Je jouerais de même sur les mots, si je raisonnais ainsi : Certains esprits ont de l'étendue ; or, l'étendue est une qualité corporelle ; donc certains esprits ont une qualité corporelle ; car je prendrais le mot *étendue* en deux sens différents ; d'abord au sens figuré, ensuite au sens direct.

Le vice des sophismes de grammaire est que le moyen terme ne conserve pas la même acception dans la majeure et dans la mineure, et que, par conséquent, le syllogisme, au lieu de renfermer seulement trois idées, en contien quatre, exprimées par trois mots. On évite ou on résout ce genre de sophismes en restituant à chaque terme sa signification propre.

Les *sophismes de logique* portent moins sur les mots que sur les choses. On peut les ramener à six chefs principaux :

1° Prouver autre chose que ce qui est en question, ou *ignorance du sujet (ignoratio elenchi)*. Ainsi, il s'agit d'une chose, nous parlons d'une autre. Pour combattre un adversaire avec plus d'avantage, nous lui prêtons des sentiments qu'il désavoue. Pour échapper nous-mêmes à une difficulté, nous nous arrêtons à prouver ce que personne ne nous conteste.

2° Supposer vrai ce qui est en question, ou *pétition de principe*, qui consiste à alléguer comme preuve une proposition à démontrer. Une pétition de principe, célèbre dans l'histoire de la philosophie, est celle que Descartes a commise, lorsqu'il a prétendu prouver par la perfection divine la légitimité de nos moyens de connaître, comme si la croyance que Dieu est parfait n'impliquait pas la véracité de l'entendement qui l'atteste.

3° Prendre pour cause ce qui n'est pas cause : croire, par exemple, comme les astrologues, que les constellations célestes influent sur la vie de l'homme ; rapporter, comme les phrénologistes, les opérations de la pensée au cerveau ; attribuer, comme J.-J. Rousseau, la dépravation des mœurs à la culture des lettres ; juger enfin que tel fait est la cause d'un autre, par cela seul qu'il le précède et l'accompagne quelquefois.

4° *Induction défectueuse* ou *dénombrement imparfait*, sophisme très ordinaire, que nous commettons quand nous négligeons de supputer toutes les manières dont une chose peut arriver, toutes les circonstances d'un fait, tous les individus compris sous une dénomination commune, et que cependant nous concluons comme si notre énumération était complète. C'est l'erreur des chimistes qui croyaient, il y a soixante ans, que les acides avaient pour principe nécessaire l'oxygène ; c'est l'erreur du misanthrope dont l'humeur sombre n'aperçoit que les défauts des hommes, et ferme les yeux à leurs qualités ; c'est enfin l'erreur de l'historien qui prétend expliquer tous les évènements de l'histoire par l'influence des races ou du climat, et qui ne tient nul compte des libres efforts du génie humain.

5° Juger d'une chose par ce qui ne lui convient que par accident ; par exemple, d'une forme de gouvernement par les abus passagers et sans conséquence qu'elle entraîne ; de la moralité d'une personne par une faute qu'elle aura commise ; de la fécondité d'un pays par la petite quantité de froment qu'il a produite en une année de disette, etc.

6° Passer de ce qui est vrai à quelques égards à ce qui est vrai absolument. Ainsi, les Epicuriens prouvaient que les dieux doivent avoir la forme humaine, parce que, disaient-ils, il n'y a pas de forme plus belle, et que tout ce qui est beau doit être en Dieu. Les Stoïciens prouvaient de même que le monde est doué de raison, parce que le monde est ce qu'il y a de meilleur, et que ce qui raisonne est meilleur que ce qui ne raisonne pas.

Les sophismes de logique naissent en général de la légèreté avec laquelle l'esprit accepte des prémisses qui ne sont pas vraies. Que faut-il dès lors pour les éviter ou pour les résoudre? Il faut : 1° vérifier avec soin les prémisses dont nous partons, en mesurer exactement le sens et la portée; 2° être circonspects dans nos conclusions; 3° obliger notre adversaire, quand nous discutons, à user de la même réserve que nous.

Causes de nos erreurs.

A considérer d'une manière générale les causes de l'erreur, il est facile de reconnaître que les unes sont logiques, les autres morales.

Causes logiques de l'erreur.

Les causes logiques de l'erreur peuvent être ramenées à deux : l'abus des mots et l'association des idées.

Nous venons de voir quelle part il fallait faire aux équivoques du langage dans les sophismes de grammaire.

L'association est une source d'erreur encore plus féconde que l'abus des mots. C'est elle qui fournit, pour ainsi dire, les matériaux de l'erreur. Elle groupe, en effet, elle réunit des notions qui n'ont entre elles que des rapports éloignés. Elle suggère à l'esprit, en présence même des objets, mille souvenirs, mille pensées qui se mêlent à ses perceptions et qui les altèrent. Une chose qui est sous nos yeux nous fait songer à une autre qui est loin de nous, mais que nous sommes enclins à supposer unie à la première dans la réalité, comme elle l'est dans nos souvenirs. De là des occasions nombreuses de déception et d'erreur.

En général, nos préjugés n'ont pas d'autre origine qu'une fausse liaison d'idées. C'est pour associer l'idée de ténèbres et celle de danger, que les enfants craignent l'obscurité. C'est un motif semblable qui a fait que les éclipses et les comètes ont été si longtemps un objet de terreur pour les peuples. C'est l'impression de certaines qualités ou de certains défauts, involontairement attachée dans notre esprit à certaines formes extérieures, qui explique la plupart de nos sympathies et de nos répugnances ; elle nous fait porter sur les personnes que nous voyons pour la première fois des jugements téméraires, tantôt trop indulgents, tantôt trop rigoureux.

Causes morales de l'erreur.

Outre ses causes logiques, l'erreur a des causes morales qui sont la précipitation de la volonté et les passions.

La volonté préserverait l'intelligence du danger de se tromper, si elle continuait plus longtemps l'examen des objets qui sont sous nos yeux, si elle le rendait plus approfondi ; mais loin de là, elle considère les objets à la légère, ou même elle suspend les recherches avant que nous ayons tout vu. Nous n'avons effleuré que très superficiellement un côté des choses, et nous nous hâtons de prononcer comme si nous les avions examinées sous toutes leurs faces. Nous précipitons notre jugement, qui, n'étant pas mûri ni éclairé, pèche contre la vérité. L'origine de notre erreur est la promptitude même que nous avons mise à décider de ce qui demandait une attention plus soutenue.

Cette précipitation de la volonté a elle-même sa source première dans nos passions. Une des plus actives et des plus nobles, celle du moins qui touche de plus près à l'intelligence et qui la sert le plus, la curiosité, l'égare aussi fréquemment, soit qu'elle la pousse à des recherches qui sont au-dessus de sa portée, soit qu'elle nous entraîne à des conclusions que l'expérience n'autorise pas et que la réflexion aurait ajournées. Mais que dire des autres passions? Chacune ayant, pour ainsi parler, intérêt à ce que les choses soient de telle façon plutôt que de telle autre, nous dérobe ce qui la contrarie, et nous laisse apercevoir seulement ce qui la flatte. Ainsi chez une personne aimée, nous ne voyons pas les défauts, ou plutôt les défauts de cette personne, à travers le prisme de la tendresse, deviennent pour nous des qualités. L'amour de soi est encore plus trompeur que l'amour des autres. Qui de nous n'a répété avec la sagesse populaire, que nul ne saurait être juge dans sa propre cause? Et pourquoi, sinon parce que l'égoïsme nous aveugle, et que dans les affaires qui nous intéressent, nous sommes naturellement portés à faire pencher la balance en notre faveur?

Moyens d'obvier à l'erreur.

Puisque telles sont les causes et la nature de nos erreurs, nous devons premièrement, pour les éviter, nous tenir en garde contre les fausses associations d'idées, toujours si faciles à former.

Nous devons, en second lieu, prolonger notre examen aussi longtemps qu'il est nécessaire, et éviter la précipitation et la légèreté, source ordinaire des inductions défectueuses.

Nous devons surtout ne juger que lorsque nous sommes de sang-froid et libres de tout préjugé.

Ces précautions rendront nos erreurs moins fréquentes et moins graves, en diminuant les causes qui y donnent lieu. Cependant on aurait tort de croire que l'homme le plus mesuré dans ses opinions, le plus circonspect et le plus sage dans sa conduite, puisse éviter toute méprise.

Nos erreurs, en effet, comme nos vices et nos souffrances, tiennent à une cause première que tous nos efforts ne peuvent détruire : nous voulons dire la faiblesse irrémédiable d'un esprit qui est nécessairement imparfait, puisqu'il est créé.

TROISIÈME PARTIE

MORALE

CHAPITRE XXI

OBJET ET DIVISION DE LA MORALE. — SES RAPPORTS AVEC LES AUTRES PARTIES DE LA PHILOSOPHIE.

Objet et division de la morale.

La morale est cette branche de la philosophie qui a pour objet la direction de nos facultés actives ; elle est à la volonté ce que la logique est à l'intelligence. On peut la définir la science des devoirs.

La morale comprend deux parties, l'une *spéculative* ou *théorique*, l'autre *particulière* ou *pratique*.

La morale *spéculative* détermine l'existence, les caractères et les sanctions de la loi du devoir, cette règle suprême à laquelle l'homme, créature intelligente et libre, doit conformer tous ses actes.

La morale *particulière* traite des applications de cette loi, ou, ce qui revient au même, elle décrit les devoirs particuliers de l'homme. Elle se divise en trois sections : 1° morale *religieuse*, ou devoirs de l'homme envers Dieu ; 2° morale *individuelle*, ou devoirs de l'homme envers lui-même ; 3° morale *sociale*, ou devoirs de l'homme envers ses semblables.

Rapports de la morale avec les autres parties de la philosophie.

La morale suppose la psychologie ; l'observation de la nature humaine est en effet le point de départ des règles qu'elle établit. Mieux nous savons quels nous sommes, mieux nous découvrons pour quelle fin nous avons été placés ici-bas. L'étude de nos penchants et de nos facultés nous élève à la connaissance réfléchie de notre destinée, d'où découlent l'idée de notre bien et l'idée de nos devoirs. Les sages du paganisme, et surtout Socrate, avaient bien compris cette importante vérité : aussi le premier précepte de la sagesse était, pour les anciens, cette maxime célèbre, gravée, dit-on, au frontispice du temple de Delphes : Γνῶθι σεαυτόν, Connais-toi toi-même.

La morale a un autre fondement, c'est la foi en Dieu, ou la religion. Comme législateur et comme juge, Dieu est la raison dernière de nos devoirs. Il grave au fond de nos cœurs la loi que nous devons pratiquer, et il en assure par ses jugements l'infaillible sanction. Otez l'idée de la justice de Dieu, la loi morale n'est plus qu'une formule abstraite qui s'impose à l'entendement, mais qui est impuissante à contenir la passion et à enchaîner la volonté. Il se rencontre, à la vérité, par le monde, des personnes qui paraissent étrangères à tout sentiment religieux, et qui cependant mènent une vie vertueuse ; mais leur vertu n'est qu'une louable inconséquence, effet de l'habitude, de l'exemple ou d'un tempérament heureux. Combien, d'ailleurs, sont rares de pareilles exceptions ! N'est-ce pas un fait attesté par l'expérience universelle, que les croyances religieuses ont toujours été la garantie nécessaire de la moralité publique et privée, qui, sans elles, reste incertaine et chancelante ? On voit par là combien est grave et dangereuse l'erreur de cette école qui de nos jours a enseigné ce qu'elle nomme la morale indépendante, c'est-à-dire une morale sans religion et sans Dieu.

CHAPITRE XXII

MORALE SPÉCULATIVE. — LA CONSCIENCE. — PRINCIPAUX PHÉNOMÈNES DE LA CONSCIENCE. — LE BIEN. — LE DEVOIR. — LA LIBERTÉ.

La conscience. Principaux phénomènes de la conscience.

Lorsque nous sommes témoins d'une action accomplie par un agent doué d'intelligence et de liberté, deux séries de faits se passent en nous, les uns dans la sphère de la raison, les autres dans celle de la sensibilité.

Les faits rationnels consistent en trois jugements successifs par lesquels nous déclarons : 1° que l'action est bonne ou mauvaise; 2° que l'agent était tenu de l'accomplir par ce lien de droit que nous appelons *obligation;* 3° qu'il a mérité une récompense ou une peine, selon qu'il a été fidèle à cette obligation ou qu'il l'a enfreinte.

En voyant, par exemple, un fils honorer son père, nous jugeons que la conduite de ce fils est bonne; qu'elle est obligatoire; qu'elle est digne de récompense. En voyant, au contraire, un soldat trahir son drapeau, nous n'hésitons pas à prononcer que ce soldat agit mal; qu'il manque à un devoir sacré; qu'il encourt un châtiment terrible.

En même temps que la raison porte ces jugements, la sensibilité est affectée de diverses émotions qui en sont la suite et comme le contre-coup. Selon que l'agent a bien ou mal fait, elle se détourne de lui ou elle l'aime, elle l'admire ou elle le méprise, elle souffre ou elle jouit.

Ces émotions prennent un caractère particulier lorsque nous sommes l'auteur de l'action qui les détermine; elles deviennent alors ce sentiment si connu sous les noms de *plaisirs de la conscience* et de *remords*.

Tels sont les phénomènes sur lesquels repose ce qu'on appelle *conscience morale, sentiment ou notion du devoir, distinction du bien et du mal, obligation morale*, etc.

On voit que le mot de *conscience* peut être employé dans des sens différents. Tantôt il signifie le pouvoir que nous avons de nous connaître ; et c'est dans cette exception qu'il est employé en psychologie; tantôt il désigne la perception du bien et du mal, et c'est là le sens qu'il a en morale.

Évidemment les faits que nous venons d'analyser impliquent dans l'entendement humain la notion du bien et du mal, sans laquelle nous ne pourrions juger que telle action est bonne, que telle autre est mauvaise, ni éprouver les sentiments qui accompagnent ce jugement.

Cette notion si simple et si certaine a été profondément altérée par un grand nombre de philosophes. Il faut placer ces philosophes en présence des faits ; et si leurs doctrines sont démenties par les faits, il ne restera qu'à les reléguer parmi les inventions les plus arbitraires de la philosophie.

Distinction du bien et du mal.

L'idée du bien est naturellement empreinte dans tous les esprits. Quel homme, civilisé ou barbare, ne s'est écrié mille fois dans sa vie : Ceci est bien, ceci est mal ? Qui ne comprend, qui n'emploie ces mots de justice, de loi, de devoir, d'honnêteté, renfermés dans le vocabulaire de toutes les nations qui ne sont pas abruties par l'ignorance et par la misère, sa compagne? Ces mots, dit-on, n'ont pas d'équivalent dans la langue des peuples de l'Australie; mais dans cette langue, ainsi que le fait observer un naturaliste éminent, il n'existe pas non plus de termes généraux, tels que *poisson*, *arbre*, *oiseau*, et certes personne ne conclura que l'Australien confond tous ces êtres. De même sa raison, si grossière qu'elle soit, ne confond pas le bien et le mal, le vice et la vertu. Tous les hommes sans doute ne s'accordent pas sur la nature du bien; les uns louent, respectent, admirent des actes qui sont condamnés par les autres; des coutumes criminelles, des institutions atroces ont même régné chez certains peuples : mais parmi cette variété de mœurs et d'opinions que les récits des voyageurs ont visiblement exagérée, subsiste la croyance universelle, inébranlable, que la vertu est distincte du vice, quoique tous les hommes ne puissent pas donner la définition de l'un ni de l'autre, ni même peut-être en discerner clairement les véritables marques.

Différences du bien et de l'utile.

Non seulement le bien est distinct du mal, mais il diffère profondément de l'utile par ses caractères, par la manière dont il est connu, par les sentiments qu'il excite.

Le bien diffère premièrement de l'utile par ses caractères. Le caractère essentiel du bien, c'est en effet l'obligation. Une action est-elle bonne, nous jugeons aussitôt qu'elle doit être faite. Est-elle mauvaise, nous déclarons qu'il ne faut pas la faire. Or, l'utile n'a pas la propriété de déterminer de pareils jugements. Il peut être utile d'être riche, puissant, honoré; mais qui de nous se sent obligé de posséder des richesses, du pouvoir, des honneurs? Qui se juge coupable d'être privé de ces avantages?

Le bien diffère en second lieu de l'utile par la manière dont il est connu. La bonté d'une action s'apprécie, en effet, avant l'événement, son utilité après. Quand je vois un homme s'exposer à la mort pour sauver son semblable, j'ignore avant l'événement si sa générosité sera couronnée de succès ; mais je sais, mais j'affirme avec la plus entière certitude, que son action est belle, admirable, héroïque. Un voleur qui dévalise une maison n'est jamais assuré de la réussite de son crime, qui, après de longues années, peut encore être découvert ; mais sa conscience lui crie d'abord, et avant l'issue heureuse ou néfaste de ses projets, qu'il va commettre une action criminelle.

Le bien diffère en troisième lieu de l'utile par les sentiments qu'il développe. Les sentiments développés par la vue du bien sont en effet l'estime, l'amour, le respect, l'admiration, l'enthousiasme ; or, la vue de l'utile ne produit rien de pareil en nous. Qu'un spéculateur habile réussisse dans une entreprise, nous le félicitons de son bonheur, mais nous ne l'admirons pas. Il y a plus : si nous venons à découvrir un motif d'utilité cachée aux actes que nous admirons, notre enthousiasme se calme à l'instant même ; nous sentons que l'estime est le prix du désintéressement, et que l'égoïsme n'en est pas digne.

Voilà les résultats de l'analyse appliquée aux notions morales : résultats positifs, irréfragables, que nulle subtilité de raisonnement ne saurait ébranler, et qui démontrent l'erreur radicale d'Épicure et de Hobbes.

Origine des notions morales.

Mais comment notre esprit s'élève-t-il à ces notions qui sont la règle de nos jugements sur la conduite humaine?

Puisque le bien est distinct de l'utile, l'expérience de ce qui nous est utile ou nuisible n'est évidemment pas l'origine de nos idées du bien et du mal.

Ces idées ne sauraient non plus provenir de nos sentiments de plaisir ou de peine, puisque ces sentiments fugitifs, mobiles, capricieux, n'ont aucun des caractères de la notion du devoir.

Dirons-nous, avec d'autres, qu'elles dérivent de l'éducation, de l'habitude, de la législation? Mais ce sont là des hypothèses arbitraires qui disparaissent devant un sérieux examen.

Le pouvoir de l'éducation est immense ; mais il suppose des germes antérieurs qu'il recueille et qu'il développe. Otez ces germes, et l'action du maître sur le disciple est aussi stérile que serait le travail du laboureur occupé à remuer une terre qui, n'étant pas ensemencée, ne pourrait porter aucun fruit. Comme on ne peut donner à un sourd l'idée du son, à un aveugle l'idée de la couleur, ainsi l'éducation n'apprendrait pas à l'homme à distinguer le bien du mal, si l'homme ne portait pas en lui-même le principe de cette distinction gravée de la main du Créateur.

L'habitude a, comme l'éducation, une large part dans nos jugements moraux ; mais, comme elle aussi, elle suppose des inclinations antérieures. Elle consiste, en effet, dans cette disposition à faire une chose, que la répétition fréquente de la même action engendre chez l'homme. Ainsi l'habitude de marcher est la disposition que nous avons acquise en marchant beaucoup. Avant de faire une chose par habitude, il faut donc l'avoir faite naturellement; avant de juger par habitude que le bien n'est pas le mal, il faut avoir porté ce jugement pour ainsi dire d'instinct.

Une objection analogue s'élève contre le système qui fonde les distinctions morales sur la législation. Non seulement l'histoire n'offre aucune trace du jour ou de l'année, où quelque législateur de génie aurait inventé la distinction, ignorée jusqu'à lui, du bien et du mal, du juste et de l'injuste ; mais n'est-il pas évident que la loi écrite emprunte son autorité à une loi supérieure, divinement imprimée dans le cœur de tout homme? Sans cette loi primitive, qui nous commande dans le silence des législations humaines, les autres lois n'auraient pas pu s'établir, ou seraient devenues bientôt un joug tyrannique et insupportable.

La conclusion à laquelle nous sommes amenés, c'est que les idées morales dérivent, non des sens ni de la réflexion, mais d'un pouvoir primordial de l'entendement humain.

Ce pouvoir, selon quelques philosophes, serait une faculté analogue aux sens extérieurs, un *sens moral*, par lequel l'homme distinguerait le bien et le mal, comme par la vue on distingue les couleurs, et par le goût, les saveurs. Ces philosophes ont confondu deux choses très distinctes : le jugement moral et l'émotion qui l'accompagne. Le second fait est sans doute du ressort de la sensibilité, mais le premier n'en vient pas ; il se passe tout entier dans la sphère de l'intelligence.

La véritable source des idées morales est cette lumière qui éclaire tout homme venant en ce monde, ce pouvoir sublime de l'entendement, d'où dérivent les notions universelles et nécessaires, et qui se nomme la raison.

La loi morale et le devoir.

Mais tandis que les autres conceptions rationnelles ne s'imposent qu'à l'intelligence et sont les principes régulateurs de nos seuls jugements, l'idée du bien et du mal l'impose avec autant de force à la volonté qu'à l'entendement : elle lui commande ; elle est la règle de ses déterminations. La conscience dit à l'homme : tu feras le bien ; tu ne feras pas le mal ; elle nous intime cet ordre avec une autorité que l'intérêt et les passions peuvent méconnaître, mais qu'ils ne sauraient détruire ni arrêter. En un mot, envisagée dans ses rapports avec la conduite humaine, l'idée du bien nous apparaît comme une loi qui s'appelle la *loi morale*.

Cicéron a écrit sur la loi morale une admirable page, conservée par Lactance, qui définit de la manière la plus exacte les caractères de cette règle suprême à laquelle l'homme doit conformer ses actes.

« Il est une loi véritable, dit-il, la droite raison, conforme à la nature, commune à tous les hommes, immuable, éternelle, qui nous défend l'injustice, que l'homme de bien observe, mais dont ne s'émeut pas le méchant. Cette loi ne saurait être contredite par une autre, ni rapportée en quelque partie, ni abrogée tout entière. Ni le peuple, ni les magistrats ne peuvent nous délier de l'obéissance à cette loi. Elle n'a pas besoin d'un nouvel interprète ou d'un organe nouveau. Elle n'est pas autre dans Rome, autre dans Athènes : elle n'est pas différente aujourd'hui de ce qu'elle sera demain ; universelle, inflexible, toujours la même, elle embrasse toutes les nations et tous les siècles. Par cette loi, Dieu enseigne et gouverne souverainement tous les hommes ; lui seul en est le père, l'arbitre et le vengeur. Nul ne peut la méconnaître sans se fuir lui-même, sans renier sa nature, et par cela seul, sans subir les plus dures privations, eût-il évité d'ailleurs tout ce qu'on appelle supplices. »

En résumant les caractères de la loi morale énoncés dans cette éloquente définition, on voit qu'ils se ramènent aux suivants : 1° *Universalité* ; 2° *Immutabilité* ; 3° *Obligation*.

La loi morale est *universelle*, c'est-à-dire qu'elle est la même pour tous les hommes, dans tous les pays et dans tous les temps.

Elle est *immuable*, c'est-à-dire elle ne change pas au gré des passions et des intérêts.

Elle est *obligatoire*, et obligatoire par elle-même, c'est-à-dire, elle enchaîne la volonté de l'homme en vertu de son évidence propre, d'où naît son autorité.

Qu'on descende en soi-même, qu'on approfondisse autant qu'on voudra les motifs qui déterminent la conduite des hommes, on se persuadera de plus en plus que nul mobile d'action, nulle action de l'intelligence autre que l'idée du bien, n'offre ces caractères et ne remplit ces conditions? L'idée du bien qui a pour corollaire l'idée du devoir, ou plutôt à laquelle l'idée du devoir est adéquate; l'idée du bien est donc le principe de la loi morale; elle est cette loi elle-même. Ce que nous devons faire en effet, c'est le bien et seulement le bien. Pourquoi tenir un serment prêté, pourquoi honorer ses parents, pourquoi servir son pays, pourquoi venir en aide aux malheureux? Parce que cela est bien. La pratique du bien est la règle qui s'impose à la libre activité de l'homme sous toutes les latitudes et à tous les âges de l'humanité. Et comme Dieu est toute bonté, on a raison de dire que cette règle est l'expression de la volonté infiniment sage et bonne du Créateur, et de vivifier ainsi la morale par la religion.

La liberté.

Remarquons ici une différence profonde qui sépare l'homme des autres créatures. Tous les êtres de l'univers sont soumis à des lois qui régissent tous leurs mouvements. Il y a des lois qui président à la révolution des astres : il y en a pour les actions moléculaires, que le chimiste observe entre deux corps mis en présence l'un de l'autre; chez l'animal, il y a des lois qui règlent les battements du cœur et les autres fonctions de la vie.

Mais ces lois opèrent fatalement, et sans que l'être qui les subit ait le pouvoir d'en arrêter ni même d'en modifier l'action, de sorte que vis-à-vis de lui, le mot *devoir* n'a pas de sens. L'homme seul a des devoirs parce que la loi à laquelle il est soumis n'enchaîne pas nécessairement, ne nécessite pas sa libre activité. La liberté est une des conditions de la moralité humaine. La loi morale la suppose et ne peut pas se concevoir en dehors d'elle. Les plus épouvantables forfaits exciteraient en nous plus de pitié que d'indignation, s'ils n'étaient pas commis librement; le dévouement poussé jusqu'à l'héroïsme nous laisserait indifférent, s'il nous fallait l'assimiler au fatal mouvement de l'eau qui s'écoule en suivant la pente du terrain

CHAPITRE XXIII

DIVERSES CONCEPTIONS DU SOUVERAIN BIEN.

Le souverain bien est le but suprême auquel l'homme doit tendre et dont la poursuite est la règle imprescriptible de son activité libre. Nous nous sommes attachés dans ce qui précède à mettre cette conclusion en pleine lumière; mais quelque certaine qu'elle soit, elle est contestée par un grand nombre de philosophes qui cherchent le principe de la loi morale en dehors de la notion du bien, les uns dans l'amour de soi, les autres dans l'amour des autres, dans la bienveillance.

Doctrines utilitaires.

Suivant les premiers, le bien-être est la seule fin de la nature humaine, l'amour du bien-être la seule passion de notre cœur, la recherche du bien-être par tous les moyens en notre pouvoir, la seule loi de notre volonté. Ces philosophes prétendent découvrir une raison d'intérêt dans les actes qui paraissent les plus désintéressés, comme le dévouement et les sacrifices. Telle est la doctrine que l'école d'Aristippe et d'Épicure a enseignée chez les anciens, que Hobbes, la Rochefoucauld, Helvétius et le jurisconsulte Jérémie Bentham ont renouvelée dans les temps modernes, que l'école anglaise contemporaine s'est appropriée, et que l'école positiviste développe chaque jour à nos yeux, encore que sous le nom barbare d'*altruisme* elle consente à reconnaître en nous des sentiments qui ont le bien d'*autrui* pour objet immédiat.

Ce triste système, repoussé par la conscience du genre humain, soulève d'invincibles objections. La règle qu'il prétend donner aux actions de l'homme, l'amour de soi, n'offre aucun des caractères de la loi morale.

1° Elle n'est pas universelle ; car les intérêts des hommes ne sont pas les mêmes pour tous, et ce qui est avantageux pour les uns, nuit souvent aux autres.

2° Elle n'est pas immuable ; car nos intérêts changent au gré des circonstances. Telle opération de commerce qui pouvait hier m'enrichir me ruine aujourd'hui. Un corps d'armée arrive sur le champ de bataille une heure plus tôt ou une heure plus tard : voilà la victoire qui change de camp.

3° Cette règle n'est pas obligatoire ; elle n'enchaîne pas la volonté : qui donc se sent coupable de ne pas rechercher les plaisirs et le bien-être ?

4° Enfin comment expliquer, dans le système d'Epicure et d'Helvétius, et de leurs modernes apologistes, les conflits qui s'élèvent quelquefois entre le devoir et l'intérêt ? Est-ce par un sentiment d'intérêt que, pour accomplir un devoir, l'homme de bien sacrifiera sa fortune, sa liberté et sa vie ? Faudra-t-il attribuer à des intentions basses et à des motifs sans vertu les actes de dévouement que le genre humain admire ? « Si jamais pareilles doctrines pouvaient germer parmi vous, s'écriait Rousseau, la voix de la nature et celle de la raison s'élèveraient incessamment contre elles, et ne laisseraient pas à un seul de leurs partisans l'excuse de l'être de bonne foi. »

Doctrines sentimentales.

Suivant un autre système, l'amour de nos semblables et non pas l'amour de nous-mêmes, la bienveillance, la sympathie, tel serait le principe vrai de la loi morale. Adam Smith dans sa *Théorie des sentiments moraux* a développé cette solution avec un art ingénieux et une singulière abondance de vues originales. Quelques écrivains, par d'autres voies que celle de Smith, ont cherché comme lui la règle des actions humaines en dehors de toute conception rationnelle, sans les sentiments innés, si prompts à s'éveiller, qui unissent l'homme à son semblable. Telle est la doctrine de beaucoup d'âmes généreuses qui craignent de se perdre dans les abstractions, et qui se laissent guider plus volontiers par les inspirations de la sensibilité que par les pures idées de la raison.

Cette doctrine est sans doute plus noble que la doctrine utilitaire ; mais elle est incomplète, et par conséquent elle donne lieu à de graves difficultés. La loi qu'elle propose est après tout fondée sur l'intérêt de nos semblables, comme la morale d'Epicure sur l'intérêt personnel. Or l'intérêt, quel qu'il soit, ou le nôtre, ou celui d'autrui, est une base fragile et mouvante, sur laquelle on ne peut asseoir une règle de conduite universelle et immuable. Nous devons nous aimer les uns les autres, et ne pas faire à autrui ce que nous ne voudrions pas qu'on nous fît à nous-mêmes, oui sans doute ; mais ce devoir ne résulte pas d'une sorte d'effusion de la sensibilité ; il se rattache comme tous les autres devoirs à la conception rationnelle du bien et de l'ordre établi en ce monde par la Providence. La morale du sentiment doit donc être écartée comme celle de l'intérêt.

Doctrine de l'obligation. Le devoir et le droit.

Nous sommes ainsi ramenés à la morale qui a pour fondement la notion du bien et qui mérite seule d'être appelée la morale de l'obligation, parce que seule elle nous fait comprendre ce que sont le *devoir* et le *droit*, la *justice* et la *vertu*.

La loi commande, et doués que nous sommes d'intelligence et de liberté, nous devons lui obéir en pratiquant tout ce qu'elle ordonne, en évitant ou en repoussant tout ce qu'elle défend. Voilà le *devoir*.

Mais le devoir suppose chez l'agent moral la faculté de le remplir, c'est-à-dire la faculté d'user des dons que la Providence lui a départis, d'exercer sans entraves, pourvu qu'il ne porte pas préjudice à ses semblables, sa liberté, son intelligence, sa sensibilité. Voilà le *droit*, corrélatif au devoir. Nous avons des droits parce que nous avons des devoirs ; ceux-ci sont la raison de ceux-là. Ou plutôt le droit et le devoir se confondent dans l'unité d'un même principe envisagé sous deux aspects différents : la loi.

Gardons-nous de tomber dans la méprise des moralistes et des politiques qui parlent sans cesse à l'homme de ses droits, mais qui se taisent sur ses devoirs, comme si le droit pouvait exister sans le devoir, et comme s'il n'était pas souverainement périlleux d'exalter l'égoïsme par le sentiment des avantages auxquels il peut prétendre, tandis qu'il importerait de le contenir par la pensée toujours présente de la règle imprescriptible qu'il est tenu de ne jamais transgresser.

Valeur de la personne humaine

Ce qui fait la valeur de la personne humaine, ce qui la rend éminemment respectable, c'est la double capacité qu'elle a d'être assujettie à des devoirs et de posséder des droits. A ce point de vue l'inégalité qui existe sous d'autres rapports entre les hommes disparaît. De même que devant la mort il n'y a ni riches ni pauvres, ni grands, ni petits, mais que nul, quel que soit son rang sur la terre, n'échappe au trépas, de même devant la loi morale tous sont égaux ; car tous étant doués d'intelligence et de liberté ont, présentement, ou, s'ils sont encore au berceau, auront un jour le même devoir de pratiquer le bien et le même droit d'user de leurs facultés pour l'accomplissement du devoir; leur personne, si humble qu'elle puisse être, a en elle quelque chose de sacré et d'inviolable.

La justice et la vertu.

Lorsque l'homme s'est pénétré du double sentiment de ses propres devoirs et des droits de ses semblables; lorsqu'il a pris vis-à-vis de lui-même la ferme résolution de pratiquer les uns et de respecter les autres; lorsque enfin il a persévéré dans cette résolution, et qu'il a contracté l'habitude d'y conformer ses actes, c'est alors qu'au sens propre du mot il est *juste*, il est *vertueux*.

La justice, disaient les anciens jurisconsultes, consiste dans la résolution persévérante de rendre à chacun son droit. *Justitia est constans ac perpetua voluntas jus suum cuique tribuendi*. Agrandissez cette idée de la justice; étendez-la à toute la conduite de l'homme, non seulement vis-à-vis de ses semblables, mais vis-à-vis de lui-même et vis-à-vis de Dieu, vous aurez la *vertu* dans son sens le plus élevé. La vertu suprême consisterait pour l'homme à remplir tous ses devoirs avec une invariable fidélité, sans jamais céder à l'attrait coupable du plaisir, ni aux entraînements de la passion.

Mais ces idées du *devoir* et du *droit*, de la *justice* et de la *vertu* ne sont pas les seuls corollaires de la conception de la loi morale.

La responsabilité du mérite et du démérite.

A la vue des actions humaines, notre intelligence ne conçoit pas seulement qu'elles sont bonnes ou mauvaises et que leur auteur avait l'obligation de les accomplir ou de s'y refuser. La notion du devoir en amène à sa suite une autre qui la complète et la confirme, à savoir que celui qui fait le bien, qui remplit son devoir, est digne de bonheur; que celui qui fait le mal est digne de malheur.

Ce jugement est le *principe de mérite et de démérite*.

Comme toutes les idées morales, il a pour caractères l'évidence, l'universalité, la nécessité; pour origine la raison. La démonstration ne saurait ajouter à sa force, ni les objections l'affaiblir; mais il est naturellement empreint dans l'esprit de tous les hommes, dont les plus criminels eux-mêmes ne peuvent échapper entièrement à l'arrêt de leur conscience. Et non seulement tous les hommes jugent que le bonheur est dû à la vertu, la misère à l'injustice; mais ils ne réussissent pas à concevoir qu'il en puisse être différemment. Les prospérités du vice sont pour eux une perturbation inexplicable, un renversement mystérieux des lois de l'univers; ils n'en sont pas moins troublés que s'ils voyaient un effet sans cause, et ils imposent à la Providence le devoir de réparer dans l'avenir les désordres du présent.

C'est de là que dérivent toutes nos idées de peine et de récompense. La récompense est un bonheur mérité, la peine un malheur mérité. Otez le mérite, l'une et l'autre se réduisent à un fait purement sensible : ici la douleur, la privation; là le plaisir, le bien-être, la possession des biens qui sont l'objet ordinaire de nos désirs.

On s'est souvent demandé quel était le fondement des institutions pénales en vigueur chez les différents peuples. A quel titre la société s'attribue-t-elle le terrible pouvoir de châtier par la privation de la fortune, de la liberté, de la vie même, les membres pervers qui ont sous ses yeux violé les règles de la justice et ses propres lois? De même que certains philosophes, abusés par une confusion déplorable de l'utile et de l'honnête, ont essayé de résoudre la loi morale dans l'intérêt; ainsi une grande école de jurisconsultes, appliquant cette théorie à la pénalité, a prétendu que le fondement légitime de la peine était le triple service qu'elle rend aux sociétés humaines comme élément de répression, comme exemple, et même comme moyen d'amendement pour le coupable. Mais cette théorie est radicalement défectueuse. La loi pénale a sans doute pour objet de réprimer les attentats contre les propriétés et les personnes. L'application du châtiment étant publique, elle agit sans doute sur les esprits par la force de l'exemple, en inspirant dans l'âme des spectateurs une terreur salutaire qui contribue à les détourner du mal. Sans doute, enfin, le criminel, frappé par l'équitable rigueur de la loi, ne peut s'empêcher de rentrer en lui-même, de réfléchir à sa faute, et de rendre intérieurement hommage à la sainteté de la justice qu'il a violée. Mais la peine ne présente ces divers avantages qu'à une condition, c'est qu'elle soit juste et méritée. Isolée de la justice, elle n'est plus que la vengeance ou la menace de la force sociale en présence de la faiblesse individuelle ; elle excite la sympathie pour le condamné, la crainte et la colère envers le juge ; elle épouvante ou elle irrite, mais elle ne corrige pas ; enfin, ce qui n'a pas moins de gravité, elle varie avec les circonstances, tantôt douce et tantôt rigoureuse, selon la terreur ou la sécurité du moment. La véritable base de la pénalité, sinon sa seule mesure, c'est la croyance innée que quiconque a fait du mal doit en souffrir, et que l'ordre du monde, troublé par l'injustice, doit être, suivant la forte parole de Bossuet, réparé par le châtiment.

Les sanctions de la loi morale.

Un ensemble de peines et de récompenses, destiné à assurer l'exécution d'une loi, est ce qu'on appelle une *sanction*. Cependant ce mot de sanction est souvent employé dans un autre sens, pour marquer l'approbation régulièrement donnée à une mesure par les dépositaires de l'autorité. C'est ainsi que, dans le langage politique, on dit d'une loi qu'elle a été sanctionnée par le prince, qu'elle a reçu la sanction du prince.

La sanction ne doit pas être confondue avec l'*obligation*. L'obligation est une conception de la raison qui juge que nous sommes tenus de faire ou de ne pas faire une chose. La sanction suppose la notion du mérite et du démérite; mais elle s'adresse principalement à la sensibilité. La première nous pousse à la vertu, à cause de la beauté de la vertu même; la seconde, par l'attrait du plaisir et par la crainte de la douleur. Êtres sensibles, nous nous laissons trop souvent détourner de nos devoirs par la passion : le rôle de la sanction est de servir de contrepoids à la passion et d'intéresser la sensibilité elle-même à l'accomplissement du devoir.

Les sanctions de la loi morale forment un vaste système de récompenses et de peines qui embrassent tous les devoirs de l'homme.

Il y a des devoirs qui importent à l'existence de la société et que le législateur humain ne saurait se dispenser de définir d'une manière expresse ; ils ont pour sanction les lois rémunératrices et pénales en vigueur chez les différents peuples.

D'autres devoirs, que les lois positives ne déterminent pas, naissent des rapports des hommes entre eux ; devoirs quotidiens de probité, de bienveillance réciproque, d'abnégation et de dévouement. Celui qui les accomplit en est récompensé par les sentiments de sympathie, d'estime, de respect, d'admiration et d'enthousiasme, que les actions vertueuses auront toujours le privilège d'exciter, tandis que la mauvaise foi, la dureté de cœur et l'injustice ne recueillent partout que le mépris et l'indignation.

Mais souvent une action criminelle échappe aux regards des hommes ; souvent aussi la vertu se voit méconnue et persécutée ; enfin, combien de fois n'arrive-t-il pas que le préjugé tolère, excuse, encourage des actions que la morale condamne ! L'âme alors, se repliant sur elle-même, trouve sa récompense dans les plaisirs de la conscience, ou son châtiment mérité dans les tourments du remords.

Enfin, de même qu'il y a des âmes timorées, promptes à se troubler et à s'affliger par des scrupules exagérés, de même il y a des cœurs endurcis au mal qui parviennent à étouffer le remords. Le crime pourrait donc espérer l'impunité, la vertu serait exposée à ne jamais recueillir le prix de ses mérites, si par delà toutes les sanctions terrestres ne s'élevait l'infaillible sanction de la justice de Dieu, qui fait luire devant nous les perspectives à la fois consolantes et redoutables de la vie future.

Ces récompenses ménagées à l'homme de bien, ces châtiments inévitables qui attendent le méchant, nous enseignent que si l'intérêt et le devoir sont profondément distincts, cependant ils ne sont point en général opposés, mais qu'il existe une relation étroite entre l'utile et l'honnête, et que, selon la belle expression de Platon, la Providence attache par des nœuds d'airain et de diamant le bonheur à la vertu, la souffrance à la passion et au désordre.

CHAPITRE XXIV

MORALE PRATIQUE. — DIVISION DES DEVOIRS. — DEVOIRS DE L'HOMME ENVERS DIEU, ENVERS LUI-MÊME, ENVERS SES SEMBLABLES, ENVERS LA FAMILLE, ENVERS LA SOCIÉTÉ ET L'ÉTAT.

Division des devoirs.

La morale *particulière* ou *pratique* est l'ensemble des devoirs que nous avons à remplir dans les diverses positions de la vie.

Ces devoirs étaient ramenés par les anciens à quatre chefs correspondant aux quatre vertus cardinales : la prudence, la tempérance, le courage et la justice. Les modernes ont adopté une division plus naturelle, tirée des relations que l'homme entretient avec ses semblables, avec Dieu et avec lui-même, d'où résultent trois parties dans la morale pratique : 1° morale *religieuse* ou devoirs de l'homme envers Dieu ; 2° morale *individuelle* ou devoirs de l'homme envers lui-même ; 3° morale *sociale* ou devoirs de l'homme envers ses semblables.

Nous rejetterons après la théodicée l'étude des devoirs envers Dieu. Il nous paraît en effet peu rationnel de les exposer avant d'avoir parlé de l'existence et des perfections divines.

MORALE PRATIQUE.

Morale individuelle, ou devoirs de l'homme envers lui-même.

Il semble étonnant au premier abord que l'homme ait des obligations à remplir envers lui-même. En effet, toute obligation suppose une personne qui oblige, et une autre personne qui elle-même est obligée ; or, ici ne sommes-nous point tout à la fois le terme et le sujet de l'obligation ?

Au fond, cette objection est plus spécieuse que solide. L'homme n'est pas la raison dernière des devoirs dont il est tenu envers lui-même. Ces devoirs font partie d'un autre devoir plus général, celui de s'associer aux vues du Créateur, de se conformer à l'ordre qu'il a établi dans l'univers et dont notre destinée fait partie. Cet ordre divin est altéré toutes les fois que nous nous écartons des fins qui nous ont été assignées. Nous avons par conséquent l'obligation de veiller sur nous et de faire tous nos efforts pour suivre fidèlement la voie que la Providence nous a marquée.

L'homme est un esprit uni à un corps ; il a donc des devoirs à remplir envers son esprit et envers son corps.

Nos devoirs envers l'esprit se partagent en devoirs relatifs à la sensibilité, à l'intelligence et à la volonté.

Nous devons à la sensibilité de la contenir sans l'étouffer ; de ne pas lui refuser les jouissances qui sont conformes à l'ordre de la nature ; de ne pas l'exposer par l'effet de notre imprudence à des mécomptes et à des douleurs sans utilité et sans motifs ; enfin d'ouvrir notre cœur aux affections douces et bienveillantes, qui mettent l'homme sur la voie du désintéressement et de la vertu.

La fin de l'intelligence étant la connaissance de la vérité, notre devoir envers elle est de combattre l'ignorance et l'erreur, qui la détournent de ce but suprême. Nous serions coupables de laisser dépérir, faute de soin et de culture, les sublimes facultés qui nous ont été départies Nous devons les développer par l'étude et la méditation, saisir avec ardeur les occasions de nous instruire, éviter la précipitation dans nos jugements, nous défier des préjugés et des passions qui nous égarent si souvent. Un autre devoir non moins important à l'égard de l'intelligence, est de ne point l'employer à des recherches ou frivoles et indignes d'elle, ou trop élevées, trop difficiles pour sa faiblesse ; nous devons, en un mot, ne pas la rabaisser, comme aussi ne pas nous exagérer sa force. Sagement comprise et dirigée, la culture de l'intelligence peut exercer d'ailleurs l'action la plus heureuse sur le développement de la moralité. Le perfectionnement moral suit le développement intellectuel ; et ce n'est pas sans raison que dans l'école de Socrate la vertu était regardée comme une science.

A l'égard de la volonté, nous avons à remplir un double devoir, celui de la tempérance et celui du courage : l'un et l'autre ont pour objet de conserver à la volonté son caractère éminent, la liberté. Par la tempérance qui est la répression de nos penchants, nous la protégeons pour ainsi dire contre nous-mêmes ; nous la préservons de l'asservissement des passions. Par le courage d'où naît l'égalité de l'âme, nous la rendons indépendante des coups du sort. Dans la prospérité comme dans le malheur, elle reste maîtresse d'elle-même. Les Stoïciens avaient exprimé ce double devoir de l'homme par la formule célèbre : ἀνέχου, *abstine*, abstiens-toi ; ἀπέχου, *sustine*, supporte ; mais ils eurent le tort de ramener la morale entière à ces deux préceptes, d'où il est difficile de faire sortir les obligations de l'homme à l'égard de ses semblables, et surtout les devoirs de la charité.

Parlons maintenant des devoirs de l'homme envers son corps.

Le corps est tout à la fois l'instrument qui a été donné à l'homme pour agir sur les objets extérieurs, et l'intermédiaire qui lui transmet les impressions de ces objets. Sous ce double rapport, il réclame notre sollicitude ; nous devons prendre toutes les précautions, tous les soins nécessaires pour entretenir sa vigueur et sa santé. Mais d'une autre part, le soin du corps ne doit pas aller au delà de certaines bornes. Il faut le mesurer d'après le bien de l'âme, et ne jamais le pousser si loin, qu'il porte préjudice au développement moral. Il est même des cas où l'oubli des soins du corps est non seulement permis, mais obligatoire, quand il a lieu, par exemple, par dévouement à l'intérêt public, par charité, par esprit de religion, pour accomplir un devoir impérieux. C'est ainsi que les martyrs offraient leur vie en holocauste, et que le soldat sacrifie la sienne pour son pays. En un mot, deux excès, ici, comme partout, sont à éviter : l'un consiste à trop faire l'autre à ne pas faire assez ; l'un à s'exagérer l'importance du corps et à le traiter comme s'il égalait l'esprit en dignité ; l'autre, à ne pas tenir assez compte de l'influence du corps sur l'esprit, et des liens qui unissent l'une à l'autre les deux substances dont la nature humaine est composée. Le premier excès fut l'erreur de l'école Cyrénaïque et de nos jours une secte un moment célèbre, la secte Saint-Simonienne, y est de nouveau tombée. Le second excès caractérise l'école Cynique, à un moindre degré l'école Stoïcienne, et certaines écoles mystiques.

Un devoir qui concerne à la fois le corps et l'âme, c'est l'obligation de ne pas attenter à sa propre vie. Le suicide, qui brise violemment l'union de deux substances associées entre elles par le Créateur, qui anéantit l'une, qui arrête le développement de l'autre, qui prive l'âme de la vertu qu'elle aurait puisée dans l'épreuve supportée avec courage, le suicide enfin qui enlève à la société un de ses membres, un de ses appuis : le suicide est l'acte le plus manifestement opposé au dessein providentiel, et par conséquent au devoir de l'homme.

Morale sociale, droit naturel, droit civil, droit politique.

La morale sociale est l'ensemble des devoirs qui naissent des relations de l'homme avec ses semblables. Ces relations sont de divers genres. Les unes sont indépendantes de la forme et de l'existence même des gouvernements; elles résultent de la communauté d'origine et de nature, qui existe entre les individus de l'espèce humaine. Les autres supposent les hommes réunis en société, vivant sous la loi d'un pouvoir qui est chargé de veiller à la défense de tous. Les premières engendrent les devoirs généraux d'humanité et les devoirs de famille, dont se compose le *droit naturel* ; les secondes, les devoirs des particuliers d'un même pays les uns vis-à-vis les uns des autres, ou *droit civil*, et les devoirs des citoyens envers l'État, ou *droit politique*.

Droit naturel. Devoirs généraux d'humanité. La justice. La charité.

Tous les devoirs généraux de l'homme sont compris dans cette double formule : *Alteri ne feceris quod tibi fieri non vis;* — *Alteri feceris quod tibi fieri velis.* — Ne faites point aux autres ce que vous ne voudriez point qu'il vous fût fait. Faites aux autres ce que vous voudriez qu'ils vous fissent à vous-même. En deux mots : Ne faites pas le mal; faites le bien.

La première formule comprend les devoirs de *justice*; la seconde, les devoirs de *charité*.

La justice est cette vertu négative qui consiste à respecter les droits de nos semblables et à ne rien faire qui puisse y porter préjudice; la charité est cette vertu active, empressée, qui vient en aide aux autres hommes, secourt leur faiblesse, contribue à leur soulagement et à leur bonheur.

Ainsi, il est juste de ne pas porter atteinte à la vie des autres, à leur liberté, à leur propriété, à leur réputation; de ne pas offenser leur intelligence par le mensonge ou le parjure; de respecter les liens d'affection qui unissent les parents, les époux, les proches, les amis. Il est charitable de donner à ceux qui n'ont pas, de consoler ceux qui souffrent, d'encourager ceux qui sont faibles, d'éclairer ceux qui sont ignorants, d'offrir à chacun l'appui matériel ou moral dont il a besoin.

Le propre des devoirs de justice, c'est que l'accomplissement peut en être exigé par la contrainte, et que, dans les cas où ils sont violés, cette violation crée un nouveau droit, le droit de défense chez la personne qui souffre de l'injustice. Il n'en est pas de même des devoirs de charité; nul n'a le droit d'employer la force pour nous contraindre à les accomplir. Fût-il dénué de tout, le malheureux à qui j'ai la dureté de refuser l'aumône commettrait un crime s'il me l'arrachait par la violence. Cependant la charité n'est pas moins sacrée que la justice; non seulement elle répond à la secrète inclination du cœur de l'homme, naturellement porté à faire le bien; mais, en quelque sorte, elle nous associe à l'œuvre de la Providence, occupée sans cesse du bonheur de ses créatures. Que deviendraient d'ailleurs les relations des hommes entre eux? Comment pourrait s'établir la société humaine, si tous, renfermés dans la rigueur de leur droit individuel, refusaient de contribuer aux bons offices qu'ils peuvent se rendre mutuellement?

Devoirs de famille.

C'est dans la famille et par la famille que l'homme fait le premier apprentissage des devoirs d'humanité.

Des époux, c'est-à-dire un mari et une femme, unis devant Dieu et devant les hommes, pour concourir, selon la loi de Dieu, à la perpétuité du genre humain ; puis des enfants nés de cette union, voilà les éléments constitutifs de la famille.

Dans tous les pays civilisés, la famille a pour premier caractère l'unité du lien conjugal, en ce sens que la femme a un seul mari, et le mari une seule femme. Cette loi si raisonnable n'est méconnue que dans les pays qui sont encore barbares ou que la lumière du christianisme n'éclaire pas, dans les contrées, par exemple, qui sont soumises à la domination musulmane. Là règne la *polygamie*, avec les misères qu'elle traîne à sa suite, à savoir le relâchement des affections de parenté et des liens qu'elles engendrent, un égoïsme sensuel et brutal, des habitudes efféminées, le désordre des mœurs et finalement la corruption et la ruine de l'Etat.

Suivant la loi française, conforme en ce point à la loi chrétienne, l'union conjugale a pour caractère, outre l'unité, l'indissolubilité : la mort seule rompt le lien légal que les époux ont contracté. Sage disposition, la seule qui garantisse à la famille la stabilité que réclament l'éducation des enfants et les bonnes mœurs.

Est-il nécessaire maintenant de montrer comment au sein de la famille les devoirs généraux de justice et de charité que nous venons de définir acquièrent, en se resserrant, un nouveau degré d'importance et d'autorité ? D'un côté, les parents ont reçu du ciel une mission évidente, que la voix du sentiment leur révèle avec non moins de force que la raison : c'est d'élever leurs enfants, de les instruire, de les entourer de bons exemples et de bons conseils. D'un autre côté, les soins qu'ils prennent, les sacrifices qu'ils s'imposent, le dévouement dont ils font preuve, rendent obligatoires pour les enfants la gratitude qui suppose l'amour, le respect et l'obéissance. Ainsi naissent les devoirs de la piété paternelle et filiale, devoirs faciles et doux, les premiers que l'homme ait à remplir, et qui, exactement observés, sont les gages de la fidélité avec laquelle il accomplira tous les autres.

L'amitié.

En dehors des liens du sang qui unissent les membres d'une même famille, il en existe d'autres qui sont formés par la simple amitié. Ces liens qui paraissaient aux anciens si précieux et si doux, ne dérivent pas d'un sentiments égoïste, ni des agréments qu'ils procurent; ils sont le fruit d'une sympathie naturelle pour ceux que les hasards de la vie ont rapprochés de nous et que nous estimons. Le propre de l'amitié est d'être désintéressée. Aimer un ami en vue des avantages que son commerce procure, ce n'est pas l'aimer; comme le remarque Cicéron, c'est s'aimer soi-même et soi seul.

Destinée sociale de l'homme.

Mais l'homme n'a pas seulement avec ses semblables des rapports d'humanité, de famille et d'amitié; il est encore appelé à s'unir à eux par d'autres liens, qui sont à proprement parler des liens sociaux.

A en croire certains philosophes, Dieu nous aurait créés pour vivre dans l'isolement, et la société serait une invention malheureuse des politiques, maintenue par le préjugé et l'habitude. Ce dangereux paradoxe, prêché par Rousseau, mérite à peine une sérieuse réfutation. Je ne rappellerai pas que l'histoire nous montre les premières sociétés établies dès les temps les plus anciens, et se transformant, se consolidant avec les siècles. Mais quiconque a réfléchi sur l'étendue des besoins de l'homme se persuade aisément qu'il serait réduit à l'état le plus misérable, s'il vivait hors du commerce de ses semblables. Faibles comme nous le sommes dans l'enfance et dans les dernières années de la vieillesse, comment nous passerions-nous de l'appui les uns des autres? A quoi nous servirait ce don précieux de la parole, qui distingue l'homme du reste des animaux? Pourquoi enfin ces affections si puissantes sur les cœurs, qui supposent l'état social, parce que là seulement elles trouvent une issue et des objets où se prendre?

Droit civil. Droit politique. Devoirs envers l'État.

La destinée sociale de l'homme donne naissance à deux séries de devoirs : 1° envers les membres de la société dont il fait lui-même partie, d'où le *droit civil*; 2° envers cette société elle-même, c'est-à-dire envers l'Etat, d'où le *droit politique*.

Comment constater la naissance ou le décès d'une personne? Quels sont les droits de la puissance paternelle? A quelles formalités sont soumis les testaments, les donations, les actes de vente et d'échange? Quelles sont les obligations du propriétaire d'une maison vis-à-vis du propriétaire voisin? Autant de questions qui touchent aux rapports quotidiens des membres d'une même société les uns vis-à-vis des autres, et qui sont l'objet du droit civil. La législation romaine contenue dans les *Pandectes* et les *Institutes* de Justinien les a résolues avec tant de rectitude et d'équité que cette législation a mérité d'être appelée la *raison écrite, ratio scripta*. Elles ont trouvé des solutions non moins dignes d'être admises dans notre *Code civil*.

L'Etat n'est que la société elle-même, ayant à sa tête une autorité ou élective, ou héréditaire, investie de la mission et du pouvoir de la diriger vers sa fin qui est l'active protection de la justice et du droit.

Si nous sommes, et si nous nous sentons nous-mêmes

dans l'obligation de ne pas nuire à nos semblables, comment notre conscience ne nous commanderait-elle pas, avec une égale force, de ne porter aucun préjudice à l'Etat? C'est un devoir sacré, imposé à tous les citoyens, non pas seulement par la loi écrite, mais par la loi naturelle, de ne pas compromettre la sûreté de l'État, soit par des séditions à main armée, soit par des complots et des intelligences avec ses ennemis du dedans et du dehors ; c'est un devoir de ne pas détourner ses propriétés, de ne pas dilapider ses revenus ; c'est un devoir enfin d'obéir aux dépositaires de l'autorité sociale, et de respecter la majesté du prince ou du magistrat, qui en est la souveraine expression.

Mais pour que nous ayons rempli tous nos devoirs envers la société, suffira-t-il donc qu'elle n'ait à nous reprocher aucun acte préjudiciable à ses intérêts? Ne lui devons-nous pas le tribut de tous les genres de services que nous pouvons lui rendre : service de notre personne, service de nos biens.

Le service des biens est ce qu'on désigne ordinairement sous le nom de *contributions* ou *impôts*. Certains impôts frappent directement les biens que chaque citoyen possède, ou le revenu dont il est supposé jouir; tel est, par exemple, l'impôt foncier, que paye le propriétaire d'un champ, d'une maison : on les appelle impôts *directs*. D'autres impôts sont établis sur la consommation des denrées, comme les boissons, les aliments, les marchandises : ce sont les impôts *indirects*. En règle générale, les impôts doivent être répartis de façon que chacun contribue à proportion de sa fortune, et que les objets nécessaires à la vie ne soient pas imposés, ou le soient moins que tous les autres.

Le service de notre personne, que nous devons aussi à l'État, consiste à l'aider de nos bras, de notre activité et de nos lumières. Une de ses formes est le service militaire, dont tous les citoyens sont tenus. Il comprenait aussi jadis ce qu'on appelait la *corvée*, qui existe encore dans quelques localités de la France, et qui consiste dans un certain nombre de journées de travail, employées par les habitants à l'entretien des routes, etc.

Un autre service personnel que nous devons à l'État, c'est celui de nos votes, quand il nous les demande. Non que nous ne soyons pas moralement libres de voter comme nous voulons; nos votes ne relèvent que de notre conscience, et quiconque entreprend de les violenter commet un crime. Mais dans un pays de suffrage universel où chacun est appelé à choisir les mandataires chargés de participer au maniement des affaires publiques, c'est un devoir pour tout citoyen de venir déposer dans l'urne du scrutin un bulletin de vote contenant son choix et l'expression implicite de ses vœux. A l'époque de la féodalité, les vassaux devaient à leur seigneur l'assistance non seulement de leurs bras, mais de leurs conseils. Aujourd'hui nous devons nous-mêmes à l'Etat l'assistance de nos votes, le seul moyen que nous ayons d'éclairer et de diriger sa marche.

Si les membres de la société ont des devoirs à remplir envers elle, ils ont aussi des droits qu'elle doit respecter. Parmi ces droits il en est qui sont dits *naturels*, parce qu'ils dépendent, non pas de la forme du gouvernement, ni d'autres circonstances variables, mais de la nature même de l'homme. Telle est la liberté de conscience, qu'il ne faut pas confondre avec l'indifférence en matière de religion. Tel est aussi le droit de propriété, c'est-à-dire, selon le Code civil, le droit de jouir et d'user des choses de la manière la plus absolue, pourvu qu'il n'en soit pas fait un usage contraire aux lois.

La propriété, si attaquée de nos jours, a une double origine qui la justifie aux yeux de la raison : 1° l'occupation ; 2° le travail. Quand l'homme a pris possession d'une portion du sol ou de tout autre objet qui était sans maître ; lorsqu'il a fécondé un terrain stérile, ou qu'il a transformé une matière brute et grossière par son intelligence et par ses efforts, comment ne pas reconnaître qu'il est légitime propriétaire de ces biens, conquête de son activité, et que dès lors pouvant en disposer, il peut aussi les échanger et les transmettre? Ajoutons que le droit de propriété est le plus fécond de tous pour les particuliers, pour les familles et pour l'Etat lui-même. En intéressant l'homme à la production de la richesse, la propriété la développe dans une proportion indéfinie. Elle excite ainsi, elle entretient l'activité nécessaire aux grands travaux de l'agriculture et de l'industrie. Ces travaux, qui ne le sait? coûtent beaucoup de temps et beaucoup de sacrifices; ils ne tarderaient pas à être abandonnés, si l'industriel et l'agriculteur ne savait qu'il pourra : 1° recueillir personnellement les fruits de sa peine; 2° accumuler ces mêmes fruits ; 3° en disposer, et notamment les transmettre par voie d'hérédité à ses enfants. Ce serait une société bien près de retomber dans la barbarie que celle qui permettrait que ce triple droit, qui est l'essence de la propriété, fût méconnu ou seulement menacé par la loi civile.

A côté des droits naturels, il en existe d'autres qui consistent dans une participation aux affaires de l'Etat : ce sont les droits *politiques*. Ces droits ne sont pas universels comme les droits naturels. Ce qui les détermine, c'est la capacité présumée des citoyens et leur intérêt probable à la conservation de l'ordre public. Comme les conditions que l'exercice de ces droits suppose sont très inégalement remplies, ils varient avec les pays et les temps. Le nombre de ceux qui en jouissent est fort restreint quand les lumières sont rares; mais il s'accroît à mesure qu'elles se répandent; et il peut même se présenter des conjonctures où le moyen le plus efficace et le plus simple de relever ou de maintenir l'Etat soit d'appeler tous les citoyens à régler ses destinées par l'expression de leur suffrage.

Comme il fallait assurer l'exercice des droits respectifs du pouvoir social et des citoyens, on a créé des institutions pour ce double objet. Telles sont, dans les monarchies, l'hérédité du pouvoir, ailleurs comme aux Etats-Unis et en France en vertu de la constitution actuelle, la division du pouvoir législatif en deux branches, presque partout le libre vote de l'impôt, la publicité, etc. Mais l'étude de ces matières difficiles nous entraînerait hors du cadre qui nous est tracé. Contentons-nous d'observer que les plus solides garanties que le génie des politiques ait inventées ne sauraient suffire sans les croyances religieuses, condition nécessaire de la moralité des peuples et de la force des Etats.

CHAPITRE XXV

NOTIONS SOMMAIRES D'ÉCONOMIE POLITIQUE

Définition et grandes divisions de l'économie politique.

La plupart des occupations des hommes ont pour objet de leur procurer les choses nécessaires au soutien ou à l'agrément de leur existence. Les uns cultivent la terre, pour qu'elle donne du blé et des fruits; les autres la creusent pour en tirer des métaux, de la pierre ou du charbon; ceux-ci construisent des maisons, ceux-là tissent des étoffes qui servent à l'habillement; d'autres forgent le fer et fabriquent des outils; tous travaillent, et le produit de leur travail est un produit utile à la vie. Et comme le cultivateur récolte souvent du blé au delà de ses besoins, mais qu'il est dépourvu de mille autres choses, par exemple, de vêtements pour se couvrir, et que, de son côté, l'ouvrier qui confectionne des vêtements ou des étoffes, manque de blé pour sa nourriture, l'ouvrier et le laboureur font l'échange des produits de leur industrie : ainsi le commerce prend naissance.

Voilà des faits qui se sont passés dès l'origine des sociétés humaines, et que sous des formes différentes l'historien retrouve chez tous les peuples. Ils se rapportent tous à une même fin : l'utilité, soit pour les individus, soit pour les nations. Mais plus une personne a ce qui lui est utile en abondance, plus on dit qu'elle est riche; *utilité*, dans ce cas, est synonyme de *richesse*. C'est donc à la richesse que se rapportent en dernière analyse les faits dont nous parlons. Comme ils ont leurs caractères et leurs lois propres, ils peuvent faire l'objet d'une science : c'est la science de la richesse, autrement appelée *économie politique*, de deux mots grecs, οἰκονομία πολιτική, qui veulent dire administration de la maison sociale, administration de la cité au point de vue de la richesse.

L'économie politique a été connue des anciens, et quelques-unes des vérités qu'elle enseigne se rencontrent dans les livres de Xénophon et d'Aristote. Mais c'est dans les temps modernes, et depuis le dix-huitième siècle surtout, qu'elle a pris un immense développement dans les ouvrages de Quesnay, d'Adam Smith, de Jean-Baptiste Say, et de nos jours dans ceux de Rossi, de Bastiat, et de beaucoup d'autres écrivains contemporains.

Pour peu qu'on examine les faits dont l'économie politique s'occupe, et qui, pour ce motif, peuvent être appelés *faits économiques*, on voit qu'ils se partagent en trois groupes, la *production*, la *circulation* ou *distribution* et la *consommation* de la richesse. Il faut d'abord que la richesse ait été produite ; il faut, en second lieu, que sous les formes diverses qu'elle affecte elle se répartisse entre les hommes, en passant d'une main à l'autre ; elle est enfin destinée à être consommée plus ou moins rapidement par l'usage qu'on en fait. Ces trois groupes de phénomènes sont autant de sujets d'étude qui marquent les grandes divisions de l'économie politique. Nous les courrons successivement. Et d'abord la production.

CHAPITRE XXVI

DE LA PRODUCTION DE LA RICHESSE

La matière et le travail.

L'homme par lui-même ne crée rien, à proprement parler ; toutes ses œuvres supposent une matière qu'il emprunte au monde extérieur, et qu'il façonne et transforme. Il en est ainsi de la richesse. Nous en trouvons les premiers éléments dans le sol que nous foulons, dans l'eau qui coule à nos pieds, dans les animaux qui vivent autour de nous. C'est la nature qui fournit à l'homme la matière première de la richesse ; mais, pour exister et pour croître, la richesse demande un autre facteur qui maîtrise et qui féconde cette matière souvent rebelle : c'est le travail.

La nature nous offre sans doute, dans sa variété inépuisable, des plantes, des animaux et des minéraux, mais ces plantes exigent une certaine culture, et il est tout au moins nécessaire que des bras en récoltent les fruits ; mais pour se défendre contre ceux de ces animaux qui sont féroces, pour atteindre ceux qui peuvent servir de nourriture, mais qui sont rapides à la course ou au vol et qui fuient les approches du chasseur, des armes sont indispensables à l'homme ; mais ces minéraux sont cachés dans les entrailles de la terre, et ne peuvent en être extraits sans de longs et pénibles efforts. C'est par le travail seul que l'homme soumet la nature et qu'il l'adapte à ses besoins. Ses premières conquêtes, bornées comme ses appétits, sont celles qui coûtent le plus à son industrieuse activité ; mais peu à peu elles se multiplient, elles s'étendent, elles embrassent de vastes contrées. Le travail s'est-il ralenti sur quelque point, le terrain qu'il avait conquis ne tarde pas à être perdu ; la production s'y arrête ; la richesse disparaît ; le pays s'appauvrit. C'est le triste aspect que présente aujourd'hui plus d'une contrée jadis florissante, où la terre, étant restée sans culture durant plusieurs siècles, semble avoir perdu jusqu'à sa fertilité.

Travail musculaire ; Travail intellectuel.

Mais le travail se présente sous deux formes : le travail musculaire et le travail intellectuel ; le premier, où le corps a la plus grande part, comme bêcher la terre, soulever un fardeau, tisser de la toile ; le second, qui est principalement l'œuvre de l'esprit, comme la recherche de la vérité.

C'est un admirable spectacle que le progrès continu par lequel l'esprit de l'homme, venant au secours de ses membres, a dirigé d'abord l'emploi des forces du corps et les a ensuite accrues d'une manière indéfinie. Les premiers outils que l'homme a maniés, les premières armes dont il a fait usage peuvent-ils entrer en comparaison avec les instruments perfectionnés, avec les machines délicates ou puissantes qui sont le fruit des efforts séculaires de l'intelligence humaine? C'est elle qui les a créés par une heureuse application des vérités qu'elle avait découvertes. Toute vérité est féconde, et donne tôt ou tard, même au point de vue pratique, des résultats inattendus. Les premiers savants qui ont étudié les lois de l'électricité soupçonnaient-ils que moins d'un siècle après eux, de leurs travaux développés par leurs successeurs, naîtrait la merveille de la télégraphie électrique? Et lorsque Galvani observait les contractions musculaires éprouvées par une grenouille au contact d'une lame métallique, pensait-il que cette simple observation allait suggérer à Volta la construction de la pile, qui conduirait elle-même à une application précieuse pour les arts, la *galvanoplastie*? La plupart des inventions utiles sont le corollaire de la découverte d'une vérité qui paraissait d'abord purement spéculative. Tel est le rôle de la science dans la production de la richesse des peuples. Si la richesse est née du travail et si elle exige spécialement une quantité notable de travail musculaire, elle suppose dans une proportion égale, sinon supérieure, le travail intellectuel et la salutaire influence du génie scientifique. « Savoir, c'est pouvoir, disait le chancelier Bacon. Tant vaut la science de l'homme, tant vaut la puissance de l'homme sur la nature. »

Importance de l'instruction populaire.

On voit par là combien l'instruction du peuple importe à la richesse agricole et industrielle du pays. Plus les habitants sont instruits, plus ils sont habiles et industrieux. Les connaissances qu'ils possèdent leur permettent de mieux comprendre les procédés qui sont suivis dans les fabriques et dans les usines du voisinage. Loin de repousser inconsidérément d'inestimables découvertes qui allègent le travail et décuplent la production, les ouvriers, appréciant le double bienfait de ces découvertes, s'appliquent à les perfectionner et souvent ils y réussissent. Que de fois n'a-t-on pas vu d'habiles artisans améliorer les mécanismes qu'ils étaient appelés à mettre en mouvement ou à surveiller! Ils contribuaient ainsi au progrès de la richesse nationale. L'ignorance au contraire maudit ce qu'elle ne comprend pas. Les inventions les plus heureuses la déconcertent et sont à ses yeux une cause de ruine. Elle s'oppose à l'introduction des machines dans les ateliers; elle les brise, quand elle peut. Dans son aveuglement elle arrêterait les progrès du genre humain, elle frapperait l'industrie d'immobilité, si elle en avait le sinistre pouvoir.

Division du travail et coopération.

Après avoir constaté la part de l'intelligence et du savoir dans la production, nous nous trouvons en présence de deux faits nouveaux, la *division* du travail et la *coopération*.

Nos besoins sont nombreux. Il nous faut des aliments pour nous sustenter, des vêtements pour nous garantir des intempéries des saisons, une habitation où nous reposer, des armes pour nous défendre. Si nous étions jetés par un naufrage dans une île déserte, il faudrait nous ingénier comme Robinson, afin de pourvoir à ces diverses nécessités, mais la divine Providence ne nous a pas destinés à vivre dans l'isolement. A côté de nous existent d'autres hommes semblables à nous, soumis aux mêmes nécessités que nous, qui associent leur travail au nôtre, chacun ayant sa tâche particulière et coopérant par ses efforts personnels au salut et au bien-être communs. C'est ainsi qu'ont pris naissance la société, et, au sein de la société, la diversité des professions et celle des métiers qui s'est accrue de siècle en siècle à mesure que de nouvelles branches d'industrie se sont développées. Aujourd'hui on ne trouve plus que très rarement, même dans les campagnes, des ménagères qui fabriquent elles-mêmes le pain de la famille; elles préfèrent acheter ce pain chez le boulanger du village, comme elles achètent à la ville voisine du fil, des aiguilles, de la toile et des chaussures, avec l'argent qu'elles ont gagné en vendant elles-mêmes des œufs, de la volaille et du lait. Elles ont des journées bien remplies, mais elles travaillent à leur manière. Le boulanger de son côté a sa tâche ; chaque profession a la sienne ; les hommes réunis en société se prêtent une mutuelle assistance et suppléent à ce qui leur manque individuellement.

Mais ce qu'il est essentiel de remarquer, c'est la manière dont la division du travail se continue au sein de chaque industrie. Que se passe-t-il dans la construction d'une maison ? Un architecte en a dressé le plan ; des ouvriers ont extrait la pierre des carrières ; d'autres sont occupés à la tailler ; ceux-ci placent des moellons ; ceux-là préparent le ciment et le plâtre qui serviront à les relier, de manière à former un mur. Transportons-nous dans une fabrique de papier : nous y trouvons des mains qui font le triage des chiffons ; d'autres qui les blanchissent ; d'autres qui en font de la pâte ; d'autres qui dirigent les machines sous le jeu desquelles cette pâte prend peu à peu de la consistance et une forme ; d'autres qui recueillent et emmagasinent le papier. Certains ateliers offrent des exemples remarquables de la division du travail. Ainsi une épingle, avant d'être livrée au commerce passe, comme Adam Smith en a fait le calcul, par dix-huit opérations distinctes qui souvent sont confiées à autant de mains différentes, comme tirer le fil de laiton qui doit former l'épingle, le dresser, le couper, en aiguiser la pointe, en disposer et en frapper la tête, blanchir l'épingle, etc. Autre exemple encore plus frappant, cité par Baptiste Say. Une simple carte à jouer n'exige pas moins de soixante-dix opérations qui exigeraient autant d'ouvriers, si le même ouvrier n'était pas chargé de trois ou quatre opérations distinctes.

Évidemment la division du travail s'impose aujourd'hui comme une absolue nécessité, puisque, dans l'état actuel de la société, un même homme ne saurait réunir toutes les professions, exercer tous les métiers ; mais il faut ajouter qu'envisagée dans ses rapports avec l'industrie elle offre d'inappréciables avantages. Elle facilite le travail, elle l'abrège et elle l'améliore ; car on fait plus facilement, plus vite et mieux ce qu'on s'est habitué à faire. Peut-être un ouvrier travaillant seul n'arriverait-il pas à fabriquer vingt épingles dans sa journée ; quinze ouvriers, dont chacun a sa tâche spéciale, peuvent en fabriquer quarante mille par jour. Remarquons cependant que la spécialité du travail ne doit pas dépasser de justes limites que l'expérience indique dans chaque genre d'industrie ; d'abord parce qu'étant poussée plus loin, elle nuit à l'intelligence de l'ouvrier, à qui une certaine variété et une certaine part d'initiative personnelle sont nécessaires pour ne pas s'abrutir ; en second lieu, parce qu'un système qui favorise l'abondance des produits deviendrait une cause de ruine, si cette abondance venait à excéder les besoins qu'elle est destinée à satisfaire.

De l'épargne.

Le travail a porté ses premiers fruits. Les efforts de l'homme lui ont procuré une habitation pour y reposer, des vêtements pour se garantir du froid, des aliments pour se nourrir. Mais à mesure qu'il acquiert pour prix de ses peines les choses nécessaires à sa vie, va-t-il les consommer toutes sans souci du lendemain ? Pour peu qu'il ait de prévoyance, il en mettra de côté une partie ; s'il est chasseur, il gardera quelques pièces de gibier ; s'il cultive la terre, quelques mesures de blé ou de seigle.

Telle est l'*épargne* sous la forme la plus simple ; elle date du jour où l'homme, ayant commencé à travailler, a réfléchi que son labeur de la journée devait pourvoir non seulement à ses besoins de l'heure présente, mais encore à ses besoins à venir. Elle s'est peu à peu transformée à mesure que les relations sociales se sont multipliées. Chacun a échangé les produits de son industrie qui excédaient ses besoins personnels ou ceux de sa famille, pour d'autres produits dont il manquait, ou pour une somme d'argent qu'il n'a pas dépensée. Les fonds de l'épargne se sont ainsi dans la suite des âges accumulés et transmis de main en main, à l'exception de ceux que les calamités de toutes sortes ont détruits. Nous profitons de la plus grande partie des épargnes successives de nos pères; elles constituent le patrimoine actuel de chaque famille, de chaque individu, comme le patrimoine de la nation.

Du capital et de la propriété.

On voit par ce qui précède comment l'épargne est après le travail le plus puissant facteur de la richesse. On voit aussi par quels liens étroits elle se rattache aux origines de la propriété et à la formation des capitaux.

En exposant les devoirs sociaux de l'homme, nous avons parlé de la propriété ; il nous paraît superflu d'y revenir. Nous dirons seulement un mot du capital et du rôle qu'il joue dans la production de la richesse.

Je me suis procuré par mon travail personnel ou j'ai recueilli dans la succession de mes parents une somme que je n'ai pas dépensée. A cette somme sont venues pendant les années suivantes s'en ajouter d'autres que j'ai également mises de côté. Ces fonds accumulés constituent pour moi ce qu'on appelle un *capital* que je puis employer de bien des manières, mais qui me rendra de signalés services, qui me deviendra même indispensable, si je veux me livrer ou à l'agriculture, ou à l'industrie, ou au commerce. Cultivateur, je dois me procurer des instruments aratoires, des bestiaux, des semences, des fourrages, etc. Chef d'industrie, il me faut des matières premières, des machines et les fonds nécessaires pour, chaque mois ou chaque semaine, payer les ouvriers que j'emploie. Si je suis dans le commerce, j'ai aussi à faire des avances de fonds plus ou moins considérables, ne fût-ce que pour acheter les marchandises qui sont l'objet de mon négoce, bijoux, dentelles, étoffes, chaussures, denrées alimentaires, etc. Dans tous les cas, le rôle du capital est manifeste : s'il vient à manquer, tout devient impossible. Le capital apparaît donc ici comme l'auxiliaire indispensable du travail dans la production de la richesse. Vainement le travail prétendrait se suffire à lui-même ; il est soumis par la nature même des choses à l'obligation de s'unir à des capitaux qui lui permettent d'exercer sur la matière que la nature fournit à l'homme sa puissante et féconde action. Ce qui importe, c'est qu'il ne paye pas trop chèrement le concours dont il a besoin ; c'est que les capitaux viennent facilement à lui sans que leurs possesseurs lui imposent des conditions exorbitantes dès qu'il offre de suffisantes garanties d'honnêteté et de capacité. Ajoutons enfin que les bénéfices de toute entreprise industrielle doivent être calculés et répartis de manière que les ouvriers qui ont contribué si directement à les produire reçoivent, sous la forme d'un salaire, une équitable rémunération de leur labeur.

Capitaux fixes. Capitaux circulants.

Parmi les capitaux, il est utile de distinguer les capitaux *fixes* et les capitaux *circulants*.

Par capitaux *fixes* on entend les capitaux qui sont immobilisés dans l'acquisition ou dans le défrichement d'une terre, dans la construction d'une maison, dans les frais que nécessite l'installation de fourneaux et de machines au milieu d'une usine, ceux-là mêmes que réclame l'éducation d'un enfant. Ces capitaux ne sont pas perdus, car l'emploi qui en a été fait a profité à la terre qui s'est améliorée, à l'usine qui s'est enrichie d'un matériel indispensable, à l'enfant qui s'est instruit, à sa famille qui se réjouit de l'avoir bien élevé ; mais ils ne sont pas à la disposition du capitaliste ; provisoirement il ne peut plus les appliquer à un autre usage.

Les capitaux *circulants* sont ceux que leur possesseur garde entre les mains pour en disposer selon les occurrences. Il les consacre, tantôt à ses plaisirs, tantôt à de menues dépenses, comme nous en faisons tous. Une autre fois, il s'en servira pour acquitter les intérêts d'une dette pécuniaire ou pour payer à des ouvriers leur salaire.

C'est une précaution imposée par la prudence la plus vulgaire à tous les industriels et à tous les commerçants, de ne pas se dessaisir de la totalité de leurs capitaux, de ne pas les immobiliser au point que ces capitaux viennent à manquer absolument le jour où, par l'effet d'une circonstance ou d'une autre, ils seraient devenus nécessaires pour opérer d'urgence un payement. Quand on est mêlé à ce qu'on appelle les affaires, et, en général, dans toutes les positions de la vie, il est sage d'avoir en réserve une certaine somme de capitaux circulants, en d'autres termes, un fonds de roulement.

CHAPITRE XXVII

DE LA CIRCULATION DE LA RICHESSE

Après la production de la richesse, un second point que nous avons à considérer, c'est sa circulation et sa distribution.

L'échange.

La richesse, produit du travail, circule; elle passe de main en main, elle se répartit : comment et pourquoi? C'est que tous, à le bien prendre, ayant la même nature, ont les mêmes besoins, et que tous, comme nous l'avons vu, ne se livrent pas au même genre de travail. Pierre cultive son champ et nourrit des bestiaux; Jean est tailleur; Paul est cordonnier; Paul et Jean vendent des chaussures et des habits à Pierre, qui leur vend, à son tour, du blé et du lait. Après quelques années, celui d'entre eux qui a le mieux économisé et le plus épargné, achète un coin de terre ou quelques redevances annuelles qui lui composeront un petit revenu. C'est ainsi que s'opère la circulation de la richesse; elle n'est pas autre chose qu'une série d'échanges; car bien que les exemples que nous venons de choisir soient empruntés aux détails les plus vulgaires de la vie, ils mettent fidèlement en lumière ce qui se passe tous les jours dans les sphères les plus hautes.

La monnaie.

Comprenons bien, au reste, que les hommes n'échangent pas entre eux seulement des produits ; ils échangent aussi des services, tantôt des services contre des services, tantôt des services contre des produits. Je puis donner à un ouvrier le logement et la nourriture pendant un laps de temps déterminé, sous la condition qu'il me fabriquera un meuble ou qu'il soignera mon jardin. Je peux, durant les vacances, emmener un précepteur voyager en Suisse et en Italie avec mes enfants et moi, sous la promesse qu'il donnera chaque jour une leçon de français au plus jeune de mes fils.

Cependant il peut arriver que ce fermier dont nous parlions, qui a du blé, des œufs et du lait, n'ait pas besoin de chaussures ni d'habits, et que, de leur côté, le cordonnier et le tailleur n'aient besoin ni de blé, ni de lait, ni d'œufs. Que feront les uns et les autres, et que donneront-ils en échange de ce qu'ils reçoivent? Ils donneront un signe représentatif de la valeur reçue ; et si, pour la plus grande simplicité des relations sociales, ce signe est appliqué à toutes les espèces de denrées, il deviendra la commune mesure de leur valeur : il indiquera par sa forme et par sa quotité laquelle vaut plus, laquelle vaut moins. Ce signe, chacun l'a nommé, c'est la *monnaie.*

La monnaie n'a rien par elle-même qui représente un besoin de la nature humaine; mais dans le commerce ordinaire de la vie, elle représente les biens que nous recherchons et elle nous aide à les acquérir. De là cette ardeur que nous mettons à la posséder en grande abondance.

La monnaie n'étant qu'un signe et beaucoup de choses pouvant servir de signes, il semblerait que la variété des monnaies dût être incalculable. Cependant elles n'ont jamais consisté, chez les peuples qui n'étaient pas absolument barbares, que dans une pièce de métal portant une marque quelconque ou une effigie. On sait que dans tout le monde civilisé et particulièrement en France, les métaux qui servent à les fabriquer sont le cuivre, l'argent et l'or, avec certains alliages. On a choisi ces métaux de préférence : 1° parce qu'ils sont très malléables, 2° parce qu'ils s'altèrent difficilement; 3° parce que la précieuse rareté des deux derniers permet que sous un mince volume ils représentent une valeur relativement considérable.

Définition de la valeur. Loi de l'offre et de la demande.

Nous venons de prononcer le mot de *valeur*; qu'est-ce donc que la *valeur*, et comment se détermine-t-elle?

La valeur des choses peut être considérée à deux points de vue : 1° au point de vue de l'utilité ou de l'intérêt qu'elles ont pour nous personnellement; 2° au point de vue de la possibilité que nous aurions de les échanger contre d'autres produits.

Un amateur de livres ou d'estampes possède une collection à laquelle manque une pièce rare; pour lui cette pièce a une grande valeur; pour tout autre que lui, elle n'a qu'une valeur très médiocre; pour le vulgaire, elle n'en a aucune.

Voici une année prospère; elle a donné les plus belles récoltes en blé et en vin; les cultivateurs accourent en foule sur les marchés pour vendre leur blé, les vignerons pour vendre leur vin; les uns et les autres comptent sur une vente fructueuse; mais le nombre des acheteurs n'est pas en proportion de la quantité des denrées qui sont offertes; dès lors les denrées se vendent moins cher que le producteur n'avait espéré; leur valeur baisse.

Faisons l'hypothèse contraire : la récolte a été mauvaise; blé et vin, tout est rare; la marchandise offerte suffit à peine aux demandes des chalands ; naturellement les prix augmentent ; la valeur des denrées alimentaires est en hausse.

C'est une loi admise par tous les économistes que celle qui règle la valeur de chaque chose d'après le rapport entre l'offre et la demande. Une chose a d'autant plus de valeur qu'elle est moins offerte et plus demandée ; elle en a d'autant moins qu'elle est moins demandée et plus offerte.

Quelles sont les circonstances qui déterminent l'offre et la demande ? Elles sont innombrables et nous ne pouvons avoir la prétention de les énumérer toutes. Quelquefois elles rentrent dans les prévisions de la raison humaine, comme le cas que nous avons cité d'une bonne ou d'une mauvaise recette. D'autres fois ce sera un événement subit, comme une guerre qui jette à l'improviste le trouble dans les relations internationales, comme une invention qui change les conditions d'existence d'une grande industrie. Dans tous les cas la loi s'applique de la même manière : élévation des valeurs quand les demandes surpassent les offres ; abaissement des valeurs dans le cas contraire.

Le crédit.

Parmi les échanges qui s'opèrent sous l'empire de cette loi, certains présentent ce caractère que, des deux parties contractantes l'une fournit en réalité ou ses produits, ou une somme d'argent, que l'autre partie s'engage seulement à lui restituer dans un délai plus ou moins long. Ainsi un fabricant me remettra cent pièces d'étoffes contre la simple promesse de les lui payer dans six mois. Un capitaliste m'avancera un million que je lui rembourserai à la fin ou au cours de l'entreprise à laquelle je dois affecter cette avance. Dans ces divers cas l'échange a lieu *à crédit*; il repose entièrement sur la foi ou créance que celui qui reçoit inspire à celui qui donne.

Il n'est personne qui ne sache quelle place les opérations à crédit occupent dans le mouvement général du commerce et de l'industrie, et même dans celui des finances publiques. Ce ne sont pas seulement les simples particuliers, ce sont de puissantes compagnies, ce sont de grands États qui dans le monde entier font appel aux possesseurs de capitaux, et recueillent des millions et des milliards, sans offrir d'autres garanties que la bonne renommée qu'ils ont acquise, et la confiance, en d'autres termes, le crédit dont ils jouissent. Sans la puissance du crédit, souvent et habilement invoquée, où en seraient aujourd'hui tant de projets grandioses, tant de gigantesques entreprises qui ont changé la face de la terre? Et pour ne parler que de la France, comment, après d'épouvantables désastres, aurait-elle pu commencer, sans le crédit, à relever les ruines de son ancienne grandeur?

Voulons-nous une image en quelque sorte journalière de la puissance du crédit, considérons un billet de banque. Ce n'est qu'un morceau de papier qui, à ne regarder que sa matière, n'a aucun prix. Mais ce papier est partout accepté pour cent francs, pour cinq cents francs, pour mille francs, sur la promesse que cette somme sera payée au porteur du billet, et en raison de la confiance accordée à l'institution qui a fait cette promesse.

Il est vrai que cette monnaie de papier ne doit pas être multipliée outre mesure, et que si elle n'offre pas à ses détenteurs une garantie suffisante, si elle cesse d'inspirer confiance, bientôt elle circule avec difficulté; on refuse, à moins d'y être contraint, de la recevoir en payement pour la somme qu'elle est censée représenter; elle finit par être entièrement dépréciée. Tel a été, à l'époque de la Révolution, le sort des assignats, le plus formidable abus de la monnaie de papier que l'histoire financière des nations ait à enregistrer. Leur émission sans cesse répétée et dépourvue de la garantie d'espèces d'or et d'argent toujours disponibles, n'obtint jamais la confiance publique, et elle causa la ruine de la plupart des détenteurs de ce papier sans crédit que les sanglantes menaces de la législation révolutionnaire les avaient contraints d'accepter.

L'intérêt de l'argent.

Il est manifeste que celui qui n'a entre les mains qu'une promesse en échange de ses produits ou de ses espèces d'or et d'argent, court d'une part un certain risque, et d'autre part rend un véritable service à l'autre partie contractante, que celle-ci soit un simple particulier, une société privée ou une nation. N'est-il pas dès lors équitable qu'il soit indemnisé à raison du risque qu'il encourt, et rémunéré pour le service qu'il a rendu? De là cette redevance annuelle que l'emprunteur lui paye et qui s'appelle *intérêt*.

Durant de longs siècles la loi civile et les lois ecclésiastiques ont condamné le prêt à intérêt ; mais cette législation sévère a disparu avec l'état social lui-même auquel elle s'appliquait. Elle ne pouvait se concilier ni avec l'essor immense imprimé au commerce et à l'industrie, ni avec les nécessités impérieuses que les calamités de la guerre, les travaux de la paix, le mouvement général des esprits, avaient imposées aux gouvernements. Cependant à mesure que la richesse créée par le travail s'est accrue, le loyer des capitaux a diminué. En vertu de la loi du 3 septembre 1807, le taux conventionnel de l'intérêt ne pouvait excéder en matière civile 5 pour 100, en matière commerciale 6 pour 100; par la force des choses, il est descendu beaucoup au-dessous des limites que le législateur avait établies. Moyennant un intérêt annuel de moins de 4 pour 100, quelquefois inférieur à 3 1/2, l'Etat, la ville de Paris, les grandes compagnies de chemins de fer, trouvent aujourd'hui l'argent qui leur est nécessaire. Les avances que la Banque de France fait au commerce ont lieu à taux encore plus faible. Nul ne saurait conclure de là que sous l'empire de circonstances nouvelles l'intérêt de l'argent, dont le cours est variable comme celui de toute autre marchandise, ne fléchira pas encore davantage ou qu'il ne se relèvera pas; mais provisoirement il subsiste comme une rémunération équitable que le capitaliste peut recevoir sans scrupule ; car elle répond au service rendu ; elle ne blesse aucun droit; elle n'empêche nul effort sérieux; elle n'entrave à aucun degré le travail national.

Les salaires.

Nous avons vu que les échanges qui avaient lieu entre les hommes ne se rapportaient pas seulement à des produits, mais aussi à des services. Ainsi, tandis que le fabricant échange les produits de sa fabrique contre une somme d'argent qu'on lui verse ou qu'on s'engage à lui verser, les ouvriers qu'il emploie lui fournissent leur travail, et ils reçoivent en échange une rétribution qui a le nom de *salaire*.

Dans une société telle que la nôtre, la classe des salariés est innombrable. Elle comprend tous ceux qui se livrent au profit d'autrui à un travail régulier pour lequel ils sont payés périodiquement par autrui. Il y a les salariés de l'Etat, qui comprennent la foule des fonctionnaires publics. Il y a les salariés de la campagne, occupés par les grands propriétaires ou par les fermiers aux travaux des champs. Il y a ceux du commerce et de l'industrie, qui se partagent en autant de catégories qu'il y a de professions.

La situation de ces derniers méritait au plus haut point de fixer l'attention des économistes. Leur vie est laborieuse et le salaire qu'ils reçoivent est leur unique ressource. Mais ce salaire, quel sera-t-il? Évidemment le taux devrait en être réglé de manière que l'ouvrier pût vivre et qu'il pût faire vivre sa famille, disons plus, de manière qu'il pût épargner un petit capital qui serait la ressource des temps difficiles, comme les temps de chômage ou de maladie, comme enfin la vieillesse. Mais en ce point le vœu légitime de l'ouvrier se heurte souvent à des difficultés plus fortes que la volonté des hommes. Le taux des salaires en effet dépend moins de conventions librement débattues que de circonstances variables, par lesquelles il se trouve en dernière analyse réglé. Le fabricant a intérêt à réduire ses dépenses, et par conséquent à payer le moins possible ses ouvriers. Cependant si les commandes abondent, si les bras ne suffisent plus, ou ne suffisent que difficilement à la besogne de chaque jour, il faudra bien qu'il se décide à élever les salaires dans sa fabrique; autrement ses ouvriers l'abandonneraient et iraient chercher du travail dans un autre atelier. Au contraire, quelle que soit sa générosité naturelle, il ne pourra leur offrir qu'une rémunération inférieure, si les commandes se sont ralenties, si les produits se sont avilis par l'effet de la concurrence ou par toute autre cause, si enfin les bénéfices de vente ne couvrent plus les frais de la fabrication. Il y a donc ici en présence deux intérêts respectables, qui devraient être unis dans une œuvre commune, et que souvent le jeu des événements met en opposition l'un avec l'autre, l'intérêt du patron et celui de l'ouvrier. De là les crises funestes que la question des salaires fait éclater au sein des différentes industries; de là ces conflits redoutables entre les ouvriers qui demandent à vivre et les patrons qui cherchent à ne pas se ruiner; conflits malheureusement trop fréquents, que la science économique déplore, dont elle sait analyser les causes et les funestes conséquences, mais qu'elle n'a pas encore trouvé le secret de prévenir.

CHAPITRE XXVIII

DE LA CONSOMMATION DE LA RICHESSE

Après avoir parlé de la production et de la circulation de la richesse, il nous reste à présenter quelques aperçus rapides sur sa consommation.

Consommations productives, consommations improductives.

La richesse que le travail, aidé de la nature, a su produire, n'est pas en effet destinée à s'accumuler stérilement entre les mains de celui qui la possède. Il n'y a que les avares poussant la passion de l'or jusqu'à l'extravagance qui pensent autrement. Que le possesseur de la richesse l'ait acquise par ses propres efforts, ou qu'il l'ait reçue de sa famille, il l'applique à ses propres besoins ; il la dépense en tout ou en partie. Ceux-ci en usent pour des buts utiles, comme le propriétaire qui consacre une partie de ses fonds à drainer un terrain pour y faciliter l'écoulement des eaux ; ceux-là l'emploient à satisfaire des goûts frivoles, des fantaisies dispendieuses, comme font les gens de plaisir, qui achètent au poids de l'or quelques heures de satisfaction malsaine. Dans le premier cas la richesse n'est consommée qu'en apparence ; elle renaît en quelque sorte d'elle-même et son possesseur la retrouve bientôt, et la retrouve augmentée : l'emploi qu'elle a reçu n'a fait que la transformer et l'accroître. Dans le second cas la richesse périt tout entière, il n'en reste rien que le souvenir d'une jouissance fugitive : et c'est ainsi que tant de jeunes gens, à qui leurs parents avaient laissé de grands biens, se trouvent après quelques années d'une vie voluptueuse complètement ruinés, parce que l'usage qu'ils ont fait de leur fortune ne pouvait avoir d'autre effet que de la détruire.

Il y a donc des consommations *productives*, comme il y en a d'*improductives*.

Au rang des consommations productives, il faut sans doute placer l'acquisition d'une rente, c'est-à-dire le prêt d'un capital pour le loyer duquel le capitaliste recevra tous les ans, à titre d'intérêt, une somme qui, suivant les cas, sera plus ou moins élevée. Il faut placer de même l'acquisition d'une maison qui sera pour son propriétaire une source de revenus résultant de la location des appartements. Mais il y a bien d'autres emplois de la richesse qui sont productifs. C'est une dépense productive que l'achat d'un livre de science ou d'histoire dont le possesseur trouvera dans cette lecture le moyen de se guérir de beaucoup de préjugés et d'étendre le cercle de ses connaissances. A plus forte raison est-ce une dépense productive que les frais consacrés à l'éducation d'un enfant. Les parents n'ont pas à regretter plus tard les rétributions scolaires qu'ils ont payées, lorsque leur fils, profitant de l'instruction qu'il a reçue, entre dans une carrière et s'y rend utile à lui-même et aux autres. Les travaux que les chefs d'industrie entreprennent et qui exigent des mises de fonds énormes, les ateliers et les usines qu'ils font construire, les machines qu'ils y établissent, les achats en grand que fait le commerce, les navires qu'il envoie dans toutes les parties du monde : ce sont là des dépenses productives qui ont pour résultat un accroissement notable du capital employé, lorsque les entreprises ont été bien conduites et que des hasards malheureux n'en ont pas compromis le succès.

A ces courtes indications sur les consommations productives, si nous voulions joindre un simple aperçu des consommations improductives, il nous faudrait parler de la folie des hommes, de leurs passions extravagantes, de tout ce qui les pousse hors des voies de la raison et les conduit en général à la perte de leurs richesses. Nous n'essayerons même pas d'esquisser ce lamentable tableau : mais il y a une question souvent débattue que nous ne saurions omettre.

La question de luxe.

Parmi les dépenses improductives, convient-il de ranger les dépenses dites de luxe ? La vraie définition du luxe est assez difficile à donner. On ne sait trop où le luxe commence et où il finit. Telle parure semblera du luxe dans une ville ; ailleurs elle sera jugée très simple. Ce qui paraît constituer le luxe, c'est à la fois une certaine beauté, la rareté, le prix élevé et l'inutilité des objets auxquels ce terme s'applique. Comme ils sont inutiles, que souvent ils se détériorent très rapidement, comme dans une fête une corbeille de fleurs rares et coûteuses, les fonds employés à se procurer ces objets se trouvent dans l'espace de quelques heures consommés sans retour ; la dépense a donc été improductive. Considérons cependant que cette dépense, improductive pour celui qui l'a faite, a servi à rémunérer tout un groupe de fabricants, d'ouvriers et de marchands. Voudrait-on que dans un pays il n'y eût pas d'industrie ni de commerce de luxe ? Les moralistes austères préféreraient qu'il n'y en eût pas ; mais leur avis n'a jamais prévalu chez les peuples civilisés. Le luxe est de tous les temps et de tous les pays. Il existait en Grèce et à Rome ; au moyen âge et à la Renaissance il a marqué de son empreinte des œuvres splendides que nous admirons dans nos musées ; sous Louis XIV et sous Louis XV il a subi de nouvelles transformations ; de nos jours il est aussi répandu, il a pénétré aussi avant dans les mœurs qu'à aucune autre époque. Il faut donc nous résigner aux séductions qu'il exerce, subir son empire inévitable sans le favoriser, nous en défier sans essayer inutilement de le proscrire, savoir enfin préférer aux dangereuses somptuosités qui flattent l'orgueil, mais qui n'accroissent pas la richesse, les dépenses plus modestes, mais fructueuses, qui contribuent à reproduire le capital.

Dépenses de l'État.

L'État, comme les particuliers, a ses dépenses, dont les unes sont productives, dont les autres ne le sont pas, ou plutôt, à première vue, ne paraissent pas l'être ; car, ainsi que nous le verrons tout à l'heure, il y faut regarder à deux fois, avant de qualifier d'improductives certaines dépenses publiques.

Lorsque le gouvernement de Louis XIV, ayant approuvé les projets de Riquet, consacrait des sommes énormes pour le temps à l'ouverture du canal de Languedoc, qui fait communiquer la Méditerranée avec l'Océan ; lorsque de nos jours l'État perçoit de nouvelles routes et réparait les anciennes ; qu'il accordait des subventions à des compagnies pour les aider à couvrir de chemins de fer le sol de la France ; lorsqu'il fondait des lycées et des Facultés ; qu'il encourageait par ses dons l'agriculture, le commerce et l'industrie comme les sciences, les lettres et les arts : assurément toutes ces dépenses méritaient d'être appelées productives, car elles contribuaient à la prospérité et à la grandeur du pays. Et quand l'Etat paye des fonctionnaires de tout ordre pour gérer les affaires de la nation, des magistrats pour rendre la justice, des ingénieurs pour faire des routes et des ponts, des professeurs pour enseigner, les traitements que ces fonctionnaires touchent sont aussi une dépense que nous avons le droit de dire productive; car elle répond à un service rendu qui importe à la sécurité et au bien-être de tous les citoyens.

Il y a des dépenses qui sont les plus considérables de toutes : celles de la marine et de l'armée de terre. Elles effrayent par leur chiffre, et c'est à celles-là surtout que certains économistes ont attaché la qualification d'improductives. Méritent-elles, en effet, cette épithète? Nous sommes d'un avis tout contraire ; elles sont, en effet, d'une immense utilité : elles assurent la défense du pays contre les factions intérieures et contre les ennemis du dehors ; elles sont la sauvegarde de ses intérêts, de ses droits et de son honneur sur terre et sur mer.

Mais un devoir impérieux pour les dépositaires de l'autorité publique, c'est de ne pas se permettre, au nom de l'État, des dépenses inutiles et frivoles, et d'effectuer les dépenses nécessaires avec toute l'économie qu'elles comportent. Si leur intérêt bien entendu conseille aux simples particuliers de se montrer sagement économes de leur propre fortune, à plus forte raison la justice commande-t-elle aux gouvernements de ménager la fortune publique, laquelle ne leur appartient pas, et dont ils ne disposent qu'à titre de mandataires.

Ressources de l'État. Budget.

Pour bien se rendre compte des strictes obligations que les gouvernements ont à remplir à cet égard, il suffit de considérer l'origine des fonds que l'État emploie pour faire face aux charges financières qui pèsent sur lui.

Les fonds qui remplissent les caisses de l'État et qui alimentent ce qu'on appelle le *Trésor public* proviennent de deux sources : 1° les contributions ou impôts; 2° les emprunts sur lesquels nous reviendrons tout à l'heure.

Les contributions ou impôts consistent dans les redevances de diverse nature que les citoyens payent pour être affectées aux besoins du pays. C'est un prélèvement opéré, au nom de l'intérêt général, sur la fortune de chacun, et, pour le plus grand nombre, sur le produit de leur travail. Ce prélèvement est conforme à la justice; car il est le prix de la protection que l'État ne cesse d'étendre sur nos personnes et sur nos biens, et qui assure notre sécurité : mais il ne doit pas être excessif; l'impôt ne doit pas peser trop lourdement sur le contribuable, et l'intérêt de tous, qui le motive et qui le justifie, doit en régler l'emploi.

Le tableau des contributions et celui des dépenses auxquelles l'État doit pourvoir constitue ce qu'on appelle le *budget*, qui se divise naturellement en deux parties; le budget des recettes et le budget des dépenses.

Le budget des recettes.

A toutes les époques de l'histoire, si ce n'est chez les nations sauvages, les habitants de chaque pays ont eu à payer certains impôts. Mais la nature de ces impôts et le nombre de ceux qui avaient à les supporter ou qui s'en trouvaient exempts a singulièrement varié.

Aujourd'hui, en France, devant la loi de l'impôt, comme devant toutes les autres lois, tous les habitants sont égaux. Chacun y est soumis et en paye sa part.

On distingue deux sortes d'impôts : les impôts *directs* et les impôts *indirects*.

Les impôts *directs* sont ceux qui frappent directement les biens ou la personne du contribuable; savoir: 1º la contribution foncière, assise sur le revenu net des propriétés bâties et non bâties, c'est-à-dire sur le revenu de ces propriétés, déduction faite des frais annuels; 2º la contribution personnelle, réunie à la contribution mobilière, l'une fixée pour chacun à la valeur de trois journées de travail, l'autre établie d'après la valeur du loyer des locaux destinés à l'habitation personnelle du contribuable ; 3° la contribution des portes et fenêtres ; 4° la contribution des patentes, laquelle atteint les commerçants, les industriels, même certaines professions libérales, comme la médecine et le barreau, et se calcule d'après le bénéfice probable de la profession qu'on exerce.

Au budget des recettes de 1882 l'impôt foncier figure en principal, et sans compter les centimes additionnels pour une somme de. . . . . 174 700 000 fr.
L'impôt personnel et mobilier,
pour. 62 536 500
L'impôt des portes et fenêtres,
pour. 43 077 600
L'impôt des patentes, pour. . . . 94 222 400

Les contributions *indirectes* sont ainsi appelées parce qu'elles n'atteignent le contribuable qu'indirectement, à raison de certains actes qu'il passe et de certaines consommations qu'il fait.

Je passe un contrat de vente ou de louage. Ce contrat doit être écrit sur une feuille de papier timbré, dont j'ai dû payer le timbre; en outre, je dois le porter à la connaissance de l'administration publique, pour qu'elle le transcrive sur un registre; en un mot, je dois le faire enregistrer et acquitter les frais de cet enregistrement. J'achète une boîte de cigares; le prix que je paye comprend une redevance dont ces cigares ont été frappés avant d'être livrés à celui qui me les vend.

Voici quelques produits d'impôts indirects dont nous avons relevé les chiffres au budget de 1882:

Enregistrement. . . . . 553 096 000 fr.
Timbre. 145 014 000

Douanes 331 858 000
Boissons 393 775 000
Tabac 343 280 000
Mentionnons encore le produit des postes et des télégraphes. 140 699 700

Le budget des dépenses.

En regard de quelques-unes des recettes que, suivant toute probabilité, l'État encaissera en 1882, plaçons les dépenses qu'il prévoit. Elles se partagent en plusieurs groupes qui correspondent aux grands services publics :

Ministère des finances . . . . .   1 474 877 046 fr.
Justice. 35 572 992
Affaires étrangères. 13 758 300
Intérieur. 65 254 341
Algérie. 21 095 899
Cultes 53 347 866
Postes et télégraphes. 118 846 768
Guerre. 571 398 898
Marine et colonies. 197 043 497
Instruction publique. 106 152 451
Beaux-arts 8 201 490
Agriculture et commerce. . . .   47 585 936
Travaux publics. 131 933 731
                                    ─────────────
                Au total. . .   2 854 232 905 fr.

Le chiffre de 1 474 877 046 fr. inscrit au budget du ministère des finances paraîtra sans doute excessif à qui ne connaît pas notre situation financière. Il faut savoir qu'il comprend 743 026 239 fr. représentant les arrérages des rentes 5 0/0, 4 1/2 0/0, 4 0/0 et 3 0/0 dues et payées annuellement par l'État à raison des emprunts successifs qu'il a contractés.

Dans le tableau qui précède, nous n'avons compris que les dépenses ordinaires de l'Etat ; pour être complet, il faudrait y comprendre les dépenses extraordinaires, évaluées à 461,136,000 fr. et les dépenses sur ressources spéciales, évaluées à 413 255 957 francs. D'autre part, il y aurait lieu de déduire les frais de régie, de perception et d'exploitation des revenus publics, pour une somme d'environ 175 millions et les remboursements et restitutions, pour une somme d'environ 15 millions. Mais on comprend que nous ne puissions entrer dans ces détails.

Les emprunts.

Il est heureux et honorable pour un pays de pourvoir à ses dépenses annuelles avec ses recettes annuelles. Il y a cependant des cas nombreux où ses revenus sont inférieurs à ses charges, soit qu'il songe à entreprendre de grands travaux d'utilité générale qui ne porteront leurs fruits que dans l'avenir, soit qu'il ait à réparer de grands désastres causés par des inondations, des incendies ou d'autres fléaux, soit enfin qu'il ait à soutenir une guerre et à subir quelque chose de plus fatal encore que la guerre, nous voulons dire les terribles conséquences d'une suite de défaites. Dans ces différents cas, ni les réductions opérées sur les dépenses habituelles, ni l'augmentation des impôts ne suffisent pour égaler aux charges les ressources disponibles. Il faut faire appel au crédit ; il faut emprunter à des conditions plus ou moins onéreuses, et dont la première de toutes est l'exact payement de l'intérêt promis aux prêteurs, le soin de rembourser le capital de la dette étant laissé aux générations à venir. L'Angleterre, de 1792 à 1815, a emprunté pour soutenir la guerre contre la France. L'Amérique du Nord a emprunté, lors de la guerre de la sécession, pour dompter la résistance des États du midi. La France après ses derniers malheurs a emprunté pour payer l'énorme rançon exigée d'elle par un vainqueur inexorable. D'autres emprunts ont eu lieu à d'autres époques pour de moins tristes causes, puisque préparés et contractés en temps de paix, ils étaient destinés à enrichir le pays par un ensemble de travaux habilement conçus.

On doit se tenir en garde contre les emprunts; car ils fournissent aux gouvernements prodigues le moyen de se livrer à des dépenses excessives, en se faisant illusion à eux-mêmes sur l'étendue des ressources de la nation. Aussi la loi ne permet-elle pas qu'ils soient contractés sans l'approbation des représentants du pays. Ils doivent être discutés et votés comme le budget des recettes et des dépenses.

Nous ne pousserons pas plus loin cette étude des questions générales de l'économie politique. Quant aux questions spéciales, elles demanderaient tout au moins un volume pour être seulement touchées.

QUATRIÈME PARTIE

MÉTAPHYSIQUE ET THÉODICÉE

CHAPITRE XXIX

Étymologie et acception primitive du mot de Métaphysique.

Le terme de *Métaphysique*, comme celui de philosophie, est un terme dérivé du grec : il signifie ce qui vient après les livres de physique, ou bien ce qui est par delà et au-dessus des choses physiques ou naturelles, visibles à l'œil ou tangibles à la main, μετὰ τὰ φυσικά. C'est le titre que les plus anciens éditeurs d'Aristote ont donné à celui de ses ouvrages qui traite de la science de l'être, soit qu'ils aient voulu par là marquer la place que ce livre occupe dans l'ensemble des œuvres du philosophe de Stagire, soit qu'ils se soient proposé d'indiquer le caractère particulier des questions que discute l'auteur, et la sublimité de la science qu'il expose. Quel qu'ait été leur dessein, ce dernier sens est celui qui a prévalu dans l'antiquité et qui prévaut encore de nos jours. Qui dit *métaphysique* dit généralement une branche de la connaissance humaine qui ne s'arrête pas à l'étude des choses naturelles, mais qui remonte à leurs principes, qui sous les qualités tend à saisir les substances, sous les effets à découvrir les causes, sous le visible l'invisible, sous le particulier l'universel, sous le contingent le nécessaire et l'absolu. Ecarter les phénomènes qui passent et s'attacher à ce qui dure toujours; faire plus encore, dégager, définir les conditions générales de l'existence ; étudier l'être en tant qu'être : voilà l'objet de cette science qui porte quelquefois dans les écrits d'Aristote le nom de *philosophie première*, et que nous appelons aujourd'hui la métaphysique.

Possibilité et dangers de la Métaphysique.

Qu'une pareille science soit interdite absolument à l'homme, il serait déraisonnable de le soutenir, quand on considère cette longue suite de grands esprits, de penseurs éminents qui l'ont cultivée avec une entière confiance dans la sublimité de ses résultats. Il se trouve d'ailleurs au fond de l'entendement humain, comme nous l'avons vu en psychologie, des notions premières qui ne sont pas seulement la règle de nos jugements, mais qui paraissent destinées à introduire l'intelligence dans une région tout autre et plus élevée que le monde sensible. L'intelligence cède plus facilement qu'elle ne résiste à l'attrait qui la pousse vers ces hauteurs.

Cependant il ne faudrait pas attacher une importance exagérée à beaucoup de spéculations plus curieuses qu'utiles qui exposent la pensée à se perdre dans de stériles abstractions. L'esprit croit s'élever, à mesure qu'il s'éloigne de la réalité, et il ne fait souvent que s'égarer dans le vide : il croit avoir atteint les principes mêmes de l'existence, et il n'est en possession que de formules creuses.

Questions principales que la Métaphysique embrasse. Problème de la certitude.

Voici quelques-unes des questions que comprend la métaphysique envisagée comme la science de l'être.

Et d'abord comment s'opère le passage de la pensée à la réalité? Problème capital, celui-là même qui fait l'objet du débat entre les *dogmatiques* et les *sceptiques*; mais en même temps problème très complexe; car il ne suffit pas de considérer la pensée et la réalité d'une manière générale : il faut passer en revue toutes les notions fondamentales de l'intelligence, et se demander, à propos de chacune d'elles, comment l'esprit qui la conçoit, passe de cette même idée à la réalité, ou, ce qui revient au même, si quelque réalité correspond à cette idée.

De là les recherches auxquelles les métaphysiciens de tous les âges se sont livrés sur les notions premières. Ils n'ont pas seulement recherché, ainsi que nous l'avons fait en psychologie, comment nous les avons acquises; mais quelle en était la signification et la valeur. Ils ont discuté sur la substance, la cause, le temps, l'unité, l'identité, le contingent et le nécessaire, le relatif et l'absolu.

S'agit-il de la substance? Descartes a réduit la substance corporelle à l'étendue, la substance spirituelle à la pensée. Leibniz, au contraire, fait entrer l'idée d'activité dans la définition de la substance. Il admet que toute substance est essentiellement active, que toute substance est une force; il définit la substance par la force.

S'agit-il de la cause? Locke et ses disciples réduisent la cause à la succession. La causalité, selon eux, n'est qu'une relation constante entre deux ou plusieurs phénomènes : erreur considérable, contre laquelle s'élève, au dedans de nous, le témoignage de notre activité personnelle.

S'agit-il du temps et de l'espace ? Leur nature a donné lieu à une grave controverse entre Leibniz et Clarke. Leibniz croyait que l'espace et le temps ne sont rien par eux-mêmes : que l'un est l'ordre de coexistence des objets matériels ; que l'autre est l'ordre de succession des événements. Clarke, au contraire, et Newton avec lui considéraient l'espace et le temps comme des attributs de Dieu : non que Dieu fût le temps ou l'espace ; mais en durant toujours, disait Newton, il constitue l'éternité ; en étant partout présent, il constitue l'immensité.

Voilà un premier ordre de questions que les métaphysiciens ont souvent agitées. Ne pouvant pas les étudier toutes, nous nous bornerons à la plus générale, la plus importante et la plus célèbre, la question de la certitude.

Il y a une métaphysique plus rapprochée du monde réel que n'est celle qui se confine dans l'étude de l'être en tant qu'être : c'est la métaphysique dont l'objet est la connaissance de l'âme et de Dieu. L'âme, être spirituel, se distingue du reste de la nature et la dépasse ; Dieu esprit infini, cause première de toutes choses, la dépasse bien plus encore. La connaissance de l'âme et de Dieu, constitue donc une science à part, supérieure à la physique, et à laquelle, par conséquent, le nom de métaphysique peut être justement appliqué.

C'est la métaphysique ainsi entendue que nous essayerons d'exposer. Après avoir traité la question de la certitude, nous montrerons d'abord le néant des conceptions sur la vie qui méconnaissent la spiritualité de l'âme. Nous opposerons ensuite aux rêves insensés de l'athéisme les preuves qui démontrent l'existence et les perfections divines.

CHAPITRE XXIX

LA CERTITUDE. — LE SCEPTICISME. — L'IDÉALISME

De l'évidence et de la certitude en général.

Lorsque la conscience nous avertit que nous éprouvons du plaisir ou de la douleur; lorsque la vue ou le toucher nous transmet la notion d'un objet; lorsque la mémoire nous rappelle le souvenir d'un événement, nous ne contestons pas la véracité de la conscience, des sens, ni de la mémoire; mais nous jugeons, d'après leur témoignage, que cet événement a eu lieu, que cet objet existe, que notre âme est affectée en bien ou en mal.

Cette confiance de l'homme en ses facultés, cette adhésion vive et profonde à la vérité qu'elles lui révèlent, a reçu le nom de *certitude*.

Ce qui détermine la certitude, c'est, au dedans de nous, l'opération des facultés de l'entendement; en dehors de nous, c'est l'*évidence*, ou le pouvoir que la vérité a de frapper l'esprit, et qui est comme la lumière dont elle nous pénètre et qui nous la rend visible.

Si notre esprit ne possédait pas certains pouvoirs appropriés aux différents ordres de vérités, ou bien si, possédant ces pouvoirs, il ne les appliquait pas, aucune communication ne s'établirait de nous aux choses; nous ne pourrions affirmer qu'elles existent ni le contester; étrangers au doute comme à la foi, privés de toute idée, nous n'aurions même pas le sentiment de notre existence personnelle.

Mais si, d'un autre côté, les divers objets de la connaissance ne se manifestaient pas à la pensée et ne l'éclaireraient pas de leur lumière, comment existeraient-ils pour elle ? Entre l'évidence et la certitude, il y a donc corrélation : la seconde implique la première, et toutes deux s'accompagnent d'une manière invariable.

Différences de la certitude et de la probabilité.

Quelques philosophes pensent que la certitude peut se ramener à la probabilité, qu'elle n'est que la probabilité parvenue à son plus haut degré ; mais l'analyse réduit à sa juste valeur cette opinion erronée.

Le propre de la certitude est : 1° de supposer l'affirmation absolue qu'une chose est ou n'est pas ; 2° de ne pas admettre de degrés ; 3° d'être fixe et uniforme.

Chacun de nous, par exemple, est certain de son existence personnelle. Or, quand il prononce intérieurement cette parole : *j'existe*, conçoit-il la possibilité d'une illusion ? Ou bien commence-t-il par avoir une demi-certitude, puis une certitude plus haute, puis une extrême certitude ? Assurément non.

Il en est de même quand nous affirmons que les corps sont étendus, qu'ils occupent un lieu dans l'espace, que les événements s'accomplissent dans la durée, qu'ils ont tous une cause ; nous portons ces jugements sans nous dire qu'il pourrait bien se faire que nous fussions les victimes d'une erreur des sens ou de la raison ; nous les portons toujours de même, et d'une foi non moins assurée un jour que l'autre.

La probabilité présente des caractères tout différents. Lorsqu'un événement n'est que probable, il y a beaucoup de chances pour qu'il ait lieu, et d'autres pour qu'il n'ait pas lieu. Le jugement que nous en portons ne peut donc pas être irréfragable. L'affirmation de l'esprit est, pour ainsi parler, mêlée d'une négation; ou plutôt on n'affirme pas, on conjecture, on hasarde, on hésite, en un mot, on n'est pas certain.

Il y a plus : cette chance contraire, qui subsiste en dehors de notre jugement et qui suffit pour le faire chanceler, ne reste pas, ne peut pas rester constamment la même. Tantôt elle est très considérable, tantôt elle l'est ou le paraît beaucoup moins. Dans le premier cas, nous disons que le fait en question est peu probable; il le devient de plus en plus dans le second. La probabilité parcourt ainsi tous les degrés d'une échelle immense : là, plus haute, ici, moins élevée, suivant que les chances d'erreur sont plus ou moins nombreuses, au lieu que la certitude demeure invariable et toujours identique à elle-même. Et ce serait en vain que vous augmenteriez à l'infini la quantité des chances heureuses, en diminuant dans la même proportion les chances contraires; tant que subsisteraient celles-ci, n'y en eût-il qu'une seule, contre mille des premières, notre assurance, quoique très fondée, resterait inquiète et chancelante; nous n'aurions pas le droit de dire : Nous sommes certains. La probabilité, en un mot, peut croître indéfiniment, sans engendrer la certitude; parvenue à son plus haut degré, elle est encore séparée de l'évidence par un abîme.

Supposez que vous ayez devant vous une urne renfermant 10 000 boules, dont 5000 blanches et 5000 noires; en plongeant la main dans cette urne, il y aura autant de chances pour que vous tiriez une boule blanche qu'une boule noire. La probabilité sera plus grande en faveur des boules blanches si elles sont plus nombreuses; elle sera de 9999 contre 1, si l'urne renferme 9999 boules blanches et une seule noire; mais dans ce cas, pourrez-vous affirmer que c'est une boule blanche et non pas cette unique boule noire qui sortira? Admettons que votre fortune, votre liberté ou votre vie dépendent de la couleur de la boule que votre main va retirer, serez-vous pleinement rassuré, et cette unique chance défavorable contre 9999 chances propices ne suffira-t-elle pas pour jeter l'anxiété dans votre âme? C'est que la certitude d'où naîtrait en vous une confiance parfaite, n'admet pas une seule chance contraire, celle-ci fût-elle balancée par des milliers de chances favorables; elle exclut la possibilité de l'erreur, tandis que la probabilité qui la suppose, engendre par cela seul l'hésitation, le doute et l'inquiétude.

Des différentes sortes d'évidence et de certitude.

Après avoir constaté que la certitude est un état *sui generis* produit dans l'âme par l'évidence des vérités qui s'offrent à ses regards, l'observation conduit à reconnaître des variétés assez nombreuses d'évidence et de certitude, que la plupart des logiciens ramènent à cinq principales, savoir:

1° L'évidence et la certitude *sensibles*, ou des objets connus à l'aide des sens, comme les corps et leurs propriétés;

2° L'évidence et la certitude *métaphysiques* ou rationnelles, comprenant les vérités connues par la raison, telles que les axiomes et les théorèmes mathématiques;

3° L'évidence et la certitude *morales*, celles des faits de conscience, des vérités morales et des événements connus par le témoignage;

4° La certitude *immédiate*, où nous arrivons avant même de l'avoir cherchée, par l'action instantanée de l'évidence, par exemple la certitude que tout fait a une cause, que deux et deux font quatre, etc.;

5° La certitude *médiate*, qui est le fruit du raisonnement, c'est-à-dire le reflet d'une évidence qui ne frappe pas tout d'abord, mais que le raisonnement fait naître.

Je me souviens, ce corps existe, la ligne droite est le plus court chemin d'un point à un autre : voilà des propositions que tous les hommes jugent vraies, sans avoir besoin d'autre explication que celle du sens des mots. Mais il n'en est pas de même si l'on nous dit que la somme des angles d'un triangle est égale à deux angles droits; ce théorème ne devient évident pour nous qu'après que nous y avons réfléchi, et que nous en avons pesé et comparé tous les termes.

Il est à remarquer que la certitude est dans tous les cas égale à elle-même : car dans tous elle est due à l'opération du même esprit, de la même faculté de connaître, placée dans des conditions différentes. Qu'est-ce que la conscience? La pensée prenant connaissance d'elle-même Qu'est-ce que les sens? La pensée prenant connaissance des corps. Qu'est-ce que la raison? La pensée prenant connaissance de l'absolu. De même pour la mémoire, pour la généralisation, pour l'induction.

Fondement de la certitude.

On ne saurait donc admettre l'opinion de ces philosophes qui, divisant à tort l'intelligence, ont cherché le fondement de la certitude dans un ordre particulier de connaissances, à l'exclusion des autres.

Ainsi Descartes donne pour point de départ à sa philosophie le fait de l'existence personnelle attestée par le sens intime ; mais le sens intime excepté, il frappe de suspicion tous les autres pouvoirs de l'intelligence.

Les matérialistes et les positivistes prétendent ne s'en rapporter qu'à leurs sens; toute notion qui ne se résout pas en des éléments sensibles, est à leurs yeux un fantôme de l'imagination.

Il y a un demi-siècle, Lamennais enseignait qu'il n'y a pas de certitude en dehors du témoignage, et que l'accord des témoignages est le fondement de la vérité.

Toutes ces théories résultent d'une vue incomplète des conditions auxquelles la certitude se produit; et elles méconnaissent l'unité de l'entendement.

Ce qui produit en nous la certitude, ce qui sert de critérium à la vérité, disons-le encore une fois, c'est l'évidence. Or l'évidence éclaire, ou du moins peut-elle éclairer, à des degrés divers, tous les objets de nos connaissances; elle est susceptible d'accompagner l'exercice de tous les pouvoirs de l'esprit. La certitude dont elle est la condition peut donc se produire sous des formes multiples qui sont toutes légitimes.

Cependant deux points méritent d'être notés :

Le premier, c'est que les vérités connues par voie de démonstration découlent des vérités premières, évidentes par elles-mêmes, et qu'ainsi la certitude médiate dépend de la certitude immédiate et la suppose.

Le second, c'est que parmi les vérités immédiatement connues, l'existence personnelle, comme l'a très bien vu Descartes, est la première que la conscience nous révèle et celle qui nous frappe avant toutes les autres; d'où il suit que la connaissance de nous-mêmes, le sentiment intime de la personnalité, est le commencement de toute certitude.

Scepticisme. Idéalisme.

Nous touchons au nœud même du débat dont la portée de l'intelligence est l'objet parmi les philosophes.

Que l'esprit humain puisse parvenir certainement à la vérité, les *dogmatiques* le soutiennent; les *sceptiques* le contestent; les *idéalistes* n'admettent d'autre vérité que celle de nos idées et nient l'existence des corps.

Discussion du scepticisme.

Suivant les sceptiques, la sagesse consiste à suspendre en toutes choses son assentiment, c'est-à-dire à douter; car nous n'avons nulle assurance que nos facultés ne soient pas le jouet d'une illusion continuelle.

Le scepticisme a compté de nombreux partisans à toutes les époques de l'histoire de la philosophie. Les germes en furent répandus dans la Grèce par les *sophistes*, dont les plus célèbres, Gorgias et Protagoras, habituels adversaires de Socrate, ont donné leur nom à deux dialogues de Platon. Cependant les sophistes professaient moins encore le doute que le nihilisme, c'est-à-dire la négation absolue de toutes choses et de toute vérité. Gorgias avait composé un livre sur l'être, dont il nous reste quelques fragments, et dans lequel il essayait d'établir que l'être n'existe pas; que, s'il existait, nous ne pourrions pas le connaître, et que, dans ce cas même, nous ne pourrions pas en communiquer la connaissance à autrui.

Mais celui qui, le premier, enseigna cette parfaite suspension du jugement, qui constitue à proprement parler le doute, et qui en résuma les motifs sous une forme systématique, ce fut Pyrrhon : d'où le scepticisme fut dans la suite appelé *Pyrrhonisme*.

Les plus célèbres sceptiques anciens, après Pyrrhon, furent Arcésilas et Carnéade, fondateurs de la moyenne et de la nouvelle Académie, Agrippa, Ænésidème et Sextus Empiricus, qui nous a laissé de précieux ouvrages dans lesquels la philosophie du doute est savamment exposée.

Chez les modernes, le scepticisme a pris les formes les plus diverses. Tour à tour il a inspiré la facile philosophie de Montaigne et de Charron, l'érudition encyclopédique de Pierre Bayle, les paradoxes de David Hume sur les notions de cause et de substance, la philosophie licencieuse du baron d'Holbach et de Diderot, et même une partie de la *Critique de la raison pure* de Kant.

Les arguments de ces adversaires de la certitude peuvent se ramener à trois chefs principaux : 1° la variété des opinions humaines ; 2° les erreurs où nos facultés nous jettent ; 3° l'impossibilité où nous sommes d'apprécier la véracité de l'intelligence, et d'établir qu'elle voit les choses telles qu'elles sont absolument.

Que les opinions des hommes ne s'accordent pas entre elles ; que chaque nation, chaque siècle, chaque individu ait ses préjugés, comment le contester ? Mais cette contrariété va-t-elle aussi loin qu'on le prétend quelquefois, et n'y a-t-il pas dans l'esprit humain, comme nous l'avons vu, certaines notions que ni l'ignorance ni la passion ne peuvent effacer, et qui se retrouvent partout les mêmes, malgré la différence des climats, des coutumes et des institutions ? Quel est l'homme, civilisé ou barbare, qui ne possède pas les idées de temps, d'espace, de substance, de cause, de bien et de mal, et qui n'en fasse pas à tout instant l'application, fût-il incapable de donner la formule abstraite de la vérité qu'il conçoit et à laquelle il se soumet ? Ce qui est digne de remarque et ce qui achève de détruire l'objection des Pyrrhoniens, c'est que les notions premières, qui forment pour ainsi dire le lien des esprits, servent en même temps de règle à nos autres connaissances, et y marquent la limite que ne peut dépasser cette mobilité de jugement, que les observateurs superficiels supposent infinie.

Dans le cercle, encore si large, ouvert aux disputes des hommes, la divergence des opinions tient en grande partie à l'inégalité des lumières. Telle est la condition de l'intelligence : elle n'est pas incapable d'arriver à la vérité ; mais elle ne la découvre que lentement, au prix d'études patientes, d'efforts pénibles et de mécomptes inévitables. De là résulte entre les peuples comme entre les individus cette variété de goûts, d'idées et de croyances, qui ne saurait surprendre, qu'autant qu'on ne s'est pas rendu compte de la puissance de la civilisation et des lois qui président à son développement.

Les sceptiques ne triomphent pas moins des erreurs que des contradictions humaines, comme si nous n'avions aucun moyen de discerner le vrai du faux. Or, ces deux notions de la vérité et de l'erreur se confondent elles donc dans notre esprit ? Ne nous arrive-t-il pas tous les jours de dire : Ceci est faux, cela est vrai ? Quand nous nous sommes trompés, ne nous apercevons-nous pas de nos méprises ? Et comment pourrions-nous les redresser et corriger celles d'autrui, si notre intelligence était réduite à cet état d'impuissance que rêve le scepticisme ?

Sans doute, pour établir sa propre véracité, l'intelligence doit nécessairement invoquer le témoignage de ces facultés qu'il s'agirait précisément de justifier. Il semble ainsi qu'elle tourne dans un cercle, quand elle essaye de se prouver à elle-même qu'elle n'est pas le jouet d'une illusion: ; et que la science humaine ne se réduit pas à un enchaînement plus ou moins régulier d'images décevantes. Mais c'est à tort que les sophistes de tous les siècles ont triomphé de la misère apparente de cette condition. Toute vérité ne demande pas à être démontrée, et la légitimité de nos moyens de connaître est au premier rang de ces notions lumineuses qui sont supérieures à la démonstration.

Le scepticisme, après tout, sous quelque forme qu'on le présente, renferme une contradiction intolérable. Que soutiennent en effet ses défenseurs ? Que nous connaissons les choses en tant qu'hommes seulement ; qu'il peut se faire que nos facultés nous trompent ; que notre organisation venant à changer, rien ne prouve que nous ne verrions pas les choses d'une manière différente. Or, sous la forme d'une simple hypothèse, ces trois jugements ont au plus haut degré un caractère dogmatique ; ils reviennent à dire : Il est vrai, d'une vérité absolue, que la vérité absolue nous échappe.

Envisagé dans ses conséquences, le scepticisme entraînerait la ruine immédiate de toute science et de toute vertu, si jamais l'esprit de système pouvait effacer complètement chez aucun homme les instincts de la nature. Mais sans produire des résultats aussi pernicieux, le scepticisme rend l'âme indifférente à la vérité et au devoir. Il tarit par là tôt ou tard la source des efforts généreux, des nobles dévouements et de l'héroïsme. Selon les caractères et les positions, il a deux effets contraires : ou le découragement qui ne sait pas et qui ne veut pas agir ; ou la licence qui ne connaît pas de règle et qui se montre toujours prête à tout oser.

Être imparfait, l'homme doit se rappeler que la portée de sa raison est très courte, et que, malgré ses efforts et ses espérances, jamais ici-bas il ne saisira la vérité tout entière. Mais si notre science doit rester à jamais incomplète, gardons-nous de penser qu'elle soit illusoire. « Parmi les philosophes, disait Lactance, les uns ont prétendu qu'on pouvait savoir tout, ce sont des insensés ; les autres, que l'on ne pouvait rien savoir, ceux-là n'étaient pas plus sages : les premiers ont trop donné à l'homme, les seconds lui ont donné trop peu ; les uns et les autres se sont jetés dans l'excès. Où est donc la sagesse ? Elle consiste à ne pas croire que vous sachiez tout, ce qui n'appartient qu'à Dieu ; et à ne pas prétendre que vous ne savez rien, ce qui est le propre de la brute ; entre ces deux extrémités il y a un milieu qui convient à l'homme : c'est une science mêlée de ténèbres et comme tempérée par l'ignorance[1]. »

1. *De falsa sapientia*, III, 6, passage cité par M. de Frayssinous : *Conférences sur la religion*, t. I.

Discussion de l'idéalisme.

Il y a deux sortes d'idéalisme

Il y a un idéalisme qui consiste à chercher le principe de toute connaissance dans les pures idées de l'entendement, sans tenir compte des sens ni des données que nous leur devons. C'est l'idéalisme de Platon et des nombreux disciples que Platon a comptés dans la suite des âges ; c'est celui que Kant a développé dans plusieurs chapitres de la *Critique de la raison pure*, sous le titre d'*idéalisme transcendantal* ; c'est la doctrine entière de Hégel.

Ce sont là des spéculations de haute métaphysique auxquelles nous n'avons pas à nous arrêter ici.

Il y a un autre idéalisme, moins élevé et moins large, mais plus précis, qui se borne à récuser le témoignage de la sensation et à nier l'existence des corps. Tel est l'idéalisme que le philosophe anglais Berkeley a enseigné au commencement du dix-huitième siècle dans ses célèbres *Dialogues entre Hylas et Philonoüs*.

Suivant Berkeley, il existe des vérités si proches de nous et si faciles à saisir, qu'il suffit d'ouvrir les yeux pour les apercevoir, et au nombre des plus importantes est celle-ci : « que la terre et tout ce qui forme son sein, en un mot, tous les corps dont l'assemblage compose l'univers, n'existent point en dehors de notre intelligence. »

Berkeley avait été amené à cette conclusion par une théorie alors très répandue, à savoir que nous ne connaissons pas les objets matériels en eux-mêmes, mais par les idées qui nous les représentent. Cette théorie est à la fois la cause et l'excuse de l'erreur du philosophe anglais. Mais s'il y a une doctrine qui pénètre difficilement dans l'esprit des hommes, c'est assurément la négation audacieuse de la réalité du monde extérieur.

Elle constitue une sorte de scepticisme circonscrit qui effraye le sens comme autant et plus peut-être que tout autre. Nous ne pouvons pas plus douter de l'existence des corps que de la nôtre; pourquoi ? Parce que chacun de nos mouvements volontaires se heurte à des corps dont le contact détermine en nous la sensation de résistance. Si les corps qui nous entourent nous résistent, ils ne sont ni un néant ni une pure idée, et cette simple observation suffit pour renverser le système de Berkeley.

Berkeley, pieux prélat de l'Église anglicane, était animé des meilleures intentions du monde. Il se proposait d'en finir avec le matérialisme, et il ne voyait pas de plus sûr moyen de fortifier chez les hommes la croyance à la spiritualité de l'âme que de leur démontrer comment la matière n'existe pas. Mais l'événement trompa ses prévisions. Les doutes qu'il avait élevés contre la réalité de la substance matérielle furent étendus bientôt après par David Hume à la substance spirituelle. Celui-ci nia l'existence de l'âme comme Berkeley avait nié l'existence du corps. La négation de toute substance, en d'autres termes le nihilisme absolu fut proposé à la philosophie comme le dernier mot de la sagesse. C'est qu'une erreur en appelle une autre. *Abyssus abyssum trahit.* On ne divise pas l'homme, disait Royer-Collard : on ne fait pas au scepticisme sa part ; dès qu'il a pénétré dans l'entendement, il l'envahit tout entier.

CHAPITRE XXXI

Diverses conceptions sur la matière et la vie.

Le débat qui s'est élevé entre les philosophes sur la véracité de l'intelligence n'intéresse qu'eux-mêmes, et c'est pour l'École seule qu'il existe « un problème de la certitude »; pour le commun des hommes, dociles aux leçons du bon sens, le problème n'existe pas. Il n'en est pas de même des questions qui concernent la nature des êtres; la plupart excitent au plus haut degré la curiosité humaine. Environnés d'innombrables objets que nos yeux voient et que touchent nos mains, dont les uns ne sont, comme le minéral, qu'un amas de matière inanimée, dont les autres sont doués d'une vie plus ou moins intense, nous nous demandons : Qu'est-ce que la matière ? Qu'est-ce que la vie ? Qu'est-ce que l'homme lui-même, chez lequel, au-dessus de la matière et de la vie qu'il a en commun avec les autres animaux, brille la lumière de l'entendement, indice d'une nature spirituelle et d'une destinée qui se continue par delà le tombeau ? Quand la métaphysique aborde ces problèmes, elle ne se livre pas à un jeu d'esprit stérile; elle est en général d'accord avec le genre humain qu'un sentiment irrésistible a toujours poussé à les poser.

Diverses conceptions sur la matière.

La matière est la substance dont les qualités tombent sous les sens et qui est le fond de tous les corps. Il est d'ailleurs manifeste que les qualités sensibles, comme l'étendue, la couleur, la pesanteur, n'existent pas en dehors de la substance qui les possède, ni cette substance elle-même en dehors de ses qualités. Une matière dépourvue de toutes qualités et des qualités séparées de toute matière sont des abstractions de notre esprit, qui ne se trouveront jamais réalisées dans la nature.

Voici quelques-unes des questions qui s'élèvent au sujet de la matière.

1° Quelle est l'origine de la matière ? Les anciens philosophes croyaient à son éternité : très grave erreur, qui en a conduit un grand nombre à l'athéisme et au panthéisme. Nous croyons, pour notre part, comme la Bible l'indique, que la matière a été créée, de même que le reste du monde, par un acte libre de la puissance divine.

2° La matière est-elle la même dans toutes les parties de l'univers ? Il est téméraire de se prononcer d'une manière absolue sur une pareille question. Que savons-nous en effet de ce qui se passe au plus profond des cieux ? Il est à remarquer toutefois que l'expérience, dans les limites où elle peut avoir lieu, est favorable à l'affirmative. Les aérolithes, ou pierres tombées du ciel, qu'on a recueillis, sont en effet composés des mêmes éléments minéralogiques que les corps terrestres. Fait plus remarquable! les rayons lumineux réfléchis par des corps de différente nature, présentent des raies transversales de nuances diverses, on est arrivé à conclure de là, par une suite d'inductions ingénieuses, que le soleil et les étoiles renfermaient les mêmes métaux que notre globe.

3° La matière remplit-elle l'univers ? Ou à côté du *plein*, y a-t-il place pour le *vide* ? Leucippe, Démocrite et après eux Epicure enseignaient l'existence du vide sans lequel le mouvement, disaient-ils, ne serait pas possible. Les disciples de Descartes soutenaient que tout est plein, parce que, selon eux, l'étendue constitue la substance corporelle, et qu'il y a de l'étendue partout. Mais la définition que les cartésiens donnent du corps, on omet, comme nous le verrons bientôt, un élément essentiel, la force; et, d'un autre côté, le mouvement ne suppose pas nécessairement le vide absolu rêvé par Epicure; il peut se faire à travers cet air raréfié que les modernes appellent l'*éther*.

4° La matière est-elle divisible à l'infini? Délicate question sur laquelle on a soutenu la négative et l'affirmative par des arguments d'égale force. La matière, disent les uns, est étendue; en tant qu'étendue elle est divisible en parties, et chacune de ses parties est divisible à son tour d'une manière indéfinie. Les corps sont composés, disent les autres, et tout composé suppose des éléments simples, qui par cela seul qu'ils sont simples n'ont point de parties et ne sont pas divisibles. La querelle a commencé avec Leucippe et Démocrite, inventeurs de la théorie des atomes renouvelée par Epicure et chantée par Lucrèce, et elle se continue encore de nos jours. Aussi a-t-elle été été signalée par Kant comme une des *antinomies* ou contradictions dans lesquelles tombe, suivant lui, la raison, quand elle prétend connaître la nature des choses.

5° Quelle est l'essence de la matière? Deux opinions principales partagent à cet égard les philosophes. Pour les uns, au premier rang desquels est Descartes, les propriétés essentielles de la matière peuvent se ramener à l'étendue: et par les lois du mouvement une première fois appliqué par le bras du Créateur à la masse étendue, il est possible d'expliquer la formation de l'univers et tous les phénomènes qui s'y produisent. Leibniz pensa que cette explication purement mécanique était insuffisante, et que le fond de la substance corporelle était, non pas l'étendue, mais la force. Il fut par là conduit à se représenter la matière comme un agrégat d'éléments simples et actifs auxquels il donnait le nom de *monades*, du mot grec μονάς, qui veut dire unité. Suivant lui, c'est par l'activité propre des monades que s'est formé et que se perpétue le monde. Une cosmologie *dynamique* dans laquelle l'idée de force (δύναμις) dominait, prit ainsi la place du mécanisme cartésien. Quelle que soit la simplicité du système de Descartes, il est constant que la doctrine de Leibniz est supérieure ; car elle est plus complète et ne méconnaît pas l'activité intime, essentielle, dont la matière est douée.

Diverses conceptions sur la vie.

Mais les conceptions métaphysiques sur la matière n'égalent pas en intérêt celles qui ont pour objet la vie.

Qu'est-ce que la vie, et comment ce qui vit se distingue-t-il de ce qui ne vit pas ? Nous observons facilement les signes par lesquels la vie se manifeste ; c'est la sensation et le mouvement auxquels chez l'homme s'ajoute la pensée : c'est un ensemble d'organes plus ou moins complet. Mais connaître les manifestations de la vie, ce n'est pas la connaître en elle-même ; ce n'est pas savoir en vertu de quel principe caché l'animal, la plante elle-même se distingue du minéral.

La plus ancienne théorie de la vie est celle d'Aristote. Il place le principe de la vie dans ce qu'il appelle l'*entéléchie*, c'est-à-dire dans l'âme, distinguant plusieurs espèces d'âmes, l'âme végétative, l'âme sensitive, l'âme intellectuelle. Il dit que « l'âme est l'entéléchie première d'un corps organisé » : formule obscure pour qui ne connaît pas la langue du péripatétisme, mais qui revient à dire que l'âme, quelle qu'elle soit, est le principe même qui anime et vivifie le corps auquel elle est unie. Chez l'homme l'âme n'est donc pas seulement une force ayant conscience d'elle-même ; en dehors des opérations qu'elle se sent accomplir, elle en accomplit d'autres qu'elle ignore et qui n'en relèvent pas moins de ses puissances propres : ce sont toutes celles dont se compose la vie organique et qui ont leur source dans les énergies diverses dont l'âme est douée.

Saint Thomas d'Aquin adopta sur ce point, comme sur beaucoup d'autres, le sentiment d'Aristote. Suivant lui, l'âme ne procède pas de la matière; elle appartient, comme Dieu et les anges, à l'ordre des intelligences; mais bien qu'elle soit dégagée de tout lien avec la matière, elle est destinée à vivre en commerce avec la matière; en tant qu'elle est unie au corps, toutes les opérations corporelles, sensation, mouvement, nutrition, relèvent d'elle au même titre que la pensée.

Cette théorie de la vie ne pouvait pas se maintenir après que Descartes eut fait consister l'essence de l'âme dans la pensée, l'essence du corps dans l'étendue, et qu'il eut établi un antagonisme absolu entre les deux substances et les deux vies dont se compose l'être de l'homme. Cependant elle fut reprise dès le commencement du dix-huitième siècle par un médecin allemand Stahl. Elle est connue en médecine et en philosophie sous le nom d'*animisme*, à raison même du rôle qu'elle attribue à l'âme dans le fait de la vie.

D'autres médecins, nourris d'études philosophiques et appartenant pour la plupart à la Faculté de médecine de Montpellier, distinguent deux vies dans l'homme, la vie intellectuelle et la vie organique. La vie intellectuelle qui relève de l'âme, est celle dont nous avons conscience : elle s'étend aussi loin et ne va pas au delà. Tous les faits de la nature humaine que la conscience n'atteint pas dépendent d'un principe autre que l'âme, lequel a reçu le nom de principe vital. C'est au principe vital qu'il faut rattacher la circulation du sang, par exemple, et les autres fonctions de la vie organique. Cette doctrine s'appelle le *vitalisme*.

Le principe vital, pas plus que l'âme elle-même, ne tombe sous les sens; il n'est ni visible, ni tangible. Ceux qui prétendent tout ramener à la sensation ne pouvaient donc on admettre l'existence, ils ne devaient y voir autre chose qu'une hypothèse chimérique. Selon eux, la vie est une propriété particulière de la matière organisée, ou le résultat de l'action des organes. Ce n'est pas assez de dire que les organes sont les instruments de la vie; ils en sont l'origine et la cause de même que le siège. Telle est la théorie de l'*organicisme* qui en ce siècle a eu quelque renom à la Faculté de médecine de Paris. Elle se réduit à un pur matérialisme.

Ces doctrines de la vie dont les unes écartent l'âme, comme un rouage inutile, dont les autres lui attribuent un rôle jusque dans les phénomènes de l'organisme, ne sauraient être appréciées, si on n'a pas une opinion arrêtée sur la nature de l'âme. Nous sommes donc amené à en faire une étude approfondie. Aucun sujet n'est plus digne de l'attention du métaphysicien.

CHAPITRE XXXII

L'ESPRIT. — MATÉRIALISME ET SPIRITUALISME

Unité du principe des phénomènes de conscience.

Lorsque Descartes, voulant asseoir la philosophie sur un fondement solide, eut banni de son esprit toutes les notions qui lui paraissent douteuses, le premier fait indubitable auquel il s'arrêta fut celui de sa pensée. Mais il remarqua tout aussitôt que la pensée implique clairement l'existence du sujet pensant, et il posa comme point de départ de la science humaine cet enthymème célèbre : *Je pense, donc je suis.*

Nous ne pouvons en effet ni connaître, ni sentir, ni vouloir, sans rapporter ces opérations et les facultés qui les déterminent, à un principe, être ou substance, qui est le centre de la vie intellectuelle. Comme on ne conçoit pas la figure, le mouvement et les autres qualités matérielles, indépendamment des corps qui sont figurés, mobiles, savoureux, sonores, etc., de même une sensation, un souvenir, une volition, ne sont plus rien, lorsqu'on les détache de l'être qui sent, qui se souvient et qui veut.

Ce qui n'est pas contestable, c'est l'unité de ce principe.

Les phénomènes de la vie psychologique sont multiples, mais le principe de cette vie est unique. Nous sentons clairement que la pensée n'est pas la propriété d'une partie, le sentiment d'une autre, la volonté d'une troisième, mais que toutes ces opérations, toutes ces facultés appartiennent à la même substance.

Le raisonnement, ici comme partout, vient à l'appui du sens intime. Si l'âme n'était qu'un assemblage de parties divisibles, on ne s'expliquerait ni le concert merveilleux de nos facultés, l'harmonie que leur développement présente, ni même certaines opérations isolées, telles que la comparaison et le jugement. La comparaison suppose un centre où se réunissent les idées à comparer ; tout jugement, un arbitre qui le prononce.

La sensation elle-même implique l'unité du sujet qui sent. Les physiologistes ont constaté, par exemple, que le nerf optique et le nerf auditif se partagent en une quantité innombrable de fibres microscopiques dont chacune répond à une nuance, pour ainsi dire infinitésimale, ou de son ou de couleur. Comment sont recueillies, coordonnées, toutes fondues en une perception unique ces milliers de perceptions partielles ? Il faut de toute évidence pour opérer ce travail un sujet qui soit essentiellement simple et un.

Le moi, l'âme, l'esprit.

Mais ce sujet quel est-il ? C'est nous-mêmes.

Chacun de nous se reconnaît dans le principe duquel relèvent les phénomènes de conscience. Tous ne présentent pas les mêmes caractères et n'ont pas la même origine. Les uns, comme la sensation, procèdent du dehors et s'imposent à nous malgré nous : les autres sont le produit d'un effort de notre volonté. Mais ils ont tous cela de commun qu'ils impliquent l'existence d'un sujet qui est nous-mêmes. A ce point de vue ils sont tous nôtres : c'est nous qui savourons, qui jugeons, qui voulons, qui ressentons tour à tour la tristesse et la joie, la douleur et le plaisir, la crainte et l'espérance ; c'est pourquoi ce principe se nomme le *moi*, comme il est appelé aussi l'*âme* ou l'*esprit*. Les trois termes *moi, âme, esprit,* sont donc synonymes, bien que généralement, celui d'*âme* désigne plus spécialement l'être spirituel considéré d'une manière abstraite ; celui de *moi*, l'être spirituel prenant connaissance de lui-même ; celui d'*esprit*, l'être spirituel en tant qu'il a pour essence la pensée et qu'il est distinct du corps.

Le *moi*, l'*âme*, l'*esprit* possède une activité essentielle dont le sentiment se confond avec celui de l'existence. Exister, pour nous, c'est agir. Le fond de notre être n'est pas la simple pensée, comme Descartes l'a cru à tort, mais l'action, ainsi que l'a vu Leibniz. Non pas que l'âme puisse être confondue avec les forces aveugles qui existent dans la nature et qui président aux actions et réactions que les corps nous présentent. Elle se connaît elle-même et par là elle se distingue du reste des créatures qui s'ignorent. C'est à juste titre qu'on l'a définie une force qui a conscience de soi et qui se possède, *vis sui conscia, vis sui compos*.

Ce qu'on entend par la personnalité de l'âme.

Par la connaissance intime et par le gouvernement de son énergie propre, l'âme sort de la classe des choses et s'élève au rang des personnes. Sa *personnalité* résulte précisément de ce qu'elle se connaît et se possède. Le minéral et le végétal s'ignorent eux-mêmes. L'animal sans doute n'est pas dépourvu d'une sensibilité obscure ; mais comme il ne réfléchit pas sur ce qu'il sent, et que pour lui tout se réduit à de confuses impressions, il n'a pas à proprement parler de personnalité. L'âme seule, ici-bas, possède une existence personnelle, parce que 1° elle a la conscience réfléchie de ses actes ; 2° elle les ordonne en vue des fins qu'elle s'est elle-même proposées. Elle se distingue par là de tous les objets qui l'environnent. L'univers se trouve ainsi partagé à ses yeux en deux grandes divisions qu'elle ne confondra jamais, le *moi* et le *non-moi*.

Voilà un premier aperçu par lequel nous avons pu nous convaincre de l'existence de l'âme; nous avons maintenant à étudier plus à fond sa nature.

La nature de l'âme est-elle la même que celle du corps? Se confond-elle avec le corps? Ou bien l'âme a-t-elle une existence à part? Est-elle un être *sui generis*, qui par essence diffère des organes auxquels il est uni?

Suivant qu'on répond à cette dernière question par l'affirmative ou par la négative, on se déclare défenseur ou adversaire de la spiritualité de l'âme.

La spiritualité de l'âme en effet consiste en ce que l'âme est une substance distincte du corps, qui n'est pas, comme le corps, matérielle, c'est-à-dire étendue, solide colorée, etc., mais spirituelle, c'est-à-dire pensante.

Démonstration de la spiritualité de l'âme.

Afin d'établir la spiritualité de l'âme, nous avons d'abord à considérer deux attributs qui lui sont essentiels, la *simplicité* et l'*identité*.

1º L'âme est *simple*, c'est-à-dire, sa substance n'est pas formée, comme la matière, de parties susceptibles d'être séparées; elle est une, indivisible.

Qu'y aurait-il de plus absurde que de supposer, par exemple, plusieurs *moi*, rangés à droite ou à gauche, comme le sont les molécules d'un corps, ou que d'établir des divisions dans le moi, d'imaginer une moitié, un quart de personne, comme on dit la moitié, le quart d'un fruit?

2º L'âme est *identique*, c'est-à-dire, sa substance ne change pas; elle est aujourd'hui ce qu'elle était hier, elle sera demain ce qu'elle est aujourd'hui.

La certitude de l'identité est due à la conscience et à

la mémoire. La première de ces facultés nous dit ce que nous sommes dans le présent ; la seconde nous rappelle ce que nous avons été dans le passé ; et, comparant ces deux témoignages, nous découvrons certainement que nous sommes restés ce que nous étions.

Nos facultés se développent sans doute ; nos idées varient ; nos goûts changent ; notre conduite présente des contradictions singulières ; mais, au milieu de ces vicissitudes du caractère et de la conduite, la personne humaine ne s'altère ni ne se transforme. L'enfant se retrouve dans le jeune homme, l'homme fait dans le vieillard. A la fin de la plus longue carrière, nous sommes, nous nous reconnaissons, les mêmes qui soixante ou quatre-vingts ans auparavant, commencions à marcher, à parler, à écrire.

Mais que conclure de la connaissance des attributs essentiels du moi, sinon cette vérité importante, obscurément sentie par tous les hommes, à savoir, que l'âme est distincte du corps ?

Le corps n'est pas simple ; il est composé de parties agrégées entre elles par une force inconnue. On dit sans doute : *un corps*, comme on dit : *une âme* ; mais cette unité du corps est purement nominale ; elle n'appartient pas à sa substance, qui est multiple.

Le corps n'est pas identique ; il ne fait que changer. C'est un point établi en physiologie qu'à des périodes marquées la substance de nos organes s'est entièrement renouvelée. Les molécules qui la composaient à un moment, sont bientôt remplacées par de nouvelles molécules que d'autres chasseront à leur tour. Cette mutation continuelle de la matière a donné lieu, de la part d'habiles observateurs, à de curieuses expériences, qui ont permis de la suivre en quelque sorte jour par jour dans le développement des os [1]. La forme générale de l'orga-

---

1. Dans un excellent ouvrage, *De la vie et de l'intelligence*, Paris,

nisation offre seule un élément de permanence qui contraste avec la mobilité des parties destinées à recevoir son empreinte.

Enfin, le corps a un certain degré d'activité; mais il n'est pas actif par lui-même, et, à plus forte raison, il n'est pas libre. Il n'a pas l'initiative du mouvement, et quand il l'a reçu et qu'il le communique, son action est encore aveugle et fatale.

Or, l'âme est une, identique, maîtresse de ses opérations; donc l'âme n'est pas le corps. Car comment confondre la simplicité avec la composition, ce qui ne

---

1856, in-12, p. 16 et 17, M. Flourens résume ainsi ces belles expériences : « J'ai entouré l'os d'un jeune pigeon d'un anneau de fil de platine. Peu à peu, l'anneau s'est recouvert de couches d'os, successivement formées ; bientôt l'anneau n'a plus été à l'*extérieur*, mais au *milieu* de l'os; enfin il s'est trouvé à l'*intérieur* de l'os, dans le *canal médullaire*. Comment cela s'est-il fait? Comment l'anneau, qui d'abord recouvrait l'os, est-il à présent recouvert par l'os? Comment l'anneau, qui, au commencement de l'expérience, était à l'*extérieur* de l'os, est-il à la fin de l'expérience dans l'*intérieur* de l'os ? C'est que tandis que, d'un côté, du côté externe, l'os acquérait les couches nouvelles qui ont recouvert l'anneau, il perdait, de l'autre côté, du côté interne, ses couches anciennes qui étaient résorbées. En un mot, tout ce qui était os, tout ce que recouvrait l'anneau, quand j'ai placé l'anneau, a été résorbé; et tout ce qui est actuellement os, tout ce qui recouvre actuellement l'anneau, s'est formé depuis : toute la matière de l'os a donc changé pendant mon expérience.

« J'ai placé une petite lame de platine sur le périoste d'un os long. Peu à peu cette lame de platine a été recouverte de couches osseuses comme l'avait été l'anneau. Elle était d'abord à l'extrémité de l'os ; elle s'est trouvée ensuite au milieu; elle s'est trouvée à la fin dans l'intérieur de l'os, dans le *canal médullaire*. Le prodige de l'anneau, d'abord *extérieur* et puis *intérieur*, s'est renouvelé. L'os qui primitivement était *sous* la lame est maintenant *sur* la lame : ou plus exactement, plus nettement, tout un *os ancien* a disparu ; et il s'est formé tout un *os nouveau*. L'os qui existe aujourd'hui n'est pas celui qui existait quand on a mis la lame, il s'est formé depuis, et l'os qui existait alors n'est plus; il a été résorbé. Tout l'os, toute la matière de l'os change donc pendant qu'il s'accroît.... Un os qui se développe n'est pas un seul os; c'est une suite d'os qui se remplacent et se succèdent. »

change pas avec ce qui varie sans cesse, la substance active et libre qui répond de ses actes, parce qu'ils émanent volontairement d'elle, avec la substance fatalement déterminée ou au repos ou à l'actio ?

Descartes arrivait à la même conclusion par la seule analyse des idées que nous avons de l'esprit et de la matière. Qu'est-ce, en effet, que l'esprit? « C'est une chose qui pense, répond Descartes[1], c'est-à-dire une chose qui doute, qui entend, qui affirme, qui nie, qui veut, qui ne veut pas, qui imagine aussi et qui sent. » Et qu'est-ce que la matière? C'est une chose étendue, résistante, figurée, mobile, sonore, etc. Quoi de plus différent que ces propriétés? Qu'y a-t-il de commun, par exemple, entre la pensée et la couleur, entre le son et le plaisir, entre l'étendue de cette masse organisée que j'appelle mon corps, et la résolution que j'ai prise tout à l'heure de recueillir les preuves de la spiritualité de l'âme? Nous ne connaissons les substances que par leurs propriétés. Si donc les propriétés du corps diffèrent de celles de l'âme, si l'analyse ne découvre aucune ressemblance entre elles, l'âme est une substance distincte du corps, l'âme est une substance spirituelle.

Discussion des systèmes qui nient la distinction de l'âme et du corps. Matérialisme, Positivisme.

Bayle, le sceptique Bayle, reconnaissait que les preuves qui établissent la spiritualité de l'âme ont toute la rigueur des démonstrations de la géométrie ; et cependant cette évidente vérité a été méconnue par une école célèbre qui, ramenant tout à la matière, a été justement appelée matérialiste : c'est l'école d'Epicure et de Lucrèce, dans l'antiquité; de Hobbes, Collins, d'Holbach, Lamettrie, Cabanis et Broussais, dans les temps mo-

---

[1] *Méditations*, II°.

dernes. Elle a été dans ces dernières années ressuscitée au delà du Rhin par MM. Buchner et Moleschott, dont les ouvrages ont eu un triste retentissement.

N'est-ce pas aussi au matérialisme qu'il faut rattacher les doctrines de ceux qui se disent *positivistes?* Ils font profession de ne pas savoir ce que sont en elles-mêmes les substances et les causes, de n'affirmer ni l'existence de la matière, ni celle de l'esprit ; de ne s'occuper que des faits qui tombent sous l'observation ; mais comme ils n'observent, ne voient et n'admettent que les faits matériels, comme les opérations de la pensée se ramènent pour eux aux impressions du cerveau, il est manifeste qu'ils aboutissent aux mêmes conclusions que Lucrèce, Lamettrie et Cabanis, et que leur doctrine équivaut au matérialisme. Il suffira donc pour les réfuter de discuter les motifs généraux sur lesquels repose tout ce système.

1° La plus ancienne et la principale objection du matérialisme est que l'âme se développe avec le corps et participe à tous ses changements ; qu'elle est pleine de faiblesse chez l'enfant et le vieillard ; pleine de force dans l'âge mûr ; vive et alerte dans la santé, inerte et comme affaissée dans la maladie. Comme le chante Lucrèce, dans ces vers fameux, qui nous paraîtraient plus beaux, si la philosophie qui les a inspirés était moins triste et moins fausse :

> Gigni pariter cum corpore, et una
> Crescere sentimus, pariterque senescere mentem.
> Nam velut infirmo pueri teneroque vagantur
> Corpore, sic animi sequitur sententia tenuis :
> Inde ubi robustis adolevit viribus ætas,
> Consilium quoque majus, et auctior est animi vis.
> Post, ubi jam validis quassatum est viribus ævi
> Corpus, et obtusis ceciderunt viribus artus,
> Claudicat ingenium, delirat linguaque mensque ;
> Omnia deficiunt, atque uno tempore desunt.

Sans doute l'âme unie au corps suit en général son

état, et subit le contre-coup des changements qui affectent l'organisation. Mais cette loi ne souffre-t-elle pas de nombreuses exceptions? Est-il rare de rencontrer des enfants chez qui l'intelligence a devancé le développement physique et qui, dans un corps frêle, ayant des organes à peine formés, montrent une sagacité supérieure à leur âge. De même, ne voit-on pas des vieillards conserver, jusque sous les ruines du corps, une sérénité, une vigueur, une jeunesse d'esprit incomparable, qui triomphe des années et de la maladie ?

Sans invoquer ces exemples si fréquents, où éclate la vertu propre de l'âme, c'est une vérité d'expérience, que les mêmes causes peuvent agir de la manière la plus opposée sur le principe intelligent et sur l'organisation. Une nouvelle bonne ou mauvaise jettera, par exemple, notre âme dans l'agitation la plus violente. Qu'est-elle, cependant, pour les organes, cette nouvelle qui nous trouble si fort ? Un léger bruit qui a faiblement ébranlé une membrane.

2º Vainement on nous opposerait que nos opérations intellectuelles sont toujours accompagnées d'un certain mouvement des organes, et que pas un fait de conscience, pas un sentiment, pas une pensée n'échappe à cette condition Admettons, si l'on veut, la vérité de cette loi ; toujours est-il qu'entre les phénomènes de l'organisation et ceux de la pensée il existe, comme nous le faisions remarquer dès les premières pages de cet ouvrage, des différences tellement marquées, qu'il ne sera jamais possible de ramener les premières aux secondes, ni de les rattacher au même principe. Que le physiologiste, aidé du scalpel et du microscope, fasse le dénombrement de toutes les fibres qui composent le corps humain; qu'il note la vibration de ces fibres ; qu'il découvre la correspondance établie par le Créateur entre chacun de leurs mouvements et chacune de nos pensées, il restera encore à expliquer comment le second fait succède au premier, comment une vibration se transforme en un sentiment de plaisir ou de peine, de crainte ou d'amour, en un jugement, en une détermination volontaire. Ce sont là manifestement des faits qui ne sont pas connus de la même manière, et qui n'ont pas la même nature que les phénomènes physiologiques; ils attestent au dedans de nous l'existence d'un principe spirituel.

3° Dirons-nous que le cerveau est l'agent de la pensée, qu'il est la substance pensante? Ainsi le prétendent quelques physiologistes; et le médecin Cabanis, dans son ouvrage célèbre sur les rapports du physique et du moral de l'homme, a écrit ces phrases malheureuses, qui lui ont été souvent reprochées à juste titre : « Les impressions, en arrivant au cerveau, le font entrer en activité, comme les aliments, en tombant dans l'estomac, l'incitent à la sécrétion plus abondante du suc gastrique, et aux mouvements qui favorisent leur propre dissolution... Le cerveau digère en quelque sorte les impressions : il fait organiquement la sécrétion de la pensée. » Ne nous arrêtons ni à l'impropriété du langage, quoique le bon sens proteste contre l'emploi abusif de pareilles expressions pour désigner les opérations de l'intelligence, ni aux contradictions des physiologistes qui ne s'entendent pas sur les conditions cérébrales de la pensée, qui ne savent pas si elle dépend du volume du cerveau, ou de son poids, ou de sa forme, ou du nombre et de la profondeur de ses plis, ou de sa composition chimique. Allons au fond des choses: ne pourrait-il pas se faire que le cerveau fût l'organe de la pensée, comme l'oreille est l'organe de l'ouïe, comme la main est l'instrument dont nous nous servons pour saisir les objets, sans que le cerveau fût la substance elle-même qui pense? Le cerveau comme toutes les autres parties du corps, est un simple agrégat de molécules qui se renouvellent successivement. Il ne possède donc ni l'unité ni l'identité; il participe aux qualités générales de la matière, étendue, couleur, impénétrabilité, etc., et il n'a aucune de celles qui distinguent l'esprit. Comment après cela pourrait-il être le sujet pensant?

4° Au siècle dernier le matérialisme objectait que nous ne connaissons pas toutes les propriétés de la matière; que, nous fussent-elles connues, Dieu, par un acte de sa toute-puissance, pourrait avoir accordé au corps la faculté de penser. C'est Locke surtout dont l'inopportune circonspection a donné du poids à ce doute mal fondé. En effet, il implique contradiction que la pensée appartienne à un sujet étendu, c'est-à-dire composé et changeant, puisqu'elle suppose l'unité et l'identité du sujet qui pense. Or Dieu ne fait pas ce qui implique contradiction. Il ne fait pas, par exemple, qu'un cercle ait ses rayons inégaux, ni que la ligne droite soit le plus long chemin d'un point à un autre. De même, il ne saurait introduire dans la matière un élément spirituel qui serait la négation de toutes ses propriétés essentielles.

5° Mais peut-être l'âme n'est-elle que l'effet de l'organisation, la résultante des fonctions du corps, la forme finale qu'elles déterminent et qui s'en détache, pareille à une harmonie que mille sons concourent à former, et qui, ne se confondant avec aucun d'eux, les surpasse tous par sa beauté et par son charme. C'est l'opinion que soutenait en Grèce le matérialiste Aristoxène, à la fois philosophe et musicien, qui portait dans la métaphysique, nous dit Cicéron, de maladroites réminiscences de sa profession. Mais l'hypothèse était plus ancienne que lui, et nous la trouvons déjà chez Platon qui la réfute par la bouche de Socrate, avec son enjouement et son sens habituels. Qu'est-ce en effet que l'harmonie? Est-ce donc un être, une substance une, simple, identique? Conçoit-on une harmonie douée de conscience et capable de connaître qu'elle est aujourd'hui ce qu'elle était hier, une harmonie qui sent, qui pense et qui veut, qui se met en lutte avec les propres éléments dont elle est composée, avec les sons et les instruments qui lui donnent naissance ? Voilà cependant l'absurde chimère dans laquelle certains écrivains de nos jours prétendent reconnaître l'âme vivante, principe substantiel de la personnalité. N'est-ce pas se jouer que de proposer de pareilles métaphores, ou plutôt de pareils non-sens, comme le dernier mot de la science de l'homme ?

6° Une dernière objection s'élève contre le spiritualisme. Nous ne connaissons pas l'âme en elle-même, disent Kant et ses modernes disciples ; nous ne saisissons d'elle que ses manifestations extérieures ; qu'est-elle en soi ? Nous l'ignorons, et par conséquent nous n'avons pas le droit de dire qu'elle est esprit, ni qu'elle est corps. Ainsi l'âme, aux yeux de ces philosophes, n'aurait qu'une existence phénoménale ; elle serait un pur phénomène. Mais cette conclusion sceptique est en contradiction manifeste avec le témoignage de la conscience. Ou les termes d'*être* et de *substance* n'ont pas de sens, ou l'âme est pour la conscience, non pas le mode apparent d'un substratum invisible, mais une réalité substantielle, un être un et identique. On conteste la portée de l'observation phychologique ; on soutient que les lumières de la conscience ne suffisent pas, et qu'un entendement supérieur au nôtre, pouvant saisir l'âme en dehors de ses manifestations, la verrait tout autre qu'elle nous apparaît. Mais comment justifier ce doute arbitraire ? Comment nous persuader que nous ne sommes pas ce que nous croyons être, que les perceptions les plus claires de la conscience sont une illusion, et que la certitude qu'elle nous donne est mensonge ? La subtilité d'un sophiste peut essayer de donner un corps à ces vaines imaginations ; mais elles se dissipent sous le regard du philosophe qui se replie sur lui-même, et qui s'observe simplement sans esprit de système et sans prévention. Il se peut que nous ne connaissions pas la nature de l'âme tout entière ; mais ce que nous n'en connaissons pas ne saurait contredire ce que nous en savons d'une manière certaine. Suivant l'expression énergique de Maine de Biran[1], « je ne puis être dans l'absolu le contraire de ce que je suis pour moi-même. »

Opinions diverses sur l'union de l'âme et du corps

Mais puisque l'âme est distincte du corps, en quoi consiste son union avec le corps, cette union d'où résulte notre vie terrestre? Comment expliquer que deux substances de nature si dissemblables aient pu être liées étroitement l'une à l'autre, de manière à former ce sujet vivant, qui n'est ni un esprit, comme l'ange, ni un composé de matière, comme la brute, mais qui participe à la fois de la matière et de l'esprit, et qui s'appelle l'homme? C'est là un point qui a vivement préoccupé la plupart des philosophes modernes, Descartes, Malebranche, Spinosa, Leibniz, Euler, etc.

Selon Descartes et ses disciples, l'âme et le corps, par un dessein très sage de la Providence, suivent dans tout le cours de la vie deux lignes toujours parallèles, et cependant leur nature les rend comme étrangers l'un à l'autre. L'âme, qui n'est que pensée, n'agit pas sur le corps; le corps, qui n'est qu'étendue, n'agit pas sur l'âme; les corps n'agissent pas entre eux; mais Dieu modifie l'âme à la suite des mouvements du corps, et il donne le mouvement au corps à la suite des volontés de l'âme. Chaque substance est donc moins la cause efficace que l'occasion des modifications qui s'opèrent dans l'autre substance. Voilà pourquoi la théorie cartésienne a été appelée par les historiens l'hypothèse des *causes occasionnelles*.

Suivant Leibniz, le corps et l'âme, tout en conservant

---

1. Cité par M. J. Gérard, *Maine de Biran*, etc., p. 448.

leur vie propre, ont été disposés de manière à éprouver des modifications qui se correspondent, à peu près comme deux horloges bien réglées, qui marqueraient constamment les mêmes heures. Cette harmonie date de plus haut que le monde ; elle a son fondement dans les pensées de l'intelligence divine ; elle est, suivant l'expression de Leibniz, *préétablie*.

D'autres, comme le philosophe anglais Cudworth, ont imaginé une substance intermédiaire entre l'âme et le corps, nommée *médiateur plastique*, et dont le rôle consistait à unir l'esprit et la matière, en participant à la nature de tous les deux.

Une théorie plus vulgaire est celle de l'*influx physique*, qui admet l'action directe du corps sur l'âme et de l'âme sur le corps. C'est l'opinion que le mathématicien Euler avait adoptée.

Tous ces systèmes soulèvent de graves objections.

Comment concilier l'hypothèse des causes occasionnelles et celle de l'harmonie préétablie avec le sentiment de notre activité personnelle, avec l'expérience journalière de l'empire que l'homme exerce sur la nature, et que la nature elle-même possède sur l'homme ? Qui nous persuadera, quand nous étendons le bras, que nous ne sommes pas la cause efficiente de ce mouvement, ou quand une pierre nous a heurtés, que la douleur que nous ressentons, n'est pas l'effet immédiat du choc ?

Le médiateur plastique de Cudworth multiplie sans nécessité, et de la manière la plus arbitraire, les éléments de la nature humaine.

La doctrine de l'influx physique est moins éloignée qu'une autre du sens commun ; elle ne met pas la liberté humaine en péril, comme l'hypothèse des causes occasionnelles ou celle de l'harmonie préétablie ; mais elle se borne à énoncer le fait sans en fournir l'explication.

La crainte des écueils que le spiritualisme cartésien

rencontra quand il entreprit d'expliquer l'union de l'âme et du corps, a ramené beaucoup de bons esprits à la doctrine d'Aristote et de saint Thomas, que nous avons fait connaître en exposant les diverses conceptions sur la vie. Un groupe de philosophes qui s'accroît de jour en jour, pense que cette doctrine contient la vraie solution du problème de l'union de l'âme et du corps ; que l'âme est à la fois le principe de la vie intellectuelle et de la vie matérielle ; que le corps se réduit à un assemblage de molécules qui reçoivent de l'âme leur organisation et leur vie. Le rôle de la science de l'homme se réduirait dès lors à fixer les lois d'après lesquelles les modifications de la partie spirituelle et de la partie matérielle de nous-mêmes s'accompagnent et se suivent réciproquement.

Nous inclinons vers cette solution sans oser la donner comme définitive. Peut-être l'union de l'âme et du corps doit elle rester pour la métaphysique un fait mystérieux, comme tant d'autres faits qui touchent aux conditions secrètes de l'existence.

Qu'importe après tout que l'ignorance où nous sommes sur ce point déconcerte la curiosité des philosophes? La connaissance de la seule chose qu'il nous importe de savoir ne nous a pas été refusée par la Providence, puisque nous pouvons nous démontrer à nous-mêmes que tout notre être ne consiste pas dans le corps, mais que nous sommes essentiellement une force une et identique, douée d'intelligence et de liberté. Que faut-il de plus pour affirmer que nous possédons une âme spirituelle, que nous sommes un *esprit* uni à un corps?

CHAPITRE XXXIII

DIEU : SON EXISTENCE ET SES ATTRIBUTS.

Cette partie de la métaphysique qui a pour objet la connaissance de Dieu, se nomme la *théodicée*, des deux mots grecs Θεός, Dieu, et δική, justice, parce que les questions relatives à la justice de Dieu y occupent la plus grande place.

La théodicée a une double tâche : 1° développer les preuves de l'existence divine ; 2° exposer les attributs divins et défendre la Providence contre les objections que soulève l'existence du mal. Nous traiterons successivement ces deux points.

Démonstration de l'existence de Dieu.

L'idée de Dieu n'est pas une de ces notions artificielles et pour ainsi dire fortuites que l'intelligence élabore et crée elle-même, soit qu'elle en puise les matériaux dans l'observation de la nature, soit qu'elle les dégage peu à peu d'autres idées à l'aide du raisonnement. Sans une lumière supérieure, comment le spectacle du monde, où l'imperfection éclate de toutes parts, aurait-il eu le pouvoir de nous révéler l'essence parfaite et infinie de Dieu? Ou bien, par quel enchaînement de théorèmes péniblement déduits aurions-nous pu faire une si haute découverte, et en quelque sorte inventer nous-mêmes le premier dogme de la religion? Le raisonnement part de prémisses d'où il tire la conclusion ; or, quelles sont les prémisses d'où l'esprit humain, avec ses facultés nues, aurait fait sortir, par voie de conséquence, la vérité de l'Être divin? Dieu n'est-il pas l'objet le plus élevé et le plus vaste qui s'offre à la pensée? Et y a-t-il dans l'entendement une autre idée qui contienne la notion de l'infini, de la perfection et de l'éternité, et qui produise cette notion féconde sous l'effort de la réflexion et du génie? Posons comme indubitable que si Dieu ne s'était pas fait connaître à nous en gravant son idée au fond de notre esprit, nous ne l'aurions jamais connu, et que ni la vue des merveilles de l'univers, ni les spéculations abstraites des philosophes n'auraient dissipé cette ignorance radicale et invincible.

Mais si la notion de la Divinité est en germe dans l'esprit humain avant l'expérience et la réflexion, si elle est innée, la réflexion contribue à l'affermir et à la développer, en la rattachant aux autres faits de la nature et de l'humanité. C'est en cela que consiste le travail de la philosophie, lorsqu'elle entreprend de démontrer l'existence de Dieu et d'étudier ses perfections. Les arguments que tant de philosophes ont donnés en faveur de ces vérités, ne sont pas sans doute l'origine des croyances religieuses ; mais ils font voir que ces croyances sont mêlées si étroitement à toutes les conditions de la pensée, à tout le développement de l'intelligence, qu'il faut les admettre comme véritables, ou bien renoncer aux notions les plus évidentes, se renier pour ainsi dire soi-même, et tomber dans un doute universel et absolu.

Il y a plusieurs manières de classer les preuves de l'existence de Dieu. Tantôt on les divise en preuves physiques, métaphysiques et morales, d'après la nature des vérités sur lesquelles on les fonde ; tantôt on distingue des preuves *a posteriori*, ou tirées de l'expérience, et des preuves *a priori*, ou tirées de la raison ; tantôt enfin on suit l'ordre des conceptions rationnelles qui nous révèlent l'Etre absolu, comme les idées de cause, de substance, de justice, de perfection, etc. Sans nous attacher à donner une classification régulière de tous les arguments qui peuvent être invoqués, nous nous bornerons à énumérer cinq preuves principales, qui jouent un rôle dans l'histoire de la philosophie. Ces preuves sont tirées : 1° du consentemot universel ; 2° de l'ordre du monde ; 3° de l'existence des êtres contingents ; 4° de la notion de l'infini ; 5° de la loi morale.

Preuve tirée du consentement universel.

C'est un fait constant, que tous les peuples de la terre, anciens ou modernes, civilisés ou barbares, se sont accordés et s'accordent à reconnaître l'existence d'un premier être. Or, une croyance aussi vieille, aussi répandue, ne peut pas être une erreur : elle porte avec elle, dans sa généralité même, la preuve de sa vérité.

Locke opposait que certaines peuplades n'ont aucune notion de Dieu ; mais loin que ce fait soit démontré, il est contredit par les relations des voyageurs les plus autorisés. Que prouverait, d'ailleurs, une exception isolée? Pourrait-elle prévaloir contre l'induction tirée du consentement unanime de tant de nations différentes, qui possèdent toutes une foi, des autels et un culte?

On objecte aussi que les idées religieuses peuvent être l'effet de la crainte éprouvée par l'homme à la vue des phénomènes de l'univers, ou le résultat de l'ignorance des causes naturelles, ou une invention du législateur. Mais la législation, l'ignorance et la crainte sont des causes purement locales et passagères, et par des causes passagères et locales on n'expliquera jamais une croyance immuable et unanime.

Remarquons-le, d'ailleurs, si la crainte, selon le mot

de Lucrèce, avait enfanté les dieux, le sentiment religieux par excellence ne serait-il pas la terreur? Est-ce la confiance et l'amour que le nom de Dieu réveillerait dans les âmes? La religion serait-elle pour l'homme une source de joie, de consolations et d'espérances ineffables?

D'autre part, si la source de toutes les religions était l'ignorance, est-ce que les croyances religieuses ne se seraient pas dissipées comme une ombre, à mesure que le genre humain s'instruisait et s'éclairait? Or elles ont persisté; elles ont conservé leur empire sur les âmes, en présence des lumières de la civilisation. La connaissance de la nature a fait, depuis l'antiquité, des progrès étonnants, sans que la foi des peuples à l'existence divine en ait été ébranlée, sans que l'impiété se soit sentie plus forte. Est-ce du côté de l'athéisme qu'ont incliné les hommes de génie qui se sont signalés entre tous par l'étendue et la profondeur de leur science, un Descartes, un Kepler, un Leibniz, un Newton, et Locke lui-même, malgré la légèreté de ses doutes? Le chancelier Bacon l'a dit avec raison : si parfois le demi-savoir éloigne les hommes de la religion, la vraie science les y ramène toujours [1].

Preuve tirée de l'ordre de l'univers.

Une autre preuve de l'existence de Dieu est l'ordre de l'univers et la proportion admirable qui s'y remarque de toutes parts. A la vue d'un objet dont les parties sont disposées régulièrement, comme un édifice ou une machine, nous n'hésitons pas à juger que cette disposition régulière tend à une fin et qu'elle est l'œuvre d'une cause

---

1. *Sermone fideles*, XVI, de Atheismo : « Verum est parum philosophiæ naturalis homines inclinare in atheismum, at altiorem scientiam eos ad religionem circumagere. »

intelligente. Or le monde, à le considérer dans son ensemble ou dans ses détails, offre partout une harmonie, une proportion, une régularité dont rien n'approche dans les ouvrages de l'art. Ne parlons que de la nature animée. Les organes des êtres vivants sont merveilleusement adaptés à leurs besoins ; l'oiseau a des ailes, avec lesquelles il fend les airs ; le poisson a des nageoires et des branchies qui lui permettent de vivre au sein des eaux ; l'œil, l'oreille, toutes les parties du corps humain portent la marque d'un merveilleux dessein. Que conclure de là sinon que le monde atteste une intelligence qui surpasse autant celle de l'homme que la nature surpasse les œuvres humaines ?

Cette preuve est connue sous le nom d'*argument des causes finales*, ces mots de *causes finales* indiquant les fins qu'un auteur doué de raison s'est proposées dans son ouvrage. C'est la preuve que chante le Psalmiste, lorsqu'il nous montre les cieux racontant la gloire de leur auteur, *Cœli enarrant gloriam Dei*. En Grèce, elle a été exposée pour la première fois, sous une forme philosophique, par Anaxagore. Reprise presque aussitôt par Socrate, elle a fourni la matière de magnifiques développements à Cicéron, à saint Augustin, à Fénelon et à une multitude d'écrivains qui se sont appliqués à faire ressortir les traces de la sagesse divine, empreintes dans toutes les parties de l'univers. Aussi simple que rigoureuse, cette preuve est proportionnée aux esprits les plus médiocres, et elle satisfait également les plus sévères intelligences.

Vainement les disciples d'Épicure soutenaient que l'ordre du monde était le produit du hasard ; vainement y voyaient-ils une des mille combinaisons que le mouvement des atomes pouvait amener. Le hasard est un terme purement négatif qui signifie seulement l'absence de dessein et de volonté dans la cause qui produit un effet. Ainsi, que je découvre un trésor en fouillant la terre, je dirai que ma découverte est l'effet du hasard ; car je n'y songeais pas, je ne l'avais pas prévue, et celui qui avait enfoui ce trésor, ne l'avait pas prévue davantage. Le caractère ordinaire des effets dus au hasard est de manquer de régularité et de symétrie. Là où la symétrie se montre, le hasard ne saurait avoir aucune part. Attribuerait-on au hasard le Parthénon, l'*Iliade*, l'Apollon du Belvédère, les Vierges de Raphaël, les comédies de Molière ? Combien donc ne serait-il pas insensé de proclamer le hasard comme la cause de l'univers, alors que le moindre objet de l'univers cache une industrie et un art supérieur aux plus beaux chefs-d'œuvre sortis de la main des hommes !

Quelques savants de nos jours, renouvelant les objections de l'école d'Epicure, soutiennent que le vulgaire et les philosophes qui croient apercevoir des traces de prévoyance et de finalité dans l'univers sont le jouet d'un préjugé ; que les harmonies de la nature les plus admirées résultent du développement nécessaire des forces qu'elle recèle en son sein ; que les organes des animaux en particulier se forment fatalement par l'évolution naturelle de la cellule initiale qui, pour l'anatomiste, aidé du microscope, est l'élément de l'organisme vivant. Mais il n'est pas contesté que l'évolution de la cellule organique s'accomplit avec une régularité constante en vue d'une fin déterminée dont elle ne s'écarte pas. Quel que soit le mode de cette évolution, qu'elle consiste dans la transformation graduelle d'un germe unique ou dans la juxtaposition d'une série indéfinie de cellules de formes différentes ayant chacune leur énergie propre, elle suit une direction presque invariable dans laquelle tous les éléments de la vie s'agrègent et se coordonnent. Dès lors comment ne pas rattacher ce merveilleux phénomène à une idée directrice, selon l'expression de M. Claude Bernard, c'est-à-dire à une cause prévoyante, c'est-à-dire encore à la sagesse de Dieu, suprême auteur de ces propriétés et énergies de la matière, dont le concert harmonieux engendre et constitue l'organisation ?

Mais peut-être, comme le pensent aussi quelques naturalistes, peut-être l'organisation des êtres vivants est-elle subordonnée à l'action des milieux dans lesquels ils vivent, comme l'air pour les oiseaux et l'eau pour les poissons, de manière que cette action lentement exercée, mais infaillible, détermine nécessairement le nombre et la forme des organes dont ils sont pourvus ? Mais outre qu'une pareille explication n'est qu'une hypothèse que quelques traits isolés ne suffisent pas à justifier, c'est une hypothèse qui recule, mais qui n'exclut pas l'intervention d'une intelligence créatrice ; car n'est-ce pas une merveille de sagesse et de prévoyance, que les êtres vivants soient constitués de telle sorte que leurs organes aient la flexibilité nécessaire pour se plier à la variété des conditions dans lesquelles ils peuvent être appelés à se développer ?

Preuve tirée de l'existence des êtres contingents.

Mais négligeons l'ordre du monde ; attachons-nous au seul fait de son existence. Comment existe-t-il ? Comment existe la foule des êtres qu'il contient ? C'est une croyance invincible de l'entendement que toute existence a une cause. Qui contesterait cette croyance intime et nécessaire nierait sa propre pensée et tomberait dans le doute absolu. Or, aucune des choses de l'univers n'est à elle-même sa cause. J'existe, mais je ne suis pas l'auteur de mon existence. La matière existe, mais elle ne s'est pas donné l'être. Elle se meut, mais en soi elle est indifférente au mouvement, puisque souvent elle est en repos. Il en est de même de tout ce qui est et s'agite ici-bas. Il doit donc exister une cause première et suprême, qui a communiqué l'être au monde, qui a créé le monde. Cette cause, nous l'appelons Dieu.

Dira-t-on que les choses particulières auraient pu s'engendrer les unes des autres à l'infini, sans qu'il soit nécessaire d'admettre une cause première? Mais si nulle des choses d'ici-bas n'a en soi sa raison d'être, la série qu'elles forment n'aura pas elle même sa raison en soi; car il implique contradiction qu'une collection renferme ce qui n'existe dans aucune de ses parties. Une pareille série est donc impossible; elle serait un effet sans cause. Il ne sert de rien d'alléguer qu'elle s'étend à l'infini : loin d'échapper à la difficulté, on ne fait que la rendre plus sensible; car on se trouve admettre un nombre infini d'effets qui n'ont pas de causes, c'est-à-dire un nombre infini d'absurdités.

Preuve tirée de la notion de l'être parfait

La notion de l'être parfait fournit une quatrième preuve de l'existence de Dieu.

Nous ne pouvons rentrer au dedans de nous, et nous sentir faibles, bornés, imparfaits comme nous le sommes, sans que la vue de nos défaillances ne nous élève aussitôt à l'idée de la perfection infinie. Or, d'où nous viendrait cette idée dont la cause n'est pas nous-mêmes, si la perfection infinie, si Dieu n'existait pas?

« Mon âme, s'écrie Bossuet[1], n'entends-tu pas que tu as une raison, mais imparfaite, puisqu'elle ignore, qu'elle doute, qu'elle erre et qu'elle se trompe? Mais comment entends-tu l'erreur, si ce n'est comme privation de la vérité; et comment le doute ou l'obscurité, si ce n'est comme privation de l'intelligence et de la lumière; ou comment enfin, l'ignorance, si ce n'est comme privation

---

1. *Élévations sur les Mystères.* 1re semaine, 2 élév.

du savoir parfait ; comment dans la volonté le déréglement et le vice, si ce n'est comme privation de la règle, de la raison et de la vertu ? Il y a donc primitivement une intelligence, une science certaine, une vérité, une fermeté, une inflexibilité dans le bien ; une règle, un ordre, avant qu'il y ait une déchéance de toutes ces choses ; en un mot, il y a une perfection, avant qu'il y ait un défaut ; avant tout déréglement, il faut qu'il y ait une chose qui est elle-même sa règle, et qui, ne pouvant se quitter soi-même, ne peut non plus ni faillir ni défaillir. Voilà donc un être parfait, voilà Dieu, nature parfaite et heureuse. »

Mais l'analyse peut pousser plus loin encore. L'idée de la perfection, profondément étudiée, implique l'existence nécessaire de son sujet. En général, on peut affirmer d'une chose ce qui est contenu dans l'idée de cette chose. Ainsi on affirme du triangle qu'il a trois angles, du cercle qu'il a tous ses rayons égaux, de la ligne droite qu'elle est le plus court chemin d'un point à un autre : pourquoi ? parce que ces propriétés sont contenues dans les idées du cercle, du triangle, de la ligne droite. Or, l'idée de l'être parfait embrasse toutes les perfections qui se peuvent concevoir. L'existence est une perfection ; car, sans contredit, mieux vaut exister, participer à l'être, que n'exister pas ; donc l'existence est impliquée dans l'idée de l'être parfait ; elle peut être regardée comme inhérente à cet être ; nous pouvons, nous devons affirmer que l'être parfait, que Dieu existe.

Saint Augustin avait entrevu cette démonstration, que saint Anselme exposa le premier régulièrement, et que Descartes a ramenée à sa forme la plus simple. Au moyen âge, et surtout dans les temps modernes, elle a soulevé de vives controverses. Ceux-ci, comme Bossuet, Fénelon, Arnauld, Leibniz, n'hésitent pas à l'admettre et inclinent même à l'élever au-dessus de toutes les autres preuves de l'existence divine : ceux-là, comme

Gassendi, Hobbes, Locke et même Kant, ne veulent y voir qu'un pur raffinement métaphysique et un paralogisme frivole. Un fait indubitable, c'est que la raison conçoit naturellement le parfait et l'infini, dès qu'elle est en présence de l'imparfait et du fini. Elle n'entend même l'imparfait, comme l'a très bien expliqué Bossuet, qu'à la lumière de l'idée de perfection qu'elle porte au fond d'elle-même. Or, ce point accordé, comment ne pas admettre l'existence de Dieu sur la foi de la raison, comme on admet l'existence de l'âme sur la foi du sens intime, l'existence des corps sur la foi de la perception extérieure ?

Preuve tirée de la loi morale.

Une dernière preuve de l'existence divine est la loi morale. Cette loi dont la notion certaine est gravée au fond de nos esprits et de nos cœurs; que nous nous sentons absolument tenus d'observer, même aux dépens de nos intérêts les plus chers ; que nous ne violons pas sans concevoir aussitôt, avec une évidence irrésistible, que nous devons porter et que nous porterons un jour la peine de notre faute, cette loi suppose une autorité infaillible qui l'ait promulguée et qui la sanctionne. Cet arbitre suprême est Dieu. Si Dieu n'existait pas, l'ordre moral serait la plus vaine des abstractions ; car le vice resterait souvent impuni, la vertu sans récompense, la liberté sans loi.

Voilà les plus solides arguments qui puissent être allégués en faveur de la première et de la plus importante des vérités. Ils sont assez clairs pour porter la conviction dans tous les esprits qui ne sont pas aveuglés soit par la corruption du cœur, soit par le faux savoir et par la manie de l'originalité. Aussi le nombre des athées, si toutefois il a jamais existé un athée sincère, est fort restreint, et, comme dit Bossuet : « La terre porte peu de ces insensés qui, dans l'empire de Dieu, parmi ses ouvrages, parmi ses bienfaits, osent dire qu'il n'est pas. » Le devoir de la philosophie, c'est de recueillir, partout où elle les découvre, les empreintes de l'existence divine, sans rejeter aucun ordre de preuves. Toutes les preuves, en effet, ne conviennent pas à tous les genres d'esprit. Le commun des hommes est surtout frappé des traces de la bonté et de la puissance de Dieu, marquées dans tous ses ouvrages ; il saisit moins les considérations abstraites tirées de la notion de l'infini, qui semblent si solides aux esprits accoutumés à la méditation [1]. Gardons-nous donc de toute prévention systématique ; ne fermons à l'homme aucune des voies qui lui sont ouvertes pour s'affermir dans la connaissance de Dieu ; quelles que soient nos préférences personnelles, craignons, en nous montrant exclusifs, de réduire au doute et au découragement ceux de nos semblables qui seraient portés par caractère ou par habitude vers un ordre de considérations que nous aurions à tort négligé ou condamné.

---

[1]. « Que les hommes, dit admirablement Fénelon, accoutumés à méditer les vérités abstraites, et à remonter aux premiers principes, connaissent la divinité par son idée, c'est un chemin sûr pour arriver à la source de toute vérité. Mais plus ce chemin est droit et court, plus il est rude et inaccessible au commun des hommes qui dépendent de leur imagination. C'est une démonstration si simple qu'elle échappe par sa simplicité aux esprits incapables des opérations purement intellectuelles.... Mais il y a une autre voie moins parfaite, et qui est proportionnée aux hommes les plus médiocres. Les hommes les moins exercés au raisonnement, et les plus attachés aux préjugés sensibles, peuvent d'un seul regard découvrir celui qui se peint dans tous ses ouvrages. La sagesse et la puissance qu'il a marquées dans tout ce qu'il a fait, le font voir comme dans un miroir à ceux qui ne peuvent le contempler dans sa propre idée. C'est une philosophie sensible et populaire, dont tout homme sans passions et sans préjugés est capable. » *Traité de l'existence de Dieu*, 1re partie, chap. I.

CHAPITRE XXXIV

DES ATTRIBUTS DE DIEU ET DE LA DIVINE PROVIDENCE.
— LE PROBLÈME DU MAL. OPTIMISME ET PESSIMISME.

La pensée de l'homme, imparfaite et bornée comme elle est, ne saurait comprendre l'essence infinie de Dieu. Cependant cette ineffable nature ne nous est pas entièrement cachée. En étudiant l'univers, ouvrage de ses mains, image visible de ses invisibles perfections, en nous étudiant nous-mêmes, en scrutant les idées fondamentales de l'intelligence, nous pouvons non seulement démontrer que Dieu existe, mais encore découvrir quelques-uns des attributs qui lui appartiennent.

Des principaux attributs de Dieu, et d'abord de ses attributs métaphysiques.

Les attributs de Dieu, accessibles à la pensée de l'homme, expriment, les uns sa manière d'être, les autres son mode d'action et ses rapports avec le monde. Les premiers sont appelés attributs *métaphysiques*, les seconds, attributs *intellectuels* ou *moraux*.

Les principaux attributs métaphysiques sont : l'*unité*, la *simplicité*, l'*immutabilité*, l'*éternité*, l'*immensité*.

1° Par l'*unité* de Dieu, on entend généralement qu'il existe un seul Dieu. Ce dogme découle premièrement de l'idée même de l'Être infini, puisque deux ou plusieurs êtres infinis se limiteraient l'un l'autre, détermineraient réciproquement leur infinité, impliqueraient, pour tout dire, contradiction. Il résulte, en second lieu, de la constitution de l'univers. Un plan uniforme, des lois constantes régissent le monde ; et ce qui n'est pas moins remarquable, tout porte à croire que la même matière s'y retrouve depuis les entrailles du globe terrestre jusqu'aux astres les plus éloignés. Partie de ce fait que les corps de différente nature exercent sur les rayons lumineux qui en émanent une influence qui se traduit par des raies transversales de nuances diverses, la chimie, comme nous l'avons dit plus haut, a pu constater que le soleil et les étoiles renfermaient les mêmes métaux, et étaient en partie composés de la même matière que notre globe. Uniformité vraiment merveilleuse, qui s'explique naturellement si la cause première du monde est unique, mais qui serait incompréhensible dans tout autre système.

Deux doctrines religieuses, le *polythéisme* et le *manichéisme*, ont méconnu cette vérité de l'unité de Dieu, rendue populaire par la prédication de l'Évangile. L'erreur du polythéisme est si manifeste aujourd'hui pour tous les esprits, qu'il serait superflu d'insister. Quant au manichéisme, qui consiste à admettre deux principes contraires, l'un bon, l'autre mauvais, dont la lutte produit le bien et le mal en ce monde, il renferme des impossibilités palpables. En effet, ces deux principes ne sauraient être tous deux infinis ; la nature de l'infini ne le permet pas. Il faut donc que l'un ou l'autre soit infini, ou bien qu'il en existe un troisième, supérieur à tous deux et possédant seul l'infinitude. Dans les deux cas, on est conduit à une cause unique, source première de l'existence. L'hypothèse se détruit donc elle-même.

2° La *simplicité* divine consiste dans l'absence de parties en Dieu. Son être n'est pas composé à la manière du corps ; il est un, indivisible. Une partie est une chose finie. Le fini ajouté au fini ne peut produire l'infini ; ce sont deux termes opposés, entre lesquels il n'y a aucune mesure possible. Si la divinité renfermait des parties, si elle n'était pas simple, elle ne serait donc pas infinie. Je puis sans doute distinguer en Dieu plusieurs attributs, selon les degrés d'être qu'il a lui-même communiqués à ses créatures ; mais tous ces attributs sont un même être qui est un d'une suprême unité.

3° Dieu est *immuable*, il ne change pas. Le changement est le propre des natures bornées qui, ne possédant pas la plénitude de l'existence, sont toujours susceptibles de devenir autres qu'elles n'étaient ; mais le changement répugne à l'essence de l'infini, qui ne saurait acquérir de nouveaux degrés d'être, puisqu'il les possède tous originairement.

L'identité de l'âme offre comme un reflet de l'immutabilité divine. A l'image de Dieu, nous restons ce que nous sommes. Tel j'étais hier, tel je me sens à cette heure. Mais chez l'homme, il n'y a que le fond de l'être, que la substance qui soit identique ; les modifications de l'être, idées, sentiments, volitions, varient sans cesse. Dieu, au contraire, possède l'immutabilité absolue ; tout en lui demeure constamment le même ; constamment il est, il pense, il veut la même chose.

4° Dieu est *éternel*. Il n'a pas eu de commencement, il n'aura pas de fin. Si quelque chose avait existé avant lui, ou s'il devait finir, quelque chose serait au-dessus de lui ; il ne serait pas la cause première et absolue : ce qui est contradictoire.

5° Dieu enfin est *immense*, c'est-à-dire partout présent. Sa présence n'est sans doute pas une présence locale, pareille à celle des substances corporelles ; car, comme dit Fénelon, il n'a point une superficie contiguë à celle des autres corps ; mais il anime toutes les parties de l'univers par sa connaissance et par son action ; il les remplit de son essence, qui, étant infinie, ne peut être bornée par aucun espace.

Réfutation du panthéisme.

Le monde ne possède aucun des attributs que nous venons de parcourir ; il n'est ni un, ni simple, ni éternel, ni surtout immuable ; car sa vie n'est qu'un changement continuel, une perpétuelle transformation. Le monde n'est donc pas Dieu ; Dieu est distinct du monde.

Ainsi se trouve écartée l'erreur des philosophes qui ont identifié le monde et son auteur, et pour lesquels les existences finies ne sont que le développement, l'évolution nécessaire et éternelle de la substance divine.

Cette erreur est le fond du *panthéisme*, que l'antiquité et le moyen âge ont connu, que Spinosa, au dix-septième siècle, a reproduit avec l'appareil trompeur des formes de la géométrie, et qui a reçu, de nos jours, dans plusieurs systèmes contemporains, soit en Allemagne, soit en France, de nouveaux et funestes développements.

De quelques couleurs qu'il se pare, le panthéisme anéantit la liberté humaine, la distinction du bien et du mal, toute morale, toute religion ; il méconnaît les notions les plus évidentes ; il altère la notion elle-même de l'existence personnelle, en considérant le sujet de la pensée, l'âme qui connaît et qui veut, comme un phénomène passager, comme un accident éphémère, comme un simple mode de la vie de Dieu.

Le panthéisme essaye-t-il d'échapper à cette conclusion, il tombe dans un autre excès, et n'osant plus dire que Dieu est l'unique substance, il arrive à soutenir que l'absolu, l'infini, la perfection, Dieu, en un mot, est l'idéal qui se réalise dans le relatif, c'est-à-dire dans les êtres particuliers, mais qui n'est rien de réel en dehors de ces êtres : de sorte que les êtres particuliers existent seuls véritablement, et que Dieu, considéré en soi, est la plus vaine des abstractions ; ce qui revient à dire que Dieu n'est pas, et ce qui ramène le panthéisme à l'athéisme.

Mais pour mieux se rendre compte de la fausseté d'un pareil système, il faut examiner les perfections morales qui appartiennent à la nature divine.

Attributs moraux de Dieu. Sa personnalité.

Les attributs moraux de Dieu sont : la *science*, la *puissance*, la *liberté*, la *bonté*, la *justice*. Ils se démontrent par l'idée de l'Être parfait et par le spectacle de la nature, mais surtout par l'étude de nous-mêmes.

1° Dieu possède la *science*. Comment ne se connaîtrait-il pas lui-même ? Comment ne connaîtrait-il pas le monde et tout ce que le monde renferme ? Comment serait-il étranger, suivant l'expression de Platon, à l'auguste et sainte intelligence, alors que nous avons nous-mêmes une intelligence qui se connaît, qui connaît le monde, qui conçoit des vérités éternelles et nécessaires ?

2° Dieu possède la *puissance*. C'est en vertu de cette puissance que tout existe ; c'est elle qui anime la nature entière ; elle est le principe de l'activité féconde qui appartient à la créature raisonnable. L'âme est sans doute une force, mais la force qui est en elle vient de l'Être infini. Et comment pourrait-il répandre ainsi la puissance autour de lui, s'il n'en renfermait pas la plénitude ?

3° Dieu est *libre*. Si Dieu n'était pas libre, il serait non seulement imparfait, mais inférieur à l'humanité même ; car sans doute il vaut mieux participer à la liberté, vivre maître de soi et de ses actions, comme nous le sommes, que subir le joug inflexible de la nécessité.

4° Dieu est *juste*. En lui se personnifie cette loi absolue qui nous commande de faire le bien, de fuir le mal, et qui, accomplie ou violée, est pour l'homme une cause de félicité ou de malheur. Séparée de la justice de Dieu, la loi du devoir ne serait qu'une conception abstraite, sans autorité sur le libre arbitre de l'homme.

5° Dieu est *bon*; il l'est souverainement. Le bien ici-bas est mélangé de mal ; mais au-dessus de tous les biens particuliers, finis, imparfaits, la raison conçoit le bien absolu et sans mélange d'imperfection. Or, ce bien suprême, quel est-il, sinon Dieu? Et n'est-ce pas la bonté de Dieu qui a ouvert à ses créatures intelligentes tant de sources de jouissances, et du côté de l'esprit et du côté du cœur?

Si les attributs que nous venons d'énoncer sont inséparables de la notion de Dieu, il suit de là évidemment, en dépit des objections du panthéisme, que Dieu est distinct du monde par ses perfections comme par son essence, qu'il a sa vie propre et la conscience de cette vie ; qu'il est, au sens propre du mot, une *personne*. La personnalité ne suppose en effet d'autre condition que la puissance unie à l'intelligence. A quel titre chacun de nous se proclame-t-il une personne, sinon parce qu'il est doué d'une activité, qui se sent et qui se connaît elle-même? Agrandissez par la pensée ces deux attributs l'intelligence et l'activité, portez-les jusqu'à l'infini; vous ne détruirez pas ce qu'ils ont de caractéristique, et comme la raison les retrouve en Dieu, elle acquiert ainsi la certitude de la personnalité divine.

Considérons maintenant les rapports de Dieu et de l'univers. A ce point de vue, Dieu nous paraît 1° comme créateur; 2° comme conservateur.

De la création.

Et d'abord comme créateur. Créer c'est faire quelque chose de rien ; c'est appeler ce qui n'existait pas à l'existence. La nature entière, corps et esprits, est une création de Dieu, c'est-à-dire que Dieu l'a fait passer du néant à l'être sans le secours d'aucune matière préexistante. Il voit toutes choses dans les idées de son entendement, et telles qu'il les voit, il les produit par un acte libre de sa puissance.

Les panthéistes opposent que l'acte créateur est incompréhensible pour l'homme. Qui n'en tomberait d'accord avec eux? Il est certain que nous manquons ici-bas d'un point de comparaison pour nous faire une idée de l'opération souveraine qui fait succéder l'être au néant. Mais devons-nous refuser d'admettre le fait même de la création, parce que nous n'en pénétrons pas le mode?

Les panthéistes objectent encore que la création est impossible, qu'elle répugne à l'idée de l'être absolu; que l'existence de la créature est en contradiction avec celle du créateur.

Le fond de ces objections, c'est qu'il est difficile de concilier le fini, c'est-à-dire la personnalité et la liberté des êtres particuliers, avec l'infini, c'est-à-dire avec les perfections de Dieu.

Mais prenons garde ici d'écouter notre imagination, de nous représenter le créateur et son ouvrage comme deux étendues, composées de parties, qui se limiteraient l'une l'autre : aucune image ne saurait donner une idée plus fausse de la relation, qui existe entre Dieu et le monde. Dieu crée le monde sans que le monde limite et épuise la vertu infinie de Dieu. De même, autant qu'il est permis de se servir d'exemples en pareille matière, nous pensons, nous aimons, nous existons, sans que notre pensée, notre amour, notre existence, gêne et borne à quelque degré que ce soit, la pensée, l'amour, ni l'existence d'aucun de nos semblables.

Après tout, la difficulté que le panthéisme élève contre l'idée d'un Dieu créateur ne concerne pas seulement l'origine des choses; elle s'étend à beaucoup d'autres questions de la métaphysique. Cependant elle n'a pas arrêté le genre humain; elle n'a pas empêché le dogme de la création, enseigné par le christianisme, de prévaloir parmi les nations civilisées. C'est qu'en effet ce dogme, malgré d'irrémédiables obscurités, satisfait la raison, tandis que la raison est blessée autant que la foi par les contradictions et les non-sens dans lesquels sont tombées toutes les écoles panthéistes et matérialistes.

De la divine Providence.

Dieu, créateur de l'univers, pourvoit à la conservation et au bien de son œuvre, par un nouvel attribut, ou plutôt par une nouvelle opération, qui se nomme la *Providence*.

Les preuves de la Providence sont:

1º La croyance générale, ce sentiment universellement répandu, que le Créateur n'a point abandonné l'univers aux caprices du hasard, mais qu'il préside à sa direction, et qu'il veille particulièrement sur l'homme;

2º Les perfections divines. En effet Dieu trouve dans son infinie sagesse les moyens de gouverner le monde: il est porté par sa justice et par sa bonté à vouloir le bonheur de ses créatures; il peut enfin tout ce qu'il veut, puisqu'il possède la souveraine puissance;

3º La conservation et la marche régulière de l'univers. Les siècles se succèdent sans que l'ordre du monde soit troublé; quelque ancien qu'il soit, il ne se détruit ni ne s'altère; mais subsisterait-il avec autant de constance, si la même main qui l'a établi ne le soutenait?

4º Le spectacle de la nature animée, et le rapport merveilleux qui existe entre les besoins des êtres et les moyens disposés avec un ordre admirable pour y subvenir.

On a souvent demandé si l'action providentielle embrassait l'ensemble ou les détails de l'univers, en un mot, si elle était générale ou particulière. Il faut répondre qu'elle est à la fois l'un et l'autre. Les lois constantes et uniformes qui régissent le monde, et le monde physique, et le monde moral, prouvent avec la dernière évidence, que Dieu intervient ici-bas par des volontés générales, qui s'étendent à toutes les parties de son œuvre. Mais 1° ces lois sont contingentes; 2° leur application peut varier à l'infini. Donc, de même qu'elles ne suppriment pas la liberté humaine qui se mêle incessamment à leur action sans la suspendre et sans la détruire, de même elles ne contredisent pas la liberté divine; elles laissent une suffisante latitude aux décrets particuliers de Dieu; elles se concilient avec la part directe qu'il prend à tous les événements de la terre, avec la sollicitude paternelle qu'il étend sur chacun de nous. La foi du genre humain proclame cette vérité essentielle, qui n'est méconnue que par quelques esprits troublés, déserteurs de la Providence, *fugitivi Providentiæ*, ainsi que les appelle la sainte Écriture[1]. L'histoire de tous les peuples offre d'ailleurs à chaque pas la preuve éclatante de l'intervention divine dans les affaires humaines. Comme l'enseigne Bossuet : « Ce long enchaînement des causes particulières qui font et défont les empires, dépend des ordres secrets de la divine Providence. Dieu tient, du haut des cieux, les rênes de tous les royaumes.... C'est lui qui prépare les effets dans les causes les plus éloignées, et qui frappe ces grands coups dont le contre-coup porte si loin[2]. »

1. *Sap.*, iv, 10.
2. *Disc. sur l'hist. univ.*, 3 partie.

Le problème du mal. Optimisme. Pessimisme.

Il resterait maintenant à savoir comment le dogme de la Providence peut se concilier avec l'existence du mal qu'on aperçoit de tous côtés dans l'univers. Le mal ne paraît-il pas en effet accuser tout à la fois la sagesse, la puissance, la justice et la bonté de Dieu? Si Dieu est juste et bon, il déteste le mal; s'il est sage, il connaît les moyens de l'empêcher; s'il est puissant, il a ces moyens entre les mains. Comment donc le mal a-t-il été permis, comment est-il toléré par sa providence?

Cette question, la plus haute qui puisse exciter la curiosité de l'homme, n'a cessé depuis les temps les plus anciens d'occuper les philosophes. Les uns, désespérant de pouvoir concilier le mal et l'existence divine, se sont jetés dans l'extrémité de l'athéisme, comme si l'athéisme n'était pas une erreur mille fois plus incompréhensible que la difficulté à laquelle ils voulaient échapper. Les autres, partisans de la nécessité, ont nié le mal; car les choses ne sauraient êtres appelées bonnes ni mauvaises, les actions humaines justes ni injustes, dès qu'elles sont ce qu'elles doivent être, dès qu'elles sont nécessaires. Ceux-ci ont adopté l'hypothèse de deux principes, l'un bon, auteur du bien, l'autre mauvais, source du mal; ce sont, nous l'avons vu, les manichéens. Ceux-là, parmi lesquels est placé Leibniz, admettent que Dieu, en créant l'univers, a choisi le plan le meilleur possible, le seul qui fût conforme à la sagesse et à la bonté suprêmes: ce sont les optimistes. Suivant eux, le monde actuel n'est sans doute pas à l'abri de l'imperfection; mais les maux qu'on y observe sont la condition de plus grands biens; tout autre monde aurait offert une moindre quantité de bien et plus de mal.

Enfin, suivant une voie tout opposée, quelques rêveurs

égarés par leur imagination mélancolique, n'aperçoivent le bien nulle part dans l'univers, voient au contraire le mal partout, regardent son empire comme universel, et l'attribuent à l'opération aveugle d'une puissance inexorable qui ne laisse échapper à ses coups aucune créature. Ce sont les *pessimistes*, dont les monstrueux paradoxes ont été renouvelés de nos jours par l'Allemand Schopenhauer.

L'*optimisme*, est encore l'hypothèse la moins imparfaite que la philosophie ait imaginée pour expliquer l'existence du mal. Cependant ce n'est pas sans raison que l'optimisme a été accusé par ses adversaires de borner la sagesse et la puissance de Dieu, et de compromettre sa liberté en l'assujettissant à la loi du meilleur. Cette loi même, à y regarder de près, implique contradiction, quand on prétend l'appliquer à Dieu. Il n'y a ni plan ni objet qui soit effectivement le meilleur par rapport à la perfection souveraine de Dieu, dont les existences créées, les plus parfaites en apparence, seront toujours infiniment éloignées. Comme dit admirablement Fénelon, « Dieu voit les choses les plus inégales égalées en quelque façon, c'est-à-dire également rien, en les comparant à sa hauteur souveraine. »

Ce qu'il faut se résigner à reconnaître, c'est que l'origine du mal ici-bas offre des mystères que la raison de l'homme ne pénètre pas à fond, sans que néanmoins elle soit entièrement désarmée contre les adversaires de la Providence. En divisant la difficulté, en examinant une à une les différentes espèces des maux qui affligent le monde, on peut dissiper bien des doutes, et combattre avec succès les objections les plus spécieuses du scepticisme et de l'athéisme.

On distingue, en général, trois espèces de maux : le mal *métaphysique*, le mal *physique*, et le mal *moral*.

Objections tirées du mal métaphysique.

Le mal *métaphysique* consiste dans l'imperfection des êtres en général, et en particulier dans l'imperfection de l'homme, dont les facultés sont bornées et sujettes à faillir. La véritable origine du mal métaphysique, c'est notre condition de créature. Une chose créée ne peut pas ne pas être imparfaite. Comme elle a reçu l'être et qu'elle ne possède pas la plénitude de l'existence, elle est essentiellement limitée; d'où vient, dit Leibniz, qu'elle ne saurait tout savoir, et qu'elle peut se tromper souvent. Demander pourquoi le mal métaphysique existe ici-bas, c'est demander pourquoi l'être contingent n'est pas l'être nécessaire, pourquoi l'homme n'est pas Dieu.

Objections tirées du mal physique.

Sous le nom de mal *physique* les philosophes comprennent : 1° les désordres apparents de la création, comme les volcans, les inondations, les tremblements de terre, les naufrages, etc.; 2° la souffrance des êtres animés (*malum pœnæ*). Diverses considérations aident à éclairer les difficultés que présente le mal physique.

1° Il est bien moins étendu qu'on ne le croit ordinairement. La somme des biens en ce monde l'emporte sur celle des maux. La souffrance n'est pas l'état naturel de l'homme; et ce qui le démontre, c'est l'étonnement qu'elle nous cause, c'est le nom qu'elle reçoit : n'appelons-nous pas les malheurs des *accidents*?

2° La plus grande partie de nos douleurs doit être imputée non pas à un défaut de notre constitution, à un dessein malveillant de la Providence, mais bien au contraire à nos propres fautes, et aux fautes de nos semblables, à leurs passions, à leurs vices. Quelles que soient les maladies auxquelles nous sommes exposées, il serait impossible de citer un seul organe dont la destination soit la souffrance. Mais combien de souffrances, combien de maladies sont le résultat manifeste de nos propres excès ! La guerre si fertile en calamités, *bella matribus detestata*, la guerre n'est à beaucoup d'égards que le déplorable fruit des passions humaines qui s'y précipitent, alors qu'elle pouvait être évitée.

3° Dans les limites où il n'est pas imputable à l'homme, le mal physique nous apparaît comme la conséquence des lois générales de l'univers, lois qui contribuent à la beauté et à l'harmonie du monde, au bonheur du plus grand nombre de créatures, et qui ne sauraient être suspendues chaque fois qu'un malheur privé peut résulter de leur maintien. Suivant la juste remarque de saint Thomas, « Celui dont la prévoyance embrasse l'universalité des choses, permet qu'il y ait quelque défaut dans certaines parties, pour ne pas empêcher le bien du tout[1] ».

4° Enfin, l'épreuve du travail et de la souffrance, quelque pénible qu'elle soit pour la sensibilité, profite à la grandeur et à la dignité de l'homme, en l'obligeant à déployer toute l'énergie dont il est capable. Quand nous savons l'accepter et nous y soumettre, le mal physique tourne donc en définitive à notre bien, et, loin d'être un sujet d'accusation contre la Providence, il se trouve rentrer dans le plan divin comme une des voies ouvertes à l'homme pour achever l'éducation de son esprit et de son cœur.

---

1. *S. Theol.*, 1ª, q. XXII, art. 2 : « Provisor universalis permittit aliquem defectum in aliquo particulari accidere, ne impediatur bonum totius. »

Objections tirées du mal moral.

Le mal *moral* consiste dans les fautes et les crimes des hommes (*malum culpæ*), dans l'inégalité des conditions, et dans les souffrances de la vertu et les prospérités du vice.

Cette dernière difficulté ne saurait arrêter longtemps celui qui admet l'immortalité de l'âme, puisque, dans une autre existence, les désordres de la vie actuelle seront réparés, que chacun sera rétribué selon ses œuvres, le méchant puni, l'homme de bien récompensé; et que les souffrances passagères de la vertu auront seulement servi à la développer par l'épreuve et par le sacrifice.

A l'objection tirée de l'inégalité des conditions, voici ce que répond la philosophie : 1° Il n'est pas possible de concevoir l'existence de la société sans la variété des aptitudes et sans la hiérarchie des positions; 2° cette inégalité est pour l'homme la source et la condition de l'exercice des plus hautes vertus, comme la bienfaisance chez ceux qui possèdent, le courage et la patience dans ceux qui sont partagés avec moins de faveur; 3° il n'est nullement établi que les joies et les douleurs des différentes classes de la société ne se compensent pas, et que les puissants et les riches soient en ce monde les plus heureux, comme si les biens de la fortune étaient un remède à tous les maux, et comme si les plus mortelles douleurs, selon la parole de Bossuet, ne se cachaient pas sous la pourpre.

La plus spécieuse difficulté qui s'élève contre la Providence divine, ce sont les vices et les crimes des hommes; car non seulement ces crimes sont en eux-mêmes un désordre, mais ce désordre entraîne de funestes conséquences et pour ceux dont il viole les droits, dont il trouble le bonheur, et pour le coupable lui-même, qui doit porter la peine de sa faute.

Observons, cependant, que toutes les fautes de l'homme sont le résultat de sa liberté. Ce n'est pas Dieu qui les commet ; c'est nous-mêmes qui en sommes les auteurs! Nous avons mal agi, parce que nous avons voulu mal agir, et la première cause du désordre est notre volonté.

Mais comment se fait-il que Dieu ait concédé à l'homme une faculté dont il devait faire un si pernicieux usage? Pour ne pas se laisser troubler par ce mystère, il faut considérer d'abord les lumières que la liberté reçoit de la raison, qui nous apprend où est le bien, où est le mal, qui nous attire par ses promesses et nous retient par ses menaces. Il faut réfléchir ensuite aux avantages de la liberté, qui nous fait les arbitres de notre destinée, nous associe à l'indépendance de Dieu, nous rend capables de mériter et de démériter, qui enfin nous procure le plus grand bonheur que puisse éprouver ici-bas un être intelligent, le bonheur conquis par la vertu.

« N'est-il pas digne de Dieu, dit Fénelon [1], qu'il mette l'homme, par la liberté, en état de mériter? Qu'y a-t-il de plus grand pour une créature que le mérite? Le mérite est un bien qu'on se donne par son choix, et qui rend l'homme digne d'autres biens d'un ordre supérieur. Par le mérite, l'homme s'élève, s'accroît, se perfectionne et engage Dieu à lui donner de nouveaux biens proportionnés qu'on nomme récompenses. N'est-il pas bien beau et digne de l'ordre, que Dieu n'ait voulu lui donner la béatitude qu'après la lui avoir fait mériter? Cette succession de degrés par où l'homme monte, n'est-elle pas convenable à la sagesse de Dieu et propre à embellir son ouvrage? Il est vrai que l'homme ne peut mériter sans être susceptible de démériter ; mais ce n'est point pour procurer le démérite que Dieu donne la liberté, il ne la donne qu'en faveur du mérite; et c'est pour le mérite,

---

1. *Lettres sur divers sujets de métaphysique et de religion.* Lett. II, chap. III.

qui est son unique fin, qu'il souffre le démérite auquel la liberté expose l'homme. C'est contre l'intention de Dieu, et malgré son secours, que l'homme fait un mauvais usage d'un don si excellent et si propre à le perfectionner. »

Voilà quelques-unes des considérations par lesquelles la sagesse humaine peut expliquer comment le désordre a pénétré ici-bas, malgré la puissance, la bonté et la justice infinies de Dieu. Que si après cela la question de l'origine du mal présente encore des faces obscures et mystérieuses, la philosophie n'a pas le pouvoir de pénétrer ces ténèbres : elle ne peut que les reconnaître, et s'honorant elle-même par l'humble aveu de sa propre faiblesse, s'écrier avec saint Paul : *O altitudo!* Quand saint Paul poussait ce cri de sublime soumission, sa raison n'était pas abandonnée à elle même comme celle d'un Platon et d'un Aristote ; elle était éclairée par les lumières que le dogme qu'une faute originelle, commise par l'homme et réparée par l'immolation volontaire d'un Dieu, répand sur la destinée humaine. Cependant l'esprit du grand apôtre se troublait, il s'inclinait devant la hauteur des desseins de la Providence que son regard ne pouvait atteindre. C'est que si Dieu, dès cette vie, laisse arriver jusqu'à nous quelques rayons de lui-même, il ne nous découvre pas ses secrets. La connaissance que nous avons de ses perfections, quelque certaine qu'elle soit, est mêlée d'ombres épaisses. Nous les entrevoyons plutôt que nous les voyons. La vie actuelle n'est pas le temps de la claire et complète vision.

Morale religieuse ou devoirs envers Dieu.

Après avoir essayé de découvrir à la lumière de la raison quelques-unes des perfections du Créateur, il semble que la philosophie soit parvenue dans cette matière au terme de sa mission. Cependant il reste à tirer la conclusion des vérités qu'elle a elle-même établies, c'est que l'homme a des devoirs particuliers à remplir envers l'Auteur de tout bien : devoirs d'obéissance et de résignation, devoirs d'amour, devoirs d'adoration et de prière.

Aux yeux de la raison comme aux yeux de la foi, Dieu réalise dans l'ineffable majesté de son être toutes les perfections que l'entendement peut concevoir : sagesse, puissance, bonté, justice. Le premier usage que nous devons faire de notre intelligence et de notre liberté n'est-il pas d'être soumis à sa volonté, d'accepter avec résignation les épreuves qu'il nous envoie, de l'aimer et de le prier?

La grandeur de Dieu rend, dit-on, nos hommages inutiles ou téméraires. Mais plus on exalte la grandeur de Dieu, mieux on confirme ces rapports de subordination et de dépendance, qui unissent l'homme à son Créateur; par conséquent mieux on démontre la nécessité des devoirs qui sont fondés sur ces rapports.

On dit encore : « Pourquoi prier Dieu? ne connaît-il pas nos besoins? N'est-il pas d'ailleurs tellement au-dessus de nous qu'il ne saurait exaucer nos vœux? » Mais quelque misérable que soit notre condition, nous tenons de Dieu le peu que nous sommes. S'il n'a pas dédaigné de nous appeler à l'existence, pourquoi dédaignerait-il d'accueillir nos prières? Le second bienfait n'est pas plus indigne de lui que le premier, ou plutôt tous deux conviennent à ses attributs infinis.

L'accomplissement des devoirs envers Dieu c'est ce qu'on nomme le *culte*.

Il y a le culte privé, qui consiste dans les hommages solitaires que chacun de nous rend en particulier à la Divinité; il y a le culte public de tous les hommes réunis pour offrir en commun leur adoration et leurs prières.

« Les enfants de Dieu, dit Fénelon, doivent publier ses bienfaits, chanter ses louanges, l'annoncer à ceux qui l'ignorent, en rappeler le souvenir à ceux qui l'oublient. Ils ne sont sur la terre que pour connaître sa perfection et accomplir sa volonté, que pour se communiquer les uns aux autres cette science et cet amour célestes. Que serait-ce si cette famille était en société sur tout le reste, sans y être pour le culte d'un si bon père? Il faut donc qu'il y ait entre eux une société de culte de Dieu : c'est ce qu'on nomme *religion.* »

Ce n'est pas ici le lieu de caractériser, même à grands traits, les différentes religions qui se sont succédé sur la terre. Mais nous devons rappeler que dans la plus grande partie du genre humain, avant la venue de Jésus-Christ, le culte se composait de pratiques grossières et souvent infâmes. C'est le christianisme qui nous a délivrés des superstitions, en nous apprenant que le véritable culte dû à Dieu consiste à l'adorer en esprit et en vérité.

CHAPITRE XXXV

DE LA DESTINÉE DE L'HOMME ET DE L'IMMORTALITÉ DE L'AME

Que tout être a une destinée.

Entre les idées premières de l'entendement, une des plus manifestes et des plus familières, c'est sans doute la croyance que toute chose dans l'univers tend à un but, que nulle existence n'a été créée inutilement. Aussi à la vue d'un objet, la raison ne se contente pas d'en chercher la cause; mais, de plus, elle veut savoir quelle en est la fin. A peine éveillée chez l'enfant, elle pose déjà cette question si simple et si profonde : Pourquoi? Elle la pose à l'occasion de toute espèce de sujets, les uns frivoles, les autres sérieux, avec une persévérance que nul mécompte ne rebute; tant cette notion de finalité, inséparable de l'idée de la sagesse divine, est profondément gravée dans notre esprit!

Mais alors que tout dans le monde a sa destination propre, l'homme serait-il le seul des êtres à qui la Providence n'aurait pas assigné une fin de son existence? Sa vie, qui se compose d'une suite d'actions accomplies avec intelligence et liberté, c'est-à-dire en vue d'une fin, n'aurait donc pas elle-même sa signification? La raison recule devant ce soupçon sacrilége; elle sent, elle sait, elle affirme que la créature intelligente n'a pas été placée sur la terre pour y être le jouet des événements, pour y vivre inutile à elle-même et aux autres, sans règle, sans motif et sans but. Quelle est ici la différence entre l'homme et le reste de l'univers? C'est que les êtres dépourvus de connaissance suivent fatalement et aveuglément les voies que Dieu leur a tracées, tandis que l'âme humaine, qui porte au dedans de soi l'idée de sa propre destinée, en est profondément troublée, et se demande avec une inquiète curiosité où elle va, et ce qu'elle doit craindre ou espérer, parvenue au terme de sa carrière terrestre.

Fausses opinions des hommes sur leur destinée.

La plupart des hommes font consister cette fin dernière de la vie dans le plaisir, dans les richesses, dans l'élévation du rang et dans les jouissances de la renommée, comme si l'essentiel de la destinée humaine était de se procurer la plus grande part possible des joies terrestres. Mais avant même que la mort n'ait brisé le fil de leurs jours, une infaillible expérience les avertit de la vanité des biens qui excitent leurs convoitises. Au sein des plaisirs, le voluptueux éprouve la lassitude, le dégoût et d'inexorables tristesses. La possession de l'or laisse le cœur de l'avare en proie à des angoisses que le pauvre ne connaît pas. L'ambitieux, comblé d'honneurs, de puissance et de gloire, trouve dans leur possession, nous dit le poète, « d'effroyables soucis, d'éternelles alarmes. » Condition incompréhensible ! désenchantement inexplicable, si les avantages extérieurs étaient la véritable destination de l'homme ! Car le propre des vrais biens est de rassasier l'âme qui, parvenue à sa fin, ne conçoit ni ne désire plus rien au delà. N'imitons pas ces fatales méprises des esprits légers et des cœurs corrompus, et cherchons à nous faire une idée moins fausse du but suprême, marqué par la sagesse divine, auquel tend notre existence.

Méthode pour connaître la destinée des êtres.

Il est constant que la fin des êtres est en rapport avec leur nature; que ceux qui ont la même nature ont la même fin; que ceux, au contraire, qui ont une nature différente ou opposée, bien qu'ils fassent également partie du plan providentiel, ne sont point appelés à jouer le même rôle dans la création. Donc la vraie méthode pour connaître la fin d'un être, c'est d'étudier sa nature, et par là j'entends les éléments qui le constituent, les penchants et les inclinations qui le poussent originellement vers certains objets, les facultés qui sont les instruments de son développement. De cet ensemble de faits il sera possible de conclure le but qui est assigné à cet être par la Providence.

Quelle est la destinée de l'homme?

Or, que trouvons-nous dans la nature de l'homme? Deux éléments : l'âme et le corps; l'âme, substance intelligente, sensible et libre; le corps, simple agrégat de molécules matérielles.

Si le corps était l'égal de l'âme, la fin de l'homme consisterait aussi bien dans la poursuite des fins du corps, que dans la culture de l'intelligence et du cœur. Le plaisir, les joies sensuelles, seraient les éléments du souverain bien; l'art d'être heureux se réduirait à jouir de la vie, sans toutefois en abuser; il faudrait donner raison à la morale facile d'Epicure et d'Aristippe contre la rigide philosophie du Portique et contre les saintes austérités de la morale chrétienne.

Mais la conscience du genre humain proteste contre l'assimilation de la matière à l'esprit : elle déclare que l'esprit est supérieur à la matière ; que le corps doit être subordonné à l'âme ; qu'il n'a de valeur que comme instrument de l'âme. C'est donc l'accomplissement des fins de l'âme qui est la fin véritable de l'homme ; et il ne faut pas chercher d'autres causes des inévitables déceptions réservées à tous ceux qui cèdent au charme des biens terrestres, et qui étouffent en eux, pour ainsi dire, l'esprit sous la matière.

Or, considérons le mouvement naturel de l'âme. Par toutes les puissances de son être, elle tend vers le bien, vers le beau, vers le vrai. C'est là le terme de toutes ses pensées, de tous ses désirs, de tous ses efforts.

Et ce qu'elle poursuit ainsi n'est pas un objet particulier, car nulle des choses d'ici-bas ne peut la rassasier. Au-dessus de tous les biens et de toutes les beautés de la terre, comme par delà toutes vérités qui sont l'objet des sciences humaines, elle conçoit une vérité, une beauté, un bien, plus élevés ; elle ne se repose que dans l'infini.

L'infini, c'est Dieu, substance et cause absolue, beauté parfaite, justice infaillible, bien suprême. L'âme a donc pour fin Dieu même. Elle est née pour le connaître par l'intelligence, pour s'unir à lui par l'amour, pour le servir par une volonté libre et droite.

S'il est une vérité incontestable, c'est que l'homme n'atteint pas sa fin ici-bas. Donc il l'atteindra dans une autre existence ; donc l'âme est immortelle.

Preuves de l'immortalité de l'âme.

« L'immortalité de l'âme, dit Pascal[1], est une chose qui nous importe si fort, qui nous touche si profondément, qu'il faut avoir perdu tout sentiment pour être dans l'indifférence de savoir ce qui en est. Toutes nos actions

---

1. *Pensées*, édition de M. Faugère, t. II, p. 6.

et nos pensées doivent prendre des routes si différentes, selon qu'il y aura des biens éternels à espérer ou non, qu'il est impossible de faire une démarche avec sens et jugement, qu'en la réglant par la vue de ce point qui doit être notre dernier objet. Ainsi notre premier intérêt et notre premier devoir est de nous éclairer sur ce sujet, d'où dépend toute notre conduite. »

L'immortalité de l'âme est attestée au cœur et à l'esprit de l'homme : 1° par la croyance universelle du genre humain; 2° par la nature spirituelle de l'âme; 3° par ses désirs infinis; 4° par la loi absolue du mérite et du démérite et par la conception de la justice divine.

1° Et d'abord par la croyance universelle. A toutes les époques et partout, le genre humain a cru que l'existence de l'homme ne se terminait pas au tombeau, mais qu'elle se prolongeait au delà de cette terre. Voilà pourquoi le culte des morts a été répandu chez tous les peuples, les plus sauvages, dit Massillon, comme les plus cultivés, les plus polis, comme les plus grossiers, les plus infidèles, comme les plus soumis à la foi. Or, supposez que l'âme périsse avec le corps, d'où aurait pu naître cette étrange idée de son immortalité ? Comment aurait-elle pu s'introduire dans les esprits, et l'emporter sur le témoignage des sens qui ne nous montrent de tous côtés que des objets passagers et périssables comme eux ?

2° L'âme renferme en elle-même, dans ses attributs essentiels, dans ses désirs et dans ses conceptions, des indices manifestes d'immortalité.

L'âme est une substance distincte du corps : donc elle peut survivre au corps. Représentez-vous deux substances absolument de même nature; vous ne serez pas en droit de conclure, si l'une périt, que l'autre va cesser d'exister. Un arbre peut perdre quelques-unes de ses branches, sans que les autres tombent toutes à la fois. Une maison peut s'écrouler, sans entraîner dans sa chute les maisons voisines. Ainsi le corps et l'âme qui ont des natures, comme dit Fénelon, dissemblables en tout, ne partagent pas nécessairement le même destin. La mort de l'un n'implique pas celle de l'autre. Quand la substance étendue est détruite, l'être sensible, intelligent et libre n'est pas condamné à périr.

Mais, pour mettre cette vérité dans tout son jour, il faut pénétrer plus avant et observer quelle est la nature de l'âme. L'âme est une substance simple; or toute substance simple répugne essentiellement à la mort. Qu'est-ce en effet que la mort? Une dissolution des organes dont les éléments, que les forces de la vie retenaient agrégés, se séparent, s'isolent, et retombent sous les lois de la nature inanimée. Mais l'âme, qui n'est pas composée de parties, ne peut se dissoudre; elle échappe donc à la mort; pour détruire son être, il faudrait, comme pour la création, un décret particulier de la volonté de Dieu.

L'âme, disait l'école d'Epicure, naît avec le corps; elle participe à toutes les vicissitudes du corps; donc elle doit naturellement finir en même temps que le corps.

Sans doute, les puissances de l'âme se développent parallèlement à la vie corporelle; mais puisque la Providence a destiné ces deux substances à s'unir pour former cet être qui est la personne humaine, n'a-t-elle pas dû proportionner leur développement, et peut-on conclure de là qu'elle a subordonné l'existence de l'esprit à l'organisation physique?

La vertu propre de l'âme et la preuve de son immortalité éclatent dans ces occasions où, malgré son étroite correspondance avec le corps, elle échappe à l'affaiblissement des organes. Que de fois il arrive que la sérénité, la vigueur et l'enjouement de l'esprit ne sont pas altérés par les souffrances les plus longues et les plus cruelles, et résistent même aux ravages de la vieillesse la plus avancée! Ainsi, dans les plaines de Rocroi, on voyait « le valeureux comte de Fontaines porté dans sa chaise, et, malgré ses infirmités montrer, dit Bossuet, qu'une âme guerrière est toujours maîtresse du corps qu'elle anime. »

3° Considérons maintenant nos désirs : désir de puissance, désir de savoir, désir de félicité. Ces penchants énergiques sont enracinés profondément dans tous les cœurs. Nous voulons tous être heureux ; nous aimons tous la vérité ; nous aspirons tous au développement le plus complet des facultés que Dieu a mises en nous. Mais combien sont imparfaites, fugitives, illusoires les satisfactions qui sont accordées sur la terre à notre nature sensible ! « Vanité des vanités, et tout est vanité ! » C'est la plainte qui échappait au roi Salomon, et que répétait l'empereur Septime-Sévère, lorsque, sur son lit de mort, au terme d'une carrière illustrée par des succès inouïs : « J'ai été tout, disait-il, et j'ai vu que tout n'était rien. » Cette misère de l'homme et le vide immense que les prospérités laissent dans son cœur, sont d'autant plus frappants, que la création n'en offre pas un second exemple, et qu'il s'agit évidemment d'une loi tout exceptionnelle, particulière à la condition humaine. Tandis que la plupart des êtres marchent tranquilles vers leur fin, l'homme seul éprouve des désirs infinis qu'il ne peut apaiser. Si Dieu ne fait rien en vain, pourquoi nous a-t-il donné cette inépuisable soif de bonheur? Cette ardente passion de la vérité, ces espérances toujours déçues, mais indestructibles, que l'âme porte en elle-même, que peuvent-elles signifier, sinon que la destinée de l'homme n'est que commencée ici-bas, et qu'elle doit s'achever dans une autre existence?

4° Enfin l'intelligence possède certaines idées de mérite et de démérite qui reçoivent de la conception de la justice divine un nouveau degré de force et d'évidence. Celui qui fait le bien mérite d'être heureux ; celui qui fait le mal doit porter la peine de sa faute ; voilà une vérité universelle, un de ces principes premiers qui sont inhérents à la raison et qu'elle ne peut rejeter sans ébranler la certitude de toutes ses connaissances. La vertu, cependant, est-elle ici-bas constamment heureuse, et le crime constamment misérable ? Mais plutôt combien de vertus sont ignorées, méconnues et persécutées, tandis que le vice impuni et triomphant insulte à leur détresse ! Donc il doit exister un avenir dans lequel la justice éternelle se réserve de réparer les désordres du monde, en rétribuant chacun selon ses œuvres. Si le trépas qui interrompt la vie terrestre de l'homme, marquait le terme de son existence, qui ne voit que le bien et le mal seraient confondus, et que la peine et la récompense dépendraient, comme la santé et la maladie, des accidents du hasard ? Car dans cette hypothèse, que faudrait-il pour dérober le coupable heureux au châtiment, pour ravir à l'homme de bien persécuté le prix de son héroïsme ? Un concours extraordinaire d'événements ne serait pas nécessaire ; un souffle empoisonné de l'air ou un grain de sable pareil à celui qui tua Cromwell[1] suffirait, et aurait le pouvoir de suspendre en un moment toutes les lois de l'ordre moral.

Mais entendons-le bien, l'immortalité nécessaire à l'accomplissement des fins de l'âme et promise à la vertu par les décrets de la justice de Dieu, n'est pas, comme l'ont rêvé quelques philosophes, une immortalité sans conscience. Que la substance de l'âme échappe à la dissolution des organes et ne soit pas anéantie, c'est la condition première de notre existence future ; mais il faut de plus que la personne survive avec les attributs essentiels qui la caractérisent ; c'est-à-dire, il faut qu'elle garde, après le trépas, la connaissance d'elle-même et la mémoire du passé ; car c'est à cette condition seulement que, pouvant rattacher sa vie nouvelle à sa vie terrestre, elle recueillera et se sentira recueillir, dans la souffrance ou dans le bonheur, le fruit mérité de sa conduite en ce

---

1. Pascal, *Pensées*, t. I, p. 185 : « Cromwell allait ravager toute la chrétienté, la famille royale était perdue et la sienne à jamais puissante, sans un petit grain de sable.... Mais ce petit gravier s'étant mis là, il est mort, sa famille abaissée, tout est en paix et le roi rétabli. »

monde. Si la personnalité s'éteignait à la mort, que nous importerait que la substance de l'âme fût indestructible? Dépouillée de ses nobles facultés, insensible et inerte comme l'atome que nos pieds foulent, quelle communauté de nature et de destinée offrirait-elle avec l'être intelligent et libre, que Dieu avait créé capable de le connaître et qu'il avait doué d'aspirations infinies, gage d'une vie éternelle ?

La certitude d'un avenir pour l'âme après la tombe, ce dogme qui fait la consolation et la force des malheureux, qui modère le crime en présence de la vertu désarmée, ce dogme épuré et divinement confirmé par le christianisme, est le couronnement nécessaire d'une philosophie qui ne cherche pas sa règle dans la sensation, qui croit à la Providence de Dieu, à la liberté, à la distinction du bien et du mal, au droit et au devoir, et qui, familière avec ces vérités inaccessibles aux sens, n'a pour ainsi dire qu'à suivre ses voies ordinaires pour s'élever à la démonstration de nos destinées immortelles.

CONCLUSION

ROLE DE LA PHILOSOPHIE, SON IMPORTANCE AU POINT DE VUE INTELLECTUEL, MORAL ET SOCIAL

Après avoir parcouru le cercle des questions que la philosophie examine et des vérités qu'elle démontre à la lumière de la raison, nous ne saurions conserver aucun doute sur l'importance qu'elle a au point de vue intellectuel, moral et social.

Les anciens la considéraient comme l'institutrice du genre humain. C'est à elle que Cicéron attribue la fondation des cités, le progrès des mœurs, des arts et des lois, le pouvoir d'enseigner la vertu aux hommes, et de dompter leurs passions et leurs vices [1]. Cet enthousiasme serait sans doute exagéré de nos jours, où la philosophie ne se confond plus, comme à l'origine, avec l'universalité du savoir. Toutefois, même réduite aux proportions d'une science particulière, envisagée seulement comme l'étude de notre nature et de notre destinée, n'offre-t-elle pas un

---

1. *Tuscul.*, V, 2 : « O vitæ philosophia dux! O virtutis indagatrix, expultrixque vitiorum! quid, non modo nos, sed omnino vita hominum sine te esse potuisset? Tu urbes peperisti; tu dissipatos homines in societatem vitæ convocasti; tu eos inter se primo domiciliis, deinde conjugiis, tum litterarum et vocum communione junxisti; tu inventrix legum, tu magistra morum et disciplinæ fuisti. Ad te confugimus; a te opem petimus; tibi nos, ut antea magna ex parte, sic nunc penitus, totosque tradimus. Est autem unus dies bene, et ex præceptis tuis actus, peccanti immortalitati anteponendus. »

intérêt inappréciable pour l'esprit et pour le cœur? N'est-elle pas au plus haut point digne de nous occuper?

L'homme que la plus ardente curiosité porte à scruter les secrets de la nature, ne saurait consentir à ne pas se connaître lui-même; il ne saurait se résigner à ce douloureux état d'incertitude que Pascal a décrit avec une si éloquente tristesse : « Je ne sais qui m'a mis au monde, ni ce que c'est que le monde, ni que moi-même. Je suis dans une ignorance terrible de toutes ces choses. Je ne sais ce que c'est que mon corps, que mes sens, que mon âme et cette partie de moi qui pense ce que je dis, qui fait réflexion sur tout et sur elle-même, et ne se connaît non plus que le reste.... Tout ce que je connais est que je dois bientôt mourir; mais ce que j'ignore le plus est cette mort même que je ne saurais éviter[1]. »

Qui ne sent combien la solution de ces obscurs mais sublimes problèmes de l'origine et de la destinée de l'homme importe à notre moralité comme à notre bonheur? Même quand notre âme est éclairée par les lumières de la foi, nous nous sentons poussés par un penchant irrésistible à chercher la démonstration de nos croyances, et à nous approprier, par la force du raisonnement et de la méditation, les vérités que la religion nous a enseignées. C'est ainsi que les docteurs les plus vénérés dans l'Eglise, saint Augustin et saint Thomas d'Aquin, figurent aussi parmi les plus grands noms de la philosophie à coté de Platon et d'Aristote.

Que les efforts de la philosophie pour approfondir des mystères en partie insondables aient jamais été couronnés d'un plein succès, il serait contraire à la vérité historique de le prétendre. Mais en ces matières, l'effort lui-même a son prix; non seulement il répond à un besoin de l'esprit, mais il sert à son éducation; il le détache des pensées basses et l'élève dans des régions supérieu-

---

1. *Pensées de Pascal*, éd. Faugère, t. II, p. 9.

res, où le culte désintéressé du beau et du bien s'allie au culte de la vérité ; le caractère s'affermit ; la volonté acquiert plus de force pour résister aux séductions du plaisir et aux entraînements de la passion.

Veut-on ne considérer dans la philosophie que la recommandation qu'elle nous fait et l'habitude qu'elle nous donne de nous replier sur nous-mêmes et d'étudier nos facultés pour en faire un bon usage, nos passions pour les contenir et les diriger, nos défauts pour les corriger, rappelons-nous qu'aux yeux même des anciens, la connaissance de soi-même est la source de la sagesse, et que, selon eux, le précepte de se connaître est un précepte divin : *E cœlo descendit* Γνῶθι σεαυτόν, a dit Juvénal.

Nous ne parlons pas des rapports de la philosophie avec les autres sciences : nous avons exposé, au début de cet ouvrage, les services qu'elle leur rend.

Au point de vue social, la philosophie, quelle que soit l'ambition présomptueuse de quelques-uns de ses défenseurs, la philosophie ne remplacera jamais la puissante et salutaire influence des croyances religieuses. C'est la religion chrétienne qui est la véritable éducatrice des peuples ; c'est à elle que la civilisation a dû dans le passé et qu'elle devra dans l'avenir ses progrès les plus décisifs ; malheur aux nations qu'elle a élevées et qui lui doivent leur grandeur, si elles cessaient d'écouter sa voix ! Cependant il serait injuste de méconnaître la part que la philosophie peut revendiquer dans la diffusion des lumières, dans l'adoucissement des mœurs, dans le perfectionnement des institutions. En dégageant les racines que l'obligation morale enfonce si avant dans la nature rationnelle de l'homme, en y rattachant, par des déductions régulières, comme autant de branches à leur tronc, nos devoirs envers nous-mêmes, envers la patrie et envers Dieu, la philosophie fournit à l'esprit et au cœur de tous les hommes d'utiles arguments en faveur de la vertu contre le vice. En donnant la raison des droits des citoyens, elle engage ceux-ci à les respecter mutuellement, et elle amène peu à peu les législateurs à les reconnaître, à les consacrer et à les garantir. Les jurisconsulte de l'école stoïcienne, c'est-à-dire des philosophes, ont participé largement à l'élaboration du droit romain dont on a dit qu'il était la raison écrite, *ratio scripta*; et dans les temps modernes, les philosophes ont également exercé une influence considérable sur la transformation des lois civiles et des institutions politiques !

Ce n'est donc pas une fiction inventée par les philosophes dans l'intérêt de leur science, que l'importance de la philosophie. Quelles que soient les aberrations où elle s'est trop souvent perdue, les services qu'elle a rendus et qu'elle est appelée à rendre encore sont certains. Mais plus son rôle est grand et peut être salutaire, plus les pères de famille doivent veiller à ce qu'elle soit, pendant la jeunesse, pour leurs enfants, l'objet d'une étude qui n'égare pas leur intelligence, qui ne trouble pas leur cœur, mais qui contribue à faire d'eux, dès leur entrée dans la vie sociale, d'honnêtes gens et de courageux citoyens.

CINQUIÈME PARTIE
HISTOIRE DE LA PHILOSOPHIE

CHAPITRE XXXVI

APERÇUS PRÉLIMINAIRES SUR L'HISTOIRE DE LA PHILOSOPHIE. — PRINCIPAUX SYSTÈMES PHILOSOPHIQUES.

Objet de l'histoire de la philosophie

L'histoire de la philosophie est le tableau des opinions des philosophes de tous les âges sur les grandes questions de la philosophie, comme la nature de l'esprit humain, l'existence et les attributs de Dieu, les moyens de diriger l'entendement vers le vrai et la volonté vers le bien.

De même que la philosophie se distingue des autres branches du développement de l'humanité, tant par son objet propre que par sa méthode, de même l'histoire de la philosophie se distingue, tout en s'y rattachant, des autres branches de l'histoire. Sa mission n'est pas d'embrasser tout ce qui a été pensé, écrit, enseigné depuis le commencement du monde ; les chefs-d'œuvre de la littérature et des arts, les croyances religieuses, les événements politiques, sont étrangers à son domaine; elle ne s'occupe que des efforts tentés par la pensée libre pour s'élever à la connaissance de Dieu et de soi-même.

Utilité de l'histoire de la philosophie.

En général, l'esprit d'une époque dépend des doctrines qui ont alors prévalu, et les vicissitudes qui s'observent dans les lois et dans les coutumes des nations ont pour cause première le travail intérieur qui a eu lieu dans les idées. Il suit de là que l'étude de l'histoire de la philosophie, considérée comme élément de l'histoire universelle, est d'une incontestable utilité; qu'elle jette une vive lumière sur la législation, les arts, le culte, les mœurs de chaque siècle et de chaque pays. Mais c'est surtout pour la philosophie elle-même qu'elle offre de précieux avantages : 1° elle fait profiter le philosophe de l'expérience et des travaux de tous les hommes de génie qui se sont livrés avant lui à l'étude des choses; 2° en mettant à sa disposition un fonds de vérités qu'il n'eût pas réussi à découvrir et que désormais il est dispensé de chercher, elle lui donne la liberté de concentrer ses efforts sur des objets nouveaux et inconnus; 3° elle prévient les erreurs où il tomberait, si elle ne lui montrait pas que certaines opinions séduisantes recèlent des conséquences monstrueuses qui ne tardent pas à s'en échapper; 4° elle le protége contre le découragement; elle lui donne l'assurance nécessaire pour supporter la contradiction, en lui montrant ses propres opinions admises et confirmées par l'élite des penseurs de tous les âges; 5° enfin l'histoire de la philosophie sert à développer de précieuses qualités de l'esprit et du cœur : elle donne de la sagacité, de l'étendue, de la profondeur à l'esprit; elle inspire la modestie, la tolérance, le respect des noms illustres, au degré où le respect n'altère pas l'indépendance ; car les plus grands philosophes s'étant souvent trompés, ils doivent être pour nous des bienfaiteurs vénérés, non des maîtres servilement obéis.

Méthode applicable à l'étude de l'histoire de la philosophie.

Envisagée au point de vue de la méthode, l'histoire de la philosophie est une science de faits, et la méthode qui doit être appliquée à son étude est l'observation.

Ici les faits à observer sont les systèmes dont l'objet, l'esprit général et les principales solutions forment autant de points qui appellent l'attention et les recherches de l'historien. Il s'agit de savoir, par exemple, si tel philosophe dont on étudie les doctrines a méconnu ou non la portée légitime de la raison; s'il a fait à l'expérience une part plus grande qu'à la spéculation; quel sont les problèmes dont il a été préoccupé le plus vivement ; comment et avec quel succès il les a résolus. Ces points obscurs et difficiles sont vivement éclairés par la connaissance de l'époque et des pays où chaque philosophe a vécu, des maîtres qu'il a suivis, de son caractère et de ses habitudes. Un point non moins important, c'est l'étude de la langue qu'il a écrite ou parlée, et la détermination exacte du sens des termes nouveaux dont il s'est servi. Que s'il n'a rien écrit, ou si ses ouvrages ne sont point parvenus jusqu'à nous, la valeur des témoignages étrangers auxquels il faut recourir pour connaître sa doctrine, doit être appréciée selon les règles ordinaires de la critique historique.

Lorsque l'historien est parvenu, en suivant cette marche, à reconstituer un certain nombre de systèmes, il les compare ; il observe en quoi ils se ressemblent, en quoi ils diffèrent. Ceux qui offrent des ressemblances servent à former des écoles qui prennent en général pour nom celui du philosophe dont les doctrines ont prévalu. Plusieurs écoles successives forment une période ; plusieurs périodes une grande époque. Une fois ces divisions établies, il reste à constater les lois qui président à la formation et à la décadence des écoles, à la succession des périodes et des époques ; c'est particulièrement là le rôle de l'induction, dont les règles sont ici, comme partout ailleurs, d'avancer avec une sage mesure, sans aller au delà, sans rester en deçà des faits régulièrement constatés et décrits.

Mais, quels que soient les avantages de la méthode expérimentale appliquée à l'histoire de la philosophie, elle ne conduirait qu'à des résultats fort incomplets, si l'historien n'éclairait pas l'analyse et la discussion des systèmes par de fortes études psychologiques. L'esprit humain est comme l'original que chaque philosophe cherche à reproduire ; il faut le connaître pour bien comprendre et surtout pour juger tant de doctrines où il a déposé l'image de lui-même. Sans cette connaissance, l'histoire de la philosophie reste un catalogue stérile, d'où nul enseignement fécond ne peut sortir.

Principaux systèmes de philosophie.

L'application de la méthode que nous venons d'esquisser conduit à partager les doctrines philosophiques en un certain nombre de systèmes principaux, qui ont sans doute leurs racines dans l'entendement humain ; car on les voit reparaître chez les différents peuples et aux différentes époques de l'histoire.

Ainsi on retrouve partout des philosophes qui pensent que l'esprit de l'homme peut arriver à la connaissance de la vérité et qui croient l'avoir découverte, et d'autres qui nient que l'homme ait ce pouvoir, et qui font profession de douter de tout. Les premiers sont les *dogmatiques;* les seconds sont les *sceptiques.*

Parmi les dogmatiques, les uns ne se fient qu'à l'expérience : ce sont les *empiriques;* quelques-uns même n'admettent que l'expérience sensible : ce sont les *sensualistes;* les autres méprisent le témoignage des sens, et prétendent se renfermer dans la région des pures idées : ce sont les *idéalistes.* Certains appellent et croient avoir trouvé dans l'inspiration une lumière supérieure aux sens, supérieure à la raison elle-même : ce sont les *mystiques.*

Cette foi naïve et puissante que l'intelligence humaine porte au dedans de soi, ne permet pas que la philosophie débute par le scepticisme; elle croit, elle affirme, elle *dogmatise* avant de douter. Comme d'ailleurs les faits sensibles sont de tous les plus saillants, et que pour les apercevoir, il suffit de les regarder, ce sont eux qui appellent d'abord l'attention des philosophes ; et le sensualisme, de même que l'empirisme, précède en général tous les autres systèmes. L'idéalisme ne tarde pas à les suivre; car la réflexion découvre facilement dans la nature humaine des faits que la sensation n'explique pas, et dans l'univers un ensemble de lois, un ordre, une harmonie, une beauté, qui révèlent des causes invisibles. Enfin, quand tous les systèmes humains se sont naturellement convaincus d'erreur, et qu'aux mécomptes de la philosophie sont venus se joindre de grands malheurs publics qui jettent le découragement dans les âmes, c'est alors surtout que paraît le mysticisme comme le dernier refuge des cœurs attristés.

Principales époques de l'histoire de la philosophie

Pour compléter ces aperçus préliminaires, il nous reste à indiquer les principales époques de l'histoire de la philosophie.

Les éléments divers qui servent à caractériser la philosophie d'une époque sont : 1° les contrées où elle s'est développée ; 2° les événements extérieurs qui ont accompagné sa naissance et ses progrès ; 3° les questions qui ont été posées ; 4° les méthodes qui ont été suivies ; 5° les solutions qui ont été adoptées.

Chacun de ces éléments n'a pas la même valeur dans la détermination d'une époque. Le point capital, qui est à considérer avant tous les autres, parce qu'il est le fond même de la philosophie, ce sont, sans contredit, les questions, les méthodes, les solutions. Toutefois il faut tenir compte aussi des faits généraux de l'histoire ; car le contre-coup des grands événements politiques ou religieux ne manque jamais de se faire sentir dans la région des idées.

En partant de ces principes, la plupart des historiens ont divisé l'histoire de la philosopie en trois époques : l'époque *ancienne*, l'époque du *moyen âge* et l'époque *moderne*.

L'époque ancienne commence avec la philosophie grecque et se termine avec elle. Elle se partage en trois périodes, dont l'une va de Thalès (600 ans av. J. C.) jusqu'à Socrate (400 ans av. J. C.) ; la seconde, de Socrate à l'ère chrétienne ; la troisième, de l'ère chrétienne au règne de Justinien, qui fit fermer en 529 la dernière école de la philosophie grecque, l'école d'Athènes, et qui contraignit ses chefs d'aller chercher asile à la cour du roi de Perse, Chosroès le Grand.

L'époque du moyen âge, qui est celle de la philosophie appelée *scolastique*, commence au règne de Charlemagne et finit à la prise de Constantinople. La philosophie est alors subordonnée à la théologie; quand elle abandonne la tradition ecclésiastique, elle ne fait que changer de guide; elle subit l'autorité d'Aristote.

Pendant la dernière partie du quinzième siècle et pendant tout le seizième, on voit se multiplier les tentatives de réforme, signe précurseur d'une grande révolution intellectuelle et d'une nouvelle époque de l'histoire de la philosophie. Cette époque, qui est l'époque moderne, commence au dix-septième siècle avec Bacon et Descartes, et se continue jusqu'à nos jours.

On ne s'étonnera pas que nous n'ayons pas donné place dans l'esquisse qui va suivre, aux systèmes que la Chine et l'Inde ont vus s'élever. Quelle que soit leur importance historique, ces systèmes encore peu connus, sont restés si complétement étrangers à la civilisation et aux sciences des peuples occidentaux, qu'il ne pouvait entrer dans notre plan de nous y arrêter.

CHAPITRE XXXVII

ÉCOLES DE LA PHILOSOPHIE GRECQUE AVANT SOCRATE.

Avant d'atteindre cet âge brillant de maturité qui vit paraître, avec Platon et Aristote, avec Épicure et Zénon, des systèmes destinés à traverser les siècles, la philosophie grecque eut son enfance et éprouva des vicissitudes qui remplissent la première période de son histoire.

Cette période s'étend depuis le septième siècle avant notre ère jusqu'au cinquième. L'origine des choses est la question qui préoccupe alors tous les philosophes. La méthode généralement suivie est l'hypothèse. Les systèmes sont nombreux, variés, et représentent la plupart des directions que la pensée de l'homme peut suivre. Le développement philosophique a pour principal théâtre l'Ionie et la partie méridionale de l'Italie appelée Grande Grèce; il se résume en cinq grandes écoles : 1° école *Ionienne*; 2° école *Italique* ou *Pythagoricienne*; 3° école *d'Élée*; 4° école *Atomistique*; 5° scepticisme des sophistes.

École Ionienne.

Ce qui caractérise l'école Ionienne, c'est le goût de la physique, mais surtout c'est la recherche du principe élémentaire de l'univers.

Les phénomènes matériels peuvent être considérés

comme le développement d'une force qui revêt successivement plusieurs formes différentes, tout en restant identique à elle-même dans ses transformations; on peut aussi les regarder comme l'effet du mouvement qui rapproche et sépare tour à tour les parties du chaos primitif, où étaient confondus dès l'origine les éléments des choses. Ces deux points de vue, l'un *dynamique*, l'autre *mécanique*, se sont partagé à peu près également l'école d'Ionie.

Parmi les Ioniens dynamistes, nous citerons :

1° THALÈS, de Milet (600 ans avant J. C.). Il regardait l'eau comme le principe de toutes choses, « amené probablement à cette opinion, dit Aristote, parce qu'il avait observé que l'humide est l'aliment de tous les êtres et que la chaleur elle-même vient de l'humide et en vit. » A peine, du reste, peut-on trouver chez Thalès la trace de vagues opinions sur Dieu et sur l'âme, qu'il semble avoir considérée comme quelque chose qui se meut, disant que l'aimant a une âme parce qu'il meut le fer.

2° ANAXIMÈNE, de Milet (557 ans av. J. C.), jugeait l'air antérieur à l'eau, parce qu'il est de tous les corps celui dont les parties sont les plus déliées. C'est l'air, selon Anaximène, qui est le principe de la connaissance et de l'activité de l'âme : doctrine également professée par DIOGÈNE, d'Apollonie.

3° HÉRACLITE, d'Éphèse (500), est l'auteur du système où les doctrines de l'école d'Ionie ont été poussées avec le plus de rigueur à leur dernières conséquences. Selon Héraclite, le principe universel est le feu. Tout vient du feu et y retourne incessamment par une série de transformations continuelles. D'où il suit que, dans le monde, rien n'est stable; que les choses sensibles ne font que passer; qu'elles sont, suivant l'expression d'Héraclite, dans un perpétuel écoulement, semblables aux eaux d'un fleuve qui ne sont déjà plus les mêmes, quand on y entre, pour la seconde fois. L'âme, comme tout le reste, est un produit du feu; c'est un souffle qui passe, et comme une évaporation, ἀναθυμίασις. La connaissance n'ayant aucune base solide, est changeante et incertaine, et l'homme ne peut former que des opinions, sans jamais s'élever à la science.

Les Ioniens qui ont adopté le point de vue mécanique sont :

1° ANAXIMANDRE, de Milet (610), qui faisait provenir toutes choses d'un infini, ἄπειρον, sorte de mélange confus de tous les éléments, dont nous ignorons comment il déterminait la nature.

2° ANAXAGORE, de Clazomène (500-428), un des philosophes les plus célèbres de la Grèce. Comme Anaximandre, Anaxagore admettait un chaos éternel et infini, composé de parties semblables; d'où le nom de *homéoméries*, sous lequel il les désignait. Ce sont les diverses combinaisons de ces parties qui donnent lieu à la naissance et à la destruction des corps. Mais il parut absurde à Anaxagore d'attribuer au hasard seul et au mouvement désordonné du chaos, la proportion et l'harmonie qui règnent dans le monde. Il admit une intelligence, un esprit, νοῦς, premier auteur de l'ordre de l'univers, et doué d'attributs intellectuels et moraux. Il a ainsi préparé les voies à Socrate et à Platon, qui lui reprochaient cependant de ne pas avoir attribué une part assez large à l'action de la cause première.

C'est aussi à l'école d'Ionie que se rattache, plus qu'à aucune autre école de cette période, EMPÉDOCLE, d'Agrigente (vers 460 ou 444 av. J. C.), dont le système offre, en certains points, des analogies nombreuses avec les idées de Pythagore. Il paraît être l'inventeur de cette théorie célèbre des quatre éléments, la terre, l'eau, l'air et le feu, qui a si longtemps régné en philosophie. Ces quatre éléments se retrouvent dans l'âme comme dans l'univers; sans quoi l'âme n'aurait pas connu l'univers; car le semblable seul peut connaître le semblable. Empédocle admettait, en outre, l'action des deux forces, l'une qui agrége les éléments et qui est la source de l'ordre et de la beauté, l'amour (φιλία); l'autre qui les sépare et qui engendre le désordre et la laideur, la discorde (νεῖκος). Certains historiens ont cru reconnaître dans ces deux forces l'attraction et la répulsion des modernes.

École Italique ou Pythagoricienne.

L'école Italique, comme l'école d'Ionie, se distingue par le penchant qui la porte vers l'étude de la nature. Mais elle cultive avec plus d'ardeur les mathématiques et l'astronomie que la physique. C'est la plus ancienne des écoles idéalistes.

Son chef, PYTHAGORE, né à Samos, 584 av. J. C., avait, dit-on, visité l'Égypte et la Chaldée, et conversé avec les prêtres de Memphis. Au retour de ses voyages, il fonda à Crotone, en Italie, une école devenue célèbre. L'arithmétique, la géométrie, la musique et l'astronomie avaient longtemps formé le principal objet de ses méditations. Transportant dans la philosophie ses habitudes de mathématicien, il soutint, non-seulement que les choses sont à l'imitation des nombres, mais que les nombres sont la forme et la substance même des choses; opinion singulière dont Aristote nous donne deux motifs principaux : 1° que la raison de l'harmonie et de l'ordre est le nombre; 2° que les nombres offrent plus d'analogie avec les choses, par exemple, avec la justice, que le feu ou l'eau, admis comme éléments par les Ioniens.

Pythagore admettait dix nombres fondamentaux, contenant tout le système de l'univers. De là l'hypothèse des dix corps célestes qui se meuvent en produisant une sorte d'harmonie autour d'un centre qui est le soleil, séjour de la Divinité. L'âme est elle-même un nombre qui se meut, et qui, ayant sa racine dans l'unité, a pour fin suprême de tendre à l'unité.

Pythagore complétait sa doctrine par le dogme de la *métempsycose*, ou hypothèse de la transmigration de l'âme d'un corps dans un autre. Ses disciples développèrent son système et le propagèrent. On cite parmi les principaux : ARCHYTAS, de Tarente, PHILOLAUS, de Crotone, ÉPICHARME, de Cos.

École Éléatique.

Le dogme caractéristique de l'école d'Élée est l'unité de l'être, obscurément admise par XÉNOPHANE, qui fonda l'école, et enseignée ouvertement, après lui, par ses successeurs, MÉLISSUS, PARMÉNIDE et ZÉNON.

XÉNOPHANE, né à Colophon, vers l'an 617 av. J. C., partait de ce principe que rien ne se fait de rien, *e nihilo nihil*; d'où il concluait que rien ne saurait non plus passer du non-être à l'être, et que, par conséquent, ce qui existe réellement est éternel et immuable. Au point de vue de l'expérience, il expliquait les phénomènes du monde sensible par le jeu de deux éléments, l'eau et la terre. En théodicée, il a, un des premiers, dégagé la notion de Dieu des grossières images dont la mythologie l'enveloppait, et entrepris la démonstration de l'éternité et de l'unité divines.

PARMÉNIDE, né à Élée, vers l'an 519 av. J. C., développa, avec une rare vigueur, le côté idéaliste de la doctrine de Xénophane, dans son poëme *de la Nature*, περὶ φυσέως. Parti de l'idée de l'être, il soutenait que l'être n'a pas de commencement, qu'il n'aura pas de fin, qu'il ne change pas; qu'il est indivisible et infini, et qu'il remplit tout l'espace; d'où il suit que le changement et le mouvement sont de pures apparences qui captivent les sens, mais que démont la raison. Cependant, par une contradiction assez étrange, Parménide donnait une place dans son poëme à l'explication des phénomènes matériels, qu'il faisait résulter de l'action combinée de deux principes opposés, l'un négatif, le froid ; l'autre positif, la chaleur.

Zénon, d'Élée, disciple de Parménide, s'est rendu célèbre par son argumentation contre l'existence du mouvement. Il ne faudrait cependant pas ranger Zénon parmi les sceptiques ou les sophistes, comme on l'a fait quelquefois ; car s'il combattait le témoignage des sens, il admettait, à l'exemple de Parménide, celui de la raison, et n'avait d'autre objet que de faire triompher les doctrines de son maître, vivement combattues par l'école Atomistique.

École Atomistique.

L'école Atomistique avait pour but de réhabiliter l'expérience méconnue par les Éléates, et de donner l'explication des phénomènes du monde sensible. Son fondateur, Leucippe, admettait trois principes des choses : les atomes, le vide et le mouvement, propriété essentielle des atomes. Les atomes sont infinis en nombre ; mais leur petitesse les rend imperceptibles. C'est de leurs différents modes d'agrégation que naissent tous les objets de l'univers, d'après des lois nécessaires. L'âme elle-même n'est qu'une agrégation d'atomes ronds, d'où résultent, chez l'homme, le mouvement et la vie.

Démocrite, né à Abdère, vers 494 avant J. C., et disciple de Leucippe, compléta la doctrine de son maître par une théorie célèbre de la sensation et de la pensée, qu'il attribuait à des images émanées des choses et s'imprimant sur les organes des sens. En morale, il fit consister le souverain bien de l'homme dans le bien-être que nous obtenons par l'égalité d'humeur. La doctrine de

Leucippe fut reprise, dans la suite, par Épicure, et devint le fond de sa métaphysique.

École des Sophistes.

Tant de systèmes opposés que la Grèce avait produits en moins de deux siècles, étaient bien propres à favoriser les progrès du scepticisme, qui parut en effet vers la fin de cette période avec l'école des Sophistes.

Les Sophistes étaient pour la plupart des orateurs et des savants très-habiles dans l'art de la parole, mais étrangers au véritable esprit philosophique, qui s'appliquaient à soutenir toutes sortes de propositions, et à confondre sans cesse la vérité et l'erreur au moyen de mille artifices de langage. Cependant, malgré le juste mépris où ils sont tombés, on ne saurait méconnaître les services qu'ils ont rendus à l'esprit humain. Ils ont dévoilé les contradictions et les erreurs prodigieuses de toutes les doctrines qui les avaient précédés. Ils ont traduit sous une forme populaire les plus hautes questions scientifiques, et contribué par leur enseignement à populariser la philosophie. Enfin, ils ont appelé l'attention des esprits sur la politique et la morale, si négligées avant eux, et préparé Socrate par la direction de leurs études, en même temps qu'ils rendaient sa réforme nécessaire par le danger de leur exemple et de leur méthode.

On cite parmi les plus célèbres Sophistes, Gorgias, de Léontium (vers 440 av. J. C.), qui s'efforça de prouver que rien n'existe; que s'il existait quelque chose, on ne pourrait le connaître; que si on pouvait le connaître, on ne pourrait pas en transmettre la connaissance au moyen des signes du langage;

Protagoras, d'Abdère, à qui on attribue la maxime que la sensation est la mesure de toutes choses, et que par conséquent une opinion est aussi vraie qu'une autre, puisque les sensations varient à l'infini;

Diagoras, de Mélos, célèbre chez les anciens par son athéisme; Polus, Thrasymaque, Euthydème qui considéraient les idées morales comme des inventions de la politique

CHAPITRE XXXVIII

DE SOCRATE ET DE LA RÉVOLUTION PHILOSOPHIQUE DONT IL EST L'AUTEUR.

Biographie de Socrate.

Deux écrivains, tous deux disciples de Socrate, Platon et Xénophon, ont tracé le tableau du caractère et de la doctrine de leur maître. Platon l'a fait avec plus de force philosophique; mais il mêle trop souvent ses propres idées à celles de Socrate. Xénophon, moins profond, mais plus simple, est peut-être un guide plus véridique et auquel il faut s'attacher de préférence, si on veut connaître Socrate, son genre de vie, sa méthode, sa doctrine, dépeints fidèlement et dégagés de tout élément étranger.

Xénophon a laissé quatre ouvrages principaux sur Socrate : 1° les *Entretiens mémorables*, ou Mémoires sur Socrate, divisés en quatre livres, dans lesquels sont rapportées les conversations de Socrate sur divers sujets de morale et de religion; 2° l'*Apologie* de Socrate, qui est le récit de sa défense devant les juges; 3° les *Économiques* ou conversations de Socrate sur l'économie domestique; 4° le *Banquet*.

Les *Mémoires de Socrate* sont l'ouvrage qui renferme le plus de détails précieux sur sa vie et même sur ses doctrines. Comme ils se rapportent aux entretiens qu'il avait avec les personnages du temps, ils présentent souvent la forme du dialogue. Le style porte le cachet de cette exquise pureté qui est particulière à Xénophon ; mais il est simple et sans recherche. L'historien s'efface entièrement devant la grandeur du personnage historique dont il retrace les traits.

Socrate naquit à Athènes en 469 ou 470 av. J. C., d'un sculpteur nommé Sophronisque et d'une sage-femme, Phénarète. Il exerça dans sa jeunesse la profession de son père, et plusieurs siècles après sa mort, on montrait dans l'Acropole un groupe de sa ..in, représentant les Grâces. Les conseils d'un riche Athénien, Criton, le décidèrent à quitter cette carrière pour s'adonner entièrement à l'étude des lettres et de la philosophie. On cite parmi ses maîtres, d'après une tradition fort incertaine, Anaxagore et le physicien Archélaüs. Un bon sens héroïque, un esprit enclin à l'ironie, de fortes convictions morales et une admirable fermeté de caractère le prédestinaient pour ainsi dire au rôle d'adversaire des sophistes. A peine eut-il engagé la lutte contre les doctrines régnantes, il ne s'arrêta plus. Il les combattit sous toutes les formes, non pas à de certains jours, du haut d'une chaire et dans une école, mais à toute heure et partout, au gymnase, à la promenade, à l'armée, sur la place publique, dans la boutique des artisans, dans les salles de banquet. Son art consistait à interroger ceux qui le fréquentaient, et à leur faire découvrir et en quelque sorte engendrer la vérité comme d'eux-mêmes, en les conduisant pas à pas, par le jeu de la conversation, d'une proposition bien simple qu'ils admettaient, à la conclusion qu'il voulait leur faire accepter. Platon et Xénophon rapportent qu'il attribuait ses meilleures pensées et toute sa conduite à l'inspiration d'un génie familier, connu dans l'histoire sous le nom de *démon de Socrate*. Il confirmait ses mâles et ses sages préceptes par l'exemple de sa vie austère et dévouée. A Potidée, il sauva les jours d'Alcibiade ; à Délium, ceux de Xénophon ; il se fit remarquer par sa valeur à la bataille d'Amphipolis ; enfin, seul des juges, il osa défendre, malgré les clameurs du peuple, les généraux vainqueurs aux îles Arginuses, que la voix publique accusait de n'avoir pas rendu les derniers honneurs aux soldats morts en combattant. Malgré son désintéressement et ses vertus, Socrate ne put désarmer le courroux de ceux dont il avait si souvent démasqué l'ignorance, ni échapper aux ombrages du pouvoir sacerdotal, effrayé de l'audace de ses opinions. Déjà, dans la comédie des *Nuées*, le poëte Aristophane n'avait pas craint de livrer sa personne et son enseignement à la risée publique. Quelques années plus tard, deux citoyens d'Athènes, Anytus et Mélitus, élevèrent contre Socrate deux accusations redoutables ; la première, de ne pas reconnaître les divinités nationales : la seconde, de corrompre la jeunesse. Socrate dédaigna de se défendre et préféra subir le sort que la haine de ses ennemis lui réservait. Condamné par l'Aréopage, il but tranquillement la ciguë, en présence de quelques-uns de ses disciples, la première année de la xcxv⁰ olympiade (400 ans av. J. C.). Mais déjà la réforme à laquelle il avait voué sa vie était achevée.

Caractère de la révolution dont Socrate est l'auteur.

Cette réforme, une des plus fécondes dont l'histoire ait conservé le souvenir, portait à la fois sur le but de la science, sur son objet et sur sa méthode.

Le but de la science était, pour les Pythagoriciens et les Ioniens, de satisfaire cette ardente curiosité, qui est un des besoins les plus impérieux de notre âme ; pour les sophistes, c'était de parvenir aux richesses, à la puissance, à la gloire ; pour Socrate, ce fut le perfectionnement moral et le progrès dans la vertu.

Avant Socrate, la philosophie s'égarait en de téméraires et vaines spéculations sur l'origine et les lois de l'univers. Avec lui, elle descend, suivant l'expression de Cicéron, du ciel sur la terre, et pénètre pour ainsi dire jusque dans le foyer domestique. Il la détache de la recherche stérile du principe des choses et la ramène à l'étude de la nature humaine. Sa devise est la maxime : Connais-toi toi-même, Γνῶθι σεαυτόν.

« Socrate, dit Xénophon, n'avait pas la manie si commune d'embrasser dans ses leçons tout ce qui existe, de rechercher l'origine de ce que les sophistes appellent la nature et de remonter aux causes nécessaires qui ont donné naissance aux corps célestes. Il prouvait qu'il faut avoir perdu l'esprit pour se livrer à de semblables spéculations. Ces gens-là, demandait-il, croient donc avoir épuisé tout ce qu'il importe à l'homme de savoir, puisqu'ils s'occupent de ce qui l'intéresse si peu, ou pensent-ils qu'il nous soit permis d'abandonner les choses que les dieux ont bien voulu nous soumettre, pour approfondir les secrets qu'ils se sont reservés ? »

« Content de s'entretenir des choses qui sont à la portée de l'homme, continue Xénophon, Socrate examinait ce qui est pieux, ce qui est impie, ce qui est juste ou injuste. Il recherchait ce que c'est que la sagesse et la folie, ce qui constitue la valeur et la pusillanimité ; ce que c'est que la société ; en quoi consiste le gouvernement... »

Enfin la méthode des premiers philosophes était la seule qui pût répondre à l'orgueil de leurs desseins, nous voulons dire l'hypothèse. Tout au contraire la méthode de Socrate est proportionnée à l'objet plus modeste qu'il poursuit : elle consiste à faire des divisions exactes, à bien définir les mots et les choses, à recueillir le plus d'exemples possible avant de tirer une conclusion générale, à user partout d'attention et de réserve, afin de s'entendre soi-même, et de savoir ce qu'on dit et ce qu'on pense.

Une méthode aussi sage devait conduire un philosophe tel que Socrate aux vérités pratiques les plus importantes ; mais il n'a pas formulé en système les résultats de ses méditations : il ne nous reste de lui que des opinions isolées, dont voici les principales : 1° En psychologie, la séparation de l'âme et du corps, et le commerce de l'âme avec Dieu ; 2° en théodicée, la démonstration de l'existence de Dieu et de sa providence par l'ordre et l'harmonie de l'univers ; 3° en morale, l'identité de la science et de la vertu, de la perfection morale et du bonheur. Ajoutez à cela d'admirables vues sur les devoirs de l'homme : devoirs de tempérance, de courage et de justice ; devoirs de famille et d'amitié; devoirs des citoyens envers la patrie. Il s'est sans doute rencontré des philosophes dont les doctrines mieux arrêtées, plus étendues, semblent révéler une puissance d'invention supérieure. Mais nul n'a surpassé la pureté morale de l'enseignement socratique; nul aussi n'a ouvert à la pensée des directions plus fécondes; car, ainsi que nous allons le voir, le mouvement imprimé par Socrate aux esprits ne devait s'arrêter que plusieurs siècles après sa mort.

CHAPITRE XXXIX

PRINCIPALES ÉCOLES GRECQUES DEPUIS SOCRATE JUSQU'A L'ÉCOLE D'ALEXANDRIE. — PLATON. — ARISTOTE.

L'enseignement de Socrate ouvre pour la philosophie grecque une nouvelle période, la plus importante de toutes par la grandeur et la solidité des œuvres qu'elle a vues paraître. Alors s'élèvent des écoles nombreuses, héritières de l'esprit, sinon de la doctrine de ce grand homme, et comme lui principalement occupées de l'étude de la nature humaine. Ces écoles, pour ne citer que les principales, sont : 1º l'école de Mégare ; 2º l'école Cynique ; 3º l'école Cyrénaïque ; 4º l'Académie ou école de Platon ; 5º le Lycée ou école d'Aristote ; 6º le Scepticisme ou Pyrrhonisme ; 7º l'école d'Épicure ; 8º le Stoïcisme ; 9 la Moyenne et la Nouvelle Académie. En ajoutant à cette liste les écoles qui ont paru, comme le Néoplatonisme, après l'ère chrétienne, et qui forment la dernière époque de la philosophie ancienne, on aura la réunion de tous les systèmes qui sont issus du mouvement socratique. Nous allons rapidement les parcourir.

École de Mégare.

L'école de Mégare était renommée chez les anciens par son goût pour la dispute ; ce qui l'avait fait surnommer école

Éristique ou disputeuse. Son chef fut Euclide de Mégare, lequel, ayant été imbu dès sa jeunesse des maximes de l'école d'Élée, essaya de les concilier avec la méthode de Socrate. Parmi les successeurs d'Euclide on distingue Eubulide, Diodore, Stilpon, inventeurs de sophismes célèbres dans l'antiquité.

École Cynique.

L'école Cynique fondée par Antisthène, continuée par Diogène de Sinope, admettait qu'il n'y a qu'un seul bien au monde, la vertu; un seul mal, le vice; et que hors le vice et la vertu, tout le reste étant indifférent, tout est indigne de notre poursuite ou de notre haine, la santé comme la maladie, la pauvreté comme les richesses. Les Cyniques poussaient l'exagération de leurs maximes jusqu'à l'oubli de toutes les bienséances sociales et jusqu'à la rudesse de mœurs la plus insensée. De là le nom de *Cyniques* (de κύων, chien) qu'ils reçurent et qui caractérise leur doctrine.

École Cyrénaïque.

L'école Cyrénaïque, fondée par Aristippe, de Cyrène, s'adonna comme les Cyniques à l'étude de la morale; mais elle suivit une direction tout opposée. Elle contestait que la sagesse fût un bien par elle-même; elle faisait consister la fin suprême dans le plaisir et plaçait les plaisirs corporels au-dessus de tous les autres. Le souverain bien, selon Aristippe, c'est la volupté présente et actuelle, et la sagesse n'est que l'art de jouir de la vie.

Mais ces doctrines extrêmes, que Socrate aurait désavouées et combattues, n'étaient que le prélude des admirables développements que l'esprit socratique devait prendre dans les écoles de Platon et d'Aristote, l'Académie et le Lycée.

Académie.

PLATON, né à Athènes en 429 ou 430 avant J. C., s'adonna d'abord aux exercices du gymnase. Il fréquenta ensuite Socrate durant huit ans, voyagea un peu plus tard en Italie, en Égypte et en Sicile, et mourut à l'âge de quatre-vingt-deux ans, après avoir fondé à Athènes, dans les jardins de l'Académie, un enseignement qui devait survivre à son auteur.

Aristote donne à la philosophie de Platon trois antécédents, Socrate, Héraclite, Pythagore. A Socrate, Platon emprunta cette maxime que la science a pour objet des vérités constantes, universelles. Avec Héraclite, il se persuada que les choses sensibles sont dans un perpétuel mouvement et que par conséquent elles ne peuvent devenir l'objet d'aucune science. A l'exemple de Pythagore, il admit un monde intelligible, distinct des être matériels : le monde des idées, si semblables aux nombres de l'école Italique. Selon Platon, l'âme connaît les idées par une faculté particulière, la raison, qui les a contemplées dans une vie antérieure à l'existence actuelle. Les idées sont les exemplaires éternels d'après lesquels Dieu a créé toutes choses ; elles se rattachent toutes à une idée suprême, l'idée du bien, qui est placée, comme le dit Platon, aux confins du monde intellectuel, et dans laquelle il est aisé de reconnaître la divinité elle-même.

En dehors de la théorie des idées, la philosophie platonicienne contient des aperçus d'une rare profondeur sur toutes les questions qui intéressent l'esprit humain. En psychologie, Platon considère l'âme comme une force qui se meut; il lui attribue trois facultés principales : l'activité, le sentiment et la raison ; enfin, il admet sa simplicité et son immortalité, dont il a donné le premier une démonstration régulière. En morale, il place le principe de la vertu dans la ressemblance avec Dieu, qu'il regarde comme le souverain bien. Il a aussi éclairé d'une vive lumière certains points relatifs à la constitution de la société politique ; mais par un sentiment exagéré de l'unité nécessaire à l'Etat, il adopte la dangereuse utopie de la communauté des biens, des femmes et des enfants. Le couronnement de sa philosophie est le dogme du jugement des âmes après la mort.

Platon avait composé plusieurs ouvrages, écrits sous forme de dialogues. Les plus importants sont le *Phédon*, le *Gorgias*, la *République*, le *Timée* et les *Lois*. Sa doctrine offre certainement des côtés chimériques ; mais par l'étendue, l'éclat et la sublimité des solutions ; par l'amour du bien et du beau qu'elle respire et qu'elle a le pouvoir d'allumer dans les âmes, elle restera à jamais au rang des plus hautes conceptions du génie de l'homme.

Lycée.

ARISTOTE, né à Stagire en 384, vint à Athènes vers l'âge de seize ans. Il s'attacha à Platon, resta son disciple pendant vingt années, fut choisi en 343 par Philippe, roi de Macédoine, comme précepteur d'Alexandre, et en 334 fonda une nouvelle école dans la promenade du Lycée, d'où vient à cette école le nom de *péripatéticienne* ou *péripatétique*. Il mourut en 322. Parmi le grand nombre d'ouvrages qu'il a laissés, on distingue : 1° six traités de logique, savoir : les *Catégories*, le *Traité de l'Interprétation*, les *Premiers* et les *Seconds Analytiques*, les *Topiques*, les *Réfutations sophistiques*, réunis sous le nom d'*Organon* ; 2° une *Métaphysique*, divisée en quatorze livres; 3° des ouvrages en très-grand nombre sur toutes les branches de la philosophie naturelle, entre autres une *Histoire des animaux*; 4° une *Poétique*, une *Rhétorique*, une *Politique*, et des traités de morale.

Malgré ses relations prolongées avec Platon, Aristote n'avait pas été séduit par l'enseignement de son maître. La théorie des idées en particulier lui paraissait soulever les plus graves objections. Elle n'était, à ses yeux, qu'une hypothèse non démontrée, qui n'expliquait rien et qui conduisait à des conséquences absurdes. Il chercha donc à y substituer une doctrine nouvelle, plus large et plus vraie, en logique, en métaphysique et en morale.

En logique, Aristote débute par l'analyse des éléments de la pensée, qu'il ramène à dix principaux, sous le nom de *catégories*, et dont le premier est la substance. Ces éléments s'unissent entre eux pour donner naissance aux jugements que la proposition exprime; et les jugements eux-mêmes produisent en se combinant les raisonnements, dont la forme la plus rigoureuse est le syllogisme, point de départ de la démonstration. Aristote a dégagé avec une sagacité admirable le principe du syllogisme, qui est le principe de contradiction, et toutes ses lois fondamentales, ses modes, ses figures. Les siècles suivants ont ajouté peu de chose à cette partie de sa doctrine, qui est restée la plus grande découverte philosophique de l'antiquité.

En métaphysique, Aristote distingue quatre principes ou causes : la matière, cause matérielle; la forme, cause formelle; le but, cause finale, et la cause efficiente. En effet, tout objet a une matière, ou, ce qui revient au même, une substance propre, douée de certains attributs; il existe pour une fin, et il a un auteur. Aristote appliquait cette théorie à tous les êtres de l'univers, d'abord aux êtres matériels; en second lieu, à l'homme; en troisième lieu, à Dieu. Ainsi, il distinguait dans l'homme, le corps, et au-dessus du corps, un principe vivifiant, l'âme, qui donne au corps sa forme, qui l'organise, qui le conserve, et qui, par delà ces facultés inférieures, possède l'intelligence et la raison. En théodicée, il prouvait l'existence de Dieu par le mouvement, reconnaissait comme attribut de la cause première, l'immobilité, l'éternité, l'unité, et faisait consister sa nature dans la pensée qui se contemple elle-même, d'où cette formule célèbre : « La pensée est la pensée de la pensée : νόησις νοήσεως νόησις. » Mais Aristote a le tort d'avoir méconnu la Providence divine, si bien établie par Platon. Dieu, dans sa doctrine, est moins la cause efficiente de l'univers, que le but vers lequel toute existence aspire : en sorte que sa bonté, sa justice, tous ses attributs moraux se trouvent singulièrement altérés, sinon détruits.

En morale et en politique, Aristote a également professé des opinions qui s'éloignent du Platonisme. Il attribue à la notion de l'utile autant de portée peut-être qu'à celle de l'honnête, bien qu'il les ait distinguées, et qu'il n'ait pas, à l'exemple d'Aristippe, placé le souverain bien dans l'intérêt. En général, on peut reprocher à Aristote de s'être trop préoccupé des dangers de l'idéalisme platonicien, et d'avoir exagéré la portée de l'observation. Cependant, par la profondeur de ses théories et par l'admirable précision de quelques parties de son système, il a mérité d'être appelé le prince des philosophes.

CHAPITRE XL

SUITE DU PRÉCÉDENT. — PYRRHONIENS. — ÉPICURIENS. STOÏCIENS. — NOUVELLE ET MOYENNE ACADÉMIE. — LA PHILOSOPHIE A ROME.

Après la mort de Platon et d'Aristote, les écoles qu'ils avaient fondées à l'Académie et au Lycée ne tardèrent pas à déchoir. D'une part, Speusippe, neveu et successeur de Platon, et Xénocrate, de Chalcédoine, altérèrent la théorie des idées, et reculèrent insensiblement jusque vers le pythagorisme. D'une autre part, Théophraste, qu'Aristote avait désigné lui-même comme le plus savant et le plus habile de ses auditeurs pour être son héritier, Eudème, de Rhodes, Dicéarque, de Messine, Aristoxène, de Tarente, Straton, de Lampsaque, exagérèrent certaines tendances de la doctrine péripatéticienne, et la poussèrent peu à peu vers le matérialisme et vers l'athéisme.

Pyrrhoniens.

Cette décadence rapide des deux plus grandes écoles que la Grèce eût encore produites, favorisa le scepticisme, que Pyrrhon, d'Élis, enseigna vers la fin du quatrième siècle avant J. C. avec autant de rigueur qu'en comporte une pareille doctrine. Les motifs de douter ou *raisons d'époque* (τρόποι ἐποχῆς, de ἐπέχομαι, je m'abstiens) étaient ramenés par Pyrrhon à dix principales. Il les tirait de la variété des sensations chez les êtres animés, et de l'influence que l'éducation, la coutume, les lois, etc. exercent sur les jugements des hommes. Sa conclusion dernière était qu'il n'y a pas de proposition qui ne puisse être combattue par une proposition contraire d'une égale vraisemblance, et qu'ainsi la sagesse consiste à tenir le milieu entre le pour et le contre, sans pencher d'un côté ni d'un autre : état parfait d'équilibre, exprimé par cette formule pyrrhonienne : Ni ceci, ni cela; pas plus l'un que l'autre. Pyrrhon eut pour disciple Timon de Phlionte, à la fois philosophe et poëte.

École Épicurienne.

Bientôt parut avec Épicure une nouvelle doctrine qui devait hériter de la renommée et de l'influence du Lycée et de l'Académie. Épicure était né au bourg de Gargette, près d'Athènes, en 337; il commença à enseigner en 305 et mourut en 270, ayant beaucoup écrit et laissant de nombreux disciples.

Il partageait la philosophie en trois parties, sous les noms de logique ou *Canonique*, de physique et de morale. En logique, il considérait la sensation comme le point de départ de la connaissance humaine; mais au-dessus des données fournies par les sens, il admettait des notions générales qui en sont le reflet, ou plutôt le développement, et qui nous permettent de devancer l'expérience; d'où le nom de προλήψεις que leur donne Épicure.

En physique, Épicure reproduisit la doctrine de Leucippe et de Démocrite sur les atomes; mais il la modifia par une hypothèse qui lui permettait du moins d'expliquer la liberté de l'homme et la contingence. Démocrite admettait que les atomes se meuvent en ligne directe; Épicure imagina de leur attribuer un mouvement oblique et la propriété de dévier, au besoin, de la ligne droite. L'âme, suivant lui, est un composé d'atomes; d'où résulte qu'elle ne survit pas à la dissolution du corps. Il reconnaissait l'existence des dieux; mais il soutenait qu'ils restent étrangers aux affaires de ce monde.

En morale, Épicure place le souverain bien dans le bonheur; mais, dans sa pensée, ce qui constitue le bonheur, ce ne sont pas les plaisirs sensibles, ce sont les jouissances du cœur et de l'esprit. Il s'éloigne par là de la doctrine Cyrénaïque, dont il admettait du reste le principe.

La doctrine d'Épicure se distingue par sa clarté, qui a contribué à la rendre populaire; mais elle est superficielle, inexacte en logique comme en morale, en physique et plus encore en théodicée. Elle méconnaît les idées les plus hautes, les sentiments les plus nobles de la nature humaine : aussi ne pouvait-elle exercer qu'une influence déplorable sur les esprits et sur les caractères. Cependant elle a compté en tout temps de nombreux partisans, et à Rome elle trouva pour interprète un grand poëte, Lucrèce, dont les chants devaient contribuer encore à la propager.

École Stoïcienne.

Une doctrine qui contraste par son caractère moral avec l'épicurisme, qui élève les âmes autant que les maximes du philosophe de Gargette les abaisse, c'est le Stoïcisme fondé par ZÉNON, de Citium, capitale de l'île de Chypre. Zénon était né vers la fin du quatrième siècle avant J. C. Il fréquenta successivement plusieurs maîtres : Cratès le Cynique, Stilpon et Diodore, de l'école de Mégare, Xénocrate et Polémon. Vers 300 avant J. C. il fonda une nouvelle école à Athènes sous le Portique, ce qui fit appeler cette école *stoïcienne* ou *stoïque* (de στόα, portique). Il mourut dans un âge très-avancé, après un enseignement qui avait duré plus d'un demi-siècle.

Zénon, comme Épicure, partageait la philosophie en trois parties : la logique, la morale et la physique. En logique, il plaçait le point de départ de la connaissance humaine dans la sensation ; mais il distinguait de la sensation les idées générales, et des sens la raison. Toute perception vraie devait, selon lui, présenter trois caractères principaux : il fallait 1° qu'elle fût produite par un objet réel ; 2° qu'elle fût conforme à cet objet ; 3° qu'elle ne pût être produite par un objet différent. Le propre du sage est de ne juger que d'après des perceptions vraies, et d'échapper aux incertitudes de l'opinion.

En physique, Zénon admettait deux principes : la matière, principe inerte ; Dieu, principe actif et vivifiant, sorte d'âme universelle dont la perpétuelle action produit, entretient et conserve l'ordre du monde.

La formule générale de la morale de Zénon est cette maxime célèbre : Vivre conformément à la nature, ζῆν ὁμολογουμένως τῇ φύσει. Une vie ainsi réglée est la condition essentielle de la vertu, ou plutôt c'est la vertu même, laquelle constitue non-seulement le souverain bien, mais le seul bien de l'homme. En effet, sans aller aussi loin que l'école Cynique, les Stoïciens considéraient comme des choses indifférentes tous les plaisirs et tous les avantages ordinaires de la vie. Ils plaçaient de même au nombre des maux, et déclaraient également mauvaises toutes les actions qui s'éloignaient de la loi et du devoir. Ces paradoxes et d'autres erreurs ont contribué dès l'antiquité à décrier le Stoïcisme, qui, toutefois, est demeuré, durant plusieurs siècles, la seule force morale de l'antiquité païenne, la seule barrière contre les débordements du vice et de la corruption.

On compte parmi les disciples de Zénon, CLÉANTHE,

dont il reste un hymne célèbre à Jupiter ; Chrysippe, surnommé *la Colonne du Portique*, Panétius, de Rhodes, Posidonius, etc.

Moyenne et Nouvelle Académie.

Le Stoïcisme, malgré ses nombreux emprunts à Platon, à Aristote et à d'autres anciennes philosophies de la Grèce, avait dirigé des attaques peu fondées contre la plupart de ces philosophies. Il devait arriver tôt ou tard qu'elles trouvassent des défenseurs qui retourneraient contre Zénon et ses disciples leurs propres objections. Comme le Platonisme avait été particulièrement attaqué, ce fut au sein du Platonisme que commença ce mouvement de réaction contre les doctrines stoïciennes. Arcésilas, né à Pritane, en Éolide, la première année de la cxvi[e] olympiade, c'est-à-dire vers l'an 316 avant J. C., s'était d'abord adonné à l'étude de la rhétorique, qu'il quitta plus tard pour l'étude de la philosophie. On cite parmi ses maîtres, Théophraste, Crantor, Polémon, Diodore de Mégare et Pyrrhon. Mais de toutes les doctrines, celle à laquelle il se montra le plus attaché fut la doctrine de Platon, qu'il entreprit de défendre contre Zénon. Il attaqua avec force les théories de celui-ci sur la perception, et prouva combien il était difficile de discerner l'erreur de la vérité au moyen des règles proposées par les Stoïciens. Cette polémique le conduisit à faire consister la sagesse dans la suspension du jugement ; mais, comme un pareil état est contraire à la nature de l'homme, il consentait à reconnaître que la vraisemblance, τὸ πιθάνον, peut être suivie dans la pratique.

L'école fondée par Arcésilas a reçu le nom de *Moyenne Académie*; elle a été continuée par la *Nouvelle Académie*, dont le chef Carnéade, de Cyrène, né vers la troisième année de la CXLI° olympiade (217 av. J. C.), a dû principalement sa célébrité à sa polémique vigoureuse contre Chrysippe. On lui doit de nouvelles recherches sur la perception et de subtils arguments en faveur du probabilisme.

Après Carnéade, la Nouvelle Académie déchut peu à peu sous ses successeurs, CLITOMAQUE, de Carthage, PHILON, de Larisse, ANTIOCHUS, d'Ascalon. Celui-ci combattit même les doctrines de son école, et se rapprocha de l'école de Zénon, laquelle, de son côté, avait singulièrement adouci la rigueur de ses premières maximes.

La philosophie à Rome.

Ce compromis entre deux philosophies rivales était un signe de l'affaiblissement des convictions. Il marque la fin de la seconde période de la philosophie grecque, et coïncide avec l'introduction de cette philosophie chez les Romains. C'est vers cette époque, en effet, que paraissent le poëme célèbre *de la Nature*, chef-d'œuvre de LUCRÈCE, et les traités de CICÉRON, comme les *Académiques*, les *Tusculanes*, le traité *des Devoirs* et celui *des Vrais biens et des vrais maux*. Un peu plus tard Sénèque écrira des livres à la fois solides et ingénieux sur quelques points de morale pratique. Mais, malgré l'imagination de ses poëtes et l'éloquence de ses orateurs, Rome ne posséda jamais de philosophie originale. Lucrèce est, comme nous l'avons dit, un disciple d'Épicure; et ce qu'il y a de meilleur chez Cicéron, chez Sénèque et chez Marc-Aurèle est emprunté aux Stoïciens. Ce peuple dominateur, à qui l'empire du monde était réservé, ne possédait pas, comme le peuple grec, asservi par ses armes, ce génie de la spéculation, qui sait s'ouvrir de nouvelles voies en métaphysique et en morale.

CHAPITRE XLI

DERNIÈRE PÉRIODE DE LA PHILOSOPHIE GRECQUE. — NOUVEAU SCEPTICISME. — ÉCOLE D'ALEXANDRIE. — PHILOSOPHIE CHRÉTIENNE

La dernière période de la philosophie grecque présente des caractères qui la distinguent profondément des précédentes : ce sont 1° l'influence des idées et des croyances de l'Orient qui pénètrent peu à peu dans la métaphysique et qui la renouvellent à leur image ; 2° la prédominance des questions religieuses ; 3° un respect exagéré des anciennes traditions et des anciens systèmes ; 4° l'inspiration et l'enthousiasme érigés en méthode ; 5° la science envahie par la théurgie et la magie.

Les causes qui ont préparé cette transformation singulière de la philosophie grecque et son alliance avec les superstitions orientales sont en assez grand nombre ; ce sont d'abord les guerres d'Alexandre et des Romains, et l'échange d'idées qui s'en est suivi entre les peuples ; c'est, en second lieu, l'asservissement de la Grèce et la décadence rapide du caractère national ; c'est enfin une double tendance des religions positives vers la philosophie, et de la philosophie vers les religions positives, tendance qui devint de plus en plus forte à mesure que le christianisme fit mieux sentir le vide et l'erreur des anciennes doctrines. Et comme si les vicissitudes que subit alors la pensée humaine appelaient un nouveau théâtre, mieux approprié à ses futures destinées que le sol de la Grèce, la philosophie émigre bientôt à Alexandrie, que sa situation au fond de la Méditerranée, sur les confins de l'Afrique et de l'Asie, prédestinait en quelque sorte au rôle qu'elle a joué dans l'Histoire.

Nouveau scepticisme.

Le premier système que nous rencontrons au début de cette troisième période, est le scepticisme, que renouvelle ÆNÉSIDÈME dans une argumentation pleine de vigueur et d'originalité contre l'existence du vrai, contre la possibilité d'un criterium et contre le principe de causalité. Après Ænésidème, parurent d'autres sceptiques dont les plus célèbres furent AGRIPPA, qui réduisit les dix motifs de doute à cinq plus généraux, et SEXTUS EMPIRICUS, auteur de traités remarquables qui renferment une exposition complète de la doctrine pyrrhonienne.

Vers le même temps qu'Ænésidème, paraissent des écrivains et des sectaires dont les doctrines, moitié philosophiques, moitié religieuses, marquent l'invasion du mysticisme oriental dans la philosophie grecque. Tels furent ARISTOBULE le Juif, PHILON, de la même nation; les GNOSTIQUES, et plus tard, APOLLONIUS de Thyane; enfin APULÉE, PLUTARQUE, NUMÉNIUS, qui, tout en partant de points opposés, arrivèrent à des conclusions où l'ancien esprit des écoles grecques se trouvait plus ou moins mêlé à des spéculations inspirées par le génie de l'Orient.

Mais toutes ces entreprises partielles furent effacées par le Néoplatonisme de l'école d'Alexandrie.

École d'Alexandrie.

Le Néoplatonisme eut pour chef AMMONIUS SACCAS, dont les premiers disciples furent HÉRENNIUS, ORIGÈNE, PLOTIN et LONGIN.

PLOTIN, né à Lycopolis dans la Haute-Egypte, vers

l'an 205 après J. C., mort en 270, est celui de tous qui a donné aux doctrines d'Ammonius, sans doute développées par ses propres méditations, leur forme la plus régulière. Il avait laissé un grand nombre d'écrits qui furent mis en ordre après sa mort par son disciple Porphyre, et divisés en six parties, comprenant chacune neuf livres : d'où est venu le titre d'*Ennéades*, sous lequel l'œuvre de Plotin est connue. Les *Ennéades* renferment le plus vaste système de mysticisme que l'histoire de la philosophie présente. Plotin emprunte à Platon sa méthode, c'est-à-dire la dialectique, qui consiste à poursuivre en toutes choses l'élément simple et substantiel, l'idée. Cette méthode le conduit à reconnaître d'abord une activité intelligente, source de l'ordre et de la vie du monde ; puis, au-dessus de cette activité, l'intelligence elle-même, qui renferme en soi les types de toutes choses ; enfin l'être, ou, pour mieux dire, le bien, qui se résout dans l'unité absolue, supérieure à la fois à l'action et à la pensée. Ces trois principes réunis constituent pour Plotin trois hypostases d'un même Dieu, en un mot une trinité. Mais ces hypostases ne sont pas égales entre elles, comme le sont les personnes divines de la trinité chrétienne : la première, l'unité, précède et domine les deux autres, comme si l'unité pure, sans action et sans intelligence, n'était pas la plus creuse des abstractions. L'opération par laquelle l'esprit de l'homme s'élève à la conception de l'unité, est supérieure aux sens, au raisonnement, à la raison elle-même : c'est le ravissement, c'est l'extase. Enfin, Plotin complétait sa théorie par l'hypothèse de l'émanation, et soutenait que tous les êtres sortent de la substance divine par un progrès continuel. Plotin était donc panthéiste, et cette grande erreur n'a été enseignée nulle part plus ouvertement, si ce n'est peut-être par Spinosa.

Plotin eut pour successeur PORPHYRE, né à Tyr en 233, qui travailla à expliquer et à répandre la philosophie de son maître, à réunir celle d'Aristote avec celle de Platon et de Pythagore, enfin à éclaircir diverses questions religieuses. C'est avec lui que le Néoplatonisme commence à s'engager de plus en plus dans les extravagances sur la pente desquelles Plotin l'avait placé. Après sa mort, la décadence de l'école continue sous Iamblique, mort en 337, et sous les successeurs de Iamblique, Édésius, Chrysanthe, Maxime, tous adversaires déclarés du christianisme ; ce qui ne les empêche pas d'être adonnés aux pratiques les plus absurdes de la théurgie. C'est à l'école de ces philosophes, c'est par leurs conseils que l'empereur Julien, abjurant la foi chrétienne, avait formé le chimérique projet de restaurer le polythéisme.

Cependant, vers le cinquième siècle, le Néoplatonisme, transporté à Athènes, y jeta un dernier et éclatant reflet, après avoir abandonné les traditions orientales pour revenir à l'étude de Platon et d'Aristote. Ce fut alors que parurent Syrien et son disciple Proclus, dont la renommée et l'influence égalèrent celles de Plotin. Né en 412, mort en 485, Proclus a laissé des commentaires sur les principaux dialogues de Platon. Ses ouvrages contiennent une doctrine mystique et panthéiste, comme toutes les théories néoplatoniciennes. Selon lui, un seul principe des choses, l'unité, produit tous les objets de l'univers par triades. Le moyen de se mettre en rapport avec l'unité est la foi, πίστις, faculté supérieure à la science.

Après Proclus, l'école qu'il avait fondée à Athènes subsista quelques années ; mais, en 529, elle fut fermée par les ordres de Justinien, et avec elle finit la philosophie grecque, après avoir rempli douze siècles environ.

Philosophie chrétienne.

Pendant cette décadence de la philosophie païenne ou du moins issue du paganisme, une philosophie nouvelle se préparait sous l'influence de la religion chrétienne. La prédication de l'Évangile allait transformer les croyances, les mœurs, la civilisation antiques; comment n'aurait-elle pas modifié profondément les maximes enseignées jusque-là dans les écoles des philosophes? Les docteurs de l'Église naissante furent partagés sur la valeur des anciens systèmes et sur l'utilité qu'on pouvait en retirer. Les uns parurent, par leur propre exemple, en approuver l'étude; les autres s'y montrèrent décidément hostiles. On compte parmi les premiers, SAINT JUSTIN, SAINT CLÉMENT D'ALEXANDRIE, ORIGÈNE; parmi les seconds, TERTULLIEN, ARNOBE et LACTANCE. Au quatrième siècle, SAINT AUGUSTIN, évêque d'Hippone, soutint une lutte opiniâtre contre les Gentils et contre les hérétiques; et pour la défense même du dogme, il fut conduit à débattre de nouveau, avec les armes de la raison unies à celles de la foi, la plupart des problèmes qui avaient occupé Platon et Aristote. Il raconte, au livre des ses *Confessions*, qu'il avait dans sa jeunesse étudié leurs ouvrages, et on aperçoit en effet, dans le développement de sa pensée, la trace fréquente de cette éducation philosophique. Un peu plus tard, BOÈCE traduisit les principaux monuments de la philosophie péripatéticienne; d'autres, comme CASSIODORE, composèrent des traités élémentaires sur les arts libéraux. Ces utiles travaux, échappés heureusement au naufrage de la civilisation, devaient servir de base à l'enseignement chez les peuples chrétiens pendant toute la durée du moyen âge.

CHAPITRE XLII

NOTIONS SOMMAIRES SUR LA PHILOSOPHIE SCOLASTIQUE.

La philosophie *scolastique* est ainsi appelée parce qu'elle se forma principalement dans les écoles établies en Occident depuis le règne de Charlemagne. Elle a pour caractères généraux le règne tour à tour absolu et contesté du pouvoir ecclésiastique, la prédominance des questions religieuses et l'emploi de la méthode syllogistique. Elle comprend trois périodes déterminées par les relations diverses de la philosophie à la théologie.

Premier âge. Du neuvième siècle à la fin du douzième. Subordination absolue de la philosophie à la théologie.

Alcuin d'York, qui fut placé par Charlemagne à la tête de ses écoles, ouvre cette période. Un demi-siècle après Alcuin, Scot Érigène, contemporain de Charles le Chauve, à la cour duquel il vécut, traduit du grec les ouvrages de Denys l'Aréopagite et renouvelle en partie les erreurs du mysticisme alexandrin. Au dixième siècle, Gerbert, qui mourut pape en 1003, se fait remarquer par l'étendue de ses connaissances mathématiques, qu'il avait puisées, dit-on, dans le commerce des Maures d'Espagne. Un débat sur l'Eucharistie, entre Béranger, de Tours, et Lanfranc, de Pavie, marque les commencements du onzième siècle et présage l'éveil de l'esprit philosophique, avec quelques-uns de ses dangers pour la pureté du dogme. Vers 1089 paraît Roscelin, chanoine de Compiègne, qui soulève une ardente controverse, en avançant que les idées générales, ou *universaux*, ne sont que des mots par lesquels nous désignons les qualités communes des objets ; d'où le nom de *Nominalistes* donné à ses partisans ; ses adversaires prirent celui de *Réalistes*. Parmi ces derniers, il faut citer Guillaume de Champeaux, qui fut le maître d'Abélard, et saint Anselme, archevêque de Cantorbéry, né en 1034 et mort en 1109, avec le surnom de second saint Augustin. Saint Anselme a laissé, entre autres ouvrages, deux traités célèbres, intitulés *Monologium* et *Proslogium*, où il donne une démonstration de l'existence de Dieu fondée, comme celle de Descartes, sur l'idée de l'être parfait.

A l'époque des plus vifs débats du nominalisme et du réalisme parut Pierre Abélard, né à Palais, près de Nantes. Ayant quitté son pays natal, il vint à Paris, et ouvrit, vers 1110, sur la montagne Sainte-Geneviève, une école qui fut très-fréquentée. Disciple infidèle, ou plutôt adversaire impitoyable de Guillaume de Champeaux qu'il avait eu pour maître, Abélard développa un système qui a reçu le nom de *conceptualisme*, et par lequel il prétendait concilier les solutions opposées données jusqu'ici au problème des universaux. Suivant lui, les idées générales ne correspondent pas à des types préétablis et distincts des objets particuliers, mais elles ne sont pas non plus de vains mots ; elles ont une existence réelle dans l'esprit qui les conçoit. Avec moins d'exactitude que d'audace, Abélard appliqua cette théorie à l'exposition des mystères chrétiens et surtout du mystère de la Trinité ; il traita aussi quelques points de la morale théologique. Ses doctrines, condamnées une première fois au concile de Soissons, en 1122, lui susciteront un redoutable adversaire en la personne de saint Bernard, qui le fit de nouveau condamner au concile de Sens, 1140. Il mourut en 1142.

Tandis que les témérités d'Abélard étaient un sujet d'alarmes pour l'Église, le mysticisme chrétien trouvait un interprète à la fois judicieux et tendre, docte et élevé, dans HUGUES DE SAINT-VICTOR, qui fut, avec son disciple RICHARD, une des gloires de la célèbre abbaye de ce nom.

PIERRE de Novare, dit le Lombard, mort évêque de Paris, en 1166, ferme la première époque de la philosophie scolastique. Le monument qui a perpétué son nom est un recueil de sentences extraites des Pères de l'Église et formant un corps de décisions sur tous les points du dogme. Aussi Pierre Lombard est-il souvent désigné par les philosophes scolastiques sous le nom de Maître des sentences, *Magister sententiarum*.

Deuxième âge. De la fin du douzième siècle au quatorzième. Alliance de la philosophie et de la théologie.

Au commencement de cette seconde période, les principaux ouvrages d'Aristote, entre autres la *Métaphysique* et la *Physique*, avec les commentaires de ses interprètes arabes, sont traduits en latin et apportés en Europe, où ils excitent un mouvement extraordinaire. L'agitation des esprits engendre d'abord des écarts funestes, tels que le panthéisme, enseigné dans l'école de Paris par AMAURY, de Chartres, et par DAVID, de Dinan; mais elle s'apaise peu à peu sous la discipline sévère de l'Eglise, et la scolastique, renouvelée et agrandie sans péril pour la foi, produit librement ses œuvres les plus durables et ses noms les plus illustres

Après ALEXANDRE de Hales, de l'ordre de Saint-François, surnommé le *docteur irréfragable*, paraît ALBERT le Grand, de l'ordre de Saint-Dominique, né en Souabe, en 1205, mort en 1280. Albert s'occupa tout à la fois de théologie, de morale, de mathématiques, d'histoire naturelle, de grammaire et d'alchimie. Il commenta tout Aristote, l'Écriture sainte et Pierre Lombard, et contribua, par l'exemple de ses immenses travaux, à répandre dans les monastères la culture des sciences purement humaines.

Albert eut pour disciple, dans le cloître, saint Thomas, de l'illustre famille des comtes d'Aquin, né près de Naples en 1225, mort en 1274. Saint Thomas, surnommé *l'Ange de l'école* ou *Docteur angélique, Doctor angelicus*, n'égalait peut-être pas la vaste érudition de son maître, quoiqu'il ait laissé, comme lui, des commentaires sur la plupart des écrits d'Aristote ; mais il surpassait Albert par la vigueur de l'argumentation et par l'exactitude de la doctrine. On lui doit, entre autres ouvrages, une Somme de Théologie, *Summa Theologiæ*, et une autre Somme pour la défense de la vérité catholique contre les Gentils, *Summa contra Gentiles*, vastes encyclopédies où sont posées et résolues, avec une fermeté vraiment admirable, et dans un sens non moins conforme à la raison qu'à la foi, les plus hautes questions de la métaphysique, de la morale et de la politique.

Saint Thomas démontre l'existence de Dieu par le mouvement et par l'existence des êtres contingents, qui supposent un premier moteur. Il ne sépare pas la volonté des autres perfections divines, et, repoussant l'erreur de ceux qui attribuent la création à un décret arbitraire, il considère le monde et les lois providentielles qui le gouvernent comme une manifestation de la sagesse et de la bonté de la cause première. En psychologie, il incline à faire dériver toutes nos connaissances de l'expérience sensible ; cependant, au-dessus des notions expérimentales, il admet des notions primitives, base du raisonnement, et il défend avec force la personnalité, la liberté et la spiritualité du sujet pensant, ou de l'âme, contre le panthéisme du philosophe arabe Averroës. En morale, il reconnaît une loi éternelle qui a son fondement dans la raison divine, et de laquelle toutes les autres lois dérivent ; puis, lorsqu'il descend de ces hauteurs aux questions de la morale pratique, il présente l'analyse des passions humaines, la plus profonde peut-être qui ait été donnée. En politique, il est partisan, comme beaucoup de ses contemporains, de la suprématie, même temporelle, du Saint-Siége ; mais dans l'intérieur de chaque pays, il se prononce pour cette forme de gouvernement qui associe le peuple au gouvernement de l'État. Aristote, saint Augustin et la tradition ecclésiastique ont sans doute fourni à saint Thomas les principaux éléments de sa doctrine ; mais il a combiné ces éléments avec un sens si profond, il a su faire si habilement le discernement du vrai et du faux, il s'est montré si net et si exact dans ses conclusions, que nul ne s'étonnera de l'influence que la *Somme de Théologie* du saint docteur a conservée jusqu'à nos jours dans les écoles catholiques.

Le treizième siècle a compté un grand nombre de théologiens et de philosophes qui, sans égaler la renommée de saint Thomas d'Aquin, ont laissé après eux des noms vénérés dans l'école : Guillaume d'Auvergne, évêque de Paris, mort en 1249 ; Vincent de Beauvais, mort en 1261, qui fut bibliothécaire de saint Louis, et auquel on doit une compilation encyclopédique, sous le titre de *Miroir*, *Speculum;* Jean Fidanza, plus connu sous le nom de saint Bonaventure (1221-1274), de l'ordre de Saint-François, un des maîtres du mysticisme chrétien ; Roger Bacon (1214-1292), l'auteur de l'*Opus Majus*, à qui ses profondes connaissances mathématiques, ses idées originales et ses inventions firent donner le surnom de *Docteur admirable, Doctor admirabilis;* Raimond Lulle, de Majorque (1244-1315), inventeur d'un art universel, espèce de machine dialectique, propre à résoudre toute espèce de questions ; enfin Duns Scot (1274-1308), Franciscain, qui porta dans la manière de traiter la philosophie une finesse et une précision rares. Personne n'excellait mieux que Duns Scot à diviser une question et à résoudre une difficulté; aussi a-t-il été surnommé par ses contemporains le *Docteur subtil, Doctor subtilis.* Son œuvre principale est un commentaire sur le Maître des sentences. Il est souvent en opposition avec saint Thomas sur les points obscurs ou secondaires de la théologie; d'où la lutte des Scotistes et des Thomistes, qui remplit la fin du moyen âge.

Troisième âge. Du quatorzième siècle au quinzième. Séparation progressive de la philosophie et de la théologie.

Le premier nom que présente cette époque est celui d'un moine anglais, de l'ordre de Saint-François, GUILLAUME OCCAM, né au treizième siècle, dans le comté de Surrey, et mort à Munich en 1347. Il écrivit pour Philippe le Bel et pour l'empereur Louis de Bavière contre le Saint-Siége. En philosophie, il combattit les doctrines reçues, donna l'exemple d'une méthode plus libre, renouvela le nominalisme, alors universellement décrié, et le poussant aux conséquences les plus extrêmes, inclina fortement vers le matérialisme et le scepticisme. Occam eut quelques adversaires et beaucoup de disciples, tels que BURIDAN, qui florissait vers 1350; HENRI de Hesse (1380); PIERRE D'AILLY (1350-1425); tous remarquables par un esprit d'indépendance qui les porte à s'écarter des traditions de l'Ecole. Le discrédit où leurs travaux firent tomber la scolastique, favorisa les progrès du mysticisme, qui fut alors prêché par JEAN TAULER, en Allemagne, et en France par JEAN GERSON, chancelier de l'Université de Paris, auquel on a souvent attribué l'*Imitation de Jésus-Christ* (1363-1429). Suivant Gerson, la véritable philosophie consiste dans la théologie mystique, fondée sur l'expérience intérieure des sentiments de piété qui viennent de Dieu, et sur l'intuition de l'âme appliquée aux choses célestes. Vers le même temps, RAIMOND DE SÉBONDE, qui enseignait à Toulouse, tente une explication du dogme théologique, fondée sur l'observation de la nature et particulièrement sur l'étude de l'homme.

Tels sont les derniers grands noms de la scolastique. Désormais elle ne fait plus que languir, jusqu'au jour où elle disparaît dans le vaste mouvement intellectuel que l'invention de l'imprimerie, la renaissance de la littérature classique et la découverte du Nouveau-Monde excitent de tous côtés.

CHAPITRE XLIII

NOTIONS SOMMAIRES SUR LA PHILOSOPHIE DE LA RENAISSANCE.

Caractères de la philosophie de la Renaissance.

L'époque de la Renaissance s'étend du milieu du quinzième siècle jusqu'à la fin du seizième, ou plutôt jusqu'au commencement du dix-septième. Elle comprend donc environ cent soixante années qui sont une des périodes de l'histoire les plus importantes par la grandeur des événements, et par l'effervescence tumultueuse des esprits. L'invention de l'imprimerie, la prise de Constantinople, suivie de l'émigration des savants byzantins, et de la diffusion, d'abord en Italie, puis dans tout l'Occident, des plus beaux chefs-d'œuvre du génie grec; les progrès de la navigation ouvrant au commerce une route vers l'Inde par le cap de Bonne-Espérance; la découverte de l'Amérique; la même année que la découverte de l'Amérique, la prise de Cordoue et l'expulsion des Maures du sol de l'Espagne; un peu plus tard, la réforme de Luther et de Calvin, puis des guerres sanglantes de religion en Allemagne et en France : ce sont là, pour ne citer que les faits principaux, les circonstances dans lesquelles la philosophie s'est développée durant un siècle et demi. On comprend dès lors les caractères qu'elle a dû revêtir sous l'influence d'un pareil milieu : 1° Elle devait se complaire dans l'admiration des doctrines de l'antiquité païenne, si imparfaitement connues au moyen âge, et s'épuiser en efforts pour les interpréter et les ressusciter. 2° Elle a offert une exubérante fécondité, beaucoup d'aspirations généreuses, beaucoup de visées sublimes, mais peu de méthode, ou plutôt l'absence complète de méthode. 3° Enfin elle a dû enfanter des systèmes nombreux, variés, qui touchent à tout, qui prétendent tout expliquer ; mais ces systèmes n'ont rien de solide, et à les juger impartialement, ce sont pour la plupart les œuvres hasardées d'une imagination sans frein, plutôt que les produits réguliers d'une raison maîtresse d'elle-même.

Il est difficile de classer les doctrines philosophiques d'une époque pendant laquelle l'esprit humain s'est élancé dans les voies les plus divergentes : aussi nous bornerons-nous à suivre, autant que possible, l'ordre chronologique, en indiquant, à leur date, les noms les plus illustres, sans essayer des divisions qui resteraient arbitraires et incomplètes.

Renaissance du platonisme. Académie platonicienne de Florence. École de Padoue.

Dès la première moitié du quinzième siècle, tandis que le cardinal Nicolas de Cuss incline vers les idées pythagoriciennes, un lettré grec, Georges Gemistius, connu sous le nom de Pléthon, venu en Italie pour assister au concile de Florence, renouvelle le platonisme, attaque ouvertement Aristote, et, chose plus étrange, s'efforce de réhabiliter le polythéisme, et reprend pour son propre compte l'entreprise avortée de l'empereur Julien. Le péripatétisme trouve d'énergiques défenseurs dans la personne de Gennadius, qui fut depuis patriarche de Constantinople, et dans celle de Georges de

Trébizonde. Le cardinal BESSARION prend part à cette lutte pour la modérer; il défend tour à tour Aristote et Platon et tente à plusieurs reprises une conciliation entre les deux plus beaux génies que la philosophie ancienne ait produits.

Cependant une Académie platonicienne est fondée et prospère à Florence sous la protection des ducs de Médicis. Elle s'inspire des leçons et de l'exemple de MARSILE FICIN (1433-1489), qui le premier traduit en latin les œuvres de Platon, et y joint des arguments et des commentaires tout empreints de quelques-unes des maximes de l'école d'Alexandrie. Marsile Ficin compta parmi ses disciples le comte JEAN PIC DE LA MIRANDOLE, célèbre entre tous par son amour de la philosophie, par l'universalité de son savoir, par son intrépidité dans la discussion, et le neveu de Jean, FRANÇOIS PIC, inférieur à son oncle par l'érudition, mais aussi dévoué que lui aux doctrines platoniciennes, avec un certain penchant au mysticisme.

L'école de Padoue est en quelque sorte la contre-partie de l'Académie de Florence. Là, au lieu de platonisme, on enseigne le péripatétisme, non pas celui d'Albert le Grand et de saint Thomas, que les suffrages de l'Église avaient consacré, mais le péripatétisme d'Alexandre d'Aphrodisée, ou même celui d'Averroës, c'est-à-dire le pur panthéisme. PIERRE POMPONAT, né à Mantoue en 1462, mort à Bologne en 1524, est le plus grand nom de cette école. Il suivait Alexandre d'Aphrodisée, tandis qu'à côté de lui son confrère ALEXANDRE ACHILLINI, de Bologne, appelé le second Aristote, tenait pour Averroës : d'où la lutte des Alexandrins et des Averroïstes, qui occupa quelque temps les esprits, et qui n'a de mémorable que la témérité des controverses qu'on vit alors s'élever pour la première fois sur l'immortalité de l'âme et sur la providence divine dans une école qui se disait chrétienne. A l'école de Padoue se rattachent entre autres ALEXANDRE et FRANÇOIS PICCOLOMINI, de l'illustre maison qui a donné deux papes à l'Italie, Jacques Zabarella et André Cesalpini, très-habile médecin, le précurseur de Harvey dans la découverte de la circulation du sang.

La renaissance du platonisme, la transformation du péripatétisme artificiel et épuré que la scolastique enseignait, enfin l'imitation enthousiaste de l'antiquité : ce sont là les premiers faits que présente à l'historien la philosophie du quinzième et du seizième siècle. L'Italie en est naturellement le théâtre; car elle avait subi la première l'influence des monuments du génie grec, apportés de Constantinople en Occident; la première elle put à loisir les étudier, les admirer et les commenter; ce fut elle, à beaucoup d'égards, qui les révéla aux autres nations; et ses universités où fleurissait le culte de l'antiquité païenne exercèrent alors une influence décisive, qui échappait à l'Université de Paris, jusque-là si puissante.

Au sortir du quinzième siècle, et à mesure que l'on avance dans le seizième, on voit se propager ce mouvement de rénovation dont le double point de départ a été Florence et Padoue. Les Italiens continuent à occuper le premier rang parmi les réformateurs de la philosophie; mais l'impulsion qu'ils ont donnée se communique de proche en proche; et bientôt, ayant passé les monts, elle est suivie dans les autres pays de l'Europe occidentale.

Nous ne pouvons citer tous les noms qui apparaissent alors et que recommandent soit des ouvrages originaux, soit quelque savant commentaire d'Aristote ou de Platon, soit même de simples traductions qui ont contribué à renouveler et à répandre la connaissance de l'antiquité. Nous nous arrêterons à quatre personnages qui doivent leur célébrité aux persécutions dont ils furent l'objet autant pour le moins qu'à leur génie : Ramus, Bruno, Campanella, Vanini

Ramus. Bruno. Campanella. Vanini.

Pierre Ramus ou de la Ramée, né en 1515 en Picardie, d'une famille pauvre, commence sa carrière par les humbles fonctions de domestique dans un collége, s'élève peu à peu par son travail et son mérite, devient principal du collége de Presles et professeur au Collége de France, bat en brèche par son enseignement les doctrines péripatéticiennes ; essaye de relever celles de Platon, s'attire des inimitiés redoutables, est tour à tour condamné par sentence du Parlement, privé de sa chaire, rétabli, dépouillé de nouveau, et termine ses jours dans la nuit de la Saint-Barthélemy, égorgé par les assassins que son rival Jacques Charpentier avait, dit-on, soudoyés. Quelques ouvrages de logique et de grammaire, les uns en latin, les autres en français, des requêtes au roi et des remontrances, voilà ce qui nous reste de Ramus.

Jordano Bruno était né à Nola, près de Naples, vers 1550. Entré dès sa jeunesse chez les dominicains, il ne tarda pas à se séparer d'eux, se rendit à Genève où il ne put s'entendre avec Calvin et Théodore de Bèze, fit un premier voyage à Paris, visita l'Angleterre, revint en France, soutint des thèses devant l'Université de Paris, parcourut ensuite une partie de l'Allemagne, et ayant eu l'imprudence de revoir l'Italie, fut brûlé à Rome, le 17 février 1600. Le fond de sa doctrine était le panthéisme. Il se représentait l'univers comme un immense organisme dont les existences particulières sont les membres, et à travers lequel l'esprit divin circule comme le sang dans les veines. Il a développé ces idées dans un grand nombre d'écrits, les uns en latin, les autres en langue vulgaire.

Thomas Campanella n'eut pas une destinée beaucoup moins malheureuse que Bruno. Né en 1568, en Calabre, il entra, comme Bruno, chez les dominicains, et étudia, en qualité de novice, la philosophie dans leur couvent de Lorenza. Un de ses compatriotes, Bernardino Telesio, avait établi depuis peu dans cette ville une Académie qui se proposait pour but avoué l'abolition du péripatétisme et une philosophie nouvelle, fondée sur l'étude de la nature. Campanella se laissa facilement gagner par les maximes de Telesio; il les dépassa même, entreprit une réforme générale de la philosophie, et alla jusqu'à rêver une révolution politique et sociale de l'Italie. Il a laissé entre autres ouvrages un écrit intitulé : *la Cité du Soleil*, dans lequel il expose ses idées sur l'organisation de la société; elles se réduisent en dernière analyse à la négation de la famille et de la propriété. Accusé de haute trahison, il passa vingt-sept années dans les cachots de l'Espagne, recouvra sa liberté en 1626, et mourut à Paris en 1639.

Lucilio Vanini, né à Naples en 1586, est un autre exemple et une autre victime des entraînements auxquels la philosophie du seizième siècle se trouvait exposée et ne cédait que trop facilement. Au témoignage d'un écrivain qui le connaissait à fond [1], « c'était un esprit léger et inquiet, imbu des plus mauvaises opinions de l'école de Padoue, où il avait étudié, contempteur de Platon et de Cicéron, admirateur passionné d'Aristote, instruit à jurer sur la parole d'Averroës, tantôt masquant ses principes sous un grand zèle catholique, tantôt les affichant avec impudence. » Il avait publié deux ouvrages : l'un, *Amphitheatrum æternum Providentiæ, divino-magicum, christiano-physicum, necnon astronomico-catholicum, adversus veteres philosophos, atheos, epicureos, peripateticos et stoicos*; l'autre, *De admirandis naturæ, reginæ deæque mortalium, arcanis dialogorum inter Alexandrum et Julium Cæsarem*

---

1. Cousin, *Histoire générale de la philosophie*, 6ᵉ leçon.

libri IV. Il considérait le mouvement comme essentiel à la matière, admettait l'éternité du monde, n'assignait d'autre fin à la nature humaine que le plaisir des sens, et menait un genre de vie en parfaite harmonie avec cette morale dépravée. Déféré au parlement de Toulouse, il fut condamné, pour cause d'athéisme, à être brûlé. Il monta sur le bûcher le 9 février 1619.

Il serait facile d'ajouter beaucoup de noms à ceux que nous venons de citer. Ainsi, nous aurions à signaler : en France, Rabelais, Montaigne, Bodin, Charron ; en Espagne, Louis Vivès et Sepulveda ; en Portugal, Sanchez et les maîtres de l'université de Coimbre, interprètes si habiles d'Aristote ; en Hollande, Érasme ; en Suisse, Paracelse ; en Allemagne, Jean Reuchlin, Corneille Agrippa, Jacob Boehme, tous trois plongés dans les rêveries du mysticisme ; en Angleterre, Robert Fludd, etc. Mais que sert-il de dérouler cette liste ? Quelques-uns des personnages que nous venons de nommer appartiennent moins à l'histoire de la philosophie qu'à l'histoire des lettres ; ils valent moins et ils ont eu moins d'influence comme penseurs que comme écrivains ; les autres n'ont élevé aucun monument durable. Le quinzième et le seizième siècle sont une ère de naissance, il faut le reconnaître, mais aussi une ère de transition.. L'esprit s'élance dans beaucoup de directions et n'avance dans aucune ; il poursuit à l'aventure, avec une admirable et impuissante énergie, un but qui lui échappe sans cesse. Il court à la recherche d'une doctrine qui puisse remplacer la scolastique, et il ne la trouve nulle part. La mission de la découvrir était réservée au siècle suivant.

CHAPITRE XLIV

BACON ET DESCARTES.

François BACON, né à Londres, en 1561, donna dès son plus jeune âge une idée si avantageuse de ses talents, que la reine Élisabeth l'appelait en riant son petit garde des sceaux. En 1591, il obtint la survivance de la charge de greffier de la chambre étoilée, fut élu membre de la Chambre des communes l'année suivante, et s'attacha vers le même temps au comte d'Essex, dont il devait se charger plus tard de justifier la condamnation. De nouvelles chances furent ouvertes à son ambition par l'avénement de Jacques Ier (1603), qui, après lui avoir conféré plusieurs charges importantes, mit le comble à ses souhaits en le nommant lord grand chancelier et baron de Verulam en 1618, enfin vicomte de Saint-Alban en 1621. Mais ce fut le terme des prospérités de Bacon. Cette même année, accusé par la Chambre des communes de concussion et de vénalité, il fut flétri par la Chambre haute d'une condamnation ignominieuse, qui, sans la faveur de Jacques Ier, lui aurait enlevé pour toujours sa fortune et sa liberté. Il mourut en 1626.

Bacon n'avait pas encore atteint l'âge de seize ans, quand il commença à sentir le vide des doctrines péripatéticiennes, et depuis cette époque, la pensée d'une réforme générale à opérer dans les sciences ne le quitta plus. Jugeant qu'il fallait reprendre l'édifice par sa base et refaire, comme il le disait, l'entendement lui-même, il avait donné le nom d'*Instauratio magna* au monument où il se proposait de développer les principes de la nouvelle philosophie. Cette grande restauration devait comprendre six parties principales : 1° l'apologie des sciences et l'indication des moyens de les faire avancer (*De augmentis et dignitate scientiarum*); 2° la nouvelle méthode (*Novum Organum*); 3° un recueil d'observations (*Historia naturalis vel experimentalis*); 4° l'application de la méthode aux faits observés (*Scala intellectus*); 5° la philosophie provisoire (*Prodromi sive anticipationes philosophiæ*); 6' la philosophie définitive (*Philosophia secunda vel activa*). Chacune de ces parties a été ébauchée; mais la première seulement a pu être achevée par l'auteur. Le *Novum Organum* même est resté incomplet.

Les ouvrages de Bacon embrassent un grand nombre d'objets; mais la question qu'il a traitée avec le plus d'étendue et de profondeur est sans contredit celle de la méthode. Bacon est peut-être, avant Descartes, le premier philosophe qui ait compris toute l'importance de ce problème fondamental. Il y revient sans cesse, et une de ses constantes préoccupations est de bien établir que les progrès de l'esprit humain dépendent de la direction imprimée à ses efforts; que, s'il est bien dirigé, son avancement est infaillible; que, mal dirigé, il ne peut que s'égarer, et même d'autant plus gravement, que le philosophe possédera des facultés plus éminentes, à peu près comme un coureur, engagé dans une fausse route, s'éloigne d'autant plus loin du but qu'il a plus de force et qu'il s'élance plus vite.

La méthode par excellence pour Bacon est l'expérience. Interprète et ministre de la nature, le philosophe qui veut bien la connaître doit l'observer. La science et l'empire sur le monde ne s'obtiennent qu'à ce prix. L'observation doit être patiente et active. Il ne suffit pas qu'elle écoute la nature en écolière passive; il faut qu'elle l'interroge, et, comme Protée, la tourmente afin de surprendre ses secrets, en divisant, et pour ainsi dire en disséquant les objets à étudier.

A l'expérience Bacon veut que le philosophe allie, dans une juste mesure, le raisonnement. Il compare le savant qui se contente d'observer, à la fourmi qui amasse du grain, mais qui ignore l'art de le travailler. Le vrai philosophe doit imiter l'abeille qui transforme et purifie les sucs qu'elle a recueillis sur différentes fleurs[1].

Parmi les variétés du raisonnement, celle que Bacon recommande avant tout, c'est l'induction qui s'appuie sur l'expérience et qui s'élève des faits particuliers aux lois générales. Il est tellement préoccupé des avantages de l'induction, qu'il semble dans certains passages méconnaître l'utilité de la forme déductive, quoiqu'il se défende ailleurs de proscrire le syllogisme.

Bacon ne s'est pas borné à ces généralités. Il a développé avec le détail le plus minutieux les règles à suivre en observant, et les précautions à prendre pour que l'observation soit féconde. C'est principalement dans le second livre du *Novum Organum* qu'il insiste sur cette partie. Là il ramène l'art d'interpréter la nature à deux points : 1º tirer de l'expérience les vérités générales, la définition des formes ou essences des choses ; 2º se servir des vérités générales connues pour de nouvelles expériences. Il recommande non-seulement d'observer avec soin dans tous les cas, mais de classer et surtout de peser les observations ; d'avancer pas à pas, de ne s'élever que graduellement à des conclusions d'une certaine portée. S'agit-il de découvrir la forme d'une propriété, par exemple de la chaleur, il faut dresser des tables de

---

1. *Nov. Org.*, I, 95 : « Qui tractaverunt scientias, aut empirici, aut dogmatici fuerunt. Empirici, formicæ more, congerunt tantum et utuntur ; rationales, aranearum more, telas ex se conficiunt ; apis vero ratio media est, quæ materiam ex floribus horti et agri elicit, sed tamen eam propria ratione vertit et digerit.... »

présence, d'*absence* et de *variation*, c'est-à-dire rassembler : 1° tous les cas qui, en différant d'ailleurs, offrent la propriété à étudier ; 2° tous les cas analogues où elle est absente ; 3° tous ceux où elle croît ou décroît. Lorsqu'on a observé cette propriété dans un certain nombre de circonstances, il ne faut pas se hâter de généraliser, ni conclure qu'elle dépend essentiellement de ces circonstances ; car il se peut qu'elle n'en soit pas toujours accompagnée. La vraie essence d'une chose se reconnaît à ce signe qu'elle la suit partout et qu'elle varie constamment avec elle.

Cette rapide esquisse peut donner une idée de la méthode si richement développée par Bacon sous le nom, qu'elle a conservé, de *méthode inductive*.

Envisagée comme procédé naturel de l'esprit humain, cette méthode est aussi ancienne que l'humanité ; mais Bacon peut revendiquer à juste titre l'honneur de l'avoir reconnue et définie avec une incontestable exactitude. On ne pouvait pas compléter plus heureusement le travail d'analyse entrepris par le génie profond d'Aristote sur le raisonnement déductif, le syllogisme et la démonstration. Le progrès des sciences physiques date du jour où elles ont suivi les règles exposées dans le *Novum Organum*. Peut-être la méthode s'applique-t-elle moins bien à la connaissance de l'âme. Bacon lui-même, sans négliger la métaphysique, se sentait porté de préférence vers l'étude du monde matériel. Quoiqu'il ait laissé d'admirables essais sur divers sujets de morale et de religion, c'est l'histoire naturelle et la physique qui paraissent avoir été sa préoccupation principale ; c'est là le domaine, alors inexploré, dans lequel il aspirait à se signaler par des découvertes dont la gloire n'était pas réservée à son nom.

Ces différents traits réunis achèvent de donner au chancelier Bacon sa physionomie véritable. Il est de la famille des philosophes qui accordent plus aux sens qu'à l'esprit. Il figure dans les rangs, il sera, aux temps modernes, le chef de l'école empirique à laquelle appartiendront après lui Hobbes, Gassendi et Locke.

Il y avait un peu plus de dix années que Bacon était mort, lorsque se révéla tout à coup par un ouvrage de génie, avec un éclat et une puissance incomparables, celui qui devait consommer la rénovation de la philosophie, René Descartes.

Descartes, né en 1596, à la Haye en Touraine, fut élevé chez les Jésuites, au collège de la Flèche. Après avoir servi pendant quelque temps, et parcouru une partie de l'Allemagne et de l'Italie, il se retira en Hollande, en 1629, et y passa vingt années, au bout desquelles il fut appelé en Suède par la reine Christine. Il mourut à Stockholm en 1650.

Le premier ouvrage qu'ait publié Descartes est le *Discours de la Méthode*, qui parut en 1637, accompagné de la *Dioptrique*, des *Météores* et de la *Géométrie*. On distingue parmi ses autres ouvrages les *Méditations*, les *Principes de la philosophie* et les *Passions de l'âme*; mais toutes les idées de quelque importance qu'il a développées dans la suite se trouvent en germe dans le *Discours de la Méthode*. C'est donc à ce discours qu'on doit s'attacher de préférence pour faire connaître la révolution cartésienne.

Le *Discours de la Méthode* se divise en six parties:

Ire Partie. *Diverses considérations touchant les sciences.* — Après avoir dit que les hommes ne différant point par l'esprit, mais par la manière dont ils l'emploient, l'essentiel est de se former une méthode pour la découverte de la vérité, Descartes raconte comment il en vint à se convaincre de la stérilité des études ordinaires, et prit la résolution de se replier en lui-même et de chercher quelles règles il devait suivre.

« J'ai été nourri aux lettres dès mon enfance, dit-il, et

pour ce qu'on me persuadait que par leur moyen on pouvait acquérir une connaissance claire et assurée de tout ce qui est utile à la vie, j'avais un extrême désir de les apprendre. Mais sitôt que j'eus achevé tout ce cours d'études, au bout duquel on a coutume d'être reçu au rang des doctes, je changeai entièrement d'opinion; car je me trouvais embarrassé de tant de doutes et d'erreurs, qu'il me semblait n'avoir fait autre profit, en tâchant de m'instruire, sinon que j'avais découvert de plus en plus mon ignorance....

« J'estimais fort l'éloquence, et j'étais amoureux de la poésie; mais je pensais que l'une et l'autre étaient des dons de l'esprit plutôt que des fruits de l'étude....

« Je me plaisais surtout aux mathématiques, à cause de la certitude et de l'évidence de leurs raisons; mais je ne remarquais point encore leur vrai usage; et pensant qu'elles ne servaient qu'aux arts mécaniques, je m'étonnais de ce que leurs fondements étant si fermes et si solides, on n'avait rien bâti dessus de plus relevé....

« Je révérais notre théologie, et prétendais autant qu'aucun autre à gagner le ciel; mais ayant appris comme chose très-assurée, que le chemin n'en est pas moins ouvert aux plus ignorants qu'aux plus doctes, et que les vérités révélées qui y conduisent sont au-dessus de notre intelligence, je n'eusse osé les soumettre à la faiblesse de mes raisonnements.

« Je ne dirai rien de la philosophie, sinon que voyant qu'elle a été cultivée par les plus excellents esprits qui aient vécu depuis plusieurs siècles, et que néanmoins il ne s'y trouve aucune chose dont on ne dispute, et qui par conséquent ne soit douteuse, je n'avais point assez de présomption pour espérer d'y rencontrer mieux que les autres; et que considérant combien il peut y avoir de diverses opinions, touchant une matière, qui soient soutenues par des gens doctes, sans qu'il y en puisse avoir jamais plus d'une seule qui soit vraie, je réputais presque pour faux tout ce qui n'était que vraisemblable.

« C'est pourquoi, continue Descartes, sitôt que l'âge me permit de sortir de la sujétion de mes précepteurs, je quittai entièrement l'étude des lettres ; et me résolvant de ne plus chercher d'autre science que celle qui se pourrait trouver en moi-même ou bien dans le grand livre du monde, j'employai le reste de ma jeunesse à voyager, à voir des cours et des armées, à fréquenter des gens de diverses conditions, à recueillir diverses expériences, à m'éprouve moi-même dans les rencontres que la fortune me proposait, et partout à faire telle réflexion sur les choses qui se présentaient, que j'en pusse tirer quelque profit. »

IIe Partie. *Principales règles de la méthode.* — Après avoir ainsi passé quelques années, Descartes découvrit un jour les voies qu'il devait suivre pour arriver à distinguer le vrai du faux, et pour élever son esprit au plus haut point que la courte durée de la vie permette d'atteindre.

Il se trouvait alors en Allemagne, où la guerre l'avait appelé ; et comme il retournait du couronnement de l'empereur vers l'armée, le commencement de l'hiver l'arrêta dans un quartier où ne trouvant aucune conversation qui le divertît, et n'ayant d'ailleurs aucuns soins ni passions qui le troublassent, il demeurait tout le jour enfermé seul dans une chambre, où il avait tout le loisir de s'entretenir de ses pensées. Ce fut là qu'ayant médité de nouveau sur l'incertitude des jugements humains et sur la vanité des méthodes suivies par les philosophes, il essaya de réduire ce grand nombre de préceptes dont la logique de l'école est composée, aux quatre règles suivantes qu'il prit la ferme et constante résolution d'observer fidèlement :

1° Ne recevoir jamais aucune chose pour vraie, qu'il ne

la reconnût évidemment telle ; c'est-à-dire éviter avec soin la précipitation et la confusion, et ne comprendre rien de plus en ses jugements que ce qui se présenterait si clairement et si distinctement à son esprit, qu'il n'eût aucun motif de le mettre en doute ;

2° Diviser chacune des difficultés qu'il examinerait en autant de parties qu'il se pourrait, et qu'il serait nécessaire pour les résoudre ;

3° Conduire ses pensées par ordre, en commençant par les plus simples et les plus aisées à connaître, pour monter peu à peu, comme par degrés, jusqu'à la connaissance des plus composées ;

4° Faire partout des dénombrements si complets et des revues si générales, qu'il fût assuré de ne rien omettre.

Voilà les quatre règles dont se compose la méthode de Descartes, et qui contiennent, s'il faut l'en croire, tout le secret de ses plus profondes et de ses plus hautes pensées. Car il n'attribue pas ses inventions à l'incomparable vigueur de son génie, mais à la méthode qu'il a suivie, et dont il prétend prouver par là l'excellence. La puissance de l'art ne s'étend pas aussi loin que Descartes nous l'assure, et dans les découvertes des philosophes, il faut faire la part de la sagacité naturelle d'un esprit heureusement doué. Reconnaissons toutefois, avec le dix-septième siècle tout entier, que, pour parvenir à la vérité, l'intelligence n'a pas en son pouvoir de procédés plus simples, plus directs et plus féconds que ceux de la logique cartésienne.

III° Partie. *Préceptes de morale.* — Les règles que nous venons d'exposer devaient conduire Descartes à déraciner de son esprit toutes les opinions qu'il avait précédemment reçues. Mais « comme ce n'est pas assez, dit-il, avant de commencer à rebâtir le logis où l'on demeure, que de l'abattre et de faire provision de matériaux et d'architectes, ou de s'exercer soi-même à l'architecture, et outre cela d'en avoir soigneusement tracé le dessin, mais qu'il faut s'être pourvu de quelque autre où l'on puisse être logé commodément pendant le temps qu'on y travaillera : ainsi, afin que je ne demeurasse point irrésolu en mes actions pendant que la raison m'obligeait de l'être en mes jugements, et que je ne laissasse pas de vivre dès lors le plus heureusement que je pourrais, je me formai une morale par provision. »

Cette morale se composait de quatre maximes que voici :

1° Garder la religion dans laquelle on est né, obéir aux lois et coutumes des pays qu'on habite, suivre en toutes choses les opinions les plus modérées, sans engager sa liberté.

2° Demeurer fidèle au plan de conduite qu'on s'est une fois tracé, à l'exemple des voyageurs, dit Descartes, qui, se trouvant égarés en une forêt, ne doivent pas errer en tournoyant tantôt d'un côté, tantôt d'un autre, ni encore moins s'arrêter en une place, mais marcher toujours le plus droit qu'ils peuvent vers un même côté ;... car, par ce moyen, s'ils ne vont justement où ils désirent, ils arriveront au moins à la fin quelque part, où vraisemblablement ils seront mieux que dans le milieu d'une forêt.

3° Tâcher toujours plutôt à se vaincre que la fortune, et à changer ses idées plutôt que l'ordre du monde.

4° Consacrer sa vie à la culture de la raison et à la recherche de la vérité.

IV° Partie. *Raisons qui prouvent l'existence de Dieu et de l'âme humaine.* — Lorsque Descartes se fut tracé ces règles de conduite, neuf années s'écoulèrent encore durant lesquelles il ne fit autre chose que rouler çà et là dans le monde, « tâchant d'y être spectateur plutôt qu'acteur en toutes les comédies qui se jouent. » Cependant il déracinait peu à peu de son esprit toutes les erreurs qui avaient pu s'y glisser : non qu'il imitât pour cela les sceptiques, qui ne doutent que pour douter, et qui affectent d'être toujours irrésolus ; car, au contraire, tout son dessein ne tendait qu'à rejeter la terre mouvante et le sable pour trouver le roc et l'argile. Comme les sens nous abusent quelquefois, il supposa que les choses ne sont pas telles qu'ils nous les font imaginer. Comme les plus habiles se trompent en raisonnant et font des paralogismes, même en géométrie, il rejeta comme fausses les raisons qu'il avait prises jusque-là comme des démonstrations. Enfin, comme les pensées que nous avons étant éveillés nous peuvent venir aussi quand nous dormons, il feignit que les perceptions de la veille étaient aussi vaines que les illusions des songes.

« Mais, aussitôt après, dit Descartes, je pris garde que pendant que je voulais ainsi penser que tout était faux, il fallait nécessairement que moi qui le pensais, je fusse quelque chose. » Supposons, avec Descartes dans ses *Méditations*, qu'il y a je ne sais quel trompeur très-puissant et très-rusé qui emploie toute son industrie à nous tromper toujours. Il n'y a point de doute que je suis s'il me trompe, et qu'il me trompe tant qu'il voudra, il ne saura jamais faire que je ne sois rien, tant que je penserai être quelque chose. De sorte que cette vérité : *je pense, donc je suis*, est si ferme et si assurée que les suppositions les plus extravagantes des sceptiques ne sont pas capables de l'ébranler, et qu'elle peut être reçue sans scrupule, comme le premier principe de la philosophie.

Suivons maintenant les conséquences :

1° J'ai pu supposer que je n'avais pas un corps et que le monde n'existait pas ; mais en doutant de toutes choses, je n'ai pu douter de moi-même. Donc, mon existence n'est pas liée à celle du corps ; elle ne dépend que de la pensée ; je suis une substance dont toute la nature est de penser ; je suis une chose qui pense, c'est-à-dire une chose qui doute, qui entend, qui conçoit, qui affirme, qui nie, qui veut et qui ne veut pas. La démonstration de la spiritualité de l'âme est le premier résultat, et, pour ainsi dire, la première conquête de la méthode cartésienne.

2° Quelle preuve avons-nous de la vérité de ces propositions : *je pense, je suis, je suis une chose qui pense*, sinon leur clarté, leur évidence ? Donc, nous pouvons établir en règle générale, que les choses que nous concevons clairement et distinctement sont vraies, alors même que nous éprouverions quelque difficulté à bien discerner nos perceptions claires et distinctes.

3° En doutant de toutes choses, ainsi que j'ai commencé à le faire, j'aperçois clairement que mon être n'est pas tout parfait ; car c'est une perfection plus grande de connaître que de douter. Mais d'où ai-je tiré cette idée de perfection qui est en moi, sinon d'une nature véritablement parfaite de laquelle je dépends, et qui m'a donné tout ce que je possède ? Donc il existe au-dessus de moi un être infini, éternel, immuable, tout connaissant et tout-puissant, qui est Dieu.

A cette preuve de l'existence divine, Descartes, dans ses *Méditations*, en ajoute une autre, également fondée sur l'idée de l'être parfait. En effet, dit-il, on peut affirmer d'un être tout ce qui est contenu dans son idée. Or, la notion de l'être parfait renfermant toutes les perfections imaginables, elle implique nécessairement l'existence, parce que l'existence est une perfection. Donc l'existence peut être affirmée de l'être parfait, comme on affirme d'un triangle qu'il a trois angles.

4° Enfin, lorsque Descartes, par ces arguments aussi simples que décisifs, a solidement démontré l'existence divine, il se sert des attributs divins pour confirmer toutes les précédentes conclusions. Cette règle même, que nos perceptions claires et distinctes sont vraies, n'est assurée, suivant lui, « qu'à cause que Dieu est ou existe, et qu'il est un être parfait, et que tout ce qui est en nous vient de lui. » En d'autres termes, Descartes incline à placer dans la véracité divine le fondement de la certitude ; opinion étrange qui lui a été souvent reprochée, et à juste titre, comme un paralogisme, puisque la démonstration régulière des perfections de Dieu suppose nécessairement dans l'intelligence le pouvoir d'atteindre à des connaissances certaines.

V⁰ partie. *Ordre des questions de physique.* — Les différents points que nous venons de parcourir constituent la partie métaphysique du *Discours de la méthode* et de la doctrine cartésienne. Mais c'est l'honneur de Descartes de n'être pas resté sur ces hauteurs, et d'avoir imprimé aux sciences mathématiques et physiques une aussi forte impulsion qu'à la philosophie pure. Le nouveau système qu'il proposa contenait des réponses à toutes les questions et des enseignements pour tous les genres d'esprit. La spiritualité de l'âme et l'existence de Dieu une fois démontrées, il avait porté ses regards sur les choses matérie ses beaux traités de la *Dioptrique* et des .rent comme le premier échantillon de sa cosmologie. La cinquième partie du *Discours de la méthode* présente l'esquisse rapide du système entier. Bornons-nous à dire que par les seules lois du mouvement imprimé dès l'origine à la matière, lois qui découlent, suivant lui, des perfections infinies de Dieu, Descartes prétend expliquer tous les phénomènes de l'univers, depuis les révolutions des astres jusqu'à la formation des animaux et des plantes, depuis la nature et les effets du feu jusqu'aux mouvements du cœur et des artères.

VI⁰ Partie. *Quelles choses sont requises pour aller plus avant dans la recherche de la nature?* — Comme le chancelier Bacon, Descartes cherchait les moyens d'étendre le pouvoir de l'homme sur la nature ; il comprenaît la nécessité de sortir des recherches purement spéculatives, et d'arriver aux applications. Il ne désespérait pas qu'on parvînt « à s'exempter d'une infinité de maladies, tant du corps que de l'esprit, et même aussi peut-être de l'affaiblissement de la vieillesse, si l'on avait assez de connaissances de leurs causes et de tous les remèdes dont la nature nous a pourvus. » C'est le tableau de ses espérances et de ses projets à cet égard qu'il nous présente dans la sixième et dernière partie du *Discours de la méthode*. Il revient sur ses premiers travaux, sur la méthode qu'il a pratiquée, sur cette longue suite de déductions qu'il s'est permises, en partant de la seule idée de la perfection de Dieu. Mais il convient que, pour pénétrer l'ample et vaste sein de la nature, l'observation est nécessaire, et il donne le conseil de multiplier autant que possible les expériences. Sa dernière confidence à ses lecteurs est « qu'il a résolu de n'employer le temps qu'il lui reste à vivre à autre chose qu'à tâcher d'acquérir quelque connaissance de la nature, qui soit telle qu'on en puisse tirer des règles pour la médecine plus assurées que celles qu'on a eues jusqu'à présent. »

Tel est dans son ensemble le *Discours de la méthode*, le premier ouvrage de Descartes, et avec les *Méditations*, le plus célèbre. L'exacte analyse que nous venons de présenter permet de se faire une idée des caractères et des résultats de la réforme cartésienne.

Il se répète souvent que le cartésianisme a consommé l'émancipation de la pensée. Sans doute il a contribué plus que tout autre système à briser pour jamais le joug du péripatétisme et de la scolastique; mais comprenons bien par quels moyens. Ce ne fut pas par des attaques ouvertes contre l'autorité, ni même en donnant l'exemple d'invoquer sans cesse l'évidence. L'élément principal de l'influence exercée par Descartes fut l'usage excellent qu'il sut faire de cette liberté que bien d'autres réformateurs avaient réclamée avant lui sans savoir en profiter. Il apporta de si solides preuves à l'appui des grandes vérités morales et religieuses, qu'il réconcilia peu à peu la philosophie avec les âmes les plus prévenues contre elle, et qu'à part quelques esprits singuliers et excessifs, en très-petit nombre, nul écrivain autorisé ne contesta plus la portée naturelle de la raison.

On a vu plus haut que Descartes avait donné à la philosophie un nouveau point de départ, à savoir, la notion de la pensée et de l'existence personnelle. Ajoutons que la forme chez lui n'est pas moins originale que le fond des idées. Non-seulement il écrit en français; mais son style simple et sévère, et cependant non dépourvu de grâce et d'enjouement, soutient la comparaison avec la meilleure prose du milieu du dix-septième siècle. Ses ouvrages seraient cités parmi les plus précieux monuments de notre langue, si l'éclatante renommée du philosophe n'avait un peu fait oublier l'écrivain.

Et cependant, malgré les services que Descartes a rendus à la philosophie et aux lettres, il y a dans sa doctrine et dans ses livres des germes qui, cultivés par des esprits téméraires, devaient porter les plus détestables fruits. L'exemple qu'il donne de commencer par le doute favorise le scepticisme ; sa prétention un peu orgueilleuse de ne penser jamais que par lui-même, encourage une excessive indépendance. Sans doute il se montre chrétien sincère, et il professe la soumission la plus absolue aux décisions de l'Église; mais le mépris qu'il affecte pour les croyances du vulgaire égara plus d'un de ses disciples, qui retournèrent contre les vérités traditionnelles de la foi les armes dont il ne voulait se servir que contre les préjugés. Ces dangers que Descartes n'avait pas entrevus et qui l'auraient fait reculer, étaient présents à l'esprit de Bossuet lorsqu'il écrivait ces lignes prophétiques, si souvent rappelées : « Je vois un grand combat se préparer contre l'Église sous le nom de la philosophie cartésienne. Je vois naître de son sein et de ses principes, à mon avis mal entendus, plus d'une hérésie, et je prévois que les conséquences qu'on en tire contre les dogmes que nos pères ont tenus, vont la rendre odieuse et feront perdre à l'Église tout le fruit qu'elle en pouvait espérer, pour établir dans l'esprit des philosophes la divinité et l'immortalité de l'âme[1]. »

1. *Lettre à un disciple du P. Malebranche.* Œuvres complètes t. XXVVII, p. 375.

CHAPITRE XLV

PRINCIPALES ÉCOLES DE LA PHILOSOPHIE MODERNE DEPUIS BACON ET DESCARTES.

L'histoire de la philosophie moderne depuis Bacon et Descartes peut se diviser en trois périodes dont la première s'étend jusqu'à Leibniz; la seconde, depuis Leibniz jusqu'à la fin du dix-huitième siècle; la troisième, depuis la fin du dix-huitième siècle jusqu'à nos jours.

Et d'abord, après Bacon et Descartes la philosophie se partage en deux écoles principales qui demeurent fidèles à l'esprit de ces deux grands hommes.

L'école de Bacon, qui, cependant, ne le reconnaît pas ouvertement comme son chef, est représentée par Hobbes, Gassendi, Locke.

Hobbes, né en 1588 à Malmesbury, et mort en 1679, fut l'ami de Bacon et traduisit de l'anglais en latin une partie de ses ouvrages. Selon Hobbes, il n'existe d'autres réalités que les corps, d'autre origine de nos idées que la sensation, d'autre fin de la nature humaine que le bien-être. Dans l'état de nature, tous ont droit à tout; d'où il suit que l'état de nature est la guerre universelle, *bellum omnium contra omnes*. Cette guerre ne pouvant cesser que par l'établissement d'un pouvoir assez fort pour comprimer les passions ennemies, Hobbes est conduit à présenter le despotisme comme la forme sociale par excellence.

Gassendi, né en Provence en 1592, mort en 1655, fut, dit Tenneman, le plus savant parmi les philosophes, et le plus habile philosophe parmi les savants. On possède de lui des commentaires très remarquables sur la vie et les doctrines d'Epicure, dont il renouvela le système dans son *Syntagma philosophicum.* Il s'est également signalé par ses attaques contre Aristote et par sa polémique contre les *Méditations* de Descartes.

Locke, né en 1632 à Wrington, près Bristol, et mort en 1704, appliqua un des premiers l'observation à l'étude des faits intérieurs. Malgré les nombreuses erreurs où il est tombé, on peut le regarder comme le véritable fondateur de la psychologie. De tous ses ouvrages, le plus célèbre est son *Essai sur l'entendement,* divisé en quatre livres. Le premier livre est employé à combattre le système des idées innées, professé par les Cartésiens. Dans le second livre, Locke, partant de ce principe qu'il n'y a rien dans l'entendement qui n'ait été dans les sens, explique nos idées simples par la sensation et la réflexion, et nos idées composées par le travail de l'esprit sur les idées simples. Le livre suivant traite des signes et du langage dans leurs rapports avec la pensée. Enfin, la portée, les limites et les différents modes de la connaissance humaine font l'objet du quatrième et dernier livre. La doctrine de Locke, propagée avec enthousiasme par ses disciples, exerça, comme nous le verrons plus loin, une influence décisive sur la marche de la philosophie en Angleterre et en France.

Tandis que l'école de Bacon marchait ainsi dans les voies de l'empirisme et du sensualisme, l'école de Descartes comptait dans ses rangs la plupart des théologiens et des moralistes français du dix-septième siècle, tels que Bossuet, Nicole Arnauld, Fénelon, etc., et deux métaphysiciens éminents : Malebranche et Spinosa.

Nicolas Malebranche, de la congrégation de l'Oratoire, né à Paris en 1638, et mort en 1715, a écrit divers ouvrages de haute philosophie, dont le plus célèbre est la *Recherche de la vérité*. Conduit par le développement de certaines idées cartésiennes à supprimer l'activité des créatures au profit de l'activité souveraine du Créateur, il déduisit de ce principe général deux conséquences : la première, que nous apercevons en Dieu tous les objets de notre connaissance, non-seulement les vérités nécessaires, mais les substances matérielles elles-mêmes ; la seconde, que le corps n'agit pas sur l'âme, ni l'âme sur le corps, ni les corps entre eux, mais que c'est Dieu qui, à la suite des modifications d'une substance, produit dans les autres substances, des modifications parallèles. L'une de ces théories s'appelle, en histoire, la *Vision en Dieu* ; l'autre est l'hypothèse des *Causes occasionnelles*. Malebranche complétait ces spéculations hasardées par un système non moins arbitraire sur les lois que suit la providence de Dieu dans la distribution de ses grâces. Il arrivait ainsi à une sorte d'optimisme qui n'est pas dépourvu d'originalité, mais qui tend à sacrifier complétement la liberté divine.

Le juif Spinosa, né à Amsterdam en 1632, mort à la Haye en 1677, alla plus loin que Malebranche, en suivant les mêmes traces, et se perdit dans le panthéisme. Selon lui, il n'existe qu'une substance, Dieu, à laquelle appartient une infinité d'attributs, dont nous connaissons deux seulement : l'étendue et la pensée. Tout ce qui existe ici-bas est un mode de l'étendue divine, comme les objets matériels, ou de la pensée divine, comme l'âme. L'union de l'âme et du corps consiste dans l'harmonie du développement des attributs divins, qui se réfléchissent continuellement les uns dans les autres. Dieu étant l'être nécessaire, ses actes n'émanent pas de son libre choix mais sont nécessités par sa nature. Il ne possède donc ni sagesse, ni justice, ni providence ; l'ignorance et le préjugé font seuls considérer au vulgaire ces attributs comme des perfections. Spinosa a développé sa doctrine dans son *Ethica*, à l'aide d'axiomes, de définitions, de théorèmes et de scolies, comme les géomètres ; mais la rigueur apparente de la méthode n'atténue pas les défauts de ce système funeste, qui blesse les notions les plus élémentaires du sens commun, et anéantit toute morale, toute religion.

Au milieu des luttes que le cartésianisme souleva, on vit renaître le scepticisme qui, déjà professé au seizième siècle par MONTAIGNE et son disciple CHARRON, eut pour interprète, au dix-septième, LA MOTTE LE VAYER, précepteur des enfants de France ; DANIEL HUET, évêque d'Avranches, et PIERRE BAYLE, auteur de nombreux écrits, entre autres du célèbre *Dictionnaire historique et critique*. Le mysticisme, vers la même époque, était adopté sous des formes diverses par HENRI MORE, un des adversaires de Descartes ; par PIERRE POIRET, et surtout par la secte des QUIÉTISTES, qui compta, pendant quelques années, Fénelon dans ses rangs. Enfin parut LEIBNIZ, qui clôt la première période de la philosophie moderne.

GODEFROI-GUILLAUME LEIBNIZ, né à Leipzick en 1646, mort en 1716, est, sans contredit, le génie le plus universel que les modernes puissent opposer à Aristote ; car il a cultivé avec succès, non-seulement la philosophie, mais l'histoire, la jurisprudence, les mathématiques et la théologie. En philosophie, il se posa entre les deux écoles rivales qui se disputaient l'empire des esprits, celle de Locke et celle de Descartes. Contre Locke, il soutint que toutes les idées ne viennent pas des sens, et refusa d'admettre la célèbre maxime, *nihil est in intellectu quin prius fuerit in sensu*, à moins d'y ajouter cette restriction : *nisi ipse intellectus*, excepté l'entendement lui-même. « Or l'entendement, continuait-il, renferme l'être, la substance, l'un, le même, la cause, et quantité d'autres notions que les sens ne peuvent donner. » Aux Cartésiens il objecta que l'essence du corps ne consiste pas dans l'étendue, ni celle de l'âme dans la pensée, mais que toute substance est essentiellement active. Ce principe le conduisit à cette conséquence, que les objets composés, tels que les corps, peuvent se ramener à des éléments simples, doués d'activité, qu'il nomme *monades*. Examinant les rapports des monades entre elles, il pensa qu'elles n'agissent pas l'une sur l'autre, ce qui serait troubler réciproquement les lois de leur nature, mais qu'en vertu d'une harmonie préétablie, elles ont toutes un développement parallèle, semblable à autant d'horloges montées à la même heure et qui ne se dérangeraient jamais dans toute la suite des siècles. La théodicée est une des branches de la philosophie que Leibniz a le plus cultivées. Suivant lui, comme Dieu est infini en sagesse, en puissance et en bonté, il a dû créer le meilleur des mondes possibles, un monde qui n'est pas sans doute affranchi de la présence du mal inhérent à la condition de toute créature, mais dans lequel le mal est la condition du bien, soit dans l'ordre physique, soit dans l'ordre moral. Cette théorie optimiste contribue à éclaircir quelques-unes des difficultés que l'origine du mal soulève ; mais elle prête elle-même à de graves objections, et ce n'est pas sans motifs qu'on lui a reproché de contenir un germe de fatalisme.

Leibniz a laissé deux grands ouvrages, ses *Essais de théodicée sur la liberté de l'homme et la bonté de Dieu*[1], composés en réponse à divers paradoxes de Bayle, et ses *Nouveaux Essais sur l'entendement humain*, réfutation de l'ouvrage de Locke sur la même matière. Mais il n'a donné nulle part une exposition méthodique et complète

---

1. Nous avons donné, dans l'Appendice, une rapide analyse de ce ouvrage de Leibniz.

de sa doctrine. Cette tâche fut remplie par le plus célèbre de ses disciples, CHRISTIAN WOLF, né en 1679, mort en 1754, qui consacre son enseignement et ses livres à développer et à répandre les opinions du maître. Après Wolf, la philosophie de Leibniz, attaquée par les uns, défendue par les autres, déclina rapidement.

Cependant l'Angleterre, engagée, à de rares exceptions près, sur les traces de Locke, avait vu surgir de tous côtés des doctrines paradoxales, issues de l'empirisme. Tandis que SAMUEL CLARKE soutenait, avec une grande vigueur d'argumentation, la liberté et la spiritualité de l'âme, mises en doute par DODWELL et COLLINS, BERKELEY (1684-1759) prétendait que le monde matériel n'existe pas, que les seules réalités sont les idées, le sujet pensant qui en a conscience, et Dieu qui les produit. Berkeley espérait que sa doctrine porterait le coup de mort au matérialisme et à l'athéisme ; mais bientôt après vint DAVID HUME (1711-1776), qui tourna contre l'existence de l'âme les raisonnements de Berkeley sur la matière. Hume contesta la vérité des notions de cause et de substance, et prétendit que toutes nos connaissances n'étaient que des impressions arbitrairement unies par l'habitude. Le scepticisme ou plutôt le nihilisme absolu devenait dès lors le terme suprême de la sagesse.

En France venait de paraître CONDILLAC (1715-1780), qui, abandonnant le cartésianisme pour adopter, à l'exemple de VOLTAIRE, les doctrines de Locke, ramenait toutes les idées à une seule origine, toutes nos facultés à un seul principe, la sensation. Cette psychologie incomplète, où brillent çà et là des vérités de détail, ne tarda pas à produire une morale plus incomplète encore, celle d'HELVÉTIUS, qui ne reconnaît d'autre fin des actions humaines que le plaisir, et bientôt après, les pernicieux systèmes du baron d'HOLBACH et de LA METTRIE, vainement combattus par le spiritualisme de J. J. ROUSSEAU.

D'aussi tristes conséquences, en dévoilant les vices de

l'empirisme, rendaient nécessaire une vaste réforme, qui était réclamée d'ailleurs en Allemagne, par la décadence de l'école de Leibniz. Vers la fin du dix-huitième siècle, cette réforme fut accomplie : en Écosse, par THOMAS REID, au delà du Rhin, par KANT, avec lesquels commence la dernière époque de la philosophie moderne.

THOMAS REID, né à Glascow en 1704, mort en 1796, avait adopté, dans sa jeunesse, la théorie de Locke sur la connaissance humaine. Effrayé des résultats qu'elle avait entraînés, et voulant opposer une digue au scepticisme de Hume, il fut conduit à reconnaître dans l'esprit humain certains principes qui ne dérivent pas de l'expérience, mais qui font partie de notre constitution intellectuelle. Un des points qui sont traités avec le plus de soin et d'exactitude dans ses ouvrages, est la théorie de la perception extérieure, qu'il a débarrassée de l'hypothèse des idées représentatives. Reid a eu pour disciple DUGALD-STEWART, mort en 1828.

EMMANUEL KANT, né à Kœnigsberg en 1724, mort en 1804, admit, comme Reid, des principes que l'observation n'a pu fournir, et qu'il regarda comme les formes de l'intelligence. Poussant plus loin que le philosophe écossais, il entreprit l'analyse et la classification de ces formes ou principes. Dans le célèbre ouvrage qu'il a intitulé *la Critique de la raison pure*, il les partagea en trois classes, correspondant à trois facultés intellectuelles : la sensibilité, l'entendement et la raison, et chacune de ces classes en plusieurs formes secondaires. La connaissance humaine résulte de l'action réciproque de l'objet connu et du sujet qui connaît : elle suppose l'alliance des matériaux fournis par la sensibilité avec les formes de l'intelligence qui s'appliquent à ces matériaux, comme le cachet s'imprime sur la cire. Mais la portée de l'intelligence ne s'étend pas au delà de l'expérience;

quand elle essaye de dépasser ce cercle infranchissable, elle se perd dans des contradictions, dans des *antinomies*, dit Kant, qui sont insolubles, et qui portent sur les vérités fondamentales de la philosophie : Dieu, l'âme, la liberté. De là un nouveau genre de scepticisme auquel le philosophe de Kœnigsberg n'a échappé, dans la *Critique de la raison pratique*, qu'en attribuant à la raison pratique plus de portée qu'à la raison spéculative.

Kant est l'auteur du plus grand mouvement philosophique qui ait éclaté en Europe depuis Descartes. C'est à lui que se rattachent les plus célèbres noms de la philosophie pendant la première partie du dix-neuvième siècle, Fichte, Schelling, Hegel.

Fichte, né en 1762, mort en 1814, s'éloigne des résultats auxquels l'analyse de la raison avait conduit Kant; il ne distingue plus deux éléments de la connaissance, le sujet et l'objet; il supprime le second terme et ne conserve que le premier. Le *moi*, suivant lui, existe seul; il est à la fois sujet et objet; il se pose lui-même avec une certitude infaillible, et en se posant, il pose tout le reste autour de lui; il crée le monde, il crée en quelque sorte Dieu : doctrine bizarre, poussant le paradoxe, tout au moins dans l'expression, jusqu'à l'extravagance; doctrine dont le succès passager serait inexplicable, si elle n'avait pas pour complément une morale héroïque, fondée sur l'idée du devoir, sur l'abnégation et le dévouement.

Schelling, né en 1775, mort en 1854, ne reconnut pas l'exclusive réalité que Fichte avait attribuée au *moi*. Il sacrifia le moi, c'est-à-dire le principe de la pensée, de même que Fichte en avait sacrifié l'objet, et au-dessus de ces formes imparfaites de l'existence, il crut avoir découvert le terme supérieur dans lequel toutes deux sont réunies et confondues. Ce terme, c'est l'absolu, que nous connaissons par une intuition immédiate, et qui n'est pas plus l'infini que le fini, pas plus l'esprit que la matière, pas plus la nature que l'humanité, mais l'identité de toutes choses. Au sein de l'absolu les oppositions s'effacent et il règne une parfaite unité qui se reflète dans les analogies et les relations entre les êtres de l'univers, entre le monde physique et le monde moral.

Après Schelling, quoique plus âgé que lui, s'éleva HÉGEL, né en 1770, mort en 1831, qui, s'égarant de plus en plus dans de vaines spéculations, confondit l'existence réelle avec la pensée, les lois de la nature avec les conceptions de l'esprit, et s'imagina trouver l'explication de toutes choses dans le développement de ce qu'il appelle l'*idée*. L'idée s'affirme, c'est la thèse; puis elle se nie, c'est l'antithèse, et ses termes opposés en apparence trouvent enfin leur conciliation dans une synthèse plus élevée. A construire son système, Hégel dépensa une vigueur de raisonnement surprenante; mais il n'édifia rien de solide, et les fastueuses théories vantées par ses disciples comme le dernier mot de la science humaine ne sont qu'un tissu délié d'inintelligibles abstractions.

Cependant la France avait vu elle-même plus d'un changement s'opérer dans la direction des idées philosophiques. Condillac avait conservé des disciples convaincus et intelligents, comme DESTUTT DE TRACY; mais d'autres l'avaient abandonné. LAROMIGUIÈRE reconnaissait dans l'âme des facultés actives distinctes de la sensibilité, et, suivant lui, le sentiment de l'action de ces facultés, le sentiment des rapports et le sentiment moral s'ajoutaient à la sensation pour engendrer les idées. ROYER-COLLARD, dans les deux années de son enseignement à la Sorbonne, combattait le sensualisme avec une mâle dialectique, et introduisait en France les sages doctrines de l'école écossaise. Maine de Biran, pénétrant plus avant dans les profondeurs de l'âme humaine, mettait en pleine lumière cette énergie intime dont elle est douée ou plutôt qui la constitue, qui est le fondement de la personnalité, la source première de l'idée de cause, la condition de toutes nos connaissances. En même temps s'élevaient d'éloquents apologistes des vérités chrétiennes : De Bonald, Chateaubriand, Joseph de Maistre, Lamennais ; tous ne faisaient pas une part suffisante à la raison humaine ; mais tous combattaient avec ardeur l'impiété du siècle précédent, et leurs écrits, lus avec avidité, contribuaient à ramener les esprits dans les voies du spiritualisme.

Ce fut dans ces conjonctures que Victor Cousin monta pour la première fois, en 1815, dans la chaire de philosophie moderne de la Faculté des lettres de Paris. Tour à tour interprète de la philosophie écossaise et de la philosophie allemande, éditeur des œuvres de Proclus et de celles de Descartes, traducteur de Platon, ayant traversé dans le cours de ses travaux tous les systèmes et reconnu en chacun d'eux une part de vérité mêlée à de nombreuses erreurs, il inaugura sous le nom d'*Éclectisme* une doctrine nouvelle qui avait la prétention d'échapper à l'esprit exclusif de la plupart des écoles, et qui se résumait, en dernière analyse, dans le spiritualisme chrétien du dix-septième siècle. Victor Cousin exerça une action puissante et longue sur l'enseignement philosophique et compta de nombreux disciples dont plusieurs lui ont survécu. A son école se rattache, avec des nuances très marquées, Théodore Jouffroy, moins érudit que Victor Cousin, mais plus calme et plus méditatif, observateur délicat et pénétrant de la nature humaine.

Mais c'est la destinée de la philosophie de ne jamais se fixer. L'horizon qu'elle a devant elle est tellement vaste qu'elle ne peut l'embrasser tout entier, et qu'elle change incessamment de point de vue et de direction.

En Écosse et en Angleterre après que Reid et Dugald-Stewart eurent dégagé par une fidèle analyse des faits psychologiques ces notions fondamentales qui constituent le sens commun et que l'expérience n'explique pas, d'autres sont venus, qui se rapprochant des voies suivies par David Hume, sauf à s'écarter de lui en plusieurs points, ont entrepris d'expliquer par l'association des idées toutes les pensées de l'intelligence, tous les penchants du cœur, la notion du bien et du mal et la conscience morale. THOMAS BROWN le premier, et ensuite HAMILTON et STUART MILL, ont fait revivre cette fausse et pernicieuse doctrine qu'enseignent aujourd'hui dans leurs ouvrages, avec un talent digne d'une meilleure cause, M. HERBERT SPENCER et ses disciples.

En Allemagne, le prestige qui avait entouré à leur naissance les spéculations téméraires de Schelling et de Hégel s'est éteint peu à peu; et ces ambitieux systèmes ont fait place au matérialisme renaissant, au pessimisme de SCHOPENHAUER et à la philosophie de l'*inconscient* de M. HARTMANN, qui n'est qu'un pur panthéisme, puisqu'elle ramène toutes choses, les merveilles de l'univers comme les faits de la nature humaine, à l'action d'une force qui, n'ayant conscience ni d'elle-même ni de ses actes, est nécessairement une force aveugle.

En France comme dans les pays voisins, la philosophie a eu de nos jours bien des vicissitudes. L'Eclectisme avait perdu beaucoup de terrain, longtemps avant la mort de Victor Cousin, et depuis il en a encore perdu davantage. Une école s'est élevée, dont AUGUSTE COMTE est le fondateur, et qui a trouvé en M. LITTRÉ le plus savant interprète : l'école *positiviste*. Elle s'appelle ainsi parce qu'elle a la prétention de rester étrangère à tout ce qui dépasse la sphère des faits observés et des vérités mathématiquement démontrées; et elle ne veut pas s'avouer que cette prétention la conduit à écarter tout un ordre de notions que ni l'observation sensible, ni le raisonnement mathématique, ne sauraient expliquer, et qui cependant sont inhérentes à la pensée de l'homme : les notions morales et religieuses. L'école positiviste a exercé une profonde influence sur le mouvement philosophique en Angleterre; mais la nouvelle philosophie anglaise, de son côté, a fait sentir son action parmi nous; ses œuvres les plus importantes ont été traduites dans notre langue; ses idées ont envahi nos écoles. Les derniers systèmes éclos en Allemagne et les ouvrages de leurs auteurs, comme autrefois ceux de Kant, de Fichte, de Schelling et de Hégel, ont également pénétré dans notre pays. La France est redevenue le terrain sur lequel toutes les doctrines se sont donné en quelque sorte rendez-vous et se disputent l'empire des esprits. Entre ces doctrines si diverses l'une de l'autre, laquelle l'emportera? Quelle direction suivra désormais la philosophie française? L'avenir nous le dira. Mais quelles que soient les nouvelles évolutions des systèmes philosophiques, un point est constant à nos yeux : elles n'effaceront pas de la pensée de l'homme la certitude de l'existence de l'âme, d'une âme douée de liberté et responsable de ses actes, ni la certitude de l'existence de Dieu, d'un Dieu personnel, créateur et rémunérateur.

TABLE DES MATIERES

Pages.

Avant-propos.................................... 1
Introduction. — La science. — Classification des sciences. — Objet et division de la philosophie. — Ses rapports avec les autres sciences.................................... 1

PREMIÈRE PARTIE

PSYCHOLOGIE.

Chapitres.

I. Distinction des faits physiologiques et des faits psychologiques. — La conscience. — Certitude, degrés et limites de la conscience.................................... 13

II. Classification des faits psychologiques. — Des facultés de l'âme.................................... 21

III. De la sensibilité. — Des sensations. — Des sentiments.. 27

IV. L'intelligence — Acquisition de la connaissance. — Données de la conscience et des sens.................................... 37

V. Suite du précédent. — Conservation et combinaison de nos connaissances. Mémoire. — Association des idées. — Imagination.................................... 45

VI. Suite du précédent — Élaboration de la connaissance. Attention. Comparaison. Abstraction. Généralisation. Jugement. Raisonnement.................................... 61

VII. Des notions premières et des principes directeurs de la connaissance.................................... 75

Chapitres.		Pages.
VIII.	Notions d'esthétique...........	96
IX.	De l'activité et de ses divers caractères. Volonté. Instinct. Habitude...............	103
X.	La liberté morale ou libre arbitre. — Démonstration de la liberté. — Réfutation des systèmes qui nient la liberté. Fatalisme. Déterminisme............	112
XI.	Des manifestations de la vie psychologique. Les signes et le langage............	123
XII.	Des rapports du physique et du moral. — Le sommeil. — Les rêves. — La folie. — Psychologie animale.....	144

DEUXIÈME PARTIE

LOGIQUE.

XIII.	Définition de la logique..................	157
XIV.	Logique formelle. — Idées et termes. — Jugements et propositions. — Définition................	161
XV.	Suite de la logique formelle. — Déduction et syllogisme.	175
XVI.	Logique appliquée. — De la méthode en général. — De l'analyse et de la synthèse............	187
XVII.	Logique inductive. — Méthode des sciences de la nature. — Observation. — Hypothèse. — Expérimentation. — Classification. — Induction. — Analogie. — Définitions empiriques. — Application de la méthode aux sciences psychologiques............	196
XVIII.	Suite du précédent. — Application de la méthode aux sciences historiques. — Le témoignage des hommes. — La critique des témoignages............	211
XIX.	Logique déductive. — Méthode des sciences abstraites. — Usage de la déduction dans les sciences expérimentales. — Part de la déduction et de l'expérience dans la morale, le droit et la politique........	235
XX.	Nature, causes et remèdes de l'erreur............	245

TROISIÈME PARTIE

MORALE.

| XXI. | Objet et division de la morale. — Ses rapports avec les autres parties de la philosophie............... | 255 |

Chapitres.		Pages.
XXII.	Morale spéculative. — La conscience. — Principaux phénomènes de la conscience. — Le bien. — Le devoir. — La liberté...	228
XXIII.	Diverses conceptions du souverain bien....................	267
XXIV.	Morale pratique. — Division des devoirs. — Devoirs de l'homme envers Dieu, envers lui-même, envers ses semblables, envers la famille, envers la société et l'État..	276
XXV.	Notions sommaires d'économie politique..............	289
XXVI.	De la production de la richesse.......................	291
XXVII.	De la circulation de la richesse.......................	300
XXVIII.	De la consommation de la richesse....................	309

QUATRIÈME PARTIE

MÉTAPHYSIQUE ET THÉODICÉE.

XXIX.	Étymologie et acception primitive du mot de *Métaphysique*..	319
XXX.	La certitude. — Le scepticisme. — L'idéalisme......	323
XXXI.	Diverses conceptions sur la matière et la vie..........	335
XXXII.	L'esprit. — Matérialisme et spiritualisme.............	341
XXXIII.	Dieu ; son existence et ses attributs..................	356
XXXIV.	Des attributs de Dieu et de la divine Providence. — Le problème du mal. — Optimisme et pessimisme.......	367
XXXV.	De la destinée de l'homme et de l'immortalité de l'âme..	385
CONCLUSION.	— Rôle de la philosophie, son importance au point de vue intellectuel, moral et social........................	394

CINQUIÈME PARTIE

HISTOIRE DE LA PHILOSOPHIE.

XXXVI.	Aperçus préliminaires sur l'histoire de la philosophie. — Principaux systèmes philosophiques..................	399
XXXVII.	Écoles de la philosophie grecque avant Socrate.........	406
XXXVIII.	De Socrate et de la révolution philosophique dont il est l'auteur...	414
XXXIX.	Principales écoles grecques depuis Socrate jusqu'à l'école d'Alexandrie. — Platon. — Aristote.............	419

Chapitres.		Pages.
XL.	Suite du précédent. — Pyrrhoniens. — Épicuriens. — Stoïciens. — Nouvelle et moyenne Académie. — La philosophie à Rome...	425
XLI.	Dernière période de la philosophie grecque. — Nouveau scepticisme. — École d'Alexandrie. — Philosophie chrétienne...	431
XLII.	Notions sommaires sur la philosophie scolastique......	436
XLIII.	Notions sommaires sur la philosophie de la Renaissance..	443
XLIV.	Bacon et Descartes...	450
XLV.	Principales écoles de la philosophie moderne depuis Bacon et Descartes...	465

FIN DE LA TABLE DES MATIÈRES.

14171. — Imprimerie A. Lahure, rue de Fleurus, 9, Paris.

www.ingramcontent.com/pod-product-compliance
Lightning Source LLC
Chambersburg PA
CBHW060235230426
43664CB00011B/1663